中国图书馆分类法

简　　本

（第五版）

国家图书馆《中国图书馆分类法》编辑委员会编

本版修订负责人（按姓氏拼音字顺排）：董绍杰　杨鸣放

修订成员（按姓氏拼音字顺排）：

　　黑龙江省图书馆：焦芳梅　孙　芳　王　敏　许静华

　　辽宁省图书馆：韩　宁　李冰辉　吴丽杰　姚　红

　　国家图书馆：刘华梅　喻　菲

审定：《中国图书馆分类法》编辑委员会第七届委员会

总审：卜书庆　马张华

国家图书馆出版社

图书在版编目（CIP）数据

中国图书馆分类法·简本/国家图书馆《中国图书馆分类法》编辑委员会编.—5版.—北京：国家图书馆出版社，2012.9（2018.3重印）

ISBN 978-7-5013-4861-9

Ⅰ.①中… Ⅱ.①国… Ⅲ.①《中国图书馆分类法》 Ⅳ.①G254.122

中国版本图书馆CIP数据核字（2012）第205823号

责任编辑：金丽萍

书名 中国图书馆分类法·简本（第五版）

著者 国家图书馆《中国图书馆分类法》编辑委员会编

出版 国家图书馆出版社（原北京图书馆出版社）

（100034 北京市西城区文津街7号）

发行 010-66114536 66126153 66151313 66175620

66121706（传真） 66126156（门市部）

E-mail nlcpress@nlc.cn（邮购）

Website www.nlcpress.com→投稿中心

经销 新华书店

印刷 北京华艺斋古籍印务有限责任公司

开本 787×1092（毫米） 1/16

印张 31.5

版次 2012年9月第1版 2018年3月第3次印刷

字数 600千字

书号 ISBN 978-7-5013-4861-9

定价 120.00元

《中图法》编委会第七届委员会名单

杨鸣放　辽宁省图书馆
张　勇　湖南省图书馆
郑　兰　北京交通大学图书馆
朱　芊　国家图书馆

主　　编：汪东波
副 主 编：卜书庆　陈树年　马张华
顾　　问：刘湘生　张　涵

目　次

第一版编制说明

《中国图书馆图书分类法(简本)》(以下简称《简本》)的编制是依据《中国图书馆图书分类法》(以下简称《中图法》)1980年修订版节编而成的。在编制原则、体系结构、号码配备等方面都与修订版基本保持一致。这样,既能满足中小型图书馆图书分类的需要,又有利于使全国图书分类法趋向统一化和标准化。

一、编制原则

图书分类法是以科学分类为基础,结合图书的内容和特点,分门别类组成的分类表。《简本》的编制原则是:

第一,以马列主义、毛泽东思想为指导思想,以辩证唯物主义和历史唯物主义为编制依据。

第二,分类体系要符合科学性的原则,以科学分类为基础,采取从总到分、从一般到具体的逻辑系统。同时要考虑图书分类的特点,既要能容纳古代的和外国的图书资料,又要充分反映新学科和新事物。

第三,在类目安排和标记符号的设置上,要力求简明、易懂、易记,以适应图书分类实践的需要。

第四,照顾中小型图书馆类分图书资料的需要,为全国图书资料统一分类编目创造条件。

二、分类体系

本表分为五个部类,在部类下展开为二十二个大类。

部类	大类	
马克思主义、列宁主义、毛泽东思想	A	马克思主义、列宁主义、毛泽东思想
哲学	B	哲学
社会科学	C	社会科学总论
	D	政治、法律
	E	军事
	F	经济
	G	文化、科学、教育、体育
	H	语言、文字
	I	文学
	J	艺术
	K	历史、地理

自然科学………	N	自然科学总论
	O	数理科学和化学
	P	天文学、地球科学
	Q	生物科学
	R	医药、卫生
	S	农业科学
	T	工业技术
	U	交通运输
	V	航空、航天
	X	环境科学
综合性图书……	Z	综合性图书

在二十二大类下,又区分若干小类,层层隶属,逐级细分。在各大类下,一般伸展到三级、四级;各类细分的深度,主要是根据各类的性质和中小型图书馆藏书的情况来确定的。书多则类多,书少则类少,不求类目平衡。

对于分类体系结构以及号码设置,一般均依照《中图法》编列,以便于各馆结合图书分类的实际需要,参考详表,补充使用。其中只有两点是根据中小型图书馆图书分类的需要,作了不同的分类规定:

1."S 农业科学"类下的各种作物病虫害,入各种作物类,而不入"S4 植物保护";各种家畜、家禽的疾病入各种家畜家禽类,而不入"S8 兽医学",选用了《中图法》所规定的交替类目。

2. 凡属外国需要依照国家分的类目,都根据分类表的规定,用符号 3/7 标志,并注明依世界地区表分;凡规定不再依照国家复分的类目,均用"3"标志。

三、复分表

在本分类表中,编有二种性质的复分表:

一是专类使用的复分表,如在"政治"、"文学"、"历史"等类下,都编有这种复分表,主要在各国国家区分之后,再进行细分时使用,即根据图书分类的需要,把复分表的号码,加在地区、国家号码之后,进行复分。

如:《英国近代史》编号为 K561.4

《亚洲古代史》编号为 K302

二是在分类表后附有六个供全表使用的辅助复分表:总论复分表、世界地区表、中国地区表、中国时代表、国际时代表和中国民族表。这些复分表是供各学科类目有细分需要时使用的。其中,前四个表的使用已在本分类表中作了具体规定:关于总论复分表的使用,在本分类表中规定只用于一、二级类目,如《哲学辞典》的编号为 B-61,《教育辞典》的编号为 G4-61;关于地区表和时代表的使用,在本表的类目下,也都作了具体规定。

如:F13/17　　各国经济

依世界地区表分。

I212/217　　各时代作品集

依中国时代表分。

后两个表——国际时代表和中国民族表，也一并列出，但在分类表中没有作出使用的规定，各馆可根据需要参照《中图法》使用。

四、注释

在本表大部分类目的下面，编列了注释。注释主要有：

1. 指示类目的内容范围。这种注释在本表内最多，也最重要。

如：J06　　造型艺术

构图学、透视学、色彩学、艺术解剖学等入此。

2. 规定一个类目的定义，帮助解释类的概念，同时也规定了它的范围。

如：I211　　作品综合集

各时代各体作品综合集入此；一体作品集入有关各类。

3. 指出类目之间的关系，明确分类的方法。

如：S16　　农业气象学

作物气象学、农业气候、农业气象观测、天气谚语及总论农业谚语的著作入此。

农业灾害及其预防入S42。

森林气象学入S71。

畜牧气象学入S81。

4. 指出分类规则。

如：Z3　　辞典

综合性辞典、名词、术语入此；专门性辞典、名词、术语入有关各类，如：汉语词典入H16。

5. 指出细分方法。

如：G4　　教育

依总论复分表分。

6. 指出选择使用的交替类目。交替类目在本表中编列较少，只保留了较重要的、有双重从属关系的类目。

如：〔J59〕　　建筑艺术

宜入TU-0。

在进行图书分类时，必须注意类目下面的注释，遵照注释的规定，做好图书分类工作。

五、分类号码

本表采用汉语拼音字母与阿拉伯数字相结合的混合制号码。拼音字母用来表示二十二个大类，以字母的顺序，反映大类的顺序。在字母后用数字表示大类下类目的划分，为适应“工业技术”分类的需要，它的二级类，也采用了拼音字母，即在“T 工业技术”类采用了双字母。

数字的编号方法，采用小数制，就是说首先顺序字母后的第一位数字，然后顺第二位，以下类推。号码顺序必须遵守小数制的排列方法。在顺序图书分类号码时，

应排成:	不应排成:
B1	B1
B11	B2
B111	B3
B112	B4
B12	B11
B19	B12
B2	B19
B3	B111
B4	B112

数字符号超过三位时,规定在第四位数字前加上一个小圆点“·”,这主要是为了醒目和易读,是作为分隔符号标志的。

数字的设置,尽可能使号码的位数代表类的级数,有的类超过十个同位类,或者为了缩短号码,使用了不同级位的号码。

如:F129　　中国经济史

　F129.9　　中国经济地理

在分类号码中还采用了下列符号:

1.“—”总论复分号,排在数字“0”的前面。

—
0
1
2
3
⋮
9

2.“/”起止符号,表示号码的范围,不作图书分类号码使用。

如:F33/37　　各国农业经济

　　依世界地区表分。

3.“〔 〕”表示交替类的符号,用以标志选择使用的类目,不作图书分类符号使用。

如:〔TV93〕　　农田水利工程

　　宜入S27。

六、索引

本表附有类名索引,这是为使用本表所编列的辅助工具。索引的编制体例较为单纯,主要依据类名进行编列。类名索引的选题原则规定如下:

1. 凡分类法的类目,是为主题检索对象的,均编为索引。其中有的类名不是从学科系统完整提出或者是内容范围不够明确的,都用限定词加以注出,明确其内容范围。

如:Jiāo　胶接(金属)　TG49

　Jiào　教师和学生

（初等教育） G625
（中等教育） G635
（高等教育） G645

2. 凡类名注有同义词的，均编为索引。

如：Nóng 农药防治 S48
Huà 化学防治 S48

3. 凡类名是并列主题的类组，其并列主题均分别编为索引；但在上位的并列主题类组下，分别编有下位类目的，一律取下位类目编为索引。

如：Gài 概率论（几率论、或然率论）O211
Shù 数理统计 O212

4. 凡冠有地区国家的类目，均按其所属的学科内容编为索引，其地区国家，作为限定注明。

如：工业经济 F4
（世界） F41
（中国） F42
（各国） F43/47

索引的编排顺序是按汉语拼音音序排列的，即先按第一字的声母、韵母顺序，同音同调的按汉字集中，第一字相同的再排第二字，以下顺排。

如：Huā 花卉 S68
Huá 华侨教育 G74
Huà 化工一般技术与设备 TQ0
化学防治（农药防治） S48
画法几何 O185
话剧（中国） I234

在进行图书分类时，可以根据拟定分类的主题，检查索引，利用索引提供图书分类的线索，然后查到正表，确定类号。在使用索引的过程中，切忌按索引取号，应复查分类法正表，核定分类号码后，再行定号。

七、本表的适用范围

本表各类所属类目，一般编制三至四级，共列有类目 2580 条。适用于藏书在二十万册以下的中小型图书馆使用，主要供一般县、市区图书馆，中学图书馆以及与此规模相近的其他中小型馆使用。基层图书室根据藏书情况，也可以使用基本类表（二级类目表），在藏书不够平衡的图书馆，对于某些书少的类目，可以使用基本类表，对于某些书多的类目，使用正表，甚至可使用《中图法》。但要注意，在使用本表之前，要作妥善的研究，规定成为使用本，对分类表的使用，一经确定，不能轻易变动。

第五版编制及使用说明

一、指导思想

1.《中国图书馆分类法·简本》(以下简称《简本》)修订继续贯彻《中国图书馆分类法》(以下简称《中图法》)第五版的修订指导思想，反映知识、科学技术发展水平及文献出版的实际情况，并与《中图法》第五版保持一致。

2. 坚持《简本》以类分中小型图书馆文献为主，适当兼顾专业文献收藏单位和大中型图书馆进行简排架和分类导航等方面的需求，妥善处理好类目的集中和分散的关系。

3. 遵循《简本》各版修订的基本原则，保持《简本》原体系结构、标记符号基本不变。

二、修订原则

1. 以《中图法》第五版为修订依据，在《简本》中充分反映《中图法》第五版的修订成果。

2. 强调《简本》修订的针对性和实用性，简化《简本》类目复分组配方法，控制类级，同时要继续贯彻连续性和稳定性的修订原则。

3. 修订时，充分利用分类法的各种修订技术与方法，同时加强规范控制，更多地为用户从《简本》第四版到改用第五版提供各种方便，减少图书改编的工作量。

三、修订方法

1.《简本》改变了以前由一个单位负责修订的模式，由两位《中图法》编委会委员所在的黑龙江省图书馆与辽宁省图书馆分别负责自然科学部类和哲学、社会科学等部类的修订，因此，针对《中图法》第五版增、删、改类目、重点修订类、局部调整类、重点考虑类，利用不同的修订技术与方法给予相应的处理，强调在修订处理方式和标记等方面沟通联系，保持修订一致。

2. 针对哲学、社会科学、自然科学等各部类文献的不同发展和使用特点，确定各大类的类级，在此基础上，对部分类目根据文献保障原则调整，强调类目内容的完整性和系统性以及跨类间的联系，包括跨分工修订的部类间联系。

3. 针对《简本》类目注释多的特点，根据注释类型采用结构化和规范化的处理办法。增加沿革注释,明确类目内涵外延的变化。增加参见注释,加强类目间关系等。

4.《简本》索引编制应包括类目名称、类目注释中的主题概念,采取计算机辅助编制相关索引的方法,建设《简本》第五版机读数据库,为今后维护修订奠定数据基础。

四、修订工作进程

2010 年 9 月《中图法》第五版出版后,《中图法》编委会决定启动《简本》第四版的修订工作。10 月,《中图法》编委会向董绍杰、杨鸣放两位委员发出"关于请牵头组织《中图法》第五版(简本)编制工作的函",由杨鸣放委员负责牵头修订 A 类—K 类、Z 类、附表,董绍杰委员负责牵头修订 N 类—X 类、索引。两位委员收到《简本》第五版编制工作函后,各自成立了修订小组,开始对《简本》的用户及其使用情况调研,形成调研报告。在调研报告基础上,编委会统一确定了修订原则、指导思想与修订方法。在修订数据基础上,由编委会办公室建立《简本》第五版机读数据库,提供类目的主题词索引素材。具体修订阶段如下:

1. 调研阶段(2010 年 10 月—2011 年 2 月)

董绍杰委员的修订小组主要针对用户数量以及《简本》各大类使用情况调研。他们的调研结果认为凡是图书馆馆藏文献在 20 万册以下的市、县、乡、镇图书馆和农家书屋多数都在使用《简本》。《简本》类级使用一般控制在 4 级以上,个别类 5 级(I、R、S、TP、TS 类),还有些馆制定《简本》使用本,一些大类根据藏书量使用到 1—3 级不等。

杨鸣放委员的修订小组主要针对 2008—2009 年文献的出版情况和国家图书馆使用"简本"分配书次号的情况以及辽宁省使用《简本》的情况调研。她们的调研结果认为根据文献出版情况,每个类目的具体级次可根据文献的出版数量进行适当调整,不应规定统一的级次,但要保证类目内容的完整性和系统性。目前,很多地区都在搞联机联合编目,或集中采编,社区图书室的图书多由城市区图书馆或市图书馆直接分类加工,统一分配图书,图书在市或区范围内通借通还。为了保证图书分类一致,节省人力,各馆都直接采用了《中图法》详本类号。因此建议:《简本》要简单明了,满足各社区图书室和农村乡镇文化站的图书分类的需求,同时,各馆也希望,新的《简本》出版后要加大宣传。

杨鸣放委员的修订小组还通过网络对一些大型图书馆的排架情况进行了调研。调研情况显示,细分类粗排架的做法极少,尤其是开架借阅的文献,给读者查找同类图书带来不便。因此,此次修订不考虑用《简本》排架的问题。

两个修订小组分别核对各自承担部分《简本》第四版与《中图法》第五版存在的差异、检查《简本》第四版存在的问题,形成调研报告,提出简本修订指导思想与修订原则。

2. 确定修订原则和修订方法阶段(2011 年 3 月—5 月)

2011 年 3 月,《中图法》编委会办公室对两位委员各自提出的修订指导思想及原则概括并统一,向全体委员征求意见并确立统一的修订指导思想、修订原则、修订方法。2011 年 4

月,《中图法》编委会向两个修订小组发出"《中图法》(第四版简本)修订原则与修订方法"的函,要求据此修订指导思想,在 2011 年 6 月底前完成修订初稿,包括《简本》索引。

3. 分组修订类表阶段(2011 年 4 月—8 月)

2011 年 4 月,修订小组收到《中图法》编委会办公室发出"《中图法》(第四版简本)修订原则与修订方法"的函后,按照编委会的要求,开始对类表修订。为便于对《简本》第四版进行修订,编委会办公室向修订小组提供《中图法》第五版增、删类目表和修改类目索引,供修订小组参考。为修订规范与统一,两个修订小组就修订过程中遇到的问题多次进行沟通,对各种修订方法、注释用语的文字形式、参见形式、各种注释和参见的使用次序等进行了规范与统一,完成修订初稿。

4. 建立《简本》机读数据库与初审阶段(2011 年 6 月—10 月)

编委会办公室根据初稿电子表格数据建立《简本》新版机读数据库,依据机读数据格式重点规范调整《简本》类目形式,利用"《中图法》修订系统"完善参照系统、注释结构,并形成《简本》征求意见稿和主题词类目索引素材。编委会派两位副主编对《简本》分别进行综合审订。

5. 试用与征求意见阶段(2011 年 10 月—12 月)

2011 年 10 月底,编委会办公室将征求意见稿寄发给所有委员及修订小组征求意见,并委托修订小组分别组织用户对《简本》新版试用和征求意见。修订小组分别组织辽宁、黑龙江、河北等省的 15 个中小型公共馆、院校图书馆试用,并反馈意见。

同期,黑龙江省图书馆修订小组对《简本》第五版征求意见稿开始编制类目索引。

6. 综合审定阶段(2011 年 12 月—2012 年 4 月)

2011 年 12 月在沈阳召开《中图法》编委会全体委员审定会议。会议对修订小组、审订人员提交的一些重大问题讨论并审定,特别对 A 类的使用方法、G78 家庭教育的进一步划分、社会科学理论性类目的合并等进行了深入的讨论,一致同意正式出版,并提出修改意见。针对审定会议意见及反馈意见,《中图法》编委会及修订小组对《简本》进行出版前的综合审定和修订,包括《简本》索引的修订完善和审定。

五、修订重点

1. 依照《中图法》第四版修订内容对《简本》第四版进行修订和调整,将详本内容有机地纳入到《简本》中。

2. 确定 A 类、F 类、TP 类、U 类和 TS 类为重点修订大类,D 类、G 类为局部调整大类。

3. 加强规范控制,规范类名、类目注释的文字形式及各种类目注释的使用方法和使用次序。

4. 扩展类名,补充注释内容,控制类目划分深度,增强类目的容纳性。

5. 根据用户需求和文献出版情况,合并、扩充部分类目子目。

六、各类修订要点及使用方法

《简本》第五版是《中图法》第五版的节编本,在编制原则、体系结构、号码配备等方面与《中图法》第五版基本保持一致,其分类规则和使用方法与《中图法》第五版没有原则上的不同,只有分类级次的不同。因此,《〈中图法〉第五版使用手册》即可作为《简本》第五版的使用手册,不再另行编制《简本》第五版使用手册。使用《简本》第五版时可参考《〈中图法〉第五版使用手册》、《中图法》第五版类目及类目注释。同时,参考以下各大类修订要点及分类要点。

A 类

1. 修订要点

(1)推荐选择使用方法。对于六位无产阶级革命家个人的原著、生平和传记、著作及思想学习和研究是否集中在 A 大类,本次修订提出可选择使用:“若不集中 A 大类文献,可按文献性质及学科内容分散处理”,即用户可以根据需要,选择集中归入 A 类或是分散按学科归类。

(2)在“A81 马克思主义的学习和研究”类下增加注释“马克思主义发展史入此”。

2. 分类要点

(1)六位无产阶级革命家所著的学科专著、专题汇编、专题学术思想研究,除归入本类外,还应按学科内容在有关类目作互见分类。例:

资本论/(德)马克思著,分类号为 A12,互见分类号为 F0-0。

毛泽东军事文集/毛泽东著,分类号为 A46,互见分类号为 E20。

马克思的经济学说/施正一,鲁筱玲编,分类号为 A81,互见分类号为 F091。

(2)六位无产阶级革命家主持编辑的文献不入本类,按学科性质入有关各类;对他人著作进行圈点、读批的文献,按被评点著作的学科性质归类;他人创作的有关六位无产阶级革命家的文艺作品入 I、J 有关各类。例:

毛泽东评点《红楼梦》/李云改编,分类号为 I207.41。

毛泽东读批《资治通鉴》/李晓来主编,分类号为 K204。

毛泽东赞歌:百首赞歌献给毛主席诞辰/墨香编,分类号为 J642.1。

毛泽东诗词创意画集/许长虹主编,分类号为 J222.7。

(3)对六位无产阶级革命家的著作和思想进行学习和研究的文献入 A8 有关各类;对他们的革命活动、领导作用、思想方法、工作方法等进行研究的文献入 A7;运用马克思列宁主义、毛泽东思想、邓小平理论的基本原理、观点和方法对各门学科进行研究的文献,按学科性质归类。例:

毛泽东治国方略/荣开明,曾成贵等著,分类号为 A84,互见分类号为 D61。

毛泽东的说服与攻心之道/唐春元,黄先健编著,分类号为 A75。

马克思的发展理论与科学发展观/张雷声,张宇主编,分类号为 A81,互见分类号为 D610。

毛泽东思想与国防现代化/安思山等著,分类号为 E25,互见分类号为 A84。

B 类

1. 修订要点

(1)新增类目 5 个。新增“B016.98 意识论”、“B229.9(中国先秦哲学)其他”。将“B825 个人修养”扩充出 3 个下位类:“B825.1 个人修养格言”、“B825.4 青少年修养”、“B825.5 女性修养”。

(2)增加复分注释 1 处:在“B84 心理学”增加注释“依总论复分表分”。

(3)调整类目的隶属关系 2 处。删除类目“B17 马克思主义哲学在世界的传播和发展”,将其内容以注释形式改入“B15 现代哲学”;删除“B507 马克思主义哲学在欧洲的传播与发展”,将其内容以注释形式改入“B505 十九世纪后期～二十世纪哲学”。

(4)修改类目注释 16 处。如在“B26 现代哲学”类注释中删除“例:《胡适哲学文集》入此”,在“B261 二十世纪哲学”增加注释“胡适、李大钊哲学思想入此”,在“B4 非洲哲学”增加注释“非洲哲学史入此”,在“[B822.98]专业工作道德”增加注释“如愿集中于此者,可用组配编号法”。

2. 分类要点

(1)关于世界各国哲学的分类。中国哲学按时代展开列类,在相应类下列出该时代的主要哲学家。亚洲其他国家哲学、欧洲哲学可依世界地区表分,大洋洲哲学、美洲哲学不再按国分。世界各国哲学史入相应类目,无需使用-09 复分。例:

中国哲学史新编/冯友兰著,分类号为 B2。

希腊哲学简史:从荷马到奥古斯丁/王晓朝著,分类号为 B502。

德国古典哲学/俞吾金[等]著,分类号为 B516.3。

美国哲学史/涂纪亮著,分类号为 B7。

(2)一位哲学家评论、研究其他哲学家的文献,入被评论、被研究的哲学家类。注释已列的近代及近代以前哲学家的著作,在评论、研究者的类目作互见。例:

孟子微/康有为著,分类号为 B222,互见分类号为 B25。

论孔丘/冯友兰著,分类号为 B222。

(3)B80/84 哲学范畴的专门学科,包括思维科学、逻辑学、伦理学、美学和心理学。各专门学科的总论性文献入 B80/84,专论思维科学、逻辑学、伦理学、美学和心理学某一方面或在某一学科应用的文献按论述的方面或应用到的学科归类。例:

社会道德与个体道德/田秀云著,分类号为 B824。

学校礼貌语言/《学校礼貌语言》编写组编,分类号为 G417。

美丽誓言:世界选美纵横观/韩子善主编,分类号为 B834。

美容美发 300 问/刘宜群编著,分类号为 TS974。

青少年成长心理学/吴锡改主编,分类号为 B844。

军事心理学:临床与作战中的应用/(美)肯尼彬译,分类号为E0-05。

(4)有关心理测验、智力测验的一般性文献分别入B841和B848,各类人群的心理测验入B844发展心理学;教育心理测验、智力测验入G44;智力游戏的文献入G898。例:

心理测验:原理、应用和问题/(美)卡普兰著,分类号为B841。

学习心理趣味测试/翁文豪著,黄俊武图,分类号为G44。

中国少年儿童智力开发百科全书/龚勋主编,分类号为G44。

全脑思考力训练/丁大刚,庞彦杰译,分类号为B848。

600个提高IQ的益智游戏/王晴天,宋红超编著,分类号为G898.2。

老年心理测试与辅导/本书编写组编著,分类号为B844。

(5)"B9宗教",包括对宗教的分析和研究、各国宗教概况和各种宗教的文献,按宗教类型分,不再按国家区分。例:

中国社会中的宗教:宗教的现代社会功能与其历史因素之研究/(美)杨庆堃著,范丽珠等译,分类号为B92。

世界中的日本宗教/(日)梅原猛著,卞立强,李力译,分类号为B92。

中国南方少数民族宗教/梁庭望,柯琳著,分类号为B98。

(6)论述神话的起源、流传的文献入B93,通过神话故事进行道德、宗教训诫的文献入B9各种宗教有关各类,神话故事入I有关各类。例:

中国古代神话传说研究/孙作云著,分类号为B93。

道家如是:生活故事中的大道/崔建林编著,分类号为B95-49。

八仙前传/罗伟国等撰文,分类号为I276.5。

C类

1. 修订要点

(1)新增类目20个。新增"C79非书资料、视听资料"和"C955民族性、民族心理";对"C912社会结构和社会关系"、"C913社会生活、社会问题、社会保障"进行扩充,扩充出下位类18个。

(2)删除类目7个。删除了"C96人才学"所属的部分类目,如"C961人才培养与人才选拔"、"C961.9人才预测与人才规划"、"C963人才智力开发";删除"C97劳动科学"的全部下位类,将删除类目内容以注释形式改入其上位类。

(3)规范、扩展类名3处。"C14社会科学现状与发展",改为"C14社会科学概况、现状、进展";"C913.4社会生活与社会问题",改为"C913.4社会生活、社会问题、社会保障";"C95民族学",改为"C95民族学、文化人类学"。

(4)增加、修改类目注释24处。如在"C915社会调查和社会分析"增加注释"专论某一方面调查的著作入有关各类。例:世界人口调查入C924。世界各国社会调查综合分析和社会调查资料汇编入D5/7有关各类"。

2. 分类要点

(1)C0/7所列类目与"总论复分表"一致,使用C0/7类分文献时,类号前不加总论复分号,也不使用"总论复分表"复分;C8/97按学科内容列类,可依"总论复分表"复分;总论社会科学或内容涉及两门以上社会科学基本大类的文献入C0/7有关各类。例：

人文社会科学十万个为什么/卜延军，唐复全主编，分类号为C49。

简明社会科学词典/《简明社会科学词典》编辑委员会编，分类号为C6。

英汉统计辞典/龚鉴尧主编，分类号为C8-61。

社会科学方法研究/李达顺等著，分类号为C0。

(2)"C91社会学"收社会结构和社会关系、社会生活和社会问题、社会利益、社会调查和社会分析、社会工作、社会管理、社会规划等方面的理论著作，关于世界及各国上述各方面内容的文献入D5/7有关各类。例：

城市居住区空间结构模式的演变/黄志宏著，分类号为C913.3。

老龄社会引论/党俊武著，分类号为C913.6。

中国城镇住房：理论、实践与改革思路/蔡德容著，分类号为D669。

国外老人生活剪影/杨宗等编著，分类号为D58。

(3)有关优生学文献的分类。从社会学角度研究优生问题的文献入C912.4，从人口学角度研究优生问题的文献入C923，优生优育医学知识、宣传教育入R169，临床优生学入R715，遗传优生学入Q987，环境优生学的文献入X24。

(4)关于"C93管理学"的分类。总论管理学及其某一方面的文献入C93有关各类，专论入有关各类。如，领导学总论入C933，军事领导学入E0，企业领导学入F272.9，工业企业领导学入F406；有关文书学、秘书学的文献入C931，汉语公文写作方法入H152，文书档案管理入G275，军用文书管理与写作入E07，司法文书入D916。

(5)关于"C95民族学"文献的分类。总论民族学、民族社会学的文献入此，民族学的其他方面入有关各类。民族政治入D类，民族经济入F类，民族历史入K类。例：

民族社会学：社会学的族群关系研究/马戎编著，分类号为C95。

民族人口学/张天路编著，分类号为C92。

先进文化与中华民族凝聚力/陈耀武主编，分类号为G122，互见分类号为C955.2。

西南少数民族心理特征嬗变研究/潘志清著，分类号为C955.2。

中国历代民族政策研究/田继周等著，分类号为D691。

中国古代民族关系史大事记/田继周编著，分类号为K289。

D类

1. 修订要点

(1)新增类目10个。"D035.29公共安全管理"、"D610中国革命和建设问题的理论体系"、"D630.8公共安全管理"、"D669.1恋爱、家庭、婚姻"、"D921.3国旗法、国徽法"、"D921.6国家赔偿法"、"D922.7人权法"、"D922.8媒体法、信息法"、"D923.7侵权法"、"D926.4司法监督"。

(2)增加复分1处。"D27中国共产党与各国共产党的关系"类，增加注释"依世界地区表分"。

(3)删除类目29个。删除不常用类目，合并类目内容至上位类。如删除"D01阶级、阶层理论"、"D02革命理论"，将其内容以注释形式改入上位类"D0政治学、政治理论"；删除

“D03 国家理论”所属的 5 个下位类，将删除类目内容以注释形式改入 D03。

(4)规范类号 1 处。“D910 各国法律综合汇编”，改为“D910.9 法律汇编”。

(5)规范、扩展类名 10 处。如“D0 政治学、政策学”改为“政治学、政治理论”，“D035.1 国家行政机构”改为“D035.1 国家行政机构与管理体制”，“D035.3 公安学”改为“D035.3 公安管理”，“D912.7 青少年法”改为“D912.7 人权法”。

(6)增加、修改注释 37 处。如“D55 世界政治事件”增加注释“国际恐怖事件等入此”，“D63 国家行政管理”增加注释“国家公共管理、公共管理与政府管理方法、公共政策管理、政府管理信息化建设(政府信息公开制度、电子政务建设)等入此”，“D654(政治运动、政治事件)1979 年 1 月～”增加注释“法轮功、东突事件、恐怖事件等入此”。

2. 分类要点

(1)“D0 政治理论”。包括科学社会主义、阶级、革命、国家、政治制度、政党、民族、战争与和平和政治思想史等基本理论文献，具体国家、党派、民族、群团等理论问题入 D1/9 有关各类。例：

人权理论基本问题/张晓玲主编，分类号为 D0。

当代西方自由主义/吴春华主编，分类号为 D091。

当代世界人权问题分析/房广顺著，分类号为 D815。

平等 自治 发展：中国少数民族人权保障模式/杨侯第著，分类号为 D633，互见分类号为 D621。

面包与玫瑰：女性权利的解释和实现/刘莉，刘浩著，分类号为 D440。

(2)“D1/3 共产主义运动、共产党”。总论国际共产主义运动史实与评论入 D1 有关各类，理论问题入 D0-0，各国共产党、共产党领导人的综合性著作入 D2、D33/37，巴黎公社(1871)、十月社会主义革命(1917)的伟大意义及历史经验入 D1 有关各类，史实分别入 K565.4 和 K512.5。例：

十月革命与当代社会主义/慎明主编，分类号为 D15。

十月革命史/孙成木著，分类号为 K512.51。

(3)各国共产党领导人(包括共产党的主席、副主席、总书记、中央政治局常委)的综合性全集、选集及其研究的文献入 D2、D33/37 的各国党的领导人著作类；各国政治活动家的政治文集入 D6/7 的各国政策类；共产党领导人及政治活动家的各门学科的文献按学科性质归类。例：

戈尔巴乔夫言论选集/(苏)戈尔巴乔夫著，分类号为 D351.2-0。

宋庆龄选集/宋庆龄著，分类号为 D60。

江泽民教育论述专题研究/柏昌利等著，分类号为 G520。

(4)有关工人运动、农民运动、青年学生运动、妇女运动文献的分类。

“D4 工人、农民、青年、妇女运动与组织”，收工人运动、农民运动理论和概况，青年运动、妇女运动的理论、概况和历史；工人运动史、农民运动史入 K1/7 有关各类。例：

国际工会运动概况/中华全国总工会编，分类号为 D411。

中国工人运动图史/刘明逵主编，分类号为 K261-64。

秦汉农民战争史料汇编/安作璋著，分类号为 K232.01。

民主革命时期济南学生运动/李金凤编著，分类号为D432。

华人妇女家庭地位：台湾、天津、上海、香港之比较/伊庆春，陈玉华主编，分类号为D442。

为自由而生：美国妇女历史/(美)萨拉著，分类号为D447.12。

(5)有关思想政治教育文献的分类：我国思想政治教育和社会主义精神文明建设的文献入D64有关各类，各国思想政治教育的文献入D73/77的各国政治宣传与教育类，党员、工人、农民、青年、妇女的思想政治教育的文献入D2/4有关各类，军队思想政治教育的文献入E2/7各国军事的政治工作类，总论学校思想政治教育的文献入G41有关各类，专论各级、各类学校思想政治教育的文献入G61/79有关各类。例：

思想政治教育的文化视野/沈壮海著，分类号为D64。

美国人的道德教育/(美)赫斯利普著，分类号为D771.24。

农村保持共产党员先进性教育问答/本书编写组编，分类号为D261。

新时期企业思想政治工作实践与思考/西政文主编，分类号为D412。

农村精神文明建设常识问答/赵延河编，分类号为D422。

公安民警执法为民教育读本/孙永波主编，分类号为D631。

中美军队思想教育比较研究/吴志忠著，分类号为E22，互见分类号为E712。

中学生思想道德建设与行为准则最新读本/袁祖社主编，分类号为G631。

E类

1. 修订要点

(1)新增类目3个。新增“E24军事装备工作”、“E275.9天军”、“E94军事指挥信息系统”。

(2)调整类目类号1个。“(中国军队)生产建设工作”，类号由E24改为E249。

(3)规范、扩展类名5处。如“E20建军理论”改为“E20军事理论”，“E270合成军”改为“E270合成部队”，“E277公安部队、武警部队”改为“E277武警部队”。

(4)增加、修改注释23处。如“E23后方勤务”、“E276特种部队”、“E277武警部队”、“E28民兵”、“E82战役学”、“E87军事情报与军事侦察”等23个类目的注释都有不同程度的修订；“E0军事理论”增加注释“军事分支学科(包括军制学、军队指挥学、军事教育学、军事装备学、后勤学等)”，“E82战役学”增加注释“各地方民兵组织与训练等入此”，“E87军事情报与军事侦察”增加注释“军事战略侦察、战役侦察，以及军事情报学、军事侦察学等方面的理论入此。世界及各国军事情报组织与活动入E1/7有关各类”。

2. 分类要点

(1)“E0军事理论”主要收一般军事理论、战争理论、军事哲学、军事相关科学、军事管理学、各军兵种建设理论，以及军事学史、军事思想史等方面的文献。各国建军理论入E2/7各国军事类，战略、战役、战术学文献入E8有关各类。例：

中国古代少数民族军事思想研究/同利军著，分类号为E0。

美国二百年对外用兵实录/黄彬，曹仁义主编，分类号为E712。

(2)有关军事学史、军事思想史、军事史、战史、建军史与战争史的区分。军事学史入

E0。军事史是论述历次战争中战略、战役、战术的历史，入 E1/7 有关各类；战争史是对战争的历史记录，是从政治、经济、社会发展角度探讨和阐明战争的起因和经过，以及评述战争所反映的社会影响，战争史入 K1/7 有关各类。例：

世界海军百年风云/左立平，王校轩编著，分类号为 E1。

美国人眼中的第一次世界大战/(美)彼得·博斯科等著，分类号为 K14。

血战台儿庄/万高潮等编，分类号为 K265.05。

(3)古代兵法、战法研究治军用兵的原则和方法。古代兵法的文献入 E89，古代兵法在各门学科中应用入有关学科。

中国古代战略思想新论/钮先钟著，分类号为 E89。

孙子兵法与企业管理/陈才俊编著，分类号为 F272。

(4)“E9 军事技术”收录的文献包括军事科学基础理论，各学科技术、理论在军事技术方面的应用，武器、军用器材的使用、操作、保养、维修及技能训练，军事工程、军事通信等。武器、军用器材的制造，军事工程、军事通信技术与施工等入相关工业技术。

F 类

1. 修订要点

(1)新增类目 18 个。如“F0-08 西方经济学(总论)”、“F713.7 商品展销与会展经济”、“F840.3 保险制度、保险体制”、“F840.5 保险市场”；新增“F26 产业经济”及其所属 8 个下位类；对“F49 信息产业经济”进行扩充，扩充出 4 个下位类。

(2)删除类目近 50 个。删除了 F01、F03、F04、F121、F21、F60 等 10 个类目的 45 个下位类，将删除类目内容以注释形式写入被删除类目的上位类。

(3)调整类目及注释内容的隶属关系 14 处。如“两大部类及部门间关系”由“F014.6 社会再生产”改入“F264 产业结构与分类”，“社会主义所有制形式”由“F121.2 社会主义所有制形式改为“F264 产业结构与分类”，“产业结构”由“F121.3 产业结构”改为“F269 世界各国产业经济概况”，“扶贫问题”由“F124.7 国民收入、国民财富改入“F126 人民经济生活状况”，“产业经济学”由“F06 经济学分支科学”改入“F260 产业经济理论”，“总论企业经营管理的理论与方法、企业行为学、企业文化、企业形象、企业与社会、企业与社会心理、企业经济效益、企业现代化管理”由“F270 企业经济理论和方法”改入“F272 企业管理(总论)”，“城市经济管理”由“F293 城市土地经济、房地产经济”改入“F292 城市经济管理”，“农业系统工程”由“F302 农业计划”、规划与管理改入“S-0 一般性问题”，“农业数学”由“F302 农业计划、规划与管理”改入“S11 农业数学”，“软件业”由“F407 工业部门经济”改入“F490 理论与方法”，“网络经济”由“F06 经济学分支科学”改入“F49 信息产业经济”，“邮费”由“F618 邮政业务”改入“F615 邮政业市场”，“网络服务商(ISP)、网络经营管理、网址管理”由“F626 电信企业组织和经营管理”改入“F490 理论与方法”。

(4)规范、扩展类名 50 余处。如“F01 经济学基本问题”改为“F01 经济学基本理论”，“F123 国民经济计划及其管理”改为“F123 国民经济发展计划、规划及其管理”，“F123.2 远景规划”改为“F123.2 国民经济发展与预测”，“F123.3 国民经济发展综合计划”改为“F123.3 国民经济发展综合计划与规划”，“F124.1 国民经济现代化”改为“F124.1 经济增长与发展水平”,“F124.8 经济波动”改为“F124.8 经济波动与经济周期”,“F21 经济计划”改为“F21 经济计划与规划”,“F241 劳动力”改为“F241 劳动力与人力资源”,“F713.5 市场”改为“F713.5 市场与营销”。

(5)增加、修改注释近 70 处。如“F09 经济思想史”增加注释“经济学派研究入此”,“F120 方针政策及其阐述”增加注释“总论经济机制问题入此;专论入有关各类。例:中国社会主义市场经济理论问题入 F123.9”,“F121 社会经济结构与体制”增加注释“经济体制改革、产权制度、新民主主义经济、个体经济和资本主义工商业的社会主义改造、公有制(全民所有制、国有经济)、集体所有制、个体所有制(非公有制经济、私营经济、民营经济等)、混合所有制、中外合资经营、股份制、租赁制等入此。〈地下经济,5 版改入 F264〉,产业结构宜入 F269”。

2. 分类要点

(1)经济学理论、经济学分支学科、经济思想史入 F0 有关各类;总论某一国家、某一地区经济,或某一国家、某一地区某一方面经济的文献,入 F1 有关各类;总论某一部门(行业)经济,或某一部门某一方面经济的文献,入 F3/8 各部门经济。例:

股份制经济理论/叶裕惠,张恒主编,分类号为 F01。

中国社会主义股份制研究/陈永忠著,分类号为 F121。

社会主义市场经济概论/陈金城,张平英主编,分类号为 F04。

中国市场经济理论研究/桑百川主编,分类号为 F123.9。

股份制企业管理入门/梁峰等编著,分类号为 F276。

中国民营企业可持续发展研究/王春和等著,分类号为 F279.2。

(2)有关市场文献的分类:市场经济学入 F01,总论市场营销、市场学的文献入 F713.5,总论各国各种商品市场的文献入 F72/75 有关各类,各部门经济市场的文献入各部门经济有关各类,研究专业领域市场经济的文献按学科归类,总论各种商品管理的文献入 F76 有关各类。例:

市场通论/陈甬军等著,分类号为 F713.5。

我国产地农产商品批发市场的管理功能创新/闫华红著,分类号为 F724。

劳动力市场学/李强,林勇主编,分类号为 F241。

房地产市场营销/刘鹏忠,苏萱主编,分类号为 F293.3。

工业企业市场经营学/贾生鑫主编,分类号为 F405。

中成药商品学/廖志涌主编,分类号为 F763。

文化市场学/李怀亮,金雪涛主编,分类号为 G124。

(3)总论国民经济计划与管理的理论文献入 F2 有关各类,“F233 会计工作组织与制度”包括世界及各国会计工作管理,“F239.2 审计工作组织与制度”包括世界及各国审计工作管理,各国国民经济管理的文献入 F12/17 的各国经济计划与管理类。各部门经济管理的文献入有关各类,只有各部门审计集中归于“F239.6 专业审计”。

国有资产管理学教程/吕建永主编,分类号为 F20。

中国国家审计体制问题/杨肃昌,肖泽忠著,分类号为 F239.2。

中国国有资产管理体制改革构想/曹钢,王中新主编,分类号为 F123.7。

解读美国经济指标/李早航,岳留昌著,分类号为 F171.2。

美国宏观工业经济管理/廖光宦编著,分类号为 F471.2。

信息系统审计内容与方法/庄明来,吴沁红,分类号为 F239.6。

电信企业会计核算办法/中华人民共和国财政部制定,分类号为 F626。

军队会计核算简明手册/张瑞胜主编,分类号为 E23。

(4)有关企业经济文献的分类。总论企业经济及其某一方面的文献入 F27 有关各类,各经济部门企业经济入部门经济有关各类,各国企业经济、企业史入 F279 有关各类,企业家个人成功史入 K81/83 的世界各国经济人物传记类,各种所有制企业经济入 F276 各种企业经济有关各类。例:

工商企业经营与管理概论/陈国生,刘文华主编,分类号为 F270。

科技型农业龙头企业发展理论探索与实践/安华轩,彭靖里著,分类号为 F324。

工业企业劳动定额管理/安鸿章,柳燕编著,分类号为 F406。

洛克菲勒:财富神话的创造者/曾蒙著,分类号为 K837.12。

中国股份制企业财务管理/晋乾主编,分类号为 F279.2。

(5)有关投资文献的分类。总论投资学的文献入 F830,专论某一方面投资的文献按资金所投入的领域归类。

投资组合优化与无套利分析/李仲飞,汪寿阳著,分类号为 F830。

房地产金融与投资/龙胜平等编著,分类号为 F293.3。

中国农村投资问题研究/鲜祖德主编,分类号为 F323。

中国区域教育投资研究/刘惠林等主编,分类号为 G526。

中国环境保护投资报告/张坤民主编,分类号为 X196。

G 类

1. 修订要点

(1)新增类目 40 个。在“G26 博物馆事业”、“G27 档案事业”、“G78 家庭教育”类下共扩充类目 34 个。新增了“G209 传播事业”、“G250.76 电子图书馆、数字图书馆”、“G849.5 壁球”、“[G889]体育舞蹈(国际标准交际舞)”、“G896 健身房活动”。“留学教育、互派教授”由 G648 类目注释改为独立类目“G648.9 留学教育、校际合作与交流”。

(2)删除类目 47 个。删除了 G0、F20、G40-01、G41、G42、G43、G44、G649.2 等 8 个类目所属的 47 个下位类,并将删除类目内容以注释形式改入被删除类目的上位类。如“G0 文化理论”删除了所属的下位类,增加注释“文化学、文化哲学、文化的民族性、比较文化学、文化与其他学科的关系入此。文化地理学宜入 K90。文化史宜入 K1/7 世界各国历史”。

(3)合并“G25 图书馆学、图书馆事业”与“G35 情报学、情报工作”两类。合并后,停用了 G35 及其所属的全部类目,对 G25 所属的与信息学具有共性的部分类目进行了扩展,使其成为能够容纳图书馆学和信息学两门学科文献的类目。如将 G25 类名由“图书馆事业”改为“图书馆事业、信息事业”,将 G250 由“图书馆学”改为类组类名“图书馆学、情报学”,“图书馆学”类号由 G250 改为 G250.1,“情报学”类号由 G350 改为 G250.2,G250.7 类名由“图书馆自动化和网络化”改为“图书馆工作、信息工作自动化和网络化”,G258.9 类名由“图书馆建筑、设备”改为“图书馆、信息机构建筑和设备”，G259 类名由“世界各国图书馆事业”改为“世界各国图书馆事业、信息事业”。

(4)变更类目的隶属关系 3 处。“G07 文化地理学”改为交替类“[G07]文化地理学”，注释“宜入 K90”；“G894 私人收藏”及下位类改入 G26 有关各类。

(5)规范、扩展类名 8 处。如“G21 新闻学、新闻事业”改为“G21 新闻事业”，“G25 图书馆学、图书馆事业”改为“G25 图书馆事业、信息事业”，“G26 博物馆学、博物馆事业”改为“G26 博物馆事业”，“G27 档案学、档案事业”改为“G27 档案事业”，“G659 世界各国师范教育概况”改为“G659 世界各国师范教育、教师教育概况”，“G873 军事野营”改为“G873 军事体育(总论)”，G89“文体活动”改为“G873 文娱性体育活动”，“G895 旅行”改为“野外活动”。

(6)增加、修改类目注释 38 处。如“G11 世界(文化与文化事业)”增加注释“涉及多专题文化研究、文化遗产保护，总论非物质文化遗产研究(如遗产普查、抢救与保护)、网络文化等入此”，“G248 游乐场、歌舞厅”增加注释“网吧行政管理入此”，“G633 各科教学法、教学参考书”增加注释“职业高中基础课教学法、教学参考书入此。专业课教学法、教学参考书各入其类”，“G87 其他体育运动”类目注释“总论军事体育运动”改入“G873 军事体育(总论)”。

2. 分类要点

(1)总论文化理论的文献入 G0，G11 既收世界各国文化、文化事业的总论性文献，也收专题文化研究方面的理论性文献，某一专题的文化研究入有关各类。例：

文化认同论/郑晓云著，分类号为 G0。

文化地理学/(英)迈克·克朗(Mike Crang)著，分类号为 G07。

文化研究的用途/(英)安吉拉·麦克罗比(Angela McRobbie)著，分类号为 G11。

文化产业新论/黄埔晓涛著，分类号为 G11。

现代股份制企业文化/丁继华主编，分类号为 F276。

(2)文化与其他学科关系的文献入 G0，从文化的角度研究某一学科领域中的文化理论、文化意识、文化现象的文献入各学科有关各类。例：

文化与社会/(英)雷蒙德·威廉斯著，吴松江，张文定译，分类号为 G0。

现代银行文化经营/李春满主编，分类号为 F830。

中国传统政治文化的现代思考/朱日耀等著，分类号为 D092。

(3)有关信息与传播文献的分类。总论信息理论、信息处理、信息资源、信息传播的文献入 G20，分论入有关各类，信息产业经济入 F49。例：

信息系统设计与应用/赵乃真等编著，分类号为 G20。

信息源和信息采集/沈固朝，施国良编著，分类号为 G20。

区域信息产业发展规律与模式研究/钱钢，陶拯著，分类号为 F49。

(4)通讯、报道、特写、评论等文体写作方法，新闻范文及其研究的文献入 G212，新闻作品及其评论、研究的文献入 I 有关各类。例：

通讯采访写作探秘/张润生著，分类号为 G212。

新闻传播精品导读．新闻(消息)卷．范式与典例/刘海贵总主编，分类号为 G212。

中国新闻文学史/李白坚主编，分类号为 I207.5。

大山的回忆——何学元通讯特写选/何学元著，分类号为 I253。

中国新闻奖作品选2010年度·第二十一届/翟惠生主编，分类号为I253。

(5)有关图书馆学、文献学的分类。总论图书馆工作、信息工作某一方面的文献入G250.7/254.9，专论某种类型文献的某一方面工作入G255；总论某一类型图书馆工作、信息工作的文献入G258有关各类，专论某一类型图书馆、信息中心某一方面工作的文献入G251/255有关各类；总论世界及各国图书馆事业、信息事业，各类型图书馆事业、信息事业的文献入G259.1/.7有关各类。例：

社区图书馆工作/王丽主编，分类号为G258。

中国公共图书馆缩微技术指要/张伟云，刘士华著，分类号为G255。

澳门图书馆的系统研究/杨开荆，赵新力著，分类号为G259.2。

陕西高校图书馆年鉴.1989～2000/张西亚等编写，分类号为G259.2-54。

怎样检索中外专利信息/江镇华主编，分类号为G254.9。

互联网资源检索与利用/赵铭建等编著，分类号为G255。

(6)G4收教育的一般理论和方法以及总论各级各类教育的文献，专论各级各类教育的文献入G6/7有关各类。类分各级各类教育文献没有专指类目时，可参见G4有关各类。例：

和谐教育：现代教育科学发展之路/庄金品，徐少云著，分类号为G40-012。

学校教育基本功能研究/黄藤著，分类号为G40。

主动学习教育模式的建构：普通高中学生素质教育研究报告/王浩明编著，分类号为G630。

研究生素质教育概论/刘智等编著，分类号为G643。

高师学生素质概论/冯兰英著，分类号为G658。

(7)有关心理测验、智力测验文献的分类见“B类”说明。

(8)总论学生健康教育的文献入G47，各级各类学生的健康教育入各级各类教育；各级各类学生心理健康教育、各学科学习心理学集中归入G44。例：

健康教育学/黄敬亨主编，分类号为G47。

中学生健康方案/李清亚等主编，分类号为G637。

大学生健康方案/李清亚等主编，分类号为G647。

外语教育心理学/贾冠杰著，分类号为G44。

(9)教育事业、教育史、教育思想史文献的分类。总论世界及各国教育事业、教育史的文献入G51/57有关类目，专论世界各国各级各类教育事业、教育史的文献入G6/7有关类目，世界及各国教育思想史入G40-09。例：

四川农村教师生存状态调查及分析/祁晓玲，刘世民主编，分类号为G525。

21世纪初中国职业教育宏观政策研究/黄尧著，分类号为G719.2。

毛泽东论教育/人民教育出版社编，分类号为G40-09。

(10)G62和G63的“各科教学法、教学参考书”只收根据教学大纲编写的、与中小学教学、课程密切相关的文献。其中，教师用书入G623或G633，学生用书入G624或G634；不按教学大纲编写的学生课外读物、学科通俗读物按学科性质归类。例：

走进高中地理教学现场/林成策，程菊主编，分类号为G633.5。

初中地理基础知识强化手册/马丽娟主编，分类号为 G634.5。

新概念几何：张景中院士献给中学生的礼物/张景中著，分类号为 O123。

我是一根会思想的芦苇：哲理读本/李磊主编，分类号为 B821。

(11)有关体育教育文献的分类。G807.1/.3 收各级体育专业学校的体育教育，非体育专业学校的体育教育入各级教育的体育课类。例：

辽宁省中小学体育改革十年/孙长林，梁汝城主编，分类号为 G633.96。

中专体育教学/武慧生，徐肖冰主编，分类号为 G633.96。

梦想开始的地方/郭建军主编；国家体育总局编，分类号为 G812-64。(本书以图文形式介绍了 2009—2012 年度我国各级各类业余体校的情况。)

H 类

1. 修订要点

(1)新增类目 4 个。对“H194 汉语读物”进行了扩充。扩充出“H194.1 古代汉语读物”和“H194.3 现代汉语读物”。在“H194.3 现代汉语读物”类下又扩充出“H194.4 初级学校用读物”、“H194.5 中级学校用读物”。

(2)删除类目 6 处。删除 H0、H08 所属的 6 个下位类，并将删除类目内容以注释形式写入被删除类目的上位类。如删除“H002 语言规划”、“H003 语言的分类”、“H004 语言的分布”。在“H0 语言学”增加注释“语言规划(包括语言政策的研制和调整、语言的选择和协调、语言规范化、术语移植等。总论入此，专论入某种语言)、语言的分类(语言分类方法、类型语言学)、语言的分布(地理语言学、区域语言学以及总论一个地区或国家诸语言)入此”。

(3)规范、扩展类名 5 处。“H13 语义、词汇、词义(训诂学)”改为“H13 语义、语用、词汇、词义(训诂学)”，H313 类名也作了相应修改；H193、H319.3，4 版类名“教学法”，5 版改为“教学法、教材、教学参考书”；“H319 语文教学”，改为“H319 英语教学”。

(4)增加、修改类目注释 15 处。如“H03 语义学、语用学、词汇学、词义学”改注释中“成语”为“熟语、俗语、外来语”，“H319.3 教学法、教材、教学参考书”增加注释“中等学校以上(包括中等专业学校英语专业)综合性及专论性的英语教学法、教材、课本、教学参考书入此。见 H193 注”。

2. 分类要点

(1)有关字典、词典的分类。本类只收供学习语言使用的字典和词典。各学科专业词典均按学科性质归类，非学习语言用的综合性知识词典入 Z3 有关各类，多语种对照词典的归类见本类“关于语言读物的分类”。例：

《说文解字》字音注释研究/蔡梦麒著，分类号为 H161。

德英汉图解词典/贾文波，车玉平译，分类号为 H06。

汉英德法成语词典/席士敏编，分类号为 H03-61。

英日汉水产经济动物疾病名称/张文安主编，分类号为 S94-61。

中国百科大辞典/中国百科大辞典编委员编，分类号为 Z32。

(2)综合性熟语、歇后语、格言、警句的汇编入 H 类各语种的熟语类，手机短信汇编入 H136，各门学科的熟语、格言、警句汇编按学科性质归类，谚语入 I1/7 的世界各国民间文学

类,专业谚语按学科归类。例:

新编歇后语大全/杨光亚编著,分类号为 H136。

智趣短信 1300 条/刘烨编著,分类号为 H136。

名家论兵:军事名言集粹/永华等编,分类号为 E-49。

谚语大典:中外谚语分类选编/张一鹏编著,分类号为 I17。

健康谚语/李颐扬编,分类号为 R161。

(3)关于语言读物的分类。本类的语言读物指以提高阅读能力、学习语言为目的的对照读物或注释读物;非学习语言用各学科多种语言的对照读物,按学科内容归类;两种语言对照的读物按前一种语言归类,在后一种语言作互见分类;三种以上语言对照的读物入 H0;汉语与中国少数民族语言对照的读物入中国少数民族语言类;汉语与外国语对照的读物入相应的外国语言类。例:

了不起的盖茨比:英汉对照/(美)斯科特原著,分类号为 H319.4。

中华人民共和国濒危野生动植物进出口管理条例:英汉对照,分类号为 D922.6。

高尔夫中英日韩日常会话 600 句/郁小平主编,分类号为 H09。

日英双语互动会话:配中译文/袁苗苗,杨海燕编著,分类号为 H369.9,互见分类号为 H319.9。

(4)中国少数民族语言入 H2 有关各类,与中国少数民族语言相同的世界民族语言入外国语言类。例:

喀喇沁蒙古语研究/曹道巴特尔著,分类号为 H2。

朝鲜族双语现象成因论/关辛秋著,分类号为 H2。

中世纪蒙古语诸形态研究/(日)小泽重男著,分类号为 H5。

韩国语实用惯用语宝典/陈艳平等编著,分类号为 H5。

(5)中、小学汉语语文读物、作文选集、作文选评等分别入 H194.5 和 H194.4,中小学作文教学的文献入 G62/63 有关各类。例:

新编中小学优秀作文选评/张迎春等主编,分类号为 H194.5,互见分类号为 H194.4。

中小学生作文步骤训练/刘济远主编,分类号为 G634.3。

(6)本类的"朗诵法、演讲术"不仅收朗诵、演讲的理论和方法的文献,也收以提高演讲能力为目的的讲演集;各专门学科讲演集按学科性质归类;讲演稿写作入相应语种写作类。例:

九步成为演讲高手/(美)马克著,分类号为 H019。

中国的自由之路——罗素在华讲演集/袁刚等编,分类号为 B561。

领导岗位讲演艺术/杨大伟,张连珠著,分类号为 C933。

I 类

1. 修订要点

(1)新增类目 3 个。新增"I226.6 散文诗"、"I232.9 昆曲"、"I253.8 历史"。

(2)删除类目 13 个。删除"I210 鲁迅著作及研究"所属 13 个下位类,并将删除类目内容以类目注释形式改入"I210 鲁迅著作及研究",注释内容为"鲁迅著作、日记、书信、手稿、墨迹、译文集，对鲁迅著作的学习研究、评论，学习鲁迅精神的著作入此”。

(3)规范、扩展类名3处。“I226.1自由诗”改为“I226.1新诗(自由诗)”，“I235电影、电视、广播剧本”改为“I235电影剧本、电视剧本、广播剧本”，“I287.3戏剧、歌舞剧”改为“I287.3戏剧剧本、歌舞剧剧本”。

(4)增加、修改注释18处。如“I106作品评论和研究”增加注释“总论网络文学的评论和研究入此”，“I2中国文学”增加注释“中国文学事业的现状与发展、文学评奖、组织机构、学术团体、学会、协会、文学产业等入此”，“I207.22诗歌”注释中增加了“诗经、楚辞”，“I226.2抒情诗”增加注释“包括颂歌、情歌、哀歌、挽歌”等，“I226.3叙事诗”增加注释“包括诗体小说、故事诗、史诗等，“I266现代作品(1919～1949年)”增加注释“民国时期散文作品综合集入此”。

2. 分类要点

(1)关于文学作品的分类

a. 文学作品按作品作者的国籍和作品完成的时代分。

b. 国籍有改变的作家，其一体作品按作品完成时作者的国籍分，作品综合集按作者最后的国籍分；国籍无从考查的作家，按作品内容涉及的国家分；国籍不明的华人文学作品，可归入中国文学。

c. 三洲以上文学作品集入I1有关各类；二洲以下及各国文学作品集入I3/7有关各类。

d. 跨时代的文学作品集按最后完成的时代分。例：

王蒙精选集/王蒙著，分类号为I217.6。

中国二十世纪散文选读/周茜编选，分类号为I267。

e. 民间文学作品按作品产生的地区和时代分，不按编辑者的国籍和时代分。例：

伊索寓言/(希腊)伊索著；吕凡等改编，分类号为I17。

天方夜谭/郑建，徐艳清编，分类号为I371.7。

f. 文学作品的缩写本、节本，按原作品作者的国籍和写作时代分；由一种体裁改写为另一种体裁的文学作品，按改写者的国籍和改写的时代分。例：

莎士比亚戏剧故事集/(英)查尔斯，(英)玛丽改写，分类号为I561.44。

仲夏夜之梦/(英)莎士比亚原著；黄启炎改写，分类号为I247.8。(本书由戏剧改写为故事。)

红楼梦：少儿版·注音绘画本/(清)曹雪芹原著；汪宇环，熊丁洁改编，分类号为I287.45。

g. 儿童文学作品的分类。在文学作品中，儿童文学作品单独设类，自成体系。类分儿童文学作品时应注意图画故事与连环画的区分，连环画作品入J22/23有关类目。例：

三只小猪·狐狸和山猫/李晓羡等编，分类号为I287.8。

我不困，我不想睡觉/(英)罗伦编绘，分类号为I561.8。

水浒传：儿童注音版连环画/纪江红主编，分类号为J228。

(2)关于文学评论文献的分类。文学评论按被评论作品产生的地区和时代分，不按评论者的国籍和时代分。例：

欧美学者论俄苏文学/薛君智主编，分类号为I512.06。

法国汉学家论中国文学:古典戏剧和小说/钱林森编,分类号为 I206.2。

(3)“少数民族文学”类只收少数民族作家所创作的各体文学作品综合集及其研究,一体的文学作品及其研究入各种体裁的文学类。例:

民族文学 30 周年精品选/叶梅主编,分类号为 I29。

鄂尔多斯史诗/浩斯巴雅尔等编,赵文工译,分类号为 I222。

北朝民族文学叙论/高人雄著,分类号为 I207.9。

多元文化语境中的西北多民族文学/韦建国,吴孝成等著,分类号为 I207.9。

中国少数民族民间口传文化母题研究/王宪昭著,分类号为 I207.7

(4)“宗教文学”只收以宗教为题材的多种体裁的文学作品及研究的文献,单一体裁的宗教文学作品及其研究入各体文学有关各类。例:

中国基督教文学的历史存在/刘丽霞著,分类号为 I207.99。

菩提心语:二十世纪中国佛教散文/谭桂林著,分类号为 I267。

J 类

1. 修订要点

(1)新增类目 3 个。“J2-3 绘画研究方法、工作方法”、“J629 其他西洋器乐理论和演奏法”、“J821.9 昆曲艺术”。

(2)新增复分注释 2 处。在“J521 工艺美术作品综合集”、“J633/637 各国民族器乐”类下均增加注释“依中国地区表分”。

(3)删除类目 3 个。删除 J0-0 所属 3 个类目,将删除内容以注释形式改入“J0 艺术理论”,注释内容为“艺术的哲学基础(艺术的思想性和社会性,艺术为人民服务、为社会主义建设服务)、艺术的方法论(比较艺术)、艺术与其他科学的关系(艺术心理学、艺术社会学)等入此”。

(4)规范、扩展类名 20 处。如“J221.1/.7 各地方绘画作品集”改为“J221.1/.7 各地方绘画作品综合集”;“J221.8 个人绘画作品集”改为“J221.8 个人绘画作品综合集”;“J221.9 绘画范本”改为“J221.9 绘画范本、画谱”;“J527 陶瓷、漆器”改为“J527 陶瓷、漆器工艺美术”;“J62 器乐理论与演奏法”及其所属类目 J621/625 原类名前均加“西洋”,如“J625 西洋打击乐理论和演奏法”;“J642.1 群众歌曲”改为“J642.1 通俗歌曲”;“J822 各国戏剧艺术”改为“J822 歌剧艺术、音乐剧艺术”;“J83 各国戏剧艺术”改为“J83 各国戏剧、杂技艺术”;“J84 戏剧艺术”改为“J84 戏剧、曲艺、杂技艺术”;“J89 戏剧事业”改为“J89 戏剧、曲艺、杂技事业”。本类通过扩展类名变化较大的类目是 J19。“J19 宗教艺术”扩展为“专题艺术与现代边缘艺术”,注释内容为“民间艺术(总论)、宗教艺术(理论、概况、作品综合集及其评论)、行为艺术、人体艺术、装置艺术、配置艺术、地景艺术(大地艺术)等入此”。

(5)增加、修改注释 26 处。如在“J2-39 电子绘画技术”增加注释“专论入有关各类。例:电脑动画(flash)技法入 J218”,在“J218 各种画技法:按用途分”增加注释“电脑动画(flash)入此,三维动画制作入 TP391.4”,在“J221.8 个人绘画作品综合集”增加注释“两种以上绘画形式的个人作品集入此。一种绘画形式的作品集入 J222/229 有关各类”,在“J5 工艺美术”增加注释“专论工业美术设计入 TB47”,在“J51 图案设计”增加注释“图案学(图案构成法)、平面设计、立体设计、色彩设计、各种图案设计(人物、动物、植物、图案学、少数民族图案)入此。工业产品的平面设计入TB47”。

2. 分类要点

(1)总论多种艺术形式的基本理论、创作方法、评论方法、艺术技法的文献入J0有关各类,各国艺术的评论与欣赏入J05,并依世界地区表分;某种艺术形式专论入J2/9有关各类。例:

艺术创新思维概论/陈明著,分类号为J04。

中国美术鉴赏/晁方方,高卉民主编,分类号为J052。

中国绘画欣赏/刘继潮主编,分类号为J20。

大学戏剧鉴赏/朱栋霖,张晓玥等著,分类号为J80。

(2)总论世界各国艺术市场的文献入J11/17有关各类,专论绘画艺术市场、音乐市场、舞蹈市场、戏剧市场的文献入J2/9有关各类,有关工艺美术制品的贸易入F768。例:

中国艺术品市场报告/白志良著,分类号为J12。

转型期的中国画市场/西沐著,分类号为J2。

电视剧市场体系研究/魏国彬著,分类号为J94。

怎样购买瓷器/古月编著,分类号为F768。

(3)J2绘画、J3雕塑、J4摄影艺术均划分为理论、技法和作品。作品的评论入“理论”类;论述技法兼论理论的文献入“技法”,以作品为例讲技法的文献入“技法”。例:

中国影像革命:当代新闻摄影与纪实摄影/胡武功著,分类号为J42。

丹顶鹤:艾俊生摄影作品集/艾俊生摄影撰文,分类号为J42。

强国之路看中国巨变:摄影集/中国画报出版社出版编辑,分类号为D619-64。

(4)有关书法、篆刻文献的分类。J29书法、篆刻是一个并列的类组,“书法、篆刻”作品按文字划分,不按文字的书写者划分。无论著者是中国人还是外国人,凡有关汉字、汉语拼音、中国少数民族文字的书法与篆刻均入J292有关各类。其中,汉字毛笔字书法作品入J292.2/.3。该类目的划分采用了多重列类的方法,分别依时代和书体列类。各代书法单体、按时代汇编的多体书法作品归入J292.2,各时代单体书法作品汇编入J292.3,外文书法入J293。例:

规范汉字书法教程/曹长远,郑祖玉编著,分类号为J292.1。

明清书法精品系列/刘墨主编,分类号为J292.2。

怀素小草千字文/(唐)怀素书,分类号为J292.2。

历代行草精选/江吟,莫小不主编,分类号为J292.3。

世纪英文经典草书/张双武,张鸣天著,分类号为J293。

阿拉伯文书法艺术/穆罕默德·尤素夫·陈坤著,分类号为J293。

(5)“J5工艺美术”的总论性文献分为理论(包括技法)和作品集,各种工艺美术的理论、方法、研究、评论、作品均集中归类。例:

视觉传达设计创意与表达/李娟等编著,分类号为J50。

新概念中小学生黑板报报头插图集粹500例/魏嘉翔,叶定莲主编,分类号为J522。

环境标识导向系统设计/鲍诗度等著,分类号为J524。

民间灯彩:图集/吕品田,徐雯编著,分类号为J528。

(6)有关音乐文献的分类。“J6 音乐”分为“J61 音乐技术理论与方法”、“J62 器乐理论与演奏法”、“J63 民族器乐理论与演奏法”、“J64 中国音乐作品”和“J65 外国音乐作品”。各种音乐的“音乐理论、演奏方法”与“音乐作品”分别归类。例:

见证披头士:摇滚巨星亲口讲述的乐史/(加)戴维,(加)艾伦著,分类号为J60。

怎样唱好摇滚歌曲:表演级/尤静波主编,分类号为J616。

美国摇滚吉他集锦/拉里·麦克凯伯著,分类号为J657.3。

实用电声小乐队编配法/龚耀年著,分类号为J628。

(7)总论舞蹈、舞剧理论与方法的文献分别入J70/71。“J72 中国舞蹈和舞剧”、“J73 各国舞蹈和舞剧”均包括理论、方法和作品。舞蹈音乐入J6有关各类。例:

西方芭蕾舞与现代舞简史/傅小凡,卢莉蓉编译,分类号为J732。

世界十大芭蕾舞剧欣赏/钱世锦编,分类号为J733。

(8)“J8 戏剧”是由文学、表演、音乐、美术等多种艺术成分有机组成的一门综合性艺术,包括戏剧、曲艺和杂技。各种戏剧的导演、表演、舞台美术和技术、化妆、服饰和服装、评论与欣赏、历史、事业史等均按剧种集中归类。戏剧文学入I有关各类,戏剧音乐入J6有关各类。例:

中国戏曲文化/夏兰编著,分类号为J82。

中国京剧史/马少波等主编,分类号为J821。

《茶馆》的舞台艺术/刘章春主编,分类号为J824。

莎士比亚悲剧四种/(英)莎士比亚著,分类号为I561.3。

(9)总论电影、电视拍摄艺术与技术的文献入J93有关各类,各种电影、电视的拍摄艺术与技术入J95/97有关各类,对具体影视作品进行艺术评论与欣赏的文献集中归入J90,影视文学入I有关各类,影视音乐入J6有关各类。例:

电视剧摄影艺术论/王伟国著,分类号为J93。

纪录电影摄影艺术的绘画性/马驷骥著,分类号为J95。

精品动画影片分析/赵前主编,正确分类号为J90。

荧屏内外的《吕梁英雄传》/朱锦平主编,分类号为J90。

黄显声将军(21集电视剧)/靳韬光,荣崙,赵春仁编剧,分类号为I235.2。

K类

1. 修订要点

(1)新增类目4个。“K16　21世纪(2000～　)”,在“K27 中华人民共和国时期(1949～)”类下扩充类目3个。

(2)新增复分、仿分注释3处。“K21/27 中国各代史”增加注释“均可仿K20分,仿分时一律冠‘0’”,“K833/837 各国人物传”增加注释“如有必要,再仿K82分”,“K928.9 旅游地理、游记”增加注释“依中国地区表分”。

(3)删除类目11个。删除了K0、K25、K85、K89所属类目的部分下位类,并将删除类目内容以注释形式改入被删除类目的上位类。如将“K0 史学理论”所属的7个类目删除,在

“K0 史学理论”类下增加注释“史学的哲学基础(历史哲学)、社会发展理论(各种社会形态的历史发展、发展社会学、现代化理论等)、史学专论(历史主义与阶级观点的问题,各种历史观,历史人物评价等)、年代学(历史年代的测定理论和方法)、史料学(史料的源流、价值、搜集、整理和利用方法)、历史研究(历史研究法(考订、辨伪、史学计量等)、历史写法、历史学习法)、史学史(史学思想、派别的研究,对史学家的学术思想评述以及古代史学理论等)入此”。

(4)删除专类复分表 1 处。删除“K3/7 世界各国和地区历史”类专类复分表。

(5)规范、扩展类名 13 个。如“K21 原始社会(约 60 万年前～4000 多年前)”改为“K21 上古史(约 170 万年前～约公元前 2070 年)”,“K246 辽、金(916～1234 年)”改为“K246 辽、金、西夏(916～1234 年)”,“K919 旅行、游记”改为“K919 旅游地理、游记”。

(6)增加、修改类目注释 30 处。如“K825.8 历史、地理”增加注释“探险家等入此”。

2. 分类要点

(1)有关民族历史文献的分类。总论世界及各国民族起源、分布、历史发展及现状的文献入 K1/7 的世界各国民族史志类,其中“K18 民族史志”除收跨洲的世界多民族文献汇编外,还收生活在世界多地区、多国家某一民族的文献,若该民族有主要聚居地,则依主要聚居地的民族归类;中国各时代民族总志入 K280.0;古代民族史志(匈奴、东胡、突厥、通古斯、羌藏)入“K289 古代民族史志”。例:

犹太人在亚洲:比较研究/潘光主编,分类号为 K18。

浪迹天涯的吉卜赛人/赵锦元著,分类号为 K18。

历史上的阿拉伯人/(英)路易著,分类号为 K37。

两汉民族关系思想史/崔明德著,分类号为 K280.0。

清代东北边疆的满族/张杰,张丹卉著,分类号为 K282.1。

宁夏满族述往/李凝祥著,分类号为 K282.1。

鲜卑帝国/文韬著,分类号为 K289。

(2)有关地方志文献的分类:地方志是记载一定地域(或行政区划)自然历史与人文历史的综合性著述,一般分门别类记载。地方志包括地方史和地方文化史。中国地方志、地方史入 K29。某一地方某一方面历史的文献、某一地方历史事件按学科归类。例:

嘉庆重修一统志/(清)嘉庆敕撰,分类号为 K29。

沈阳市志/沈阳市人民政府地方志办公室编,分类号为 K293.1。

上海文化通史/陈伯海主编,分类号为 K295.1。

不屈的抗争:东北民众反抗日本殖民统治的斗争/中共沈阳市委党史研究室编著,分类号为 K264.06。

(4)有关军事学史、军事思想史、军事史、战史、建军史与战争史的区分见“E 军事”。

(5)有关传记文献的分类。

a. 传记文献分为总传和分传。多人传记集为总传,单人传记为分传。总传分别按时代、地区和学科分。涉及多个分类标准的传记集,按学科、地区、时代的次序归类。分传按学科分。例:

清代宣南人物事略初编/王汝丰主编,分类号为 K820.81。

历代西藏将领录/黄呈洲主编,分类号为 K825.2。

星星、月亮、太阳:胡适的情感世界/江勇振著,分类号为K825.4。

b. 人物传记首先按被传人的国籍分,改变国籍者按最后加入的国籍分;传记的"地区"指被传人的国籍,传记的"时代"指被传人主要活动时期或其卒年,传记的"学科"指被传人所从事的专业;涉及多重学科人物的传记可按其从事的主要学科领域分。

丁肇中传/周金品著,分类号为K837.126.1。

c. 各科人物的学科思想评论入各学科有关各类,人物专访录根据访谈的内容归类,以人物生平事迹为题材的小说、纪实文学、回忆录,散文体的书信、日记等入I文学有关各类。例:

推开另一扇窗:中国科学院研究生教育访谈录/隋红建主编,分类号为G643。

沧海往事:中国现代著名作家书信集锦/赵清阁编,分类号为I267。

贺龙纪实:不为人知的奇闻/朱公孝著,分类号为I247.53,互见分类号为K825.2。

(6)有关文物文献的分类。

a. 文物考古、挖掘、鉴定的文献入K85/88有关各类,文物采集、保管、收藏、修复、陈列、展览的文献入G26有关各类。凡中国出土文物图录、总论某一地区的出土文物图录入K873,某种出土文物图录、非出土文物图录随文物归类。例:

隋唐古玩鉴定/姚江波著,分类号为K871。

神秘的金字塔/扎马罗夫斯基著,分类号为K884.11。

文物保护与修复的问题/马里奥·米凯利(Mario Micheli)主编,分类号为G264。

古玩收藏鉴赏万事通:彩图版/史树青主编,分类号为G262。

b. 有关遗址遗迹文献的分类。总论遗址遗迹考古的文献入K878,遗址遗迹美术考古的文献入K879,遗址遗迹的一般性介绍入K928.7。

东平后屯汉代壁画墓/李振光主编,分类号为K878。

高句丽古墓壁画研究/耿铁华著,分类号为K879。

(7)关于礼仪、礼节文献的分类。总论中国礼仪、礼节的文献入K892.2,中国古代礼制无论总论分论均入K892.9,世界各国的礼仪、礼节及古代礼制依世界地区表分,行业礼仪、礼节按学科归类。例:

话说中国礼仪/李朋主编,分类号为K892。

中国古代帝王宗庙礼制研究/郭善兵著,分类号为K892.9。

社交礼仪教程/金正昆著,分类号为C912.1。

国际交往实用礼仪/陈红编著,分类号为D80。

(8)有关地方概况文献的分类。综合论述中国某一地区古今政治、经济、社会、文化、军事、历史、地理的文献入K921/927区域地理、地理志,专论某一地区某一方面的文献入"K928专类地理"。例:

古本山海经图说:增订珍藏本/马昌仪著,分类号为K928-64。

中国历史地名避讳考/李德清著,分类号为K928。

黄河变迁史/岑仲勉著,分类号为K928。

(9)有关中国名胜古迹文献的分类。总论中国及某一地区名胜古迹的一般介绍入K928.7,自然名胜入K928,名胜古迹考古入K878,游览名胜古迹的旅游指南入

K928.9。例：

美景中国——国家级风景名胜区/文斌主编，分类号为 K928.7。

图说北京景点精萃/李金武编著，分类号为 K928.7。

泰山文化谱新篇/张全之等编著，分类号为 K928。

大漠中的历史丰碑：敦煌境内的长城和古城遗址/李并成著，分类号为 K878。

古迹遗址游/韩怡星等编著，分类号为 K928.9。

(10)有关地图的分类。行政区划图、历史地理图、旅游图等人文地理图入 K99 有关各类，自然地理图入 P98，其他专题地图按学科性质归类，地图学入 P28 有关各类。例：

辽宁省地图/星球地图出版社编制，分类号为 K992。

元清盛时疆域图/陆殿扬主编，分类号为 K992。

中国自然地理图集/中国地图出版社编制，分类号为 P98。

中国东北交通旅游地图册/哈尔滨地图出版社编制，分类号为 F512-64。

北京市农业资源与区划图集/北京市农业区划委员会办公室编，分类号为 F329.91-64。

中国地图学史/(美)余定国著，分类号为 P28-092。

N 类

1. 修订要点

(1)新增类目 2 个。新增“N09 自然科学史”和“N79 非书资料、视听资料”。

(2)调整类目的隶属关系 1 处。“[N99]情报学、情报工作”的正式类目，由“G35 情报学、情报工作”改入“G25 图书馆事业、信息事业”。

(3)规范、扩展类名 1 个。“N1 自然科学现状及发展”改为“N1 自然科学概况、现状、进展”。

(4)新增、修改类目注释 6 处。如“N3 自然科学研究方法”、“N4 自然科学教育与普及”等。

2. 分类要点

(1)自然科学总论或兼论技术科学的文献均入“N0 自然科学理论与方法论”，总论自然科学、技术科学与哲学、社会科学理论与方法的文献入“G3 科学、科学研究”类，总论自然科学教育、考核和普及的文献入 N4 有关类目，凡属自然科学或技术科学中的某一专门学科的专论性文献入有关各类。例：

科学艺术结合构建人的和谐/王启成著，分类号为 N0。

UFO 现象全记录/闫艳主编，分类号为 V11。

(2)N1—N2 收自然科学概况、现状、进展，自然科学机构、团体会议的文献；涉及自然科学具体研究方法的文献入 N3；自然科学丛书、文集、连续出版物、参考工具书、非书资料入 N5—N79 有关各类；关于综合性科学调查、考察的文献入 N8；关于自然研究、自然历史的文献入 N91；关于非线性科学、系统科学的文献分别入 N93 和 N94 类。例：

科学技术概论/胡显章，曾国屏主编，分类号为 N1。

系统辨识及其 MATLAB 仿真/侯媛彬等编著，分类号为 N94。

O 类

1. 修订要点

(1)新增类目 5 个。“O1-6 数学参考工具书”、“O4-0 物理学理论”、“O4-3 物理学研究方法”、“O63-0 高分子化学(高聚物)理论”。

(2)删除类目 1 个。“O621 有机化学一般性问题”。

(3)规范、扩展类名 2 个。“O173 无穷级数论(级数论)”改为“O173 级数论”,“O245 数值软件”改为“数学软件”。

(4)调整类目及注释内容的隶属关系 1 处。“O621 有机化学一般性问题”类目注释“有机化学理论、物理有机化学、有机化合物性质、有机合成化学、总论有机化合物著作”,改入“O62 有机化学”。

(5)新增、修改类目注释 87 处。新增类目注释 5 处,如“O158 离散数学”、“O181 几何基础(几何学原理)”、“O61 无机化学”、“O628 含同位素化合物”等;修改类目注释 65 处,如“O245 数学软件”、“O317 稳定性理论”、“O62 有机化学”等;删除类目注释 17 处,如“O56 分子物理学、原子物理学”、“O63 高分子化学(高聚物)”、“O645 溶液”等。

2. 分类要点

(1)本大类所属各学科的有关类目主要收有关物质性质、结构等方面的理论和实验研究文献。凡属物质生产技术、设备使用技术等入应用学科有关各类。例:

运筹决策理论方法新编/王可定,周献中主编,分类号为 O22。

材料的疲劳/(美)S. Suresh 著;王中光等译,分类号为 TB3。

(2)当文献的内容涉及科学理论与应用关系时,通常归入到应用学科,如建筑结构力学入 TU311;当某种理论应用在多方面时,则将其归入该理论学科类目,如全面论述协同学理论在各个领域应用的文献入 O415。为容纳总论某学科理论应用的文献,本大类在一些学科类目下编列了“应用××学”类目,如“O39 应用力学”、“O429 应用声学”等,并可用冒号组配法,供有关单位选择使用。例:

概念结构力学/黄达海,郭全全著,分类号为 O342。

高等工程液体力学(少学时)/张鸣远编著,分类号为 TB12,或 O368:TB12。

P 类

1. 修订要点

(1)新增类目 16 个。P1-2 机构、团体、会议,P2-0 理论与方法,P966 资源分布,在“P315 地震学”类下扩充了 11 个下位类目。

(2)调整类目及注释内容的隶属关系 5 处。“P24 测绘仪器”改为“[P24]测绘仪器”,类目注释“宜入 P2”;“人造卫星在大地测量中的应用”由“P12 天体测量学”改入“P22 大地测量学”;“宇宙气象学”由“P18 太阳系”改入“V41 基础理论及实验”;“测绘仪器”由“P24 测绘仪器”改入“P2 测绘学”;“景观生态学”由“Q14 生态学(生物生态学)”改入“P90 一般理论与方法”。

(3)规范、扩展类名 2 处。“P429 气象灾害”改为“P429 气象灾害及其防治”,“P941 世界自然地理学”改为“世界自然地理”。

(4)新增、修改类目注释59处。如“P184 月球”增加注释“月质学入此”，“P2-0 理论与方法”增加注释“地理格网入此。测绘法规入D9有关各类”，“P68 宇宙地质学”增加注释“月质学入P184；陨石学入P185”，“P42 气象基本要素、大气现象”删除注释“参见P35”。

2. 分类要点

(1)天文学、测绘学文献的分类

“P11 天文观测设备与观测资料”收总论天文仪器构造、使用、观测技术方面的文献。凡属从天文学角度观察、研究宇宙起源、演化的文献入“P15 恒星天文学、星系天文学、宇宙学”。把地球作为一个天体研究的文献入P183 地球。“P25 专业测绘”只收总论性文献；“P27 地籍学”收包括地籍测量、地籍调查和管理方面的文献；“P28 地图制图学”只收有关地图绘制理论与方法的文献，具体地图均入有关各类；“P22 大地测量学和P23 摄影测量与测绘遥感”有一定的关联，文献分类时要根据测量的对象和手段决定类属。凡属专论某专业测绘的文献一律入有关各类，如农业工程测量入S29；如愿将专业测绘技术的文献集中于此，可采用冒号组配法，如水利工程地形测量为P25：TV22。有关地球本身物理性质、化学成分、地质、地貌、水文、气象、矿物、地理，以及测绘等方面的文献分别入P2/9有关各类。专论使用某种仪器观测星体方法的文献入各有关星体，专论天文仪器制造的文献入TH7各类，天体测量在各方面的应用的文献入有关各类。例：

遥感测绘学术论文选集/王玉玮著，分类号为P23。

长江三峡生态与环境地图集/三峡生态与环境项目组编，分类号为P98。

(2)地球物理学、地质学文献的分类

“P313 大地构造物理学、岩组学”类，包括收入应用物理学理论与方法，研究地球的地壳构造、成分、性质、状态的文献；“P33 水文科学”主要收水文调查、观测(测验)、水文记录、水文预报，以及陆地水文学、水文地理学等方面的文献，有关水、河流、湖泊、沼泽、河口、冰川研究的综合性文献亦入本类；“P35 空间物理”收有关电离层物理、外层空间日地关系物理、空间等离子体物理、总论高层大气与空间物理学的文献；总论地史学、灾变论、古地理学、古气候学、地球年龄、区域地层学、各时代地史及其地层与成矿等入“P53 历史地质学、地层学”；研究地球动力、地球构造运动、大地构造分区等有关问题的文献入“P54 构造地质学”和“P55 地质力学”类；“P57 矿物学”只收从矿物元素及其化合物角度研究矿物的文献；总论地质、矿物普查与勘探的文献入“P62 地质、矿产普查与勘探”。凡专论某一类(种)矿产的地质普查、勘探的文献均入“P61 矿床学”。例：

海啸地震与地壳运动/孙广来，张娟主编，分类号为P315.4。

硫化物表面矿物学/贾建业等著，分类号为P578。

(3)大气科学(气象学)文献的分类

“P4 大气科学(气象学)”，收研究大气科学(气象学)的一般理论与方法、大气探测、气象基本要素、动力气象学、天气学、天气预报、气候学，以及人工影响天气方面的文献；总论气象灾害的文献入P429。总论天气预报的文献入P45；专论某种气象灾害的文献入P4有关各类，如风灾入P425，水灾、旱灾入P426。例：

卫星气象学/陈渭民著，分类号为P40。

我国气象灾害的预测预警与科学防灾减灾对策/黄荣辉等著，分类号为 P429。

(4)海洋学文献的分类

有关海洋调查与观测的组织、方法、设备、仪器集中归入“P71 海洋调查与观测”；“P72 区域海洋学”只收总论性文献；海洋水文、海洋气象、海洋物理学、海洋地质学等海洋基础科学的文献入“P73 海洋基础科学”；“P75 海洋工程”不仅包括海下作业，也包括江河、湖泊的水下作业；专论某种海洋矿产的文献入 P61；专论某种海洋生物的文献入 Q91。例：

海洋水文观测/陆天用著，分类号为 P71。

水下焊接修复技术/(英)尼克松著，分类号为 TG456。

(5)自然地理学文献的分类

总论景观生态学的文献入 P90，专论入有关各类；凡属总论河口、三角洲地貌，沙漠、干燥地貌，冻土地貌等方面的文献均入“P93 部门自然地理学”；除火山地貌入 P317、海洋地貌入 P73 外，其他地貌学的文献均集中编列在自然地理类；凡有关世界及各国各种地貌研究的文献入 P94 有关各类。例：

景观生态学/肖笃宁著，分类号为 P90。

西拉雅国家风景区生态导览手册/陈东瑶等编，分类号为 K928。

Q 类

1. 修订要点：

(1)新增类目 10 个。如“Q-0 生物科学的理论与方法”、“Q-1 生物科学现状与发展”、“Q-4 生物科学教育与普及”、“Q91-65 古生物命名法”等。

(2)删除类目 1 个。删除了“Q98-08 资产阶级人类学及其研究”。

(3)调整类目及注释内容的隶属关系 5 处。如“古生物命名法”由“Q91 古生物学”注释改为新增类目“Q91-65 古生物命名法”；删除“Q98-08 资产阶级人类学及其研究”，将“资产阶级人类学及其研究”改入“Q98-06 学派及其研究”。

(4)规范、扩展类名 1 个。“Q-3 生物科学的研究方法与技术”改为“Q-3 生物科学的研究方法、技术”。

(5)新增、修改类目注释 60 余处。如“Q-1 生物科学现状与发展”，增加注释“总论生物科学水平、动态、动向等入此。专论入有关各类。例:《农业生物技术进展与展望》入 S18。依世界地区表分”，“Q11 生物演化与发展”注释增加“生物系统学”、“系统生物学”、“社会生物学”、“协同进化”、“协同进化与研究”，“Q2 细胞生物学”增加注释“总论入此。依总论复分表分”，“Q814 酶工程”删除注释“参见 TQ92”。

2. 分类要点

(1)凡总论生物的生命起源、演化与发展，以及生物形态学、生物生态学、生物地理分布和生物分类学等的文献入“Q1 普通生物学”；“Q3 遗传学”主要收论述与研究有关生物性状的遗传和变异、细胞质遗传、染色体遗传、群体与进化遗传等方面的文献；“Q4 生理学”收普通生理学文献和总论动物生理学、脊椎动物生理学文献；“Q5 生物化学”收普通生物化学、总论动物和人体的生物化学文献。总论动物(包括人)基因工程的文献入“Q78 基因工程(遗传工程)”；“Q189 神经科学”和“Q81 生物工程学(生物技术)”只收总论性文献。凡属专论某一类(种)微生物、植物、动物和昆虫的普通生物学方面的文献,专论某一类(种)生物的神经科学文献,分别入 Q93/96 和 R 有关类;专论神经解剖学、神经生理学的文献入 Q42;专论神经生物化学的文献入 Q593。专论人体生理学的文献入 R33;专论家畜生理学的文献入 S852。凡属采用细胞融合或核移植等方法,直接把外来基因转移到受体细胞内,培养生物新品种的文献入"Q813 细胞工程";有关微生物、植物、昆虫的生物化学文献分别入 Q93、Q94、Q96 各类;专论某类或某种动物的生物化学文献入 Q95 动物学有关各类。"Q6 生物物理学"分类方法与生物化学相同。例:

神经科学前沿/曹天钦等著,分类号为 Q189。

植物基因工程研究/陈章良主编,分类号为 Q943。

(2)古生物学文献的分类

"Q91 古生物学"分为 Q911、Q913/915 两大部分,前者收总论古生物学各方面的文献,后者集中各类古生物各方面的文献。各种古生物的地层分布、地区分布,入 P911 普通古生物学。凡文献内容同时涉及地层分布和地区分布的,一律归入各地层分布。"Q919 应用古生物学"只收总论性文献。例:

化石知识/刘关箕编,分类号为 Q911。

白垩纪恐龙化石分布的特点/周为民著,分类号为 Q915。

(3)微生物学、植物学、动物学、昆虫学文献的分类

这些以某类生物为研究对象的生物学分支学科,类目编列的结构是相同的,即首先编列某类生物的演化、细胞、形态、生理、生态等方面问题的总论性类目,容纳该类生物共性问题的文献。Q93/96 类下分别编列的应用微生物学、应用植物学、应用动物学和应用昆虫学等类目,只收总论性文献,凡属专论性文献均收入有关各类。例:

中国禾本科植物锈菌分类研究/王云章等著,分类号为 Q949。

药用植物栽培学/姚文淑编,分类号为 S567。

(4)"Q98 人类学"收总论人类学和有关古人类学、人种学、体质人类学、人体测量学、人类遗传学、人类生态学的文献;凡属人类学理论应用到其他学科形成的人类学分支学科,均入有关各类。例:

人类学研究/中国人类学会编,分类号为 Q98。

法医人类学/华刚著,分类号为 D919。

(5)"Q 生物科学"与"S 农业科学"的关系。前者是研究生物本身发生、发展、形态、生理等理论的科学,属自然科学范畴;后者是关于植物种植、动物养殖的技术科学。凡"农业科学"大类中所列出的各种农作物、园艺作物、树木、家畜、家禽、蚕、蜂等的生物学方面的文献,要集中归入 S 大类中的有关类,但有关鱼类等水产生物的生物学文献仍入 Q 大类中的有关类。例:

水稻遗传育种学/王永锐编,分类号为 S511。

鱼类血液与循环生理/(日)尾崎久雄著,分类号为 Q959。

R 类

1. 修订要点

(1)新增类目 50 多个。对"R18 流行病学与防疫"、"R244 外治法"、"R511 病毒传染病"

等6个类目做了扩充,扩充下位类40多个;新增了"R393 医学分子生物学"、"R41 临床诊疗问题"、"R47-05 护理学与其他学科的关系"、"R9-39 计算机在药学中的应用"、"R918 药物设计"、"[R459.8]精神疗法"等。

(2)调整类目或注释内容的隶属关系。"药物设计"由"R91 药物基础科学"类目注释改为新增类目"R918 药物设计","人畜共患病"由"R53 寄生虫病"类目注释改为新增类目"R535 人畜共患病"。

(3)重点规范、扩展的类名有21个。如"R134 生产环境卫生"改为"R134 作业环境卫生","R136 生产劳动安全卫生措施(劳动保护措施)"改为"R136 职业安全卫生防护措施","R275 中医皮科"改为"R275 中医皮肤科学与性病学",将"R15 营养卫生、食品卫生"改为"R15 营养卫生、饮食卫生","R169 计划生育与卫生"改为"R169 生殖健康与卫生","R459.7 急症、急救处理"改为"R459.7 急救医学、急救处理"等。

(4)新增、修改类目注释110多处。如在"R62 整形外科学(修复外科学)"增加注释"整形手术学(皮肤、肌及肌腱、神经、血管移植)、美容术(头颈、胸、腰腹、臀、四肢等部)"。

2. 分类要点

(1)总论疾病的预防与卫生的著作,如传染病预防、防疫与卫生、职业性疾病的预防等入"R1 预防医学、卫生学";专论某种疾病的预防与卫生的著作入R5/78有关各科疾病。例:

农村卫生防疫/山东省济宁地区防疫站编,分类号为R127。

苯中毒的防治/湖南省劳动卫生研究所编,分类号为R135。

怎样预防精神病/姚芳傅编著,分类号为R749。

(2)有关婴幼儿保健的文献入"R17 妇幼卫生"有关各类,总论家庭育儿的文献入"TS976 生活知识、家政服务",从早教角度论述婴幼儿保育的文献入"G61 学前教育、幼儿教育"。例:

托儿所幼儿园保健工作/北京儿童保健所主编,分类号为R174。

科学育儿大全/王玉学编著,分类号为TS976。

婴幼儿智力开发/李杰主编,分类号为G61。

(3)有关中西医结合临床治疗的著作入R4/78临床各科医学类;如内容侧重中医,则依重点分入R2中国医学。中国新医学理论著作入R2。例:

中西医结合儿科试用新方(本书侧重中医,介绍中药新方20种)/蔡化理编,分类号为R272。

中西医结合治疗眼病/陆绵绵编,分类号为R77。

用辨证法指导中西医结合/华山医院编,入R2。

(4)"R249 医案、医话(临床经验)"收两科以上的临床经验汇编著作,专科一科的著作入R25/278有关各类。例:

中国名医医案要略/任何主编,分类号为R249。

妇科证治/钱伯煊编,分类号为R271。

(5)"R4 临床医学"收诊断学、治疗学。护理学和康复方面的著作入有关疾病类。"R47 护理学"是作为一门独立学科编制的,除收一般护理技术外,还包括各专科护理技术著作。中医护理学著作入"R248 中医护理学"。例:

诊断学/山东医学院主编,入 R44。

内科疾病鉴别诊断学/贺龄主编,入 R5。

肝胆疾病诊断学/叶维法编著,入 R575。

妇产科护理/李文主编,入 R473。

中医外科护理/夏涵等著,入 R248。

(6)"R9 药学"收药典、生药学(天然药物学)、药剂学、药理学和各科药品(成药)方面的著作。有关药物方面的著作,主要收药物分析与使用,药物治疗等医疗应用方面的著作;药物的制造入"TQ46 制药化学工业";兼论制药与应用的著作入本类;中药学著作入 R28。例:

实用抗菌素学/戴自英等编,分类号为 R978。

抗菌素生产/上海第三制药厂等编,分类号为 TQ46。

本草纲目/(明)李时珍著,分类号为 R281。

(7)总论医疗卫生器械设备的著作入 R19,专论各种医疗器械设备的著作入 R5/78 有关各类,专论人工器官的著作入 R318,论述医疗器械制造的著作入 TH77。例:

常用医疗器械使用与维修/广州部队后勤卫生部编,分类号为 R19。

心脏起搏器医患问答/于波、曲海波主编,分类号为 R318。

专家谈心血管疾病/吴树燕著,分类号为 R54。

S 类

1. 修订要点

(1)新增类目 40 多个。如"S5-39 新技术在农作物生产上的应用"、"S6-39 新技术在园艺作物生产上的应用"、"S684 观赏树木(总论)"、"S857.29 公畜疾病"等。对"S76 森林保护学"扩充出 9 个类目:"S761 气象灾害及其防治"、"S762 林火"、"S763 森林病虫害及其防治"、"S764 动物为害及其防治"、"S765 有害草木及其清除"、"S766 人为损害及其防治"、"S767 防治药品及其使用"、"S768[防治器械]"、"S769 其他防治方法"。

(2)调整类目注释内容的隶属关系。"有机农业"由"S34 耕作学"改入"S-0 一般性理论","森林旅游(游憩)"由"S788 森林环境资源的利用"改入"F590 旅游经济理论与方法","鹌鹑生理、饲养"由"S839 其他"改入新增类"S837 鹌鹑"。

(3)规范、扩展类名。重点修改类名 9 个。如"S26 农业建筑"改为"S26 农业建筑与农业生物环境工程","S3-33 丰产试验(经验)、农业技术推广"改为"S3-33 优质、丰产试验(经验)、技术推广","S44 鸟兽害及其防治"改为"S44 动物危害及其防治","S45 有害植物及其清除"改为"S45 有害植物及其防除","S511.3 按成熟时期早迟分"改为"S511.3 按栽植季早迟分"。

(4)新增、修改类目注释 53 处。如在"S26 农业建筑与农业生物环境工程"新增注释"总论农业建筑、饲养建筑及农业生物环境工程等入此;专论农作物、园艺作物的生物环境工程入 S5、S6 有关各类。专论农业建筑设计、饲养建筑设计入 TU26 有关各类"。

2. 分类要点

(1)关于农业生产的类目,首先编列有关科学种田的技术与方法,如农业基础科学、农业工程、农艺学、植物保护等,然后编列各种作物,如各种大田作物、园艺作物。凡涉及某种农

作物的栽培技术与方法的著作,则分别集中在有关作物类目之下。例:

作物栽培学/北京农业大学等编,分类号为S31。

农作物远缘杂交育种/中国科学技术情报研究所编,分类号为S33。

中国小麦栽培学/金善宝主编,分类号为S512.1。

棉花育种技术/中国农业科学院江苏分院编,分类号为S561。

(2)有关各种农作物、园艺作物、林木、牲畜等的生物学著作(包括生理、生化、生态等)集中在农业科学有关各类,不入生物科学类。“S9 水产、渔业”专收各种水产保护、养殖和捕捞等方面的著作。例:

水稻生理/潘瑞炽主编,分类号为S511。

玉米的灌溉/山东省水利厅农业水利局编,分类号为S513。

鱼苗鱼种培育/广西水产研究所编,分类号为S962。

(3)本类有不少类目与工业技术有交叉关系,分书时要注意区别。

a. 关于化肥、农药的制造与使用,专论肥料或农药应用的著作入S143、S482,专论制造的著作入“TQ44 化学肥料工业”和“TQ45 农药工业”,兼论制造与使用的著作按内容重点分。例:

尿素使用技术/李庆荣等编,分类号为S143.1。

农药使用技术指南/袁会珠主编,分类号为S48。

尿素生产工艺/泸州天然气化工厂尿素车间编,入TQ441。

敌百虫生产/赵学冉编,分类号为TQ45。

b. 拖拉机和各种农业机械的制造与使用方面的著作入S21/22有关各类。总论农业机械和拖拉机配备使用的著作入S222,兼论汽车与拖拉机的著作入U46。例:

拖拉机形态学/王文隆等编,分类号为S219。

播种机械/刘兴和编,分类号为S223。

农田作业机械/陈寿奎编著,分类号为S23。

c.“S27 农田水利”收农业水利化、农田灌溉方面的著作;关于具体工程建设方面的著作,如水坝、水库等,入TV有关各类。例:

灌区农田基本建设/陕西省水电局编,分类号为S27。

农田灌溉/河北农业大学《农田灌溉》编写组编,分类号为S274。

农村水电站(水电站的建筑与设备)/浙江大学《农村水电站》编写组编,分类号为TV7。

d. 有关绿化建设的著作入S73,绿化建设规划的著作入TU985。例:

绿化施工与养护管理/祁林主编,分类号为S73。

城市绿地规划/(日)高原荣重著,分类号为TU985。

T类

1. 修订要点

(1)修改类名1个。“T-2 机关、团体、会议”改为“T-2 机构、团体、会议”。

(2)修改类目注释1处。T-18 专利。

2. 分类要点

(1)分类只收工业技术总论性文献。除主表已经依据总论复分表编列出的类目外，根据文献分类的需要，还可以使用总论复分表其他子目复分编号。例：

中国新技术新产品/许东升主编，分类号为 T-1。

工业试验全书/马国凡主编，分类号为 T-33。

(2)“T-18 专利”只收工业技术专利综合汇编、专利索引等出版物，凡属某一项专利或某一专题性、专业性专利的汇编本及索引等出版物，均依据其内容的学科属性归入有关类目。例：

美国专利实务手册/李魁贤著，分类号为 T-18。

钢铁专利文献索引/鞍钢技术图书馆编，分类号为 TF-18。

(3)“T-65 工业规程与标准”只收工业技术规程、标准的综合汇编，凡属各工业技术部门的专业技术规程、标准均应依据其内容的学科属性归入有关各类。但如愿集中于此，亦可根据其属于国际标准或者属于某一国家的规程、标准分别归入 T-651 或 T-652/657 各类，同时应在有关学科的类下作互见。例：

化工产品目录/化工情报站编，分类号为 TQ-63。

美国工业标准汇编，分类号为 T-657.12。

TB 类

1. 修订要点

(1)新增类目 2 个。“TB36 耐磨材料”、“TB45 防潮技术、干燥技术”。

(2)新增、修改类目注释 18 处。如在“TB33 复合材料”增加注释“先进复合材料等入此”，“TB11 工程数学”增加注释“参见 N94”，“TB22 工程测量”增加注释“建筑物变形、沉降、扭转及其观测，各种建筑物工程测量入 TU19”。

2. 分类要点

(1)“TB1 工程基础科学”只收各门自然科学基础理论在工程技术上应用形成的专门学科，凡属自然科学基本原理应用于某一个具体工业技术领域形成的专门理论，分别归入有关工程技术类目。例：

高等工程数学/姚仰新主编，分类号为 TB11。

应用数学原理与方法/弗里特曼著，分类号为 O29。

优选法在金属切削中的应用/刘光明编著，分类号为 TG501。

(2)“TB2 工程技术与测绘”收总论工程设计、工程测量、工程制图和工程模拟等方面的文献，凡属专论某一个工业技术部门或某一专项工程、某一个专项产品的上述问题的有关文献，均入有关工业技术部门、工程和产品。例：

中文版 AutoCAD 工程制图/崔晓利编著，分类号为 TB23。

AutoCAD2009 建筑制图实例图解/陈德业等编著，分类号为 TU204。

人机工程学/丁玉兰编著，分类号为 TB18。

(3)“TB3 工程材料学”收总论材料科学和总论工程材料学的文献，亦收总论材料学的文献，专论某类或者某种材料某一方面(如冶金、热处理)，以及在某方面、某工程、某产品应用

的文献,均入有关学科。例:

无机抗菌材料及应用/金宗哲主编,分类号为 TB34。

薄膜材料在育种中的应用/安辛楚编,分类号为 S33。

(4)“TB48 包装工程”收总论包装工程和包装工艺学文献,专论某种产品包装的文献入有关各类,如商品包装入 F76,药品包装入 R95,食品包装入 TS206。关于包装工艺美术的文献入 J524。

(5)“TB49 工厂、车间”收总论工厂、车间有关规划与设计、设备安装与运行,以及技术管理等方面的文献;凡属专论某一特定工业部分的工厂、车间的文献入有关各类,如仪器仪表厂入 TH7,化工厂入 TQ08,硅酸盐厂入 TQ17。

(6)TB41/47 及 TB5/8 所列各种通用技术,只收总论性文献,这些技术在各工业技术部门应用的文献,均入有关各类。如总论爆破技术入 TB41,专论矿山爆破入 TD23;总论薄膜技术入 TB43,专论薄膜混合集成电路入 TN45;总论摄影技术的应用入 TB89,专论凸版印刷的照相制版技术入 TS81。

(7)“TB9 计量学”收计量单位和计量方法的总论性文献,总论计量管理、测试的文献也入本类;各种专业计量、测量、测试均入有关各类,如大地测量入 P2,矿山测量入 TD1,机器测量入 TG8,武器测试入 TJ,热工测量入 TK3,电气测量及仪器入 TM93,建筑勘测入 TU19 等,有关计量与测试仪器仪表制造文献入 TH7。

TD 类

1. 修订要点

(1)新增类目 1 个:“TD-0 矿业工程理论与方法论”。

(2)调整类目注释内容的隶属关系 4 处。如“TD22 矿山地面建设”类目注释“基建工程与设计入 TU27”改为“基建工程与设计入 TU7”,“TD9 选矿”类目注释“选矿机械入 TD4”改为“选矿机械入 TD45”。

2. 分类要点

(1)“TD1 矿山地质与测量”只收矿山和矿井地质勘测的文献,专论矿床学、矿山水文地质学与矿山工程地质学、矿物普查与勘探的文献入 P61/694 有关各类。例:

邯邢地区符山铁矿床地质特征及成因探讨/金妮著,分类号为 P61。

有色金属矿矿井水文地质/秦海编,分类号为 TD1。

(2)TD2/7 属于矿业工程的共性问题,不按矿种分,有关各种矿上述各方面的文献均归入以上各类。例:

煤矿地面建设实用技术/张检身等编,分类号为 TD22。

煤自然发火预测理论及技术/邓军著,分类号为 TD7。

(3)总论矿山开采的文献入 TD8 矿山开采,有关某种矿物开采的文献入 TD82/87 有关各类。例:

地层空间应力场的开采扰动与模拟/刘长武,翟才旺编著,分类号为 TD8。

露天煤矿高效开采新技术/才庆祥主编,分类号为 TD82。

TE 类

1. 修订要点

(1)新增类目注释 1 处:“TE3 油气田开发与开采”。

(2)修改类目注释 6 处。如“TE21 钻井理论”增加注释“参见 TD3”,“TE39 油田应用化学”注释“采油用的化学剂入此”改为“总论采油用的化学剂入此。专论入有关各类”。

2. 分类要点

(1)“TE0 能源与节能”只收总论石油、天然气的能源计算、能源调查、节能、能源综合利用方面的文献,专论节能技术在石油天然气工业某一方面应用的文献入有关各类,总论能源的文献入 TK。例:

炼油化工节能技术的新进展/钱伯章,朱建芳编,分类号为 TE68。

能源工程概论/刘柏谦编著,分类号为 TK。

(2)“TE5 海上油气田勘探与开发”只收海上油气田的钻井工程、开采技术、建设工程、安全技术等文献,海上油气田地质与勘探入 P61,油气的海上运输入 TE8,海上油气田用各种设备入 TE9 有关各类。

TF 类

1. 修订要点

修改类目注释 8 处。如“TF03 冶炼试验与分析”增加注释“参见 O643”。

2. 分类要点

(1)本类只收有关金属冶炼技术与设备等方面的文献,关于金属本身及其合金的研究,如各种金属的成分、组织、性能和分析试验等方面的文献应入“TG1 金属学”。例:

高炉炼铁 500 问/素菊等编著,分类号为 TF53。

高温合金痕量元素分析/王海舟主编,分类号为 TG13。

(2)“TF3 冶金机械、冶金生产自动化”只收有关的总论性文献,同时还集中收有关各种金属,诸如铁、铁合金、钢、有色金属等的冶金机械与生产自动化方面的文献,有关粉末冶金机械与生产自动化方面的文献也入此类。例:

钢铁工业自动化·炼铁卷/马竹桐等编著,分类号为 TF3。

冶金生产热工过程自动调节/柯特罗夫斯基等编著,分类号为 TF3。

(3)TF4/8 各种金属的冶炼,均分为总论与专论两部分,TF59 炼铁产品、TF76 各种钢的冶炼、TF81/89 各种有色金属冶炼属专论性类目,凡专论某类或某种金属冶炼的文献均入相应的产品或金属类下。例:

钢铁冶金原理/黄希祜编,分类号为 TF4。

锰冶金学/谭柱中等编著,分类号为 TF79。

TG 类

1. 修订要点

修改类目注释 9 处。如“TG111 金属物理学”增加注释“参见 O77、O79”,“TG14 金属材料”增加注释“专论金属材料某一方面,如成分、组织、结构、性能等入 TG11 有关各类;专论某种金属成分、组织、结构、性能及用途的入以下有关各类。参见 TH14”。

2. 分类要点

(1)金属学文献的分类

总论金属物理、金相学、金属分析试验的文献入 TG11,总论合金与各种性质合金的文献入 TG13,专论某种金属及其合金的成分、组织、结构、性能及用途的文献均入 TG14 有关各类。例:

金属塑性变形的实验方法/林治平等编著,分类号为 TG111。

高温合金痕量元素分析/王海舟主编,分类号为 TG13。

钢材质量检验/刘天佑主编,分类号为 TG142。

(2)热处理、金属腐蚀与保护文献的分类

总论金属热处理理论、设备、工艺的文献入 TG151/158,专论各种金属及其零件热处理的文献入 TG161/166,金属腐蚀与保护的文献入 TG17,专论电镀技术的文献入 TQ153,一般工程材料腐蚀与保护入 TB3,各种设备的腐蚀与保护分别入有关各类。例:

热处理实用淬火介质精选/李书常主编,分类号为 TG154。

现代模具强化新技术新工艺/黄拿灿编著,分类号为 TG162。

金属腐蚀与控制/孙跃、胡津编著,分类号为 TG17。

防护与装饰性电镀/沈亚光编著,分类号为 TQ153。

(3)金属工艺学、金属加工文献的分类

总论金属工艺学的文献入 TG,专论铸造、金属压力加工(锻造、轧制、拉制、拉拔、挤压、冷冲压、高能成型等),以及焊接、金属切割及金属粘接、金属切削加工等工艺的文献分别入 TG2/6 有关各类。总论机械制造工艺的文献入 TH16,专论各种机械制造工艺的文献入有关各类。例:

金属工艺学实验及习题/铁路金工课程编写组编,分类号为 TG-3。

电泳涂装技术/宋华主编,分类号为 TG17。

金属塑性加工有限元模拟技术与应用/刘建生等著,分类号为 TG3。

TH 类

1. 修订要点

(1)新增类目 1 处。新增了“TH-3 机械仪表工业研究方法、工作方法”。

(2)新增、修改类目注释 13 处。“TH-39 机电一体化”增加注释“微机电系统(MEMS)入此”,“TH113 机械动力学”删除注释“参见 O32”,“TH138 气压传动”增加注释“空气压缩机入 TH45”,“TH77 医药卫生器械”删除注释“参见 R19”。

2. 分类要点

(1)有关机电工程的综合性文献入 TH,有关机电一体化方面的文献入 TH-39。总论机械制造工艺的文献入 TH16,专论某种机械制造工艺的文献分别入有关各类,专论某种金属加工工艺的文献入 TG 各类。例:

机械工程师手册/机械工程师手册编委会编,分类号为 TH-62。

机械制造工艺学/王先逵主编，分类号为 TH16。

建筑机械设计/张庆生著，分类号为 TU6。

(2)仪器、仪表具有通用性，故其设计、制造等方面的文献集中归入 TH7。专论各种仪器、仪表在各方面应用的文献，随应用到的部门或者工程入有关各类；兼论制造和使用的文献，应视写作宗旨归类。另外，有关原子能工业、电工技术、电子技术、通信技术、化工、交通运输以及航空航天工业所用仪器、仪表，已在各类设置了专类，不再归入本类。例：

仪器制造工艺学/郑志达主编，分类号为 TH7。

飞机电源智能监控系统/朱新宇编著，分类号为 V24。

电能计量与电测仪表/郑州市电业局编，分类号为 TM933。

(3)关于波谱仪、波谱学等文献的分类。总论波谱仪、能谱仪、质谱仪、光谱仪等制造与使用的文献入有关各类。总论波谱分析、能谱分析、质谱分析、光谱分析的文献入 O657，专论对某种设备、产品分析的文献入有关各类。属于波谱、能谱、光谱等理论的文献，按学科性质入有关各类。例：

核磁共振波谱仪与实验技术/王金山编，分类号为 TH83。

有机波谱及性能分析法/朱为宏等编，分类号为 O657。

波谱学/吕鲲鹏著，分类号为 O581。

TJ 类

1. 修订要点

(1)删除类目 1 个。删除了“TJ0 一般性问题”。

(2)规范、扩展类名 1 个。“TJ5 爆破器材、烟火器材、火炸药”改为“TJ5 爆破器材、烟火器材、火炸药、军用器材”。

(3)修改类目注释 4 处。如将被删除类目“TJ0 一般性问题”的注释“武器、军用器材的使用、保养、维修及其训练、射击学入 E92”写入“TJ 武器工业”，“TJ4 弹药、引信、火工品”删除注释“参见 TQ56”。

2. 分类要点

(1)凡各种武器、军用器材的理论、设计、结构、材料、制造、测试、工厂，以及储运、销毁等方面的文献均入本类有关类目。凡属有关某种武器的、军用器材的使用、操作、维护、保养以及技能训练等一般性介绍的文献入“E92 武器、军用器材”类。例：

自动武器制造工艺学/唐庆源等编著，分类号为 TJ2。

论火炮零部件通用化/葛强著，分类号为 TJ3。

步兵轻武器射击问答/程金陵等编，分类号为 E92。

(2)有关军用爆破器材和烟火器材的文献入 TJ5，总论爆破技术的文献入 TB41。关于民用爆破器材和烟火器材的各类文献，属于生产、制造方面的文献入 TQ56；属于在各个方面应用的文献入有关各类，如矿山爆破器材入 TD23，建筑施工爆破入 TU751，建筑拆毁爆破入 TU74，水利工程施工爆破 TV5，电影、电视拍摄用烟火器材入 J916，消防灭火器材入 TU998。例：

探雷仪灵敏度检测/高良域著，分类号位 TJ5。

硝铵炸药储运安全/李任广编,分类号为 TQ56。

建筑定向爆破/万期民著,分类号为 TU74。

TK 类

1. 修订要点

(1)修改类名 2 个。“TK1 热力工程、热机”改为“TK1 热能、热力工程”,“TK51 太阳能技术”改为“TK51 太阳能及其利用”。

(2)新增、修改类目注释 12 处。如“TK1 热能、热力工程”增加注释“热机入此”,“TK4 内燃机”增加注释“参见 U262”,“TK24 蒸汽机”增加注释“参见 U261”。

2. 分类要点

(1)总论能源的文献入 TK,包括能源技术、能源动力、能源利用、新能源、可再生能源、节能等;从宏观管理角度论述能源的入 F206;能源工业经济入 F407;能源法入 D912.6;从环境角度论述能源的入 X24;论述清洁无污染能源的入 X38。例:

新能源概述/徐炜,陈甫林主编,分类号 TK。

能源管理体系构成与实证分析/陈志田主编,分类号为 F206-3。

能源经济学/黄素逸,龙妍编著,分类号为 F407。

中华人民共和国可再生能源法,分类号为 D922.6。

(2)凡有关通用蒸汽机、蒸汽轮机、内燃机的文献分别入 TK2、TK4 各类;凡属装置于某设备或专门用途的蒸汽机、蒸汽轮机、内燃机方面的文献入有关各类,如有关机车用蒸汽机的文献入 U261,有关汽车汽油机的文献入 U464,有关船舶蒸汽动力装置和船用柴油机的文献入 U664,有关农用内燃机的文献入 S218,有关拖拉机用柴油机的文献入 S219。

(3)总论地下热能的原理、机械设备和利用技术的文献入 TK52;在各方面的应用入有关各类,如在农业方面的应用入 S215,地热发电入 TM61;地热学理论及有关地热资源开发、地热勘探等方面的文献入 P314。

地热能源手册/(美)爱华德(Edwards,L. M.)等著,分类号为 TK52。

地热农业利用手册/初滨主编,分类号为 S215。

地热学基础/徐世光,郭远生编著,分类号为 P314。

(4)TK7 是关于狭义的水能概念,即河流能总论性文献的类目,广义的水能还包括海流能、波浪能、潮汐能等海洋能源。海洋动力能源入 P74,水能的综合利用入 TK7,水能在各方面的应用入有关各类,水能资源开发及利用方面的文献入 TV7。如水力发电入 TM61,水能在农业方面的应用入 S212,水电站工程入 TV7 等。例:

水能利用技术/周振和主编,分类号为 TK7。

水利发电基本知识/(日)永濑直昭著,吴晓光等译,分类号为 TM61。

TL 类

1. 修订要点

增加、修改类目注释 7 处。如“TL5 加速器”增加注释“参见 O572”,“TL7 辐射防护”增加注释“参见 TJ9”。

2. 分类要点

(1)"TL1 基础理论"只收关于原子能理论的总论性文献，有关原子核物理学、放射化学、辐射化学的文献分别入 O571、O615 和 O644。

核能原理与应用/(美)墨里编，分类号为 TL1。

原子核与化学环境/梅镇岳编著，分类号为 O571。

(2)总论核反应堆理论、设计、建造、运行的文献入 TL3，专论各种核反应堆的文献入 TK4，涉及多重分类标准的文献采用"最前编号法"。例：

核级阀门电动装置/王晓红著，分类号为 TL3。

船舶核动力装置人机系统研究/彭敏俊著，分类号为 U664。

(3)总论核爆炸及其和平利用问题的文献入 TL91；专论核武器设计、制造和核武器试验，以及各种核武器及防护设备的文献入 TJ9；关于核战争问题的文献入 E86；关于禁止和销毁核武器问题的文献入 D815。例：

原子能及其和平用途/温德著，分类号为 TL91。

原子武器研制秘密角逐记/(苏)奥夫钦尼科夫著，分类号为 TJ91。

核扩散的危险与防止/朱明权著，分类号为 D815。

TM 类

1. 修订要点

(1)新增类目 1 个：TM925.7 视听娱乐用电器。

(2)修改、删除类目注释 18 处。如"TM13 电路理论"注释"具体电路入 TN710"改为"具体分布参数电路入 TN710"，"TM11 电工单位、电工计算"删除注释"总论电子计算机在电工中的应用入此；专论入有关各类"。

2. 分类要点

(1)有关研究电工技术及电工基础理论的文献入 TM，研究电磁现象基本规律的文献入 O441；总论电路及其理论的文献入 TM13，电子电路的文献入 TN710，数字逻辑电路入 TN79，逻辑集成电路入 TN43，电子网络方面的文献入 TN711，通信网络方面的文献入 TN91。例：

电工基础/张巍立主编，分类号为 TM1。

电磁悬念/(日)福岛肇著，分类号为 O441-49。

数字逻辑电路/郭斌等编著，分类号为 TN79。

(2)"TM925 家用电器及其他电器设备"除了收其下位类概括的 8 种类型电器之外，还收其他供家用的电器，但各工业专用的电器及照明电器、影视设备、通信电器等均入有关各类。如电声设备中的录音机、播放机等入 TN912.2，家用摄影机入 TN948.4，家用电视机入 TN949.1。例：

海信空调器电路图集/汪韬主编，分类号为 TM925.1。

中央空调系统设计/余跃进主编，分类号为 TB6。

(3)电工仪表和电子仪表都属于电磁的测量技术和仪器的范围，具有通用性，因此，将两类测量技术及仪器方面的文献并入"TM93 电气测量技术及仪器"类，同时在"TN98 类设交

替类目。例:

电气测量技术实验教程/胡福年主编,分类号为 TM93-3。

复费率电能表技术/毛善国,朱新建编著,分类号为 TM933。

TN 类

1. 修订要点

(1)新增类目 13 个。"TN92 无线通信"扩充出 13 个下位类,例"TN921 无线通信基础"、"TN923 无线电和有线电通信联接系统"、"TN924 无线电台"、"TN925 无线电中继通信"、"TN926 无线接入技术与无线通信网"等。

(2)修改、扩展类名 5 处。如"TN 无线电电子学、电信技术"改为"TN 电子技术、通信技术","TN916.5 长途电话、载波电话"改为"TN916.5 长途电话、载波电话、网络电话"。

(3)调整类目隶属关系 2 处。将隶属于"TN915.1 数字通信网"的两个下位类"TN915.18 模拟通信网"、"TN915.19 模拟-数字通信网"删除,将删除内容以注释形式写入"TN915.9 其他通信网"。

(4)增加、修改类目注释 41 处。对"TN01 基础理论"各种类目注释进行了规范,在"TN96 无线电导航"的注释中删除了"参见 U675","TN642 受话机"增加注释"耳机入此"。

2. 分类要点

(1)本类要注意区分从物理学角度研究无线电物理学、电子物理学等理论的文献和从应用技术角度研究电子学技术的文献。本类中的 TN01、TN1、TN3、TN7 与 O45/O47 等在内容上有一定的交叉,类分文献时应注意文献论述的重点和写作意图。一般来说,凡是侧重于物理现象研究的文献,应归入物理学相关类目,凡是侧重于研究无线电电子器件理论、设计、制造的文献,应归入本类。另外,不同单位(如基础研究单位和应用研究单位)也可以根据各自的性质和业务特点,决定有关文献的归属。例:

半导体物理基础/王长安主编,分类号为 O47。

电子线路设计基础/高平编,分类号为 TN710。

(2)注意通信网与计算机网的文献归类。通信网是使用交换设备和传输设备,将地理位置不同的分散用户终端设备互联起来,实现通信和信息交换的系统,是计算技术和通信技术的融合。计算机网络是指将地理位置不同的具有独立功能的多台计算机及其外部设备,通过通信线路连接起来,在网络操作系统、网络管理软件及网络通信协议的管理与协调下,实现资源共享和信息传递的计算机系统。有关通信网的总论性文献和国家信息技术设施(国家信息高速公路)的文献入 TN915 通信网,各种类型的通信网,如电话网、电报网、数据通信网、图像通信网等均入有关各类。凡属通信网理论、结构、设计、网络规程、协议、网络管理与安全等问题的总论性文献均集中归入"TN915.0 一般性问题"所属有关各类。凡属计算机通信网络的上述问题的文献则集中归入"TP393.0 一般性问题"所属相关类目。例如:

通信网络的自愈能力/卞佳丽著,分类号为 TN915.01。

接入网与接入技术/李征等编著,分类号为 TN915.6。

INTERNET 宝典/吕越京编,分类号为 TP393.4。

(3)总论广播、电视工作组织与管理的文献入 G22,广播电视、事业、专论电影电视艺术的文献入J9,专论广播、电视技术的文献入TN93/94。

(4)普通家用电器归入TM925。电声设备如录音机、播放器等入TN912.2,家用摄像机入TN948.4,家用电视机入TN949.1。

TP类

1. 修订要点

(1)新增类目7个。新增了"TP311.55 软件测试";将"TP317 应用软件(程序包)"扩充出6个下位类——"TP317.1 办公自动化系统"、"TP317.2 文字处理系统"、"TP317.3 表处理软件"、"TP317.4 图形图像处理软件"、"TP317.5 多媒体软件"、"TP317.6 游戏软件"。

(2)规范、扩展类名9处。如"TP311 程序设计、软件工程"改为"TP311 程序设计、数据库、软件工程","TP313 汇编程序"改为"TP313 汇编语言、汇编程序"。增加修改类目注释29处,如TP27 自动化系统、TP36 微型计算机等。

(3)调整类目隶属关系3处。删除了"TP391.5 诊断机",将"诊断机"以注释形式改入"R44 诊断学";删除了"TP391.6 教学机、学习机",将"教学机、学习机"以注释形式改入"G43 电化教育";删除了"TP391.8 控制机",将"控制机"以注释形式改入"TP36 微型计算机"。

2. 分类要点

(1)总论自动学与远动学基础理论方面的文献入"TP1 自动化基础理论",专论远动学理论的文献入TP8。涉及自动化技术方面的文献入"TP2 自动化技术及设备"。涉及智能模拟、智能控制理论方面的文献入"TP18 人工智能理论"。凡属智能语言、智能程序设计、数据结构方面的文献入TP31有关各类;有关智能机器人方面的文献入TP242。总论传感技术、灵敏元件、接收元件、测量元件及多功能传感器的著作入TP21,凡属关于传感器在某一具体方面应用的文献归入有关各类,如遥感传感器的文献入TP7。例:

系统模拟理论与应用/林则孟著,分类号为TP15。

仿人机器人理论与技术/陈恳,付成龙著,分类号为TP242。

红外线、热释电与超声波遥控电路/肖景和,赵健编著,分类号为TP7。

(2)总论射流技术(流控技术)、气动技术、遥感技术、运动技术理论、技术与设备的文献均入TP6、TP7、TP8,专论在各领域的应用入有关各类。例:

山西省雁门关生态畜牧经济区生态环境遥感监测草地资源评价及卫星遥感图集/分类号为S812-64。

(3)计算机网络方面的文献入TP393。包括计算机网络理论、结构与设计、网络互联技术、网络测试运行、网络管理、网络安全、网络应用等。注意与TN类的交叉。网络通信协议与网络通信设备均入TN915有关各类。"TP393.08 计算机网络安全"收计算机网络安全理论、黑客恶意代码等攻击与防御、安全评估、网络安全软件应用方面的文献。网络安全软件的开发,如木马防护、杀病毒软件、数据恢复、数据备份软件的研发入TP311.56。例:

计算机恶意代码分析与防范技术/李锦编著,分类号为TP393.08。

拯救数字信息——数据安全存储与读取策略研究/分类号为TP311.56。

(4)计算机应用方面的文献入TP39。总论检索系统、网络搜索引擎的构建原理和技术、检索机的相关文献入“TP391.3 检索系统”,论述信息检索技术及系统应用的著作入 G254。模式识别装置以及有关模式识别技术、软件应用、自动读版装置的文献入“TP391.4 模式识别与装置、射频识别”,模式识别理论入 O235,可参见 TN919.8。总论图形图像识别及其装置、生物识别(身份识别)技术以及图形图像处理软件应用的文献入 TP391.4,图形图像处理软件的开发研制入 TP317.4,计算机辅助制图入 TP391.7,注意与 TN919.8 图像通信、多媒体通信类目的区别。例:

Flash 影视动画短片设计与制作/付一君主编,分类号为 TP391.4。

面向刺绣行业的图形中间件技术的研究/宋锦明著,分类号为 TP317.4。

TQ 类

1. 修订要点

(1)新增类目 1 个:“TQ39 精细与专用化学品工业”。

(2)修改类名 1 个。“TQ446 细菌肥料”改为“TQ446 生物肥料(细菌肥料)”。

(3)新增、修改类目注释 28 处。例如,“TQ45 农药工业”在注释中增加了“生物农药、无公害农药”。

2. 分类要点

(1)化学工业类与“O6 化学”类关系密切,本类只收化学工业生产技术及其产品方面的文献,凡属研究各种化学元素及其组成、结构、性质和化学变化规律基本原理的文献入 O6 有关类目。例:

化工原理/张弓主编,分类号为 TQ02。

高分子化学/李群等编,分类号为 O63。

(2)总论化学工业、工业化学、化学工艺学、工业合成化学、工业应用化学,以及精细化工等方面的文献均入 TQ;有关化学工业技术的共性问题,如:化工基础理论、化工过程、化工机械与设备、化工厂等方面的文献入 TQ01/09 有关各类;凡专论某种化工技术及化工产品的文献分别入有关各类。例:

化工流体输送机械/郭凯民著,分类号为 TQ05。

精细有机合成技术/林峰主编,分类号为 TQ2。

(3)树脂分天然与合成两类,一般为无定形的半固体或固体的有机物质。合成树脂可由各种单体聚合或由天然高分子化合物经化学加工而成,塑料多以合成树脂为基础生产,故将合成树指与塑料合并为一个类组“TQ32 合成树脂与塑料工业”。总论合成树脂、塑料、橡胶工业的文献入本类,专论橡胶工业的文献入 TQ33,总论合成树脂及塑料生产的文献入 TQ322。例:

VE 理论在硬质聚氨酯泡沫塑料开发中的应用/李世宏著,分类号为 TQ328。

热固性树脂固化过程/王百鸣著,分类号为 TQ323。

丁苯胶乳的包覆凝聚粉末化/赵保卫著,分类号为 TQ33。

(4)本类列出的 TQ41/65 溶剂、试剂、胶粘剂、化肥、农药、制药、燃料、爆炸物、香料等工业,只收这些化学产品理论、原料、生产工艺及设备等方面的文献,凡有关这些产品在各方面应用的文献,均入有关各类。例:

双烷基双硫酸酯钠表面活性剂的合成/刘平等著,分类号为 TQ42。

尿素施用量控制/钱起辉著,分类号为 S143.1。

TS 类

1. 修订要点

(1)新增类目 2 个。“TS941-0 服装工业理论”,“TS979 其他”。

(2)删除类目注释 1 处:“TS972 饮食烹饪技术及设备”。

(3)规范、扩展类名 9 个。例如,“TS 轻工业、手工业”改为“TS 轻工业、手工业、生活服务业”,“TS106 混纺织物”改为“TS106 织物”,“TS959.3 油漆工艺”改为“TS959.3 漆器及其制造”,“TS971 美食学”改为“TS971 饮食科学”等。

(4)调整类目注释内容的隶属关系。例如,“调味剂、食用香料、食用色素”,4 版入 TS202 食品原料及添加剂,5 版改入 TS264 调味品的生产;“果汁”,由“TS255 水果、蔬菜、坚果加工工业”改入“TS27 饮料冷食制造工业”;“绘画颜料”,由“TS951 文教用品制造工业”改入“TQ62 颜料工业”;“家政学”,由“TS97 生活服务技术”改入 TS976“生活知识、家政服务”。

(5)新增、修改类目注释 55 处:例如,“TS202 食品原料及添加剂”增加注释“调味剂、食用香料、食用色素等入 TS264”,“TS17 非织造布”增加注释“用即弃产品(餐巾、手术衣、卫生用品、防护用品等),工农业用品(滤布、土建用布等),装饰用布(贴墙布、地毯、窗帘等),服装衬垫等入此”,“TS959.2 竹、藤、棕、草等加工及制品”增加注释“竹藤家具(藤椅)入 TS66”。

2. 分类要点

(1)“TS6 木材加工工业、家具制造工业”与“S78 森林采运与利用”两类有交叉,木材干燥、防腐、压缩与改变等入 S78,木材加工工业入 TS6。

(2)“TS93 工艺美术制品工业”类只收工艺美术制品的生产技术和设备方面的文献,有关工艺美术的研究及工艺品图案设计、欣赏、图集等文献均入 J5 工艺美术有关各类。例:

风筝制做工艺/冯国良著,分类号为 TS938。

曹雪芹风筝艺术/孔祥泽等供稿,分类号为 J528。

(3)“TS95 其他轻工业、手工业”,主要包括文教用品、体育用品、乐器、玩具、制镜等,凡涉及产品制造与维修工艺方面的文献,均入 TS95 及其下位类,凡属于产品应用方面的文献入有关学科。例:

小提琴制作/乐声编著,分类号为 TS953。

小提琴入门与提高/王皓著,分类号为 J622。

篮足排球生产工艺/杨维政编著,分类号为 TS952。

篮球进攻技术训练/(日)仓石平著,分类号为 G841。

(4)TS956 灯具制造收入总论性文献,专论灯泡、灯管制造的文献入 TM923 电气照明,建筑照明的理论、技术和器材入 TU11 建筑物理学。

灯具与照明/建筑工业出版社编,分类号为 TS956。

电子节能灯与电子镇流器设计与制造/陈传虞编著,分类号为 TM923。

建筑灯具与装饰照明手册/陈小丰编著,分类号为 TU11。

(5)TS975 居住、住宿管理类收入有关宾馆、旅社住宿服务,住宅选择、总论住宅美化、装饰及家居保洁、楼宇保洁、居室环境保护等方面的文献。属于居住建筑设计、住宅建筑设施维护的文献入 TU241 居住建筑和 TU8 房屋建筑设备等有关各类。属于房屋安全设备、家庭生活安全方面的文献分别入 TU89 安全设备和 X93 安全工程等有关各类。例:

居家的艺术/梁晶著,分类号为 TS975。

家居装饰设计/骆中钊等编著,分类号为 TU241。

居民安全防范手册/张继先主编,分类号为 X93。

(6)TS976 生活知识、家政服务类主要收有关家政学、家庭管理和家庭生活知识的综合性著作,家政服务,以及家庭用具与配备、家庭自动化的总论性著作。本类与社会学、心理学、医学、教育学有一定的交叉,应注意分析文献论述的角度。例:

现代家政学/金双秋主编,分类号为 TS976。

家庭娱乐大全/卢群著,分类号为 G89。

心理育儿/(英)赫伯尔特著,分类号为 B844。

TU 类

1. 修订要点

(1)新增类目 16 个。扩充了"TU71 施工管理"、"TU72 施工组织与计划"、"TU97 高层建筑"共计 15 个下位类。新增"TU983 景观规划设计"。

(2)修改类名 1 个。"TU311 结构力学"改为"TU311 建筑结构力学"。

(3)调整注释内容的隶属关系 1 处。"大气(城市空气)卫生工程",由"R122 气候卫生与大气卫生",改入"TU993 公共卫生工程"。

(4)新增、修改类名注释 55 处。如"TU-8 建筑艺术"增加了注释"建筑艺术作品的保护、修缮和仿造等入此;总论古建筑的保护、修缮等的著作入此。参见 TU252、TU984","TU24 民用建筑"增加注释"包括装饰设计","TU55 隔热材料、隔(吸)声材料"增加注释"玻璃棉制品入 TQ171;石棉板入 TQ176"。

2. 分类要点

(1)本分类法在"TU2 建筑设计"类下,较详细地列出了各种建筑物设计。各种建筑物设计和总论建筑设计与施工的著作均入 TU2 有关各类。例:

图书馆建筑设计/清华大学建工系编,分类号为 TU242。

体育建筑/北京市建筑设计院选编,分类号为 TU245。

(2)由于"TU9 地下建筑"与"TU97 高层建筑"的工程技术具有特殊性,因此将这两种建筑的理论、设计、结构、施工、机械、建筑物设备等方面的著作,均集中在这两个专类下。例:

岩石地下建筑施工/重庆建工学院等编,分类号为 TU94。

多层与高层建筑结构/方善镐编,分类号为 TU973。

(3)"TU99 市政工程"类与"R1 卫生学"和"X 环境科学"类有交叉。凡有关卫生保健、给水排水卫生方面的著作入 R1 有关各类,有关卫生工程设备方面的著作入 TU99 市政工程有关各类,有关环境污染、防治三废方面的著作入"X 环境科学"。例:

农村饮水卫生管理/本书编写组编,分类号为 R123。

给水工程基本知识/同济大学编,分类号为 TU991。

大气污染分析/(西德)美特尔著,分类号为 X51。

(4)一般论述建筑材料性能、使用和建筑机械制造、应用的著作分入本类,专论水工材料和机械的著作则应分入“TV 水利工程”有关各类。例:

常用建筑材料试验手册/纪尔生等编,分类号为 TU5。

水工建筑材料常用配方及工艺/姚治邦编,分类号为 TV4。

建筑机械修理手册/孙森编,分类号为 TU6。

TV 类

1. 修订要点

修改类目注释 10 处。“TV12 工程水文学”增加注释“工程水文调查、分析与计算入此”,删除注释“参见 P33”;“TV8 治河工程与防洪工程”增加注释“河工材料入 TV4、TU5”。

2. 分类要点

(1)运渠(运河、渠道)工程、港湾工程与水路运输关系密切,因而此类著作入“U 交通运输”类;农田水利工程与农业关系密切,故此类著作入“S 农业科学”类,在本类只设交替类。

(2)“TV7 水能利用、水电站工程”类与“TM 电工技术”、“TK 能源与动力工程”、“TU 建筑科学”等类有交叉。本类只收有关厂址选择、对水电站建筑的要求等方面的著作,水电站建筑设计入 TU27 工业建筑,水轮机入 TK7 水能、水力机械,水力发电理论入 TM61 各种发电。例:

水电站/成都水力发电学校编,分类号为 TV7。

发电厂的土建工程/(西德)伯恩克主编,分类号为 TU27。

水轮机水力振动译文集/中国科学院等编,分类号为 TK7。

(3)世界各国河流治理工程的规划、设计、施工和技术经验总结等著作入 TV8 治河工程与防洪工程,属于河湖流域史志方面的著作入 K9 地理,河流地域地理方面的著作入 P94 区域自然地理学有关各类。例:

黄河下游滩区放淤与泥沙处理技术/兰华林等编著,分类号为 TV8。

黄河变迁与水利开发/纽仲勋著,分类号为 K928。

U 类

1. 修订要点

(1)新增类目 16 个。“U23 特种铁路”扩充出 15 个下位类。例,“U231 地下铁路”,“U232 独轨铁路”,“U233 高价铁路”,“U234 齿轨铁路”,“U235 窄轨铁路”,新增“U29-3 研究方法、工作方法”。

(2)调整类目或类目注释内容的隶属关系。“过境、入境、离境交通运输”,由“U12 城市交通运输”改入“U14 长途运输”;“军用车”,由“U469.6 专用汽车”,改入“TJ8 战车、战舰、战机、航天武器”;“汽车运输企业组织机构与管理”,由“U471.2 汽车使用”,改入“F540 陆路、公路运输经济理论及有关各类”;“造船厂、修船厂的生产组织及管理”,由“U673 造船厂、修船厂”,改入“F407 工业部门经济”;“水运企业、事业单位”,由“U692 水运工作组织与管理”,改入“F550 水路运输经济理论”;“国际海事组织”,由“U692 水运工作组织与管理”,改入“D813 国际组织与会议”。

(3)规范、扩展类名 3 个。例“U16 工商业运输”改为“U16 特种货物运输”,“U492 运营技术”改为“U492 运输技术”。

(4)新增、修改类目注释 58 处。如“U41 道路工程”增加注释“道路施工管理入 U415”,“U69 水路技术管理”增加注释“总论水路运输工程入此”,“U45 隧道工程”增加注释“参见 TU5”。

2. 分类要点

(1)“U16 特种货物运输”、“U169 集装箱运输”、“U17 管道运输”、“U18 索道运输”均只收总论性文献,凡专论不同运输方式的特种货物运输、集装箱运输各入有关各类,凡专论管道运输、索道运输在某一方面应用的文献均入有关各类。例:

特种货物运输管理/关善勇主编,分类号为 U16。

铁路鲜活货物运输/朱昌锋主编,分类号为 U295。

城市给水管道/何维华编著,分类号为 TU991。

(2)各种交通运输工具的基本建设工程,均各入各类,只有桥涵工程集中归入公路运输 U448。

铁路线路工程施工/韩峰主编,分类号为 U215。

城市道路大修技术与施工管理/刘恩德等主编,分类号为 U415。

高速铁路桥梁施工技术与装备/张晓炜等编著,分类号为 U448。

水运工程施工/周福田等主编,分类号为 U61。

V 类

1. 修订要点

新增、修改类目注释 15 处。“V42 火箭、航天器构造(总体)”增加注释“宇宙飞船、空间探测器(航天探测器、太空探测器),空间站、太空实验室(航天站、太空站),航天飞机等的构造入此”,“V11 航空、航天的发展与空间探索”增加注释“不明飞行物(UFO)”。

2. 分类要点

(1)涉及航运管理体制、航运企业管理、航运成本、航运建设与事业史等航空经济的文献入 F56 航空运输经济,涉及航空客运、货运业务的文献入 F56 航空运输经济,但涉及航运组织、航空货物运输技术与设备、旅客运输技术与设备的文献入 V35 航空港(站)、机场及其技术管理。例:

航运市场营销/刘敏文编著,分类号为 F562。

航线网布局优化研究/余立华著,分类号为 V35。

(2)涉及航空、航天医学文献,《中图法》在“R 医药、卫生”类下设有“R85 航空航天医学”。其中涉及航空航天心理学的文献宜入 B845 生理心理学,专论航空心理学的文献入 V32 航空飞行术,专论航天心理学的文献入 V52 航天术。例:

航空航天心理学/皇甫恩著,分类号为 B845。

航空心理学测试法/宋华森主编，分类号为V32。

航天心理学/总装备部军事训练教材编辑工作委员会编，分类号为V52。

X类

1. 修订要点

(1)新增类目10个。例如，“X17 环境生物学”扩充出5个下位类，新增了“X-0 环境科学理论”、“X-2 环境保护组织、机构、会议”、“X9-6 安全科学参考工具书”等。

(2)规范、扩展类名10个。例如，“X7 废物处理与综合利用”改为“X7 行业污染、废物处理与综合利用”，并在其下位类类名中相应增加“××业污染”。例：“X71 农业废物处理与综合利用”改为“X71 农业污染、废物处理与综合利用”；“X75 矿业、冶金工业废物处理与综合利用”改为“X75 矿业、冶金工业污染、废物处理与综合利用”。

(3)调整类目注释内容的隶属关系1处。“世界各国环境综合调查研究”，由“X5 环境污染及其防治”改入“X2-1 现状与综合调查”。

(4)新增、修改类目注释38处。如“X26 环境容量与环境自净”增加注释“环境容量指环境单元所允许容纳污染物的最大负荷量”，“X16 环境气象学”增加注释“大气环境入此；参见P46”。

2. 分类要点

(1)“X1 环境科学基础理论”主要收录运用数理科学、地球科学、生物学、经济学等学科，对人类自然环境和社会环境进行研究的文献。其中有关生物与污染环境之间相互作用的规律和机理方面的文献入X17 环境生物学，凡属于环境对生物影响的生物生态学方面的文献应入“Q 生物科学”、“S 农业科学”等有关各类。例：

恢复生态学通论/赵哈林等主编，分类号为X171。

动物与环境/李印僧编，分类号为Q958。

(2)“X2 社会与环境”主要收录关于全球、区域、城市环境和聚落环境等方面的综合性研究文献，以及人类、资源、能源与环境关系方面的文献。“X3 环境保护管理”主要收有关环境管理学，以及自然资源合理开发与环境保护、环境与清洁生产(无污染技术)等方面的总论性文献，专论入有关各类。“X5 环境污染及其防治”重点收录从环境要素角度论述有关各种环境污染及其防治的文献。例：

城市绿地系统规划/孔祥锋主编，分类号为TU985。

环境污染成本评估理论与方法/过孝民等著，分类号为X5。

(3)“X93 安全工程”只收录总论劳动安全科学技术、劳动安全卫生、劳动保护方面的文献，凡各生产部门、各行业劳动安全方面的文献，除“事故调查与分析”入X92 安全管理(劳动保护管理)外，其他均入有关各类。例：

矿山安全评估/刘子龙等主编，分类号为TD7。

林业安全系统工程/王述洋主编，分类号为X93。

Z类

1. 修订要点

(1)新增类目7个。扩充了“Z228 综合性普及读物”，按阅读对象扩充出“Z228.1 少年儿童读物”、“Z228.2 青年读物”、“Z228.3 中老年读物”、“Z228.4 女性读物”、“Z228.5 男性读物”,新增“Z126 旧经籍”、“[Z38]专科词典”。

(2)增加复分类目1处。在“Z23/27 各国百科全书”类下增加注释“依世界地区表分”。

(3)规范、扩展类名1处。“Z8 图书目录、文摘、索引”改为“Z8 图书报刊目录、文摘、索引”。

(4)修改注释2处。例如,“[Z28]专科百科全书”,增加注释“如愿集中于此,可用组配编号法”。

2. 分类要点

(1)Z1/6中,丛书、百科全书、类书、词典、期刊按编辑者或著者的国籍分,年鉴、年刊按文献内容涉及的国家分。例:

艺文类聚/(唐)欧阳询撰,分类号为Z22。

中国大百科全书/《中国大百科全书》编辑部编辑,分类号为Z22。

不列颠简明百科全书/中国大百科全书出版社编译,分类号为Z256.1。

鞍山年鉴 2007/王春贵主编,分类号为Z523.1。

曾国藩全集/(清)曾国藩著,分类号为Z425.2。

(2)有关目录、文摘、索引的分类:

a. 综合性的图书目录入Z81/86;综合性馆藏目录入Z82;综合性期刊、报纸目录入Z87;专科性书刊目录入Z88;文摘、索引无论综合性的还是专科性的,均入Z89;汇集各书的索引入“Z89 文摘、索引”,专书索引随原书归类,并加总论复分号“-7”。例:

全国总书目/顾永高主编,分类号为Z81。

曾国藩最喜欢读的书/郭生旭编著,分类号为Z83。

山东大学图书馆古籍善本书目/山东大学图书馆编撰,分类号为Z83。

山东省图书馆馆藏缩微文献目录/赵炳武,李西宁主编,分类号为Z83。

上海古籍出版社五十年图书总目:1956～2006/上海古籍出版社编,分类号为Z85。

回族近现代报刊目录提要/雷晓静主编,分类号为Z88:K281.3。

b. 专科及专题目录有两种分类方法:一是集中分类,将文献的学科分类号加在Z88之后,用组配符号“:”组合;二是分散分类,在文献的学科分类号后加总论复分号“-7”。例:

中文科技期刊联合目录/中国科技情报研究所编著,集中分类分类号为Z88:N5,分散分类分类号为N5。

科技参考工具书综览/北京图书馆科技参考组编,集中分类分类号为Z88:N6,分散分类分类号为N6。

中国鹤类研究文献题录/马志军等主编,集中分类分类号为Z89:Q959,分散分类分类号为Q959。

全国专利文献馆藏联合目录/刘静伟等编,集中分类,分类号为Z88:G306,分散分类分类号为G306。

中华人民共和国行业标准目录.2005/国家发展和改革委员会工业司编,集中分类,分类号为Z88:G307,分散分类分类号为G307。

美国材料与试验协会(ASTM)标准目录/中国标准化研究院标准馆编,集中分类分类号为 Z88：TB3-65，分散分类分类号为 TB3-65。

c. 某些文献还需要根据分类法的编制结构进行归类。如马、恩、列、斯、毛、邓研究书目、索引有两种归类方法，一是入 A 类，二是入 Z 类并在 A 类作分类互见。工业技术专利索引及文摘入 T-18。例：

邓小平的生平、思想研究总目/金羽主编，分类号为 A849，按学科分类分类号为 Z88：D2-0，互见分类号为 A849。

(3)“Z126 旧经籍”收有关国学、经学研究的理论性文献，旧经籍、国学著作的综合性汇编，有关国学、经学的某一方面研究与汇编入有关各类。例：

国学概论/章太炎著，分类号为 Z126，互见分类号为 B25。

经学历史/(清)皮锡瑞著，分类号为 Z126。

经部典籍概览/(清)永瑢等撰，分类号为 Z126。

季羡林说国学/季羡林著，分类号为 Z126。

清代经学史通论/吴雁南主编，分类号为 Z126。

复分表的修订要点

(1)增设了 3 个较为重要的复分类目。一是在“总论复分表”中增设了“-795 网络资源”，二是在“世界地区表”中增设了“8 外太空”，三是增设了 1 个交替类目“〔-629〕年鉴”。

(2)删除了“总论复分表”中“-08 资产阶级理论及其评论研究”，将这部分内容归入“-06 学派、学说及其研究”；在“国际时代表”中删除了“第一次世界大战时期(1914～1918 年)”，将这部分内容归入“43 19 世纪 70 年代至 20 世纪初期(1870～1917 年)”；在“中国时代表”中调整了“战国(公元前 475～公元前 221 年)”的隶属关系，复分号由“31”改为“26”。

(3)在“简本”中取消了“通用时间、地点表”。考虑到编制“通用时间、地点表”的目的是为了适应资料的分类，而“简本”本身即是“详本”的缩编本，类目设置相对较粗，“简本”的使用对象是中、小型图书馆，主要是区县图书馆，藏书相对较少，在使用“简本”类分图书时毋须再依“通用时间、地点表”复分。因此，此次“简本”修订取消了“通用时间、地点表”。个别专业文献收藏单位需要对某类文献细分时可使用“详表”中的“通用时间、地点表”。

(4)对 7 个复分表中的类名进行了规范和扩展，对部分类目注释进行了增、删、改。如“-06”，4 版类名“学派与学说”，5 版改为“学派、学说及其评论研究”；“-1”，4 版类名“科学现状、概况”，5 版改为“概况、现状、进展”；唱盘(CD)，4 版“总论复分表”类号“-792”，5 版改为“-794”。“世界时代表”、“中国时代表”不再按社会形态划分，也不以社会形态名称作为类名。如在“国际时代表”中，“1”，4 版类名“原始社会(约 50 万年前～公元前 3500 年)”，5 版改为“上古(约 170 万年前～约公元前 4000 年)”；再如，在“中国时代表”中，“3”，4 版类名“封建社会(公元前 475～公元 1840 年)”，5 版改为“秦、汉至南北朝(公元前 221～公元 589 年)”。

索引的修订要点

类目索引是按类名、主题事物名的字顺查找分类号的一种使用分类法的辅助工具。《简本》第五版索引沿袭《简本》第四版编制体例单纯、编排方式基本不变的原则，并在此基础上作了如下调整：

(1)根据类表修订情况，结合《中图法》编委会提供的《简本》主题词库对索引条目进行了较大幅度增补，并按索引使用的需要，对语词形式作了相应调整。

(2)大量收录了类目注释中包含的主题概念以增加查检入口，方便从类目包含的小主题的角度查找和使用类目。

(3)采用增加自然语言关键词，包括词组关键词等形式，修正部分索引标目可能出现的语意不清、概念表述不完整的不足，增强索引标目的可读性和准确性。同时简化辅助符号的使用，条目中的词汇分隔符统一用"\"表示。

(4)关于同义词的收录，采用"等级较高类目中的术语的同义词、使用频率高的常用词、新主题词的同义词"。具体控制在三级类目，但对使用频率高的常用词、新主题词，三级以下的类目适当考虑收录。

(5)本索引暂不包括对复分表类目的查找。

(6)排版为双栏，每个拼音字头只出现一次，具体的编排顺序为：先按第一字的声母、韵母顺序，同音同调的按汉字集中，第一字相同的再排第二字，以下顺排。最大限度地压缩篇幅，增加容量。

在文献分类时，可以根据拟定分类的主题，检索索引条目，利用索引提供文献分类的线索，查找正表，确定类号，切忌按索引取号。

基 本 大 类

A 马克思主义、列宁主义、毛泽东思想、邓小平理论
B 哲学、宗教
C 社会科学总论
D 政治、法律
E 军事
F 经济
G 文化、科学、教育、体育
H 语言、文字
I 文学
J 艺术
K 历史、地理
N 自然科学总论
O 数理科学和化学
P 天文学、地球科学
Q 生物科学
R 医药、卫生
S 农业科学
T 工业技术
U 交通运输
V 航空、航天
X 环境科学、安全科学
Z 综合性图书

简　表

A　马克思主义、列宁主义、毛泽东思想、邓小平理论

A1　马克思、恩格斯著作
A2　列宁著作
A3　斯大林著作
A4　毛泽东著作
A49　邓小平著作
A5　马克思、恩格斯、列宁、斯大林、毛泽东、邓小平著作汇编
A7　马克思、恩格斯、列宁、斯大林、毛泽东、邓小平生平和传记
A8　马克思主义、列宁主义、毛泽东思想、邓小平理论的学习和研究

B　哲学、宗教

B0　哲学理论
B1　世界哲学
B2　中国哲学
B3　亚洲哲学
B4　非洲哲学
B5　欧洲哲学
B6　大洋洲哲学
B7　美洲哲学
B80　思维科学
B81　逻辑学(论理学)
B82　伦理学(道德哲学)
B83　美学
B84　心理学
B9　宗教

C　社会科学总论

C0　社会科学理论与方法论
C1　社会科学概况、现状、进展
C2　社会科学机构、团体、会议
C3　社会科学研究方法
C4　社会科学教育与普及
C5　社会科学丛书、文集、连续性出版物
C6　社会科学参考工具书
[C7]　社会科学文献检索工具书
C79　非书资料、视听资料
C8　统计学
C91　社会学
C92　人口学
C93　管理学
[C94]　系统科学
C95　民族学、文化人类学
C96　人才学
C97　劳动科学

D 政治、法律

D0 政治学、政治理论
D1 国际共产主义运动
D2 中国共产党
D33/37 各国共产党
D4 工人、农民、青年、妇女运动与组织
D5 世界政治
D6 中国政治
D73/77 各国政治
D8 外交、国际关系
D9 法律

E 军事

E0 军事理论
E1 世界军事
E2 中国军事
E3/7 各国军事
E8 战略学、战役学、战术学
E9 军事技术
E99 军事地形学、军事地理学

F 经济

F0 经济学
F1 世界各国经济概况、经济史、经济地理
F2 经济管理
F3 农业经济
F4 工业经济
F49 信息产业经济
F5 交通运输经济
F59 旅游经济
F6 邮电通信经济
F7 贸易经济
F8 财政、金融

G 文化、科学、教育、体育

G0 文化理论
G1 世界各国文化与文化事业
G2 信息与知识传播
G3 科学、科学研究
G4 教育
G8 体育

H 语言、文字

H0 语言学
H1 汉语
H2 中国少数民族语言
H3 常用外国语
H4 汉藏语系
H5 阿尔泰语系(突厥-蒙古-通古斯语系)
H61 南亚语系(澳斯特罗-亚细亚语系)
H62 南印语系(达罗毗荼语系、德拉维达语系)
H63 南岛语系(马来亚-玻里尼西亚语系)
H64 东北亚诸语言
H65 高加索语系(伊比利亚-高加索语系)
H66 乌拉尔语系(芬兰-乌戈尔语系)
H67 闪-含语系(阿非罗-亚细亚语系)
H7 印欧语系
H81 非洲诸语言
H83 美洲诸语言

H84　大洋洲诸语言
H9　国际辅助语

I　文学

I0　文学理论
I1　世界文学
I2　中国文学
I3/7　各国文学

J　艺术

J0　艺术理论
J1　世界各国艺术概况
J19　专题艺术与现代边缘艺术
J2　绘画
J29　书法、篆刻
J3　雕塑
J4　摄影艺术
J5　工艺美术
[J59]　建筑艺术
J6　音乐
J7　舞蹈
J8　戏剧、曲艺、杂技艺术
J9　电影、电视艺术

K　历史、地理

K0　史学理论
K1　世界史
K2　中国史
K3/7　世界各国和地区历史
K81　传记
K85　文物考古
K89　风俗习惯
K9　地理

N　自然科学总论

N0　自然科学理论与方法论
N1　自然科学概况、现状、进展
N2　自然科学机构、团体、会议
N3　自然科学研究方法
N4　自然科学教育与普及
N5　自然科学丛书、文集、连续性出版物
N6　自然科学参考工具书
[N7]　自然科学文献检索工具
N79　非书资料、视听资料
N8　自然科学调查、考察
N91　自然研究、自然历史
N93　非线性科学
N94　系统科学
[N99]　情报学、情报工作

O　数理科学和化学

O1　数学
O3　力学
O4　物理学
O6　化学
O7　晶体学

P　天文学、地球科学

P1　天文学
P2　测绘学
P3　地球物理学
P4　大气科学(气象学)
P5　地质学
P7　海洋学
P9　自然地理学

Q 生物科学

Q1 普通生物学
Q2 细胞生物学
Q3 遗传学
Q4 生理学
Q5 生物化学
Q6 生物物理学
Q7 分子生物学
Q81 生物工程学(生物技术)
[Q89] 环境生物学
Q91 古生物学
Q93 微生物学
Q94 植物学
Q95 动物学
Q96 昆虫学
Q98 人类学

R 医药、卫生

R1 预防医学、卫生学
R2 中国医学
R3 基础医学
R4 临床医学
R5 内科学
R6 外科学
R71 妇产科学
R72 儿科学
R73 肿瘤学
R74 神经病学与精神病学
R75 皮肤病学与性病学
R76 耳鼻咽喉科学
R77 眼科学
R78 口腔科学
R79 外国民族医学
R8 特种医学
R9 药学

S 农业科学

S1 农业基础科学
S2 农业工程
S3 农学(农艺学)
S4 植物保护
S5 农作物
S6 园艺
S7 林业
S8 畜牧、动物医学、狩猎、蚕、蜂
S9 水产、渔业

T 工业技术

TB 一般工业技术
TD 矿业工程
TE 石油、天然气工业
TF 冶金工业
TG 金属学与金属工艺
TH 机械、仪表工业
TJ 武器工业
TK 能源与动力工程
TL 原子能技术
TM 电工技术
TN 电子技术、通信技术
TP 自动化技术、计算机技术
TQ 化学工业
TS 轻工业、手工业、生活服务业
TU 建筑科学
TV 水利工程

U 交通运输

U1 综合运输
U2 铁路运输

U4　公路运输
U6　水路运输
[U8]　航空运输

V　航空、航天

V1　航空、航天技术的研究与探索
V2　航空
V4　航天(宇宙航行)
[V7]　航空、航天医学

X　环境科学、安全科学

X1　环境科学基础理论
X2　社会与环境
X3　环境保护管理
X4　灾害及其防治
X5　环境污染及其防治
X7　行业污染、废物处理与综合利用
X8　环境质量评价与环境监测
X9　安全科学

Z　综合性图书

Z1　丛书
Z2　百科全书、类书
Z3　辞典
Z4　论文集、全集、选集、杂著
Z5　年鉴、年刊
Z6　期刊、连续性出版物
Z8　图书报刊目录、文摘、索引

A 马克思主义、列宁主义、毛泽东思想、邓小平理论

类 目 简 表

A 马克思主义、列宁主义、毛泽东思想、邓小平理论

若不集中A大类文献，可按文献性质及学科内容分散处理。马克思、恩格斯、列宁、斯大林的综合性著作及其研究可入D33/37；毛泽东、邓小平的综合性著作及其研究可入D2-0；马列主义、毛泽东思想研究，专论、专题汇编及其研究入有关各类。例：马列主义研究入D0-0；毛泽东思想研究入D610.0；邓小平理论研究入D610.1；邓小平论文艺入I0；毛泽东传入K827。

A1 马克思、恩格斯著作

全集入此。

A11 选集、文集

综合性的选集、文集、选读入此。

专题性的选集、文集、选读入A16。

A12 单行著作

A13 书信集、日记、函电、谈话

综合性的，例：《马克思、恩格斯书信选集》入此。

专题性的，例：《马克思、恩格斯关于历史唯物论的信》入A16。

A14 诗词

A15 手迹

著作和题词等的原稿及影印本入此。

A16 专题汇编

汇集某一专题的著作、摘录和语录等入此。

A18 语录

综合性语录入此。

专题性语录入A16。

A2 列宁著作

全集入此。

A21 选集、文集

见A11注。

A22　单行著作
A23　书信集、日记、函电、谈话
见 A13 注。
A25　手迹
见 A15 注。
A26　专题汇编
见 A16 注。
A28　语录
见 A18 注。

A3　斯大林著作
全集入此。
A31　选集、文集
见 A11 注。
A32　单行著作
A33　书信集、日记、函电、谈话
见 A13 注。
A35　手迹
见 A15 注。
A36　专题汇编
见 A16 注。
A38　语录
见 A18 注。

A4　毛泽东著作
全集入此。
A41　选集、文集
见 A11 注。
A42　单行著作
A43　书信集、日记、函电、谈话
见 A13 注。
A44　诗词
A45　手迹
见 A15 注。
A46　专题汇编
见 A16 注。
A48　语录
见 A18 注。

A49　邓小平著作
全集入此。
A491　选集、文集
见 A11 注。
A492　单行著作
A493　书信集、日记、函电、谈话
见 A13 注。
A495　手迹
见 A15 注。
A496　专题汇编
见 A16 注。
A498　语录
见 A18 注。

A5　马克思、恩格斯、列宁、斯大林、毛泽东、邓小平著作汇编
两人以上综合性著作汇编入此。
马克思、恩格斯著作汇编入 A1 有关各类。
A56　专题汇编
见 A16 注。
A58　语录
见 A18 注。

A7　马克思、恩格斯、列宁、斯大林、毛泽东、邓小平生平和传记
两人以上合传和传记汇编入此。
A71　马克思
传记、生平事迹、回忆录、年谱、年表、纪念文集、肖像、照片、画传、像章、纪念地、故居、遗物等均入此。记述马克思对无产阶级革命事业的领导作用、在发展科学文化中的作用，以及有关马克思的思想方法和工作方法的著作入此。
关于马克思著作的研究入 A81；有关马克思的文艺作品入 I 文学、J 艺术。
A72　恩格斯
见 A71 注。
A73　列宁
见 A71 注。
A74　斯大林
见 A71 注。

A75　　毛泽东

见 A71 注。

A76　　邓小平

见 A71 注。

A8　马克思主义、列宁主义、毛泽东思想、邓小平理论的学习和研究

对马克思主义、列宁主义、毛泽东思想、邓小平理论的理论研究、思想发展研究以及对马克思、恩格斯、列宁、斯大林、毛泽东、邓小平原著的学习和研究入此。

运用马克思列宁主义、毛泽东思想、邓小平理论对各学科门类的专题研究，按其内容分入有关各类。例：马克思主义哲学入 B0-0，科学社会主义理论入 D0-0，马克思主义政治经济学入 F0-0。

学习应用马克思列宁主义、毛泽东思想、邓小平理论的立场、观点、方法，改造世界观的心得体会入 D641。

A81　　马克思主义的学习和研究

马克思、恩格斯著作、书信集、日记、函电、谈话、诗词、手迹、专题汇编、语录的学习和研究，马克思、恩格斯著作书目、索引，马克思主义发展史入此。

A82　　列宁主义的学习和研究

见 A81 注。

A83　　斯大林思想的学习和研究

见 A81 注。

A84　　毛泽东思想的学习和研究

见 A81 注。

A849　　邓小平理论的学习和研究

见 A81 注。

A85　　著作汇编的学习和研究

见 A5 注。

B 哲 学、宗 教

类 目 简 表

0	哲学理论
1	世界哲学
2	中国哲学
3	亚洲哲学
4	非洲哲学
5	欧洲哲学
6	大洋洲哲学
7	美洲哲学
80	思维科学
81	逻辑学(论理学)
82	伦理学(道德哲学)
83	美学
84	心理学
9	宗教

B 哲学、宗教

总论哲学及兼论哲学与宗教的著作入此。

专门科学的哲学理论入有关各类。例：教育哲学入 G40-02；历史哲学入 K0。

宗教入 B9。

依总论复分表分，B-0 理论与方法论所属类目入 B0。

B-4 哲学教育与普及

B-49 哲学学习与普及

学哲学、用哲学的经验体会入此。

B0 哲学理论

B0-0 马克思主义哲学

总论辩证唯物主义与历史唯物主义入此。

B01 哲学基本问题

B013 哲学的阶级性和实践性

B014 哲学的对象、目的与方法

B015 唯物主义和唯心主义

总论入此。唯物主义与唯心主义、两种发展观的论争入此。

B016 本体论

B016.8 宇宙论

天文学中的宇宙学入 P15。

B016.9 时空论

辩证唯物主义的时空论入此。

参见 B022。

B016.98 意识论

总论物质与意识的关系、人类意识的起源等入此。

专论唯物主义意识论入B022;人的信息加工、人工智能心理学等入B84。

B017 认识论

唯物主义认识论入B023;唯心主义认识论入B081。

B017.8 决定论与非决定论

B017.9 自我论

B018 价值论

B019.1 唯物主义

朴素唯物主义、形而上学唯物主义、机械唯物主义、庸俗唯物主义等入此。

辩证唯物主义入B02。

[B019.2] 唯心主义

宜入B081。

B02 辩证唯物主义

B021 物质论

物质第一性、世界可知性以及运动论、物质运动的规律性入此。

时空论入B016.9。

B022 意识论

物质与意识的关系、人类意识的起源、客观规律性与主观能动性等入此。

人的信息加工、人工智能心理学等入B84。

参见B016.9。

B023 认识论、反映论

认识的辩证过程、实践论、真理论(实践是检验真理的唯一标准、认识与真理、客观真理、相对真理与绝对真理、真理与谬误)等入此。

B024 唯物辩证法

对立统一规律、矛盾论、两点论、一分为二、内因与外因、质变与量变、否定之否定等等入此。

人民内部矛盾入B037。

B025 唯物辩证法诸范畴

现象与本质、形式与内容、全局与局部、分析与综合、原因与结果、必然性与偶然性、可能性与现实性、必然与自由、抽象与具体、无限与有限等入此。

B026 方法论

思想方法与工作方法入此。

B027 辩证唯物主义的应用

总论入此。

专论辩证唯物主义在某一学科中的应用入有关各类。

[B028] 自然哲学

宜入N0。

[B029] 自然辩证法

宜入N0。

B03 历史唯物主义(唯物史观)

历史哲学、社会发展理论入K0;社会结构和社会关系理论入C912。

B031 社会物质生活条件

论述地理环境、人口增长等对社会发展的影响的著作入此。

B032 社会基本矛盾

经济基础和上层建筑入此。

生产力和生产关系入F01。

[B033] 阶级理论

宜入D0。

[B034] 革命理论

宜入D0。

[B035] 国家理论

宜入D03。

B036 社会存在与社会意识

总论社会意识及其形态的著作入此。

B037 人民内部矛盾

理论著作入此。

专论某一国处理人民内部矛盾的著作入D6/7有关各类。

B038 人民在历史发展中的作用

论述人是历史的创造者,人的本质,人与社会,杰出人物在历史上的作用,领袖、政党、阶级、群众相互关系,个人崇拜,英雄史观等的著作入此。

B08 哲学流派及其研究

综合论述哲学流派及其研究的著作入此。

各国哲学和哲学家的著作入B2/7有关各类。

见B1注。

B081 唯心主义

唯心主义哲学流派的综合研究以及形而上学，唯心主义认识论、先验论入此。

B082 实证论、经验批判主义（马赫主义）

社会有机体论入此。

B083 唯意志论、生命哲学

神秘主义、怀疑论、不可知论、创造进化论、直觉主义等入此。

B084 新康德主义、新黑格尔主义

伦理社会主义、信仰主义入此。

B085 新实在论、逻辑实证论（新实证论、逻辑经验论）

语义哲学、批判实在论、批判本体论等入此。

B086 存在主义（生存主义）

唯我主义、蒙昧主义、死亡哲学等入此。

B087 实用主义

工具主义（实验主义）、彻底经验主义、经验自然主义等入此。

B088 新托马斯主义（新经院哲学）

宗教神学入 B92。

B089 其他哲学流派

分析哲学、现象哲学、结构主义哲学、后现代主义、西方马克思主义、哲学解释学、哲学人类学等入此。

B1 世界哲学

世界哲学史、思想史、哲学思想上唯物主义与唯心主义的论争入此。不属同一洲的两国以上的哲学著作汇编，以及哲学思想研究汇编入此。

一洲一国的哲学史、哲学家的著作及其哲学思想研究入 B2/7 有关各类。现代哲学专著，均依内容入有关各类。例：论时间与空间入 B016.9。

B12 古代哲学

B13 中世纪哲学

B14 近代哲学

B15 现代哲学

二十、二十一世纪哲学入此。马克思主义哲学在世界的传播与发展入此。

{B17} 马克思主义哲学的传播和发展

〈停用；5 版改入 B15〉

B2 中国哲学

中国哲学史、思想史、少数民族哲学史入此。

各代哲学史入有关各时代哲学。例：《先秦哲学思想史》入 B22。

B20 唯物主义与唯心主义

总论哲学派别及研究的著作入此。

B201 唯物主义

B202 唯心主义

B21/26 中国各代哲学

均收各代哲学家的原著、节本、分篇，注释（评注、批注）、音义、图说、校勘、考证、语译（古文今译），研究、评论。

B21 古代哲学

总论性著作入此。

属于古代的某一特定时代的哲学入有关各类。例：先秦哲学入 B22。

B22 先秦哲学（～前 220 年）

先秦诸子思想的综合性著作入此。

B221 诸子前哲学

周易入此。

B222 儒家

四书（大学、中庸、论语、孟子）、孔子（孔丘）、孔子弟子、子思（孔伋）、孟子（孟轲）、荀子（荀况）等入此。

B223 道家

老子（李耳）、列子（列御寇）、杨朱、关尹子、庄子（庄周）等入此。

B224 墨家

墨子（墨翟）入此。

B225 名家

邓析、宋尹学派（宋钘、尹文）、惠施、公孙龙等入此。

B226 法家

管子（管仲）、商鞅（公孙鞅）、慎到、申不害、韩非、李斯等入此。

B227 阴阳家

邹衍入此。

B228 纵横家

苏秦、张仪入此。

B229 杂家

尸子(尸佼)、吕不韦、孔鲋(孔甲)等入此。

B229.9 其他

农家入此。

B232 秦汉哲学(总论)(公元前221~公元220年)

B233 秦代哲学(公元前221~前207年)

B234 汉代哲学(公元前206~公元220年)

陆贾、贾谊、淮南子(刘安)、董仲舒、桓谭、王充、王符、荀悦等入此。

B235 三国、晋、南北朝哲学(220~589年)

玄学入此。何晏、王弼、嵇康、杨泉、裴頠、郭象、抱朴子(葛洪)、范缜等入此。

B241 隋、唐、五代哲学(581~960年)

文中子(王通)、吕才、李翱、刘禹锡、谭峭等入此。

B244 宋、元哲学(960~1368年)

总论新儒学、宋明理学等入此。李觏、周敦颐(濂溪)、邵雍(康节)、张载(横渠)、王安石、程颢(明道)、程颐(伊川)、朱熹及考亭学派、陆九渊(象山)、陈亮及永康学派、叶适及永嘉学派、邓牧等入此。

B248 明代哲学(1368~1644年)

陈献章、王守仁(王阳明)及陆王学派、王艮及泰州学派、王廷相、罗钦顺、黄绾、何心隐、李贽、吕坤、方以智等入此。

B249 清代哲学(1644~1840年)

顾炎武、王夫之(船山)、黄宗羲(梨州)、唐甄、颜元(习斋)、李塨(恕谷)及颜李学派、戴震(东原)、章学诚(实斋)、焦循(理堂)等入此。

B25 近代哲学(1840~1918年)

总论旧民主主义革命时期的哲学著作入此。龚自珍、魏源、谭嗣同、严复、康有为、梁启超、章炳麟等入此。

B26 现代哲学(1919年~)

五四运动以后现代哲学家的思想研究、评论及其哲学著作集等入此。

五四运动以后现代哲学家的哲学专著,均分入有关各类。例:《论辩证唯物主义与历史唯物主义》入B0-0。

B261 二十世纪哲学

胡适、李大钊哲学思想等入此。

B262 二十一世纪哲学

B27 马克思主义哲学在中国的传播与发展

李大钊哲学思想入B261。

B3 亚洲哲学

东方哲学、东方哲学史等入此。

依世界地区表分。

B4 非洲哲学

非洲哲学史等入此。

B5 欧洲哲学

西方哲学、西方哲学史等入此。

B502/506 欧洲各时代哲学

总论性著作入B5。

B502 古代哲学

古希腊哲学、古罗马哲学等入此。

B503 中世纪哲学

基督教哲学、教父哲学、经院哲学、神秘主义、资本主义产生时期(文艺复兴时期,14~16世纪)哲学、科学和自然科学等入此。

参见B97。

B504 十七~十九世纪前期哲学

欧洲近代哲学、十八世纪启蒙运动哲学入此。

B505 十九世纪后期~二十世纪哲学

欧洲现代哲学、马克思主义哲学在欧洲的传播与发展入此。

B506 二十一世纪哲学

{B507} 马克思主义哲学在欧洲的传播与发展

〈停用;5 版改入 B505〉

B51/56 欧洲各国哲学

总论性著作入 B5。

依世界地区表分。

B6 大洋洲哲学

B7 美洲哲学

B80 思维科学

总论性著作入此。思维科学与其他科学的关系、思维规律、思维方式、抽象思维、形象思维、创造性思维等入此。

专论入有关各类。

参见 B842。

B81 逻辑学(论理学)

逻辑学与其他学科的关系、逻辑学流派及其研究、逻辑学史、逻辑思想史入此。

B811 辩证逻辑

研究反映客观世界发展过程的人类辩证(理性)思维规律和思维形式的著作入此。

唯物辩证法入 B024。

B812 形式逻辑(名学、辩学)

普通逻辑学、研究形式逻辑基本规律(同一律、矛盾律、排中律、充足理由律)、思维形式和方法(概念、范畴、判断、命题、推理、论证与反驳、谬误与诡辩)的著作入此。

[B813] 数理逻辑(符号逻辑)

宜入 O14。

[B814] 概率逻辑

宜入 O211。

B815 哲理逻辑(非经典逻辑)

模态逻辑、多值逻辑、认知逻辑、价值逻辑、时态逻辑、模糊逻辑、相干与衍推逻辑、自由逻辑、直觉主义逻辑等入此。

参见 O14。

B819 应用逻辑

总论入此。

专论在某一方面应用的著作入有关各类。

B82 伦理学(道德哲学)

伦理学的哲学基础、伦理学与其他学科的关系、伦理学流派及其研究、伦理学史入此。

B821 人生观、人生哲学

B822 国家道德

B822.1 国民公德

爱国主义、公民学等入此。

参见 D647。

B822.2 集体公德

爱护公共财物等入此。

B822.9 职业道德(工作道德)

工作作风、工作态度、为人民服务、批判不正之风等入此。

参见 D648。

[B822.98] 专业工作道德

宜入有关各类。例:商业工作者道德作风入 F718;教师道德作风入 G451;体育运动道德与作风入 G803;文艺工作者道德修养入 I03;医务工作者思想修养入 R19;科学工作者思想修养入 G316。

如愿集中于此者,可用组配编号法。

B823 家庭、婚姻道德

家训、恋爱道德、性道德、生育道德等入此。

参见 D649。

B824 社会公德

社会交往公德、公共生活秩序、社会风尚、精神文明入此。

参见 D648。

B825 个人修养

修身、处世、劝善、批评和自我批评、忠诚老实、谦虚朴素等入此。

B825.1 个人修养格言

参见 H03。

B825.4 青少年修养

B825.5 女性修养

B829 其他伦理规范

娱乐、休闲伦理入此。

B83 美学

总论美学与其他学科的关系、美学流派及

其研究、美学史的著作入此。

专论美学与某一学科的关系的著作入有关各类。例:体育运动美学入 G802;文艺美学入 I0;建筑美学入 TU-8;美育入 G40-012。

B832 美学与社会生产

技术美学、生产场所美学、产品美学、商品美学、劳动美学等入此。

参见 TB47。

B834 美学与现实社会生活

城市美学、住宅环境美学、生活美学、社会美学入此。

服饰美学入 TS941.1。

参见 TS973。

[B835] 艺术美学

宜入 J01。

B84 心理学

普通心理学、心理学与其他学科的关系、心理学派别及其研究、心理学史,以及总论人的信息加工、人工智能心理学方面的著作入此。

专论感觉、知觉信息加工方面的著作入 B842。

依总论复分表分。

〈实验心理学,5 版改入 B841〉

B841 心理学研究方法

电生理技术、数理心理学、心理统计法、实验心理学、实验法、观察法、心理测验等入此。

人格测验等教育测验入 G44;条件反射研究法入 Q42。

B842 心理过程与心理状态

认知、感觉与知觉、学习与记忆(注意、记忆与遗忘等)、表象与想象、言语与思维、情绪与情感、意识与潜意识、暗示学等入此。

学习心理学入 G44;创造心理学入 G305。

参见 B80。

B843 发生心理学

比较心理学、动物心理学、原始人类心理学、心理与遗传以及兼论发生与发展心理学的著作入此。

B844 发展心理学(人类心理学)

儿童心理学、青少年心理学、成年人心理学、老年人心理学、女性心理学、男性心理学以及不同人群的心理咨询与辅导等入此。

种族心理学入 C95。

B845 生理心理学

心理活动周期、神经心理、梦的解析、感官生理心理、内分泌与心理、精神药物与心理、神经化学与心理、死亡心理、环境与生理心理(包括居住、建筑、音响、照明与心理,高空、高压、高温、深海与心理,灾害、事故、伤害与心理),以及各环境心理咨询与辅导等入此。

梦的迷信分析入 B99。

B846 变态心理学、病态心理学、超意识心理学

心灵现象、自杀心理入此。

变态儿童心理学入 B844;特异功能入 R339.1;医学心理学入 R395。

参见 R749。

B848 个性心理学(人格心理学)

神经类型与气质、能力与才能(技能)、兴趣、态度、信念、意志、行为、智力、性格、个别差异、成功与失败等方面的心理学研究入此。

参见 G780。

B849 应用心理学

总论入此。总论心理咨询与辅导亦入此。

专论心理学在某一方面的应用的著作入有关各类。例:教育心理学入 G44。

B9 宗教

依总论复分表分。

B91 对宗教的分析和研究

宗教与社会政治、宗教与科学、无神论、破除迷信等入此。

B92 宗教理论与概况

宗教思想、宗教哲学、宗教心理学、比较宗教学、自然神学、宗教神学入此。总论宗教组织、宗教教育、宗教史、宗教地理的著作以及宗教家传记等入此。

专论某一种宗教及人物传记入 B93/98

有关各类。

宗教文学入I有关各类；宗教艺术入J19。

B93 神话与原始宗教

神话研究、各国神话的流传及发展、拜物教、偶像崇拜、鬼神、冥界、祠祀等入此。

用神话写成的文学作品，如神话故事等入I文学。

B94 佛教

佛教的经、律、疏、布教、仪注、宗派、组织及寺院，对佛教的分析和研究，佛教史及人物传记等入此。

B95 道教

道教的道藏、经文、戒律等入此。

见B94注。

B96 伊斯兰教（回教）

古兰经（可兰经）、教义、规律、圣训及注释等入此。

见B94注。

B97 基督教

圣经、教义、神学等入此。

参见B503。

见B94注。

B98 其他宗教

神道教、婆罗门教、印度教、耆那教、锡克教、袄教、波斯教、犹太教（希伯来教）、古希腊教、古罗马教、呼都教、摩尼教、高台教、好教、天理教、大本教等入此。

B99 术数、迷信

阴阳五行说、占卜（测字等）、命相、堪舆（风水、相宅、相墓等）、巫医、巫术等入此。

属于哲学范畴的阴阳五行论述入B227。

C 社会科学总论

类 目 简 表

0	社会科学理论与方法论
1	社会科学概况、现状、进展
2	社会科学机构、团体、会议
3	社会科学研究方法
4	社会科学教育与普及
5	社会科学丛书、文集、连续性出版物
6	社会科学参考工具书
[7]	社会科学文献检索工具书
79	非书资料、视听资料
8	统计学
91	社会学
92	人口学
93	管理学
[94]	系统科学
95	民族学、文化人类学
96	人才学
97	劳动科学

C 社会科学总论

总论人文科学、行为科学的著作入此。

C0 社会科学理论与方法论

科学研究的方针、政策及其阐述，科学的哲学原理，科学的方法论，术语规范与交流，学派、学说及其评论研究，与其他科学的关系，社会科学史、思想史等入此。

C1 社会科学概况、现状、进展

科学水平、动态、规划、预测、专利、创造发明、先进经验等入此。

参见G311。

〈4版类名：社会科学现状及发展〉

C2 社会科学机构、团体、会议

国际组织、社会团体、社会科学研究机构、学术团体、学会、协会、学术会议及专业会议、展览会、展览馆、图书馆、信息服务机构、咨询机构等入此，包括章程、历史、概况、活动、成员名录、年报、工作报告等。

C3　社会科学研究方法

调查方法、工作方法、统计方法、计算方法、试验方法与设备、分析研究与鉴定、组织方法、管理方法、数据处理、信息化建设及新技术的应用等入此。

C4　社会科学教育与普及

教学组织、教学计划、教学大纲、教学方法、习题、问题解答、教学实验、教学设备、考核、评估、奖励等入此。

中小学各科教学法、教学参考书和教材入G623/624、G633/634有关各类。

C49　普及读物

C5　社会科学丛书、文集、连续性出版物

丛书(汇刻书)、文库、全集、选集、论文集、会议录、学位论文、毕业论文、杂著、杂文集、年鉴、年刊、期刊、报纸、丛刊等入此。

C6　社会科学参考工具书

名词术语、辞典、百科全书(类书)、手册、名录、指南、一览表、目录、样本、说明书、表解、图解、图册、条例、规程、标准、统计资料、参考资料等入此。

图书目录入Z8。

[C7]　社会科学文献检索工具书

总论社会科学文献情报研究或目录索引研究的著作宜入G257;文献目录宜入Z88;文献索引宜入Z89。

如愿在本学科作互见分类或愿直接分入本学科者,可用此号分。

C79　非书资料、视听资料

总论社会科学的音像制品(声像资料)、电子文献、电子出版物等入此。如:缩微制品、录音制品(唱片、录音带)、感光制品及录像制品(电影片、幻灯片、录像带等)、机读资料(光盘资料、多媒体资料、CD、VCD、DVD)、网络资源(网站、网页、网络数据库)等入此。

C8　统计学

参见O212。

C81　统计方法

统计调查、统计资料的分析和整理、统计指数、统计平均数、统计图示法、统计资料管理、统计技术设备等入此。

[C82]　专类统计学

宜入有关各学科。例:教育统计学入G40-05。

如愿集中于此者,可用组配编号法。例:教育统计学为C82:G40-05。

C829　世界各国统计工作

各国统计工作方针、政策,统计制度,统计机构及其组织管理,统计事业史,统计工作报告,统计公报等入此。

C83　世界各国统计资料

各国统计资料汇编入此。

各科学部门的统计资料入有关各类。例:中国经济统计资料入F12-66。

C91　社会学

社会学理论、研究方法及方法论、学派及其研究、比较社会学、定量社会学、社会学史、社会思想史入此。

[C911]　社会发展和变迁

宜入K0。

C912　社会结构和社会关系

总论入此。

专论一国的著作入D6、D73/77有关各类。

家庭社会学入C913;传播理论入G20;民族学入C95;宗教心理入B92。

参见K892.2。

〈文化人类学,5版改入C95〉

C912.1　个人(社会人)

人学、个人社会学、角色理论、人际关系学、人际交往、个人与社会的关系等入此。

个人的社会心理入C912.6;有关人生观、价值观入B821;个人道德修养入B825。

C912.2　社会组织、社会群体

组织社会学、集体社会学、社会团

体、非营利组织等入此。

有关社会阶层的研究入D0等有关各类。

C912.3 社会关系、社会约制

公共关系、谈判学、社会控制、社会网络入此。

C912.4 社会人类学

社会文化人类学、社会优生学等入此。

文化人类学入C95。

参见C923。

[C912.5] 社会分层、社会流动

宜入D0。

C912.6 社会心理、社会行为

社会心理学、社会舆论、群体心理、知识社会学、社会行为、社会思潮、流行学等入此。

C912.8 区域社会学(社会地理学)

总论区域社会研究、社区的著作入此。城市社会学(城市地理学、城市学、城市生态学、城市史学)、农村社会学(乡村聚落地理学、农村地理学)、社区社会学等入此。

社会工作入C916。

〈4版类名:地区社会学〉

C913 社会生活、社会问题、社会保障

全球问题入此。

专论世界各国(状况)的著作入D5/7有关各类。

参见D58、TS97、TS976、D669。

〈4版类名:社会生活与社会问题〉

C913.1 恋爱、家庭、婚姻

两性问题、性社会学等入此。

生育问题入C923;性伦理学入B823;性卫生、性医学入R167;性生理入R339.2。

C913.2 职业

职业社会学、工作社会学、就业与失业问题等入此。

C913.3 生活与消费

日常生活社会学、闲暇社会学、住宅社会学、公共交通社会学、生活日用品供应与消费等入此。

C913.4 文教、卫生

互联网的社会问题(如网瘾)入此。

C913.5 青少年生活及问题

青年学、青年社会学、儿童社会学、青少年犯罪问题入此。

C913.6 中、老年人生活及问题

老龄问题、老年学、中年社会学、老年社会学等入此。

〈4版类名:中、老年人问题〉

C913.68 妇女生活及问题

妇女学、妇女社会学入此。

〈4版类名:妇女问题〉

C913.69 残疾人生活及问题

C913.7 贫困与社会福利、社会救济、社会保障

社会优抚、红十字会、孤儿院、基金会、慈善事业等入此。

社会保险入F840.6;世界各国人民生活贫困状况入F113、F12/17有关各类。

C913.8 社会特殊问题

社会病态、吸毒、酗酒、性暴力、娼妓、赌博、黑社会等入此。

C913.9 其他社会问题

自杀等社会现象入此。

公共安全问题入D035.29。

C914 社会利益

利益学等入此。

C915 社会调查和社会分析

一般论述入此。专论某一方面调查的著作入有关各类。例:世界人口调查入C924。

世界各国社会调查综合分析和社会调查资料汇编入D5/7有关各类。

C916 社会工作、社会管理、社会规划

社会政策与管理(社会规划、社会行政)、社会工作与公共服务(社会个案工作、团体工作、社会服务、社区公共服务)、非营利组织的社会工作等入此。

世界各国社会工作入D5/7有关各类。

参见D669。

[C919] 分科社会学

宜入有关各类。

如愿集中于此者,可用组配编号法。例:教育社会学为C919:G40-05。

C92　人口学

人口学理论、人口学方法论、比较人口学、人口学与其他学科的关系(人口社会学、人口经济学、人口心理学、人口教育学等)、人口学史、人口思想史入此。

C921　人口统计学

人口的出生与死亡率、人口调查法(人口分析统计)、户籍登记法入此。

中国的户籍管理入D631。

C922　人口地理学

人口地理分布、人口生态学、人口城市化、人口迁移学等入此。

C923　人口与计划生育

人口预测与规划、人口调节、节制生育与优生问题、人口健康等入此。

节制生育方法入R169。

参见C912.4。

C924　世界各国人口调查及其研究

全球人口问题、世界各国人口政策与制度、人口规划、人口问题研究、人口调查资料、人口史入此。

C93　管理学

管理的哲学基础、管理学方法论、管理学与其他学科的关系、管理学学派及其研究、管理学史等入此。

C931　管理技术与方法

总论科学管理、现代化管理的著作入此。管理人员、办公室工作(文书、秘书工作、秘书学、会议组织与管理等)、管理信息系统、管理工作自动化入此。

参见TP317.1。

C932　咨询学

咨询方法与技术、咨询管理与服务、咨询组织与机构、咨询市场等入此。论述智囊团的著作入此。

专科咨询学入有关各类,例:文献咨询入G252。

C933　领导学

领导哲学、领导心理学、领导体制、领导思想、领导方法、领导艺术、领导权(包括法定权、强制权、奖惩权、否决权)、领导者、领导组织建设等入此。

企业领导入F272.9。

C934　决策学

战略学、谋略理论、选择学、效用理论、决策行为、决策的可行性分析等入此。

参见N94。

C935　管理计划和控制

计划和控制的理论方法、计划等级类型研究、时间管理等入此。

C936　管理组织学

管理社会学、管理行为、组织结构和职位设计、对个人和集体的激励、岗位责任制等入此。

C939　应用管理学

总论入此。具体应用入有关各类。

如愿将各种应用管理学集中于此者,可用组配编号法。例:企业管理为C939:F272。

[C94]　系统科学

宜入N94。

C95　民族学、文化人类学

民族起源、发展、变迁,民族社会形态、社会制度,民族同化、民族融合等入此。

人种学入Q982;民族殖民地问题理论入D0;民族史志、民族地理入K1/7;民俗学入K89;民族工作、民族问题入D5/7。

〈4版类名:民族学;文化人类学,4版入C912〉

C955　民族性、民族心理

总论民族传统、民族性格、民族情感、民族差别、民族识别等入此。

专论入有关各类。例:文化的民族性入G0;民族性疾病入R188;文化心理入C912.6。

依世界种族与民族表分。

C96　人才学

总论人才学、人才培养与人才选拔、人才成长、人才教育、人才预测与人才规划、人才智力开发、人才创造学入此。

专论某种事业干部的著作入有关各类。

例：人事（干部）制度理论入 D035.2；科学工作者入 G316。

{C961} 人才培养与人才选拔

〈停用；5 版改入 C96〉

{C961.9} 人才预测与人才规划

〈停用；5 版改入 C96〉

C962 人才管理

人才考核、人才分类、人才测评等入此。

{C963} 人才智力开发

〈停用；5 版改入 C96〉

C964 世界各国人才调查及其研究

依世界地区表分。

[C965] 人才市场

宜入 F241。

[C969] 专门人才学

宜入有关各类。

如愿集中于此者，可用组配编号法。例：政工人才学为 C969：D64；作家人才学为 C969：I03；农业人才学为 C969：S。

C97 劳动科学

总论入此；专论入有关各类。

劳动哲学、劳动心理学、劳动科学学、劳动社会学、劳动计量学、职业培训、培训制度、培训机构、职业技能标准、考核与鉴定等入此。

劳动美学入 B832；社会保障入 C913.7、D57、D632、F840.6 等有关各类；劳动法学入 D9 有关各类；劳动统计学入 F222；劳动经济学入 F24；劳动管理学入 F243；劳动关系学入 F246；劳动卫生入 R13；劳动生理学入 R131；劳动安全入 X9。

{C970} 劳动科学基础理论

〈停用；5 版改入 C97〉

{C975} 职业培训

〈停用；5 版改入 C97〉

{C976.1} 劳动社会学

〈停用；5 版改入 C97〉

{C976.7} 劳动计量学

〈停用；5 版改入 C97〉

D 政 治、 法 律

类 目 简 表

0	政治学、政治理论
1	国际共产主义运动
2	中国共产党
33/37	各国共产党
4	工人、农民、青年、妇女运动与组织
5	世界政治
6	中国政治
73/77	各国政治
8	外交、国际关系
9	法律

D 政治、法律

总论政治以及兼论政治与法律的著作入此。

法律入 D9。

依总论复分表分，D-0 理论与方法论所属类目复分入 D0。

D0 政治学、政治理论

比较政治学，政治哲学，政治学与其他学科的关系(政治社会学、政治文化学、政治人类学、环境政治学)，阶级、阶层理论，革命理论，政党理论，民族独立、殖民地问题理论，战争与和平问题理论，总论国际主义与爱国主义等入此。

专论共产党或某一国政党的著作入有关各类。例：共产党入 D1/3；各国政党入 D5/7。

公共政策理论及政策分析、评估等入 D035；民族学入 C95；世界和平运动组织入 D813；专论爱国主义的理论著作入 B822.1；专论世界各国民族问题、民族政策的著作入 D5/7 有关各类。

〈4 版类名：政治理论；政策学，5 版改入 D035〉

D0-0 科学社会主义理论(总论)

{D01} 阶级、阶层理论

〈停用；5 版改入 D0〉

{D02} 革命理论

〈停用；5 版改入 D0〉

D03 国家理论

国家的起源、发展和消亡，国家与民族，国家与人民(公民社会)，国家政治制度，国家体制(政体、人民代表大会、议会、内阁制、总统制、选举、公民的权利与义务)等入此。

国家表征(国都、国旗、国徽、国花)等入 D5/7 有关各类。

{D031} 国家的起源、发展和消亡

〈停用；5 版改入 D03〉

{D032} 国家与民族、国家与人民

〈停用;5 版改入 D03〉

{D033} 国家政治制度

〈停用;5 版改入 D03〉

{D034} 国家体制

〈停用;5 版改入 D03〉

D035 国家行政管理

行政学、行政组织学、国家公共管理、政府管理、公共行政政策(行政政策、政策学、公共政策)、政府管理信息化建设(政府信息公开、电子政务理论)等入此。

〈政策学,4 版入 D0〉

D035.1 国家行政机构与管理体制

中央与地方政府关系、政府机构改革、政府职能、行政组织、行政区划等理论入此。

各部门公共管理入有关各类。

〈4 版类名:国家行政机构〉

D035.2 人事管理、公共部门人力资源管理

公务员制度等入此。

〈4 版类名:人事管理〉

D035.29 公共安全管理

公共安全问题、公共危机(应急)管理等入此。

参见 X4。

D035.3 公安管理

公安学、警察学、国家安全管理、公安部门管理理论、保卫学、警卫学、治安管理、消防管理、交通管理等入此。

刑事侦察学、预审学入 D918;户籍登记法入 C921;消防技术、设备入 TU998。

〈4 版类名:公安学〉

D035.4 监察、监督

总论反腐败、反贪污、反受贿的国家行政监督制度研究入此。

D035.5 地方行政管理、地方自治

市政学、乡镇行政管理理论等入此。

{D04} 无产阶级革命与无产阶级专政理论

〈停用;5 版改入 D0〉

{D05} 政党理论

〈停用;5 版改入 D0〉

{D06} 民族殖民地问题理论

〈停用;5 版改入 D0〉

{D068} 战争与和平问题理论

〈停用;5 版改入 D0〉

{D069} 国际主义与爱国主义

〈停用;5 版改入 D0〉

{D08} 其他政治理论问题

〈停用;5 版改入 D0〉

D09 政治学史、政治思想史

包括政治流派与思潮。

D091 世界政治思想史

古代、中世纪、近现代及社会主义思想史(空想社会主义、无政府主义)等入此。

科学社会主义思想的产生、传播及发展入 D1/3。

D092 中国政治思想史

依中国时代表分。

D093/097 各国政治思想史

依世界地区表分。

D1 国际共产主义运动

共产主义运动、共产党总论性著作入此。共产主义运动初期(1846～1864 年)、第一国际(国际工人协会,1864～1876 年)、巴黎公社(1871 年)、第一国际解散后的共产主义运动(1877～1889 年)、第二国际(1889～1900 年)、十月社会主义革命(1917 年)、托派(第四国际会议)、共产党和工人党情报局(1947 年 9 月～1956 年 4 月)、当代国际共产主义运动(1956 年 4 月～)等入此。

巴黎公社的史实入 K565;十月社会主义革命的史实入 K512。

[D10] 共产主义运动理论

宜入 D0-0。

{D11} 共产主义运动初期(1846～1864 年)

〈停用;5 版改入 D1〉

{D12} 第一国际(国际工人协会,1864～

1876年)
〈停用;5版改入D1〉

{D13}　巴黎公社(1871年)
〈停用;5版改入D1〉

{D139}　第一国际解散后的共产主义运动(1877～1889年)
〈停用;5版改入D1〉

{D14}　第二国际(1889～1900年)
〈停用;5版改入D1〉

{D15}　十月社会主义革命(1917年)
〈停用;5版改入D1〉

{D16}　共产国际(第三国际,1919年3月～1943年6月)
〈停用;5版改入D1〉

{D169}　托派
〈停用;5版改入D1〉

{D17}　共产党、工人党情报局(1947年9月～1956年4月)
〈停用;5版改入D1〉

{D18}　当代国际共产主义运动(1956年4月～)
〈停用;5版改入D1〉

D2　中国共产党

D2-0　党的领导人著作

党的各时期领导人著作全集、综合性选集、文集及其研究入此。

专题著作集与个别著作,按其内容入有关各类。例:江泽民著《论社会主义市场经济》入F123.9;李瑞环著《辩证法随谈》入B024。

D20　建党理论

D21　党章

关于修改党章的报告、党章教材及学习参考资料等入此。

D22　党的组织、会议及其文献

中央和地方组织会议、会议文献的学习参考资料入此。

D23　党史

党的各时期的中央组织史料和地方组织史料,以及党史参考资料入此。

D24　党的总路线和总政策

包括党在各历史时期的总路线、总政策。

参见D614。

D25　党的领导

总论领导原则与方法、群众路线的著作入此。

专论入有关各类。例:论党对军事的领导入E20。

D26　党的建设

D261　思想建设

关于党内开展思想和政治路线教育的意义、方法、经验,关于正确开展党内思想斗争,克服和纠正不正之风,论述党的优良作风,党内教育(党校、党课)及党的宣传工作入此。

见D64注。

D262　组织建设

党的组织原则、组织工作、干部工作、建党工作和党的纪律检查工作(监察工作)等入此。

参见D630。

D263　党员

党员标准、预备党员、党员的权利和义务、党性锻炼、组织生活、党员模范事迹入此。

D264　整风、整党运动

历次整风、整党运动及其文献入此。

参见D65。

D267　党的基层工作

厂矿企业、农村、乡镇企业、部队、财贸、国家机关、文教、卫生、街道等党的基层工作入此。

D27　中国共产党与各国共产党的关系

双边会谈、互相访问的文件、公报及函电等入此。

多边会谈,会议及对当代国际共产主义运动问题的态度的文件、公报及函电入D1。

依世界地区表分。

D29　中国共产主义青年团

D290　建团理论

党对共青团的领导,共青团的性质、

任务等入此。

D291 团章

团章学习参考资料(团章讲话、问答等)入此。

D292 团的组织、会议及其文献

全国和地方代表大会入此。

依会议届次或年代排。

D293 团史

D296 团的建设

整团工作、对团员的政治思想教育、团的组织原则、团的纪律、发展新团员、团员的标准、团员的作用、团课和教材入此。

D297 团的工作

团的基层委员会、支部的工作入此。

见D267注。

D33/37 各国共产党

各国党的领导人著作,建党理论,党章、党纲,党的组织、会议及文件,党史,党的总路线、政策,党的领导,党的建设,与各国共产党的关系,共产主义青年团等入此。

对当代国际共产主义运动问题的态度的文件、公报及函电等入D1。

依世界地区表分。

D4 工人、农民、青年、妇女运动与组织

D41 工人运动与组织

D410 工人运动理论

论述工人问题的著作入此。

D411 世界工人运动与组织

工人运动概况、五一国际劳动节、国际工人组织与会议、世界工会联合会(世界工联)、产业工会国际组织与会议、国际自由工会联合会、世界工人生活状况等入此。

国际工人运动史入K14。

D412 中国工人运动与组织

工人运动概况,党对工人运动的领导,工会章程、条例,中华全国总工会,产业工会及地方工会组织和会议,工会工作,工人生活状况等入此。

中国工人运动史入K261;地方工运史入K29。

D413/417 各国工人运动与组织

见D412注。

依世界地区表分。

D42 农民运动与组织

D420 农民运动理论

论述农民问题的著作入此。

D421 世界农民运动与组织

农民运动概况、农民生活状况入此。

世界农民运动史入K10。

D422 中国农民运动与组织

农民运动概况,党对农民运动的领导,农民组织章程、条例、组织与会议,农民工作,农民生活状况入此。

农民运动史入K201。

D423/427 各国农民运动与组织

见D422注。

依世界地区表分。

D43 青年、学生运动与组织

D430 青年、学生运动理论

青少年生活及问题入C913.5。

D431 世界青年、学生运动与组织

青年、学生运动概况,世界青年节,国际青年组织与会议,国际学生组织与会议,国际少年儿童会议与活动(六一国际儿童节),世界青年、学生、儿童生活状况,世界青年、学生运动史,青年社会生活史入此。

D432 中国青年、学生运动与组织

党对青年、学生运动的领导,青年工作等入此。

在校学生的思想教育工作入G41。

见D431注。

D433/437 各国青年、学生运动与组织

见D431注。

依世界地区表分。

D44 妇女运动与组织

D440 妇女运动理论

D441 世界妇女运动与组织

妇女运动概况,三八国际妇女节,国际妇女组织与会议,国际民主妇女联

合会，世界母亲大会，国际保护儿童大会，妇女生活状况，妇女运动史，妇女社会生活史入此。

D442 中国妇女运动及组织

妇女运动概况，党对妇女运动的领导，章程、条例，中华全国妇女联合会、地方妇女联合会，妇女工作，妇女生活状况，地方妇女运动与组织，妇女运动史、妇女社会生活史入此。

D443/447 各国妇女运动与组织

见 D442 注。

依世界地区表分。

D5 世界政治

总论性著作入此。

D50 世界政治概况

总论国际形势、发展中国家（第三世界）、发达国家（第一、二世界）、美俄政治、社会主义国家政治、资本主义国家政治的著作入此。

D51 国际政治矛盾与斗争

反对侵略扩张，反对种族歧视，反对法西斯主义、复活军国主义和复仇，反对“和平演变”等入此。

D52 世界政治制度与国家行政管理

总论各国的著作入此。国家安全机构（情报机构，间谍、特务组织）及其活动入此。

专论一国的有关著作入 D6、D73/77。

见 D03、D035 有关各类注。

〈4 版类名：世界政治制度与国家机构〉

D55 世界政治事件

国际恐怖事件等入此。

参见 D815。

D56 世界社会结构

阶级、阶层，民族问题，社会调查分析，各国政党及团体的国际活动，以及有关政党、团体的综合性著作入此。

共产党、工人党、劳动党组织及其活动入 D1/3。

D57 社会保障与社会福利

社会救济入此。

D58 社会生活、社会问题、社会工作

参见 C913。

〈4 版类名：社会生活与社会问题〉

D59 世界政治制度史

D6 中国政治

D60 政策、政论

政治活动家全集、选集入此。论述中国公共政策、社会政策、国内对中国政治的评论、国内外对中国综合性评论入此。报刊社论汇编入此。

专论入有关各类。例：评论中国外交政策入 D820。国内对港澳台地区的政治评论入 D675.8、D676.58/.59 有关各类。

中国共产党的领导人著作集入 D2-0。

{D601} 方针、政策

〈停用；5 版改入 D60〉

{D602} 政论

〈停用；5 版改入 D60〉

{D609} 报刊社论

〈停用；5 版改入 D60〉

{D609.9} 评论

〈停用；5 版改入 D60〉

D61 中国革命和建设问题

论无产阶级的革命领导权（工人阶级领导作用、工农联盟）、武装夺取政权的道路、革命与生产（三大革命运动、革命与生产的关系）、马克思主义在中国的运用与发展、中国社会主义建设、社会主义改革等入此。

D610 中国革命和建设的理论体系

总论中国特色社会主义理论体系、“三个代表”重要思想、科学发展观等入此。

[D610.0] 毛泽东思想

总论宜入 A84；毛泽东著作宜入 A4。

若 A 类文献分散处理，可启用该类；毛泽东综合性著作及其研究入 D2-0。

[D610.1] 邓小平理论

总论宜入 A849；邓小平著作宜入 A49。

若 A 类文献分散处理，可启用该

类;邓小平综合性著作及其研究入 D2-0。

{D611} 无产阶级的革命领导权

〈停用;5 版改入 D61〉

{D612} 武装夺取政权的道路

〈停用;5 版改入 D61〉

D613 革命统一战线

党的统一战线入此。

D614 社会主义革命和社会主义建设总路线

论述各个时期总路线、总任务的著作入此。

参见 D24。

{D615} 革命与生产

〈停用;5 版改入 D61〉

D616 中国特色社会主义建设问题

总论中国特色社会主义理论体系入 D610。

D618 中国革命的特殊问题

台湾与大陆统一、一国两制、两岸关系等问题入此。

D619 社会主义革命和社会主义建设成就

总论入此。

专论社会主义经济建设成就的著作入 F124。

依中国地区表分。

D62 政治制度与国家机构

中华人民共和国政权的性质、作用入此。

D621 政治制度

选举、公民权利与义务、国家表征(国都、国旗、国徽、国花)入此。

国歌歌曲入 J642.0。

D622 全国人民代表大会

会议及其文件入此。

依会议届次排。

D623 国务院

包括国务院所属各部委。

总论中国政府的著作,国务院会议及文件、工作报告等入此。

D624 地方各级人民代表大会

依中国地区表分。

D625 地方各级人民政府

依中国地区表分。

D627 中国人民政治协商会议

会议及其文件入此。

依会议届次排。

D628 地方各级政治协商会议

依中国地区表分。

D63 国家行政管理

国家公共管理、公共管理与政府管理方法、公共政策管理、政府管理信息化建设(政府信息公开制度、电子政务建设)等入此。

D630 国家机关工作与人事管理

国家机关、行政事业单位的编制、管理体制、工作方法以及机构、行政审批制度改革,公务员制度,干部选拔、考核、调配、培训、工资改革等入此。

公务员法入 D922.1;政府采购入 F812。

参见 D262。

D630.8 公共安全管理

公共危机(应急)管理等入此。

D630.9 监察、监督

廉政建设、反腐倡廉,总论纪检、监察工作等入此。

专论党的监察工作入 D262。

D631 公安工作

国家安全工作,公安行政工作(包括组织机构与人事管理、警衔、教育与培训、政治工作、警民关系、公安职业道德等),犯罪侦察、刑事侦察工作,保卫工作,保密工作,治安工作,治安基层组织(派出所、治保会、保安公司),户籍管理,流动人口管理,公共秩序管理,巡警工作,群体性事件处置,特种行业、危险物品管理,出入境管理,交通管理,消防工作,看守所、收审所管理,公安预审等入此。

参见 C921、TU998。

D632 民政工作

社会保障与社会福利、社会救济、福利院、干部离退休工作、信访工作、优抚安置、移民、救灾、殡葬改革、收容遣返等工作入此。

农村社会保障、社会福利入 F323。

D633 民族工作

民族政策、民族事务与民族问题、民族矛盾、民族冲突、民族分裂、民族区域自治、各少数民族状况入此。

具体政治事件入 D65 有关各类。

D634 侨务工作

华侨政策、华侨事务与华侨问题、归国华侨、国外华侨和总论华侨史的著作入此。

D635 宗教工作

宗教政策、宗教事务与宗教问题、宗教团体等入此。

D638 基层群众自治工作

论述群众自治组织(如村民委员会)的体制、工作方法、工作管理、村民自治、居委会等入此。

D64 思想政治教育和精神文明建设

总论思想政治教育的意义、方法及有关论述,如思想评论、学习文选等入此。

专论对党员、青年学生、军人等进行思想政治教育的方法、经验的著作入有关各类。

参见 G41、E22。

{D64-5} 学习丛书、文集

〈停用;5 版改入 D64〉

{D64-53} 学习文选

〈停用;5 版改入 D64〉

D641 学习和应用马克思列宁主义、毛泽东思想、邓小平理论

一般性学习和应用的经验体会入此。

对原著的学习与研究入 A8;应用马克思列宁主义、毛泽东思想、邓小平理论解决科学研究和生产实际问题的著作入有关各类。

D642 革命传统教育

阶级教育入此。

D643 形势教育、国情教育

战备教育入此。

D647 国际主义教育、爱国主义教育

参见 B822.1。

D648 道德教育

职业道德教育,为人民服务、劳动态度教育,集体主义教育,纪律教育,社会公德教育,革命英雄主义、革命乐观主义教育等入此。

有关共产主义人生观的著作入 B821。

参见 B822.9、B824。

D649 家庭、婚姻道德教育

参见 B823。

D65 政治运动、政治事件

参见 D264。

D651 1949 年 10 月～1966 年 5 月

土地改革,镇压反革命,抗美援朝,三反、五反运动,肃反,整风,反右派斗争等入此。

D652 1966 年 5 月～1976 年 10 月

“文化大革命”、林彪反党集团、“四人帮”及论述“四・五”事件的著作入此。

D653 1976 年 10 月～1978 年 12 月

D654 1979 年 1 月～

法轮功、东突事件、恐怖事件等入此。

D66 阶级结构与社会结构

我国社会主义历史时期的阶级和阶级斗争入此。

{D661} 我国社会主义历史时期的阶级和阶级斗争

〈停用;5 版改入 D66〉

D663 阶级、阶层

对各阶级、阶层的分析,党的阶级政策、知识分子政策,知识分子的作用等入此。

[D664] 中国人民政治协商会议

宜入 D627、D628。

D665 民主党派及其活动

总论中国政党、政治团体及其活动的著作入此。中国国民党革命委员会、中国民主同盟、中国民主促进会、中国民主建国会、中国农工民主党、中国致公党、九三学社、台湾民主自治同盟等入此。

专论民国时期的政党与政治团体入 D693。

D668 社会调查和社会分析

见 C915 注。

D669 社会生活、社会问题、社会工作

社会道德概况入此。

参见 C913、C916。

〈4 版类名:社会生活与社会问题〉

D669.1 恋爱、家庭、婚姻

见 C913.1 注。

D67 地方政治

依中国地区表分。

D69 政治制度史

总论各代政治制度的著作入此。历代典章制度的汇编,如《九通》、《十通》等亦入此。

D691 清、清以前政治

政治制度、国家行政管理(国家机构、地方行政、移民管理)、选举制度(科举)、人事制度(职官)、政书(会典、会要)、警政、阶级结构、社会结构、社会调查与社会分析、社会生活、社会问题、社会工作等入此。

D693 民国时代政治

辛亥革命以后、解放以前的政治制度、政论、社会结构、社会调查、社会生活、社会问题、社会工作等入此。

各民主党派的文献资料入 D665。

D696 新民主主义政治

D73/77 各国政治

依世界地区表分,再依下表分。

0	政治概况
09	政论
1	国内政治矛盾与斗争
2	政治制度与国家机构
3	国家行政管理
4	政治宣传与教育
5	政治运动与事件
6	阶级、阶层结构与社会结构 〈4 版类名:阶级结构与社会结构〉
69	社会调查和社会分析
7	社会保障、社会福利
8	社会生活、社会问题、社会工作 〈4 版类名:社会生活与社会问题〉
9	政治制度史

D8 外交、国际关系

D80 外交、国际关系理论

外交学、外交政策、外交行政、外交礼节、外交特权(豁免权、优例等)、引渡与驱逐问题入此。

D81 国际关系

D812 世界人民的友好往来与互相合作

总论入此。

专论一国与各国人民友好往来的著作入 D82/87 有关各类。

D813 国际组织与会议

国际联合会(国际联盟)、联合国及其所属各种组织与专门机构、区域性组织、世界和平运动与组织等入此。

D815 国际问题

总论世界性的国际关系问题,以及有关国际争端问题(裁军问题,禁止和销毁核武器问题,领土争端和边境问题,国际安全问题,国际反恐怖、缉毒活动,难民问题,人权问题,国籍问题等)的著作入此。

专论某一国家问题的著作入 D6/7 有关各类。国际刑警组织入 D52。

参见 D55。

D816 国际条约汇编

D819 世界外交史、国际关系史

D82 中国外交

D820 方针、政策及其阐述

D821 外交行政

外交部、外交使节、驻外使馆及其派驻机构、外交代表团、外交事务等入此。

出入境管理入 D631。

D822 对外关系

与各国人民的友好往来、对外友好

组织、与各国政府的关系、反对霸权主义、反对侵略扩张入此。

D823 边界问题

D824 外侨问题

D825 引渡、驱逐问题

D826 条约

中国与外国的条约、协定汇编入此。

D827 地方对外关系

依中国地区表分。

D829 中国外交史、对外关系史

外交政策、外交行政、对外关系、租借地、领事裁判权、开放港口、边界、外侨、引渡、驱逐等专题问题及条约、协定入此。

D83/87 各国外交

依世界地区表分。

D9 法律

依总论复分表分，D9-0 理论与方法论所属类目复分入 D90。

D90 法律理论(法学)

国家与法、法哲学、法理学、法学与其他学科的关系、立法理论、法社会学、法的历史类型、法系、法学史、法律思想史、法学流派、法律文化等入此。总论比较法学、世界法制史、法律史的著作入此。

各国法制史、法律史入 D92/97 有关各类。

〈4 版类名：法的理论(法学)〉

D91 法学各部门

应用法学入此。

{D910} 各国法律综合汇编

〈停用；5 版改入 D910.9〉

D910.9 法律汇编

〈4 版入 D910〉

D911 国家法、宪法

公民基本权利和义务、国家机构组织法(国家权力机关、行政机关和军事机关的组织法)、选举法、国旗法、国徽法、国家赔偿法、地方自治法(民族区域自治、基层自治、村民自治和居民自治等法)、民族法学等入此。

法院组织法、检察院组织法入 D916；国籍法入 D99。

D912.1 行政法

见 D922.1 注。

D912.2 财政法

见 D922.2 注。

D912.28 金融法

见 D922.28 注。

D912.29 经济法

见 D922.29 注。

参见 F262。

D912.3 土地法、房地产法

见 D922.3 注。

〈4 版类名：土地法〉

D912.4 农业经济管理法

见 D922.4 注。

D912.5 劳动法、社会保障法

见 D922.5 注。

〈4 版类名：劳动法〉

D912.6 自然资源与环境保护法

见 D922.6 注。

D912.7 人权法

见 D922.7 注。

〈4 版类名：青少年法〉

D912.8 传媒法、信息法

见 D922.8 注。

〈4 版类名：军法，为交替类，宜入 E126〉

D913 民法

总论民商法入此。

见 D923.1/.8 注。

D913.9 亲属法

见 D923.9 注。

〈4 版类名：婚姻法〉

D913.99 商法

总论入此。

D914 刑法

见 D924.1/.3 注。

D915 诉讼法

见 D925 注。

D916 司法制度

司法行政、法院、检察院、司法监督、律师制度、公证制度、监狱制度、劳动改造制度、保安处分(劳动教养)等入此。

参见D926。

D917 犯罪学

犯罪心理学、犯罪社会学、犯罪预防与治理、犯罪类型、各类型犯罪分析(智能犯罪、重新犯罪等)、被害者学、犯罪统计学、犯罪文化学等入此。

D918 刑事侦查学(犯罪对策学、犯罪侦查学)

侦查逻辑学、侦查心理学、犯罪同一认定、侦查技术与方法、现场勘查、预审学等等入此。

D918.9 司法鉴定学

痕迹学(指纹学、足迹学)、文书检验、司法化学检验、司法会计学入此。

D919 法医学

法医基础科学、法医物证检验学、司法精神医学、法医鉴定学、妇婴法医学、法医人类学(容貌复原等)入此。

指纹鉴定入D918.9。

D92 中国法律

D920.0 理论

中国法制研究,立法的理论、原则等入此。

D920.1 方针、政策及其阐述

D920.4 学习、研究

D920.5 解释、案例

法的讲解、问答、说明等入此。

D920.9 法律汇编

D921 国家法、宪法

《中华人民共和国宪法》、《中国人民政治协商会议共同纲领》、《反分裂国家法》、公民基本权利和义务等入此。

见D911注。

D921.1 国家机构组织法

国家权力机关、行政机关、军事机关组织法入此。

审判机关、检察机关组织法入D926有关各类。

D921.2 选举法

D921.3 国旗法、国徽法

D921.6 国家赔偿法

[D921.7] 国籍法

宜入D99。

D921.8 地方自治法

民族区域自治、基层自治、村民自治、居民自治等法入此。

D921.9 特别行政区基本法

D922.1 行政法

行政人员奖惩条例,国家公务员法,行政程序法,行政行为法(行政许可、行政处罚、行政复议、行政赔偿法),行政监督法(监察法),国防军事管理法,外事管理法,公安管理法(户籍法、治安管理处罚条例、出入境管理条例、国家安全法、保密法、爆炸物品管理法、消防法、禁毒法、警察法),华侨、民族、宗教事务管理法,文教、卫生管理法,科学技术管理法,公用事业管理法(供水、供电、供气、供热等管理法),民政和社会福利事业管理法,彩票管理法等入此。

新闻、出版、广播、电视法等入D922.8;邮电法入D922.29;兵役法、军法入E26。

科学技术管理法,参见D923.4。

〈国家赔偿法,5版改入D921.6;青少年法及未成年人保护法,5版改入D922.7〉

D922.2 财政法

预算法、决算法、税法、财务管理和会计法、企业成本管理法、审计法等入此。

D922.28 金融法

银行法、信托信贷法、保险法、货币法、外汇管理法、证券法等入此。

D922.29 经济法

宏观调控法(经济监督管理法、计划法、统计法、投资法、产业法、国有资产管理法)、企业法、公司法、破产法、工业经济管理法、市场管理法(反不正当竞争法、反垄断法、消费者权益保护法、广告法、价格法、工商管理法、产品责任法、旅游法)、涉外经济管理法、交通运输经济和通信经济管理法、基本建设管理法、经济特区法(总论)等入此。

农业经济管理法入 D922.4;经济合同法入 D923.6;票据法入 D922.28;商标法入 D923.4;商法入 D923.99;各经济特区经济法入 D927 有关各类。

D922.3 土地法、房地产法

地籍管理、土地调查、土地登记、土地改革、土地所有权和使用权、集体土地管理法(农业土地法、农村土地承包法、水土保持管理法、耕地保护法、乡(镇)村用地法)、国有土地管理法、城市及城郊用地法、各种用途土地法(交通、矿业、国防、文教、卫生、建筑、森林、水利等用地管理及征用法)、房地产法(物业、住房管理、房地产开发项目管理、房地产交易、房地产权属登记等法)等法入此。

〈4 版类名:土地法〉

D922.4 农业经济管理法

农业(农垦、粮食、粮仓等)、畜牧、兽医、捕鱼、狩猎等法,以及农业经济组织、农业生产合作组织、农业个体经济、农业承包等法入此。

D922.5 劳动法、社会保障法

总论社会法,社会保障法,就业促进法,劳动报酬法,劳动合同法,工作时间及休假、奖励法,劳动保护法,社会保险法(劳动保险法,退职、退休法),工会与职工民主管理法,职工培训法,劳动争议处理法,劳动监督与检查法等入此。

社会福利法入 D922.1。

〈4 版类名:劳动法〉

D922.6 自然资源与环境保护法

矿产法、森林法、草原法、水产法、水法、水利法、能源法、石油开采法、环境保护法(野生生物资源保护法、特定区域环境保护法、环境污染防治法)等入此。

土地法入 D922.3。

D922.7 人权法

未成年人保护法、青少年法、老年人权益保护法、妇女权益保护法、残疾人保护法等入此。

〈未成年人保护法、青少年法,4 版入 D922.1;老年人权益保护法、妇女权益保护法,4 版入 D923.8〉

D922.8 传媒法、信息法

新闻、出版、广播、电视法,网络信息法等入此。

D923 民法

总论民商法入此。

D923.1 总则

民法基本原则、权利主体、法律行为、诉讼时效等入此。

D923.2 物权法

总论产权、所有权、用益物权、担保物权等入此。

专论土地权、房地产权入 D922.3。

D923.3 债权法

D923.4 知识产权法

著作权法、专利法、商标法等入此。

参见 D922.1。

D923.5 继承法

D923.6 合同法

契约法,买卖合同、租赁合同、技术合同等法入此。

劳动合同法入 D922.5。

D923.7 侵权法

D923.8 其他

〈4 版类名:民事其他法权;产品责任法、消费者权益保护法,5 版改入 D922.29;妇女儿童权益保护、老年人权益保护,5 版改入 D922.7〉

D923.9 婚姻家庭法

亲属法、婚姻制度(结婚、离婚、少数民族婚姻问题、涉外婚姻问题、军婚、违反婚姻法的制裁)、家庭关系(收养法、夫妻关系、亲子关系、亲属关系、反家庭暴力法)、人口与计划生育法等入此。

〈4 版类名:婚姻法〉

D923.99 商法

总论入此。

D924 刑法

D924.1 总则

犯罪、刑罚的种类(管制、拘役、有期徒刑、无期徒刑、死刑、罚金、剥夺政治权利)、刑罚的运用(量刑、缓刑、减刑、假释、特赦)等入此。

D924.3 分则

危害国家安全罪,危害公共安全罪,破坏社会主义市场经济秩序罪,侵犯公民人身权利、民主权利罪,侵犯财产罪,妨害社会管理秩序罪,妨害婚姻、家庭罪,渎职罪,危害国防利益罪,贪污贿赂罪等入此。

军人违反职责罪入 E26;青少年犯罪问题入 D669。

D925 诉讼法

各种诉讼法、诉讼制度、回避与辩护制度、当事人(原告、被告)、证据法(证据、证人)、调解制度、诉讼程序(起诉、审判、执行、涉外诉讼等程序)、仲裁法等入此。

D926 司法制度

参见 D916。

D926.1 司法行政

司法行政机构、行政工作(司法文书、司法警察制度),司法统计,司法教育,司法人员等入此。

D926.2 法院

法院组织法、法官法、工作报告、工作经验、最高人民法院、地方各级人民法院、专门法院(铁路法院、海事法院)等入此。

军事法院入 E26。

D926.3 检察院

检察院组织法、检察官法、检察制度、工作报告、工作经验、最高人民检查院、地方各级人民检查院、专门检查院(铁路检查院、海事检查院)等入此。

军事检查院入 E26。

D926.4 司法监督

对侦查、法庭审判、执行及监狱的法律监督等入此。

〈司法监督,4 版入 D926.3〉

D926.5 律师制度

律师法、律师协会、法律顾问处、律师业务、律师辩护等入此。

D926.6 公证制度

公证机关、公证业务等入此。

D926.7 监狱制度与劳动改造制度

监狱学、监狱法等入此。

D926.8 劳动教养制度

D927 地方法制

地方法规入此。

依中国地区表分。

D929 中国法制史

中国古代法制及其研究入此。

D93/97 各国法律

依世界地区表分。

D99 国际法

国家主权、国家责任、国际承认,领土、国界和边境,领水、领空、海洋法,外交关系法、领事关系法,条约法,国际组织法,平时国际法,战时国际法(战争法),中立,国际经济法,国际环境保护法,国际私法,国际刑法,国际法上的居民,移民法、国籍法、外层空间法(宇宙法),核法等入此。

E 军　　事

类 目 简 表

0	军事理论
1	世界军事
2	中国军事
3/7	各国军事
8	战略学、战役学、战术学
9	军事技术
99	军事地形学、军事地理学

E 军事

依总论复分表分，E-0 理论与方法论所属类目复分入 E0。

E0 军事理论

总论军事学术、马克思主义军事理论、毛泽东军事思想、邓小平军事理论的著作入此。军事哲学，军事科学方法论，军事学与其他科学的关系（国防经济学、战争经济学），军事分支学科（包括军制学、军队指挥学、军事教育学、军事装备学、后勤学等），各军种、兵种建设理论，军事学史、军事思想史入此。

历代兵法、战法及其评论研究入 E89。

E1 世界军事

总论世界各国军事及世界各国军事某一方面的著作入此。

E2 中国军事

E20 军事理论

中国人民解放军的建军理论、军队建设理论、党的军事路线、党对人民军队的领导等著作入此。

总论国防现代化建设理论入 E25；有关民国时期的军事理论入 E0；有关中华人民共和国建国后台湾军事理论著作入 E289.58。

〈4 版类名：建军理论〉

E21 司令部工作

作战指挥、参谋工作、军事情报组织与活动入此。

各军、兵种司令部的工作入 E27 有关各类；军事演习入 E25。

E22 政治工作

思想教育工作、宣传工作、文化工作、组织工作、群众工作（军民关系、官兵关系、拥政爱民）、保卫工作、对敌军政治工作、俘虏管理入此。

军队中的中国共产党入 D267；共青团工作入 D297。

参见 D64。

E23 后方勤务

后勤组织机构、行政管理，后勤指挥、训练，军队财务，军需勤务、军事物流仓储，军事交通运输勤务，基建营房勤务等入此。

军人保险入 F84;军队卫生勤务入 R82;各军、兵种后方勤务入 E27 有关各类。

〈总论武器装备、勤务,5 版改入 E24;专论某种武器维护、保管、勤务等,5 版改入 E92 有关各类〉

E24　军事装备工作

总论军事装备建设(装备发展、体制、规划、计划等)、军事装备输入与输出入此。

军事装备理论入 E0;各种军事武器的使用保养与维修入 E92;军事装备制造入 TJ 有关各类。

〈4 版类名:生产建设工作;5 版改入 E249〉

〈4 版入 E27〉

E249　生产建设工作

论述军队参加社会主义经济建设方面的著作,如军垦农场、抗灾抢险等入此。

〈4 版入 E24〉

E25　国防建设与战备

国防建设理论、国防建设现代化、信息化建设、军事教育、军事训练、军事基地、边防、海防、空防、战备、军事科研活动与组织等入此。

各军、兵种教育和训练入 E27 有关各类;各种军用武器、器材及设备、人员的培训入 E9 有关各类;后勤训练入 E23;国防教育制度入 E26。

〈军事装备输入与输出,5 版改入 E24〉

E26　军事制度

军事行政、军事编制、干部制度和人事管理(军衔、奖惩、复员、转业等)、兵役制度、兵役法、军法、军纪(军队内务管理、军事法庭、军事检察院)、军队标识(军旗、军徽、军服、级别资历章)、国防动员制度、国防教育制度等入此。

E27　各种武装力量(各军、兵种)

〈总论军事编制、装备与实力的著作,5 版改入 E26、E24 有关各类〉

E270/279 各军、兵种

均收司令部工作、政治工作、后方勤务、装备工作、条令、教育、训练、战术、战斗保障、行军宿营、军队行政与生活管理、战例、战史。

E270　合成部队

方面军、集团军等入此。

〈4 版类名:合成军〉

E271　陆军

步兵、骑兵、坦克兵、装甲兵、炮兵、防化兵、工程兵、通信兵、陆军航空兵、陆军导弹兵、陆军防空军、铁道兵、基建工程兵等入此。

高射炮兵入 E274;海岸炮兵入 E273。

E273　海军

海军航空兵、岸防兵、海岸炮兵、海军陆战队等入此。

E274　空军

空降兵(伞兵)、高射炮兵、雷达兵、探照灯部队、防空导弹部队等入此。

E275　战略导弹部队

战略火箭部队入此。

E275.9　天军

天军是以天基作战平台和天基武器系统为手段在宇宙空间作战的军队。其主要任务包括太空作战,支援空中、地面、海上作战和开发宇宙空间等。

E276　特种部队

快速反应部队入此。

E277　武警部队

公安部队(消防、边防、警卫部队)等入此。

〈4 版类名:公安部队、武警部队〉

E279　预备役部队

E28　民兵

体制(条例、守则)、组织管理、政治工作、军事教育与训练、战术、军民联防、各地方民兵组织与训练等入此。

E289　地方军事

依中国地区表分。

E29　军事史(战史、建军史)

E291　古代军事史

总论古代军事史入此。

古兵法入 E89。

E295　近代军事史(1840～1949 年)

E295.2　清后期军事史(1840～1911 年)

E296 民国军事史(1911～1949年)

中华人民共和国建国后有关台湾军事的著作入 E289.58。

参见 K26。

E297 中国人民解放军军事史

八一南昌起义,北伐战争史,中国工农红军、八路军、新四军、各地抗日人民武装军事史,各解放区、各野战军军事史,中国人民志愿军抗美援朝,中国人民解放军在中印边境、中苏边境、中越边境抗击侵略的战史等入此。

参见 K26、K27 等有关各类。

E3/7 各国军事

依世界地区表分。

E8 战略学、战役学、战术学

E81 战略学

速决战与持久战,战略进攻与防御,陆、海、空军战略,核战略,全球战略以及军事预测、未来战争问题入此。

E82 战役学

联合战役、战略导弹部队战役、核反击战役、反导防御等入此。

E83 战术学

战术原则,战斗准备、组织、指挥,作战条例等入此;兼论战役、战术的著作入此。游击战(地道战、地雷战等)、运动战、防御战、进攻战、各种条件下作战(夜间作战、雨季作战、雷区作战等)、各种地形下作战(巷战、沼泽战、山地战等)、协同战术等入此。

E86 非常规战争

核战争与反核战争、化学战争与反化学战争、生物战争与反生物战争、太空战、高技术战争等入此。

E87 军事情报与军事侦察

军事战略侦察、战役侦察、战术侦察、谍报侦察,以及军事情报学、军事侦察学方面的理论著作入此。

世界及各国军事情报组织与活动入 E1/7 有关各类。

E89 古代兵法、战法

历代兵法、战法及其评论研究入此。例:《孙子》、《孙膑兵法》、《吴子》等入此。

E9 军事技术

E91 军事技术基础科学

军事数学、物理学、化学、天文学、气象学、生物学、系统工程学及其他学科在军事上的应用入此。

E92 武器、军用器材

关于武器和军用器材的使用、操作、保养、维修及其技能训练等著作入此。

有关设计制造、测试、储运方面的著作入 TJ;军用舰艇制造与维修入 U674;军用飞机制造与维修入 V27;古代兵器入 K85。

参见 TN21、G871、TH745。

E94 军事指挥信息系统

总论入此。总论 C3I、C4I 等系统入此。

E95 军事工程

阵地构筑及设备,障碍物的设置与排除(布雷、扫雷、陷阱等),军事交通,伪装,野战给水,陆、海、空军工程,防空工程,战略导弹军事工程入此。

参见 V35。

E96 军事通信

军用通信器材入此;军用有线通信(总论)、军用无线通信(总论)、军用光波通信、军用激光通信、军用简易通信(信号、旗语、军犬、军鸽)、军邮等入此。

通信电源入 TM91。

参见 TN91、TN92。

E99 军事地形学、军事地理学

军事测绘学、军事地图入此。

F 经 济

类 目 简 表

F 经济

依总论复分表分，F-0 理论与方法论所属类目复分入 F0。

F0 经济学

政治经济学入此。

F0-0 马克思主义政治经济学(总论)

F0-08 西方经济学(总论)

F01 经济学基本理论

关于经济学的研究对象和方法、经济规律、经济范畴、生产、生产力、生产关系、生产方式、劳动、劳动生产率、劳动分工、商品生产与交换、收入与分配、消费与积累、社会再生产、经济波动与周期、宏观经济学、微观经济学等经济学基本问题入此。

专论某种社会生产方式入 F02/05 有关各类；经济增长、经济发展与技术创新入 F06；两大部类及部门间关系入 F264。

〈4 版类名：经济学基本问题〉

{F011} 经济学的对象和方法

〈停用；5 版改入 F01〉

{F012} 经济规律

〈停用；5 版改入 F01〉

{F014} 经济范畴

〈停用；5 版改入 F01〉

{F014.1} 生产、生产力、生产关系、生产方式

〈停用；5 版改入 F01〉

{F014.2} 劳动、劳动生产率、劳动分工

〈停用；5 版改入 F01〉

{F014.3} 商品生产与交换

〈停用；5 版改入 F01〉

{F014.4} 国民收入与分配

〈停用；5 版改入 F01〉

{F014.5} 消费与积累

〈停用;5 版改入 F01〉

{F014.6} 社会再生产

〈停用;5 版改入 F01;两大部类及部门间关系,5 版改入 F264〉

{F014.9} 其他经济范畴

〈停用;5 版改入 F01〉

{F015} 宏观经济学

〈停用;5 版改入 F01〉

{F016} 微观经济学

〈停用;5 版改入 F01〉

{F019} 其他经济理论

〈停用;5 版改入 F01〉

F02 前资本主义社会生产方式

原始社会、奴隶社会、封建社会生产方式入此。寺院经济入此。

F03 资本主义社会生产方式

总论资本主义社会经济理论、政治经济学资本主义部分入此。资本主义社会生产力、生产关系、所有制、商品生产与交换、资本和剩余价值、雇佣劳动和工资、社会资本再生产、资本积累和无产阶级贫困化、社会资本再生产、收入和分配、经济波动与经济周期、资本主义经济危机入此。

{F030} 生产关系、所有制

〈停用;5 版改入 F03〉

{F031} 商品生产与交换

〈停用;5 版改入 F03〉

{F032} 资本和剩余价值

〈停用;5 版改入 F03〉

{F033} 雇佣劳动和工资

〈停用;5 版改入 F03〉

{F034} 资本积累和无产阶级贫困化

〈停用;5 版改入 F03〉

{F035} 社会资本再生产

〈停用;5 版改入 F03;部门间的关系,5 版改入 F264〉

{F036} 国民收入和分配

〈停用;5 版改入 F03;生活方式,5 版改入 C913.3〉

{F037} 经济循环

〈停用;5 版改入 F03〉

{F038} 垄断资本主义-帝国主义

〈停用;5 版改入 F03〉

{F039} 资本主义经济危机

〈停用;5 版改入 F03〉

F04 社会主义社会生产方式

总论社会主义社会经济理论、政治经济学的社会主义部分入此。关于从资本主义到社会主义的过渡,社会主义社会生产力与生产关系、经济规律、商品生产与交换、分配制度(按劳分配原则、物质鼓励、分配方式)、收入与分配、再生产、经济周期与经济波动等入此。

社会主义工业化入 F401;经济基础与上层建筑入 B032;货币入 F820;工资制度入 F244;生活方式入 C913.3;部门间关系入 F264。

{F041} 从资本主义到社会主义的过渡

〈停用;5 版改入 F04〉

{F042} 社会主义社会生产力与生产关系

〈停用;5 版改入 F04〉

{F043} 社会主义经济规律

〈停用;5 版改入 F04〉

{F044} 社会主义劳动

〈停用;5 版改入 F04〉

{F045} 商品生产与交换

〈停用;5 版改入 F04〉

{F046} 社会主义分配制度

〈停用;5 版改入 F04〉

{F047} 国民收入与分配

〈停用;5 版改入 F04〉

{F048} 社会主义再生产

〈停用;5 版改入 F04;部门间的关系,5 版改入 F264〉

{F049} 经济循环

〈停用;5 版改入 F04〉

F05 共产主义社会生产方式

共产主义的物质基础、向共产主义逐步过渡问题、所有制过渡问题等入此。

F06 经济学分支科学

增长经济学、发展经济学(经济可持续发展理论)、福利经济学、区域经济学(地缘经济学、区位经济学等)、国土经济学、资源经济学(资源合理分配理论)、生态经济学(循环经济理论)、科学经济学、知识经济学、技术经济学、信息经济学(契约理论、机制设计理论)、公共经济学(公共选择)、非生产领域经济学(服务经济学)、家庭经济学、民族经济学、比较经济学、短缺经济学、风险经济学、行为经济学等入此。

生产力经济学、消费经济学入 F01;计量经济学入 F224;区域经济管理入 F207;国防经济学入 E0;产业经济学入 F260;信息经济、网络经济入 F49。

各科经济学见 F08 注。

生态经济学,参见 X196。

F08 各科经济学

总论入此;专论入有关各类。

如愿集中于此者,可用组配编号法,按本分类法序列排。例:教育经济学为:F08:G40-05。

F09 经济思想史

经济学派研究入此。

F091 世界

论述重商主义、重农主义、古典经济学、庸俗经济学、小资产阶级经济学派、空想社会主义经济思想、马克思列宁主义经济思想及其代表人物的著作入此。

F092 中国经济思想

马克思列宁主义经济思想在中国的传播入此。

毛泽东、邓小平经济思想入 F091。

F093/097 各国经济思想

依世界地区表分。

F1 世界各国经济概况、经济史、经济地理

F11 世界经济、国际经济关系

总论第二次世界大战以后的世界和国际经济关系入此。

第二次世界大战以前的世界和国际经济关系入 F119 世界经济史。

F110 政策、规划

世界经济发展战略入此。

F112 世界经济概况

总论新兴市场国家的经济、发展中国家经济(第三世界经济)、发达国家经济(第一世界、第二世界经济)、社会主义国家及资本主义国家经济入此。

F113 世界经济问题

总论全球经济问题入此。世界经济结构与体制,国际经济技术合作(总论技术引进、技术转让),世界资源问题(生产布局及其与生态平衡的关系,循环经济、低碳经济等),世界经济发展水平、趋势及预测,新技术革命对世界经济的影响,世界经济波动与经济周期(经济危机、经济泡沫、经济景气等),国民收入与支出、国民财富,人民经济生活状况(包括贫困问题)等入此。

专论产业结构与体制入 F26 有关各类;各国人力资源情况入 F249。

F114 国际经济关系

国际分工、国际经济秩序、国际经济合作(经济全球化、南南合作、南北关系等)、世界各国经济交流、国际经济援助等入此。总论经济安全入此。

专论各国经济安全入 F12/17 有关各类。

F115 国际经济矛盾和斗争

经济封锁、经济制裁等入此。

F116 国际经济组织与会议

全球性经济组织与会议入此。如:世界经济论坛、亚太经合组织(APEC)、东亚-拉美合作论坛、国际性经济展览会等入此。发展中国家(七十七国集团)、社会主义国家(经互会)、发达国家(欧洲经济共同体、欧洲经济合作组织、八国集团、经济合作与发展组织及国际垄断组织)等入此。

专业性国际经济组织入 F3/8 有关各类;联合国经济机构入 D813。

F117 国际经济条约、协定

专业性条约、协定入 F3/8 有关各类。

F119 世界经济史

经济史学入此。

F119.9 世界经济地理

经济地理学入此。

F12 中国经济

总论入此。

中国各部门经济入 F2/8 有关各类。

F120 方针政策及其阐述

中国社会主义经济基本理论问题，经济发展道路、模式(经济增长方式、新型工业化道路、集约型经济等)，经济发展战略(经济可持续发展)，总论经济机制问题入此。

专论经济机制问题入有关各类。例:中国社会主义市场经济理论问题入 F123.9。

F121 社会经济结构与体制

经济体制改革、产权制度、新民主主义经济、个体经济和资本主义工商业的社会主义改造、公有制(全民所有制、国有经济)、集体所有制、个体所有制(非公有制经济、私营经济、民营经济等)、混合所有制、中外合资经营、股份制、租赁制等入此。

地下经济入 F264;产业结构入 F269。

{F121.1} 过渡时期经济成分及其改造

〈停用;5 版改入 F121〉

{F121.2} 社会主义所有制形式

〈停用;5 版改入 F121;地下经济,5 版改入 F264〉

{F121.3} 产业结构

〈停用;5 版改入 F269〉

F123 国民经济发展计划、规划及管理

〈4 版类名:国民经济计划及其管理〉

F123.1 计划、规划工作

计划工作、计划调节、中央与地方关系、国家与企业关系、宏观经济管理等入此。

〈4 版类名:计划管理〉

F123.2 国民经济发展趋势与预测

远景规划、改造自然等长期规划、年度分析与预测入此。

〈4 版类名:远景规划〉

F123.3 国民经济发展综合计划与规划

关于五年计划及规划的总结报告以及有关阐述入此。

〈4 版类名:国民经济发展综合计划〉

F123.5 经济发展年度计划

年度分析与预测入 F123.2。

按年度依次编号排列。例:1980 年年度计划为 F123.5/1980。

F123.6 基本建设计划与管理

有关规模、速度等入此。

F123.7 国有资产管理与监督

国有资产评估入此。

〈4 版类名:国有资产管理与评估〉

F123.8 专项规划及管理

规划汇编、科学技术与经济信息管理、工商行政管理等入此。

部门经济计划入部门经济。

〈4 版类名:专题规划〉

F123.9 市场经济与市场体系

市场机制与市场调节理论、市场化进程入此。

〈4 版类名:市场机制与市场调节〉

F124 经济建设和发展

F124.1 经济增长与发展水平

论述国民经济发展速度、现代化进程等入此。

专论国民经济发展趋势与预测的问题入 F123.2。

〈4 版类名:国民经济现代化〉

F124.3 技术发展与创新

总论自主创新、技术革命、技术改造、技术革新、技术开发与发展、技术引进、技术转让、技术合作入此。

专论入有关各类。

〈4 版类名:技术发展与革新〉

F124.4 专业化与协作

组建经济集团入此。

F124.5 资源开发与利用

与生态平衡的关系问题、循环经济、低碳经济、生产布局等入此。

参见 P96、X37。

F124.6 经济效益

增产节约入此。

F124.7 国民收入、国民财富

关于社会总产值、国民收入及其分配、消费与积累比例、国民财富历年变化情况以及总论小康社会建设问题等入此。

〈扶贫问题，5 版改入 F126〉

F124.8 经济波动与经济周期

〈4 版类名：经济波动〉

F124.9 其他

F125 对外经济关系

对外开放，对外经济政策，组织与活动，经济条约、协定，对外经济合作（经济援助），对各国经济关系，国家经济安全入此。

外资利用入 F832。

F126 人民经济生活状况

论述小康生活以及贫富差距、扶贫、减贫、消费状况、居民储蓄与投资等消费结构、收入分配状况等入此。

〈4 版类名：人民生活状况；扶贫问题，4 版入 F124.7〉

F127 地方经济

地方经济概况、经济建设成就、经济发展计划、经济调查研究和有关跨省市经济、区域经济、流域经济等入此。

依中国地区表分。

F127.8 少数民族经济

总论入此。

专论某一省区少数民族经济入 F127.1/.7。

F127.9 特区经济、经济技术开发区经济

总论入此。

专论某一特区与经济技术开发区经济入 F127.1/.7。例：深圳经济建设入 F127.65。

F129 中国经济史

F129.9 中国经济地理

F13/17 各国经济

依世界地区表分。

F2 经济管理

〈4 版类名：经济计划与管理〉

F20 国民经济管理

国民经济宏观管理理论、国民经济管理学入此。总论国有资产监督、管理与评估等入此。

专论宏观经济决策与调控入 F202；企业管理理论入 F272。

F201 经济预测、监测与预警

理论方法入此。

企业经济预测入 F272；世界各国经济预测入 F11/17。

〈4 版类名：经济预测〉

F202 经济决策与调控

总论宏观经济决策，宏观调控体系，调控的机制、组织入此。

〈4 版类名：经济决策〉

F203 行业管理

各国行业管理入 F269.2/.7 有关各类。

〈4 版类名：生产行业管理〉

F203.9 工商行政管理

世界各国工商行政管理入 F11/17 有关各类。

F204 科学技术管理

国家科技管理理论入此。

项目评价理论方法入 F224。

参见 G311。

F205 资源、环境和生态管理

自然资源规划管理、国土资源管理、国土整治等入此。

参见 TU98。

F206 能源管理

F207 生产布局和区域经济管理

自然区、经济区、行政区、民族区、区域经济结构调整等经济管理入此。

参见 TU98。

F208 经济信息管理

参见 G20。

F209 涉外经济管理

F21 经济计划与规划

国民经济计划原理（计划经济学、计划中的速度和比例问题）、国民经济计划体

系(论长期远景规划、五年或多年计划、规划、年度计划等理论、方法)、综合生产计划、基本建设计划、价格成本与流通费用计划、国民收入计划、总论部门经济计划等入此。

各部门经济计划专论各入其类。

〈4 版类名:经济计划〉

{F210} 国民经济计划原理

〈停用;5 版改入 F21〉

{F211} 国民经济计划体系

〈停用;5 版改入 F21〉

{F213} 各种专门计划

〈停用;5 版改入 F21〉

F22 经济计算、经济数学方法

F221 经济核算

F222 经济统计学

统计比较分析、经济统计方法、专门经济统计(劳动统计、国民经济核算体系、人民生活统计)、国际经济统计、经济统计组织与工作、部门经济统计总论等入此。

各部门经济统计入有关各类。

F223 投入产出分析

投入产出理论研究、国民经济平衡与平衡表的编制原则与方法等入此。

F224 经济数学方法

数量经济学,经济控制论、系统论、信息论,费用效益分析,运筹学、概率统计、数理统计在经济中的应用及电子计算机在经济数学方法中的应用入此。

相关分析、回归分析、分布分析等入O212。

F23 会计

F230 会计学

簿记学、会计核算理论、会计数学入此。

F231 会计业务

会计簿记方法、资产负债表、复式记账和账户、会计凭证和财产清查、账簿和记账技术、会计报表、会计检查和监督、出纳(综合论述财务出纳业务、现金出纳管理)等入此。

企业出纳入 F275;银行出纳业务入F830。

〈4 版类名:会计簿记方法〉

F232 会计设备

会计核算工作自动化入此。

F233 会计工作组织与制度

会计机构及会计人员的职责、条例、会计准则等入此。

企业会计准则入 F275。

F234 各种会计和簿记

社会会计(包括综合性会计)、成本会计、管理会计、财务会计、国际会计等入此。

F235 各部门会计和簿记

总论入此。总论非营利组织会计亦入此。

各专业会计入有关各类的财务管理。例:金融、保险业会计入 F830、F840.4;农业会计入 F302;工业会计入 F406;商业会计、外贸会计入 F715、F740、房地产开发企业会计入F293.3;国家机关会计入 F810。

F239 审计

F239.0 审计学

经济监督学、审计心理学入此。

F239.1 审计方法与技术

自动化技术的应用、审计程序入此。

F239.2 审计工作组织与制度

F239.4 各类审计

财政财务审计、财经法纪审计、经济效益审计、民间审计、国家审计、内部审计、经济责任审计等入此。

F239.6 专业审计

农业、工业、交通、邮电、旅游业审计,基本建设审计,物资审计,水利审计,商业、外贸审计,财政、金融审计,行政事业审计,外资审计等入此。

F24 劳动经济

F240 劳动经济理论

劳动经济学、人力资源理论等入此。

F241 劳动力与人力资源

总论劳动力规模、劳动力结构、退休与养老制度入此。人力资源规划、劳动力计划与平衡、人力资源市场(劳动力需求、人力资源流动、城乡劳动力迁移)、劳动力市场类型(职业介绍所、人才市场、劳动就业服务公司)、劳动制度、用工制度(合同制、招聘制)、劳动预备制度、劳动就业与失业等亦入此。

专论入有关各类。例:企业人力资源管理入 F272.9。专论养老保险制度、养老基金管理入 F84 有关各类。就业与失业的职业社会学问题入 C913.2;培训制度入 C97。

〈4 版类名:劳动力〉

F242 劳动生产率

作业方法研究、动作分析入此。

F243 劳动组织与人力资源管理

总论人力资源管理、劳动纪律、生产责任制等入此。生产小组,劳动分工与协作,劳动定额,劳动纪律,生产责任制,人力资源规划,职位分析与设计,人员招聘、选拔与考评,激励制度(绩效考评、考核、奖惩、升降、劳动竞赛)等入此。

专论入有关各类。

〈4 版类名:劳动组织和管理〉

F244 劳动工资、劳动报酬

薪酬管理、工资形式(计件工资、计时工资、职务工资、奖励工资等)、工资制度(工资改革、工资等级等)、奖励制度等入此。

F245 劳动工时

工时学入此。

F246 劳动关系

劳资关系入此。

[F247] 劳动保护

宜入 X9。

F249 世界各国劳动经济概况

世界各国人力资源情况、劳动经济史入此。

F249.1 世界

F249.2 中国

劳动政策、劳动力与人力资源、劳动生产率、劳动组织与人力资源管理、劳动工资、劳动工时、劳动关系、地方劳动经济、劳动经济史入此。

F249.3/.7 各国

依世界地区表分。

F25 物流经济

物资经济入此。

〈4 版类名:物资经济〉

F250 物流经济理论

物流经济学、物资经济学入此。

〈4 版类名:物资经济理论〉

F251 物资管理

物资管理体制、物资计划、物资平衡、物资统计入此。

F252 物流管理与市场

物流管理体制(包装、装卸、储运、配送、回收管理等)、物流市场(物流产品营销、物资市场营销、物流费用、流通经济效益)及各类物流入此。

〈4 版类名:物资流通〉

F253 第三方物流与企业

物资企业经营管理,财务管理,物流技术与设备(物流信息技术、数字化物流)入此。

各部门企业内部物流入各部门经济。

〈4 版类名:物资企业经营与管理〉

{F253.9} 物资经济现代化管理

〈停用;5 版改入 F253〉

F259 世界各国物流经济

〈4 版类名:世界各国物资经济〉

F259.1 世界

国际物流入此。

F259.2 中国

物资管理(包括战略物资如粮食、能源等管理与储备)、物流管理与市场、第三方物流与企业、地方物流经济、物流经济史入此。

F259.3/.7 各国

依世界地区表分。

F26 产业经济

总论入此。

专论某产业或行业经济入部门经济有关各类。

F260 产业经济理论

产业组织理论、产业经济学、产业的垄断与竞争等入此。

企业行为、企业产权结构入 F270 有关各类。

〈产业经济学,4 版入 F06〉

F262　产业的政府规制

规制经济学入此。

参见 D912.29。

F263　产业集群

F264　产业结构与分类

产业结构调整与优化、资源密集型产业、黑色产业、灰色产业等入此。总论两大领域和两大部类分类法及国际标准产业分类、三次产业、第三产业入此。

专论第一产业、第二产业、第三产业分别入 F3、F4、F49/8 有关各类。

F269　世界各国产业经济概况

F269.1　世界

F269.2　中国

产业的政府规制、行业管理、产业集群、产业结构与分类、地方产业经济、产业经济史入此。

F269.3/.7　各国

依世界地区表分。

F27　企业经济

F270　企业经济理论和方法

企业经济学、企业经济关系等入此。

专论某种企业经济管理入 F276 有关各类;企业管理的数学方法入 F224。

〈总论企业经营管理的理论与方法、企业行为学、企业文化、企业形象,企业与社会、企业与社会心理、企业经济效益、企业现代化管理,5 版改入 F272〉

F271　企业体制

论述企业法律形态、企业所有制形式,企业租赁、投标、招标,企业体制改革,企业产权及其交易与转让,企业竞争机制,企业并购(企业兼并重组、企业管理者收购、企业破产等),公司治理结构等入此。

企业经营机制入 F272。

F272　企业管理(总论)

企业管理理论,企业行为学,企业文化、企业形象,企业战略管理(分析与预测、决策与制订)、创业管理、经营管理(企业国际化经营、经营决策、风险管理、危机管理)、知识管理、评价与控制、现代化管理(企业信息化、目标管理、系统工程、价值工程)入此。

〈4 版类名:企业计划与经营决策〉

F272.9　企业行政与组织管理

组织结构与组织行为、企业领导(行政总裁(CEO)、经理负责制、厂长负责制等)、企业人力资源管理(人事管理、劳动管理、企业激励机制、企业员工素养与管理、职工考核及升调、薪酬管理)、民主管理等入此。

〈4 版类名:企业行政管理〉

F273　企业生产管理

企业技术创新与管理、产品管理(质量管理),企业资产管理(包括有形资产与无形资产),企业(行业)间联系(对外经济关系)等入此。

F274　企业营销管理与市场

供应链管理入此。

〈4 版类名:企业供销管理〉

F275　企业财务管理与资本运营

企业资金管理、会计核算、成本管理、利润与收入分配(企业税收)、经济活动分析、企业理财(投资、融资、资本运营)入此。

〈4 版类名:企业财务管理〉

F276　各种企业经济

国有企业、合作社、中小型企业、乡镇企业、联合企业、高新技术企业、合资企业、民营企业、股份制企业、公司,跨国企业、垄断组织等企业经济入此。

专论某一种合作经济的著作入有关各类,例:信用合作社入 F830。

F279　世界各国企业经济

F279.1　世界

F279.2　中国

企业组织与体制、企业管理、各种企业经济、个别企业经济、地方企业经济、企业史入此。

F279.3/.7　各国

依世界地区表分。

F28 基本建设经济

世界各国基本建设问题和概况入 F1 有关各类。

F280 基本建设理论与方法

基本建设经济学入此。

F281 基本建设计划与管理

F282 基本建设研究与决策

建设项目的可行性研究、评价、决策等入此。

F283 基本建设投资与经济效益

规模、速度等入此。

F284 基本建设组织与管理

基本建设合同、招标、投标等入此。

F285 基本建设财务(建设单位财务)

财务分析、会计核算入此。

F287 各部门基本建设经济

总论入此。

各部门基本建设经济入有关各类。例:工业建设入 F403。

F29 城市经济、房地产经济

市政经济、市政经济计划与管理、城市建设与国家工业化关系等入此。

城市学入 C912.8。

〈4 版类名:城市与市政经济〉

F290 城市经济理论

城市经济学、城市生态经济学、城镇经济理论入此。

F291 城镇的形成、发展与建设

城市发展道路、城市化、城乡经济关系等入此。

城镇规划与建设入 TU984。

〈4 版类名:城镇的形成、发展〉

F292 城市经济管理

城镇经济管理、城市经济结构等入此。

总论城市管理理论入 D035.5。

〈4 版类名:城镇规划与建设;为交替类,5 版改入 TU984〉

〈4 版入 F293〉

F293 城市土地经济、房地产经济

总论土地经济入 F301。

〈4 版类名:城市经济管理;5 版改入 F292〉

{F293.1} 城市经济结构

〈停用;5 版改入 F292〉

F293.2 城市土地经济

城市土地制度与政策、土地开发、利用与管理(评估及组织机构、管理)、土地市场(土地价格与地租)入此。

参见 F301。

〈4 版类名:城市土地开发与利用〉

F293.3 房地产经济

不动产、房地产经济理论、房地产制度(房地产政策、住房制度及其改革等)、房地产管理(房地产行业管理、房产产权管理、房地产评估、房地产金融管理)、房地产开发与经营管理(物业管理)、房地产市场等入此。

房地产信贷、住房个人信贷入 F830。

F294 基础设施、公用事业建设与管理

动力设施、交通运输与邮电设施及其他市政设施入此。

F299 世界各国城市经济、房地产经济概况

〈4 版类名:世界各国城市市政经济概况〉

F299.1 世界

F299.2 中国

城镇形成、发展与建设,城市经济管理,城市土地经济,房地产经济,基础设施与公用事业,地方城市经济,城市经济史,房地产经济史入此。

城镇规划与建设入 TU982。

F299.3/.7 各国

依世界地区表分。

F3 农业经济

F30 农业经济理论

农业经济学、农村经济学、农业政策学等入此。

F301 土地经济学

土地问题理论,土地资源经济学,土

地政策,土地制度(土地所有制、土地改革、土地产权、土地国有化等),土地管理、规划及利用(土地使用制度、农地整治等),土地经营与土地市场,地租、地价,土地统计等入此。

国土整治入 F205。

参见 F293.2。

F302 农业计划、规划与管理

农业经济管理理论与方法,农业、农村发展战略研究,农业管理体制(农业质量标准体系建设),农业经济信息,农业、农村经济统计,农业财务管理、经济核算,农业固定资产管理(农业会计)入此。

参见 S-0。

〈4 版类名:农业计划与管理;农业系统工程,5 版改入 S-0;农业数学,5 版改入 S11〉

F303 农业经济建设与发展

农业基本建设与投资,农业技术创新与发展,农业、农村现代化建设,农业资源开发与利用(包括农村环境资源管理、利用与可持续发展)入此。

农村城市化入 F291;土地开发与利用入 F301。

〈4 版类名:农业建设与发展〉

F304 农业生产与农产品市场

农产品贸易与价格学等理论、农业部门结构与综合开发(包括观光农业、休闲农业、兼职农业等新的农业发展模式研究)、农产品成本与价格、农产品经营与市场、农业资金、农业投资、农业生产布局与区域规划、农业劳动力利用与转移、农业劳动生产率、收入分配与农业劳动报酬(包括农村贫困与减困)入此。

〈4 版类名:农业生产〉

F306 农业经济组织经营与管理

农业经营学,农业企业的组织领导,农场、农业机械服务组织(农机专业合作组织、农机站)、农业试验场、农业技术推广站、科学园区、农村科研组织、农业合作组织、农工商联合企业、农业生产服务组织(种子公司、饲料公司、农业专业技术协会)等的经营与管理入此。

〈4 版类名:农业企业经营与管理〉

F307 农业部门经济

F307.1 种植业

粮食作物、经济作物、园艺作物入此。粮食安全问题入此。

F307.2 林业

F307.3 畜牧业、饲养业

包括蚕桑、养蜂、饲料、草原等部门经济。

F307.4 渔业、水产业

休闲渔业、观赏渔业等入此。

F307.5 农家副业、农产品加工工业

F31 世界农业经济

农业经济政策、土地问题、农业建设与发展、农业部门经济、农业经济史、农业经济地理入此。

农产品国内贸易、国际贸易入 F72/74 有关各类;农民生活状况入 D421。

F32 中国农业经济

F320 方针政策及其阐述

有关农业、农村、农民(三农)的方针政策,农业现代化道路、模式,农村经济改革,农村发展与建设方针、农村改革发展理论与政策入此。

F321 农村经济结构与体制

农村产业结构、农业产业化、土地问题、农业社会主义改造(指中国 20 世纪 50 年代的“农业合作化运动”)、农业所有制、农业合作形式(家庭联产承包责任制、专业户联合、农业合作组织、农民专业合作社等)、农村雇工等入此。

F322 农业计划、规划与管理

我国农业中长期发展规划、发展趋势和预测入此。

〈4 版类名:农业计划与管理〉

F323 农业经济建设与发展

农村经济建设现状与发展,区域规划与生产布局,农业资源开发与利用(包括农业资源评价、农村生态环境保护),农业技术改造,集约耕种、多种经营、综合开发,农业商品生产,农村劳动力、农业人口，农产品价格与市场，农业收入与分配（包括扶贫、减轻农民负担等），农村社会保障与福利事业（农村养老院、五保户等），农业资金、农业投资入此。

国土整治入 F205；农民工教育培训入 G729。

参见 S23。

F324 农业企业组织与管理

关于论述我国农业企业组织与经营管理的经验总结等入此。农场、农业机械服务组织（包括农机专业合作组织、农机站等）、技术推广站、农工商联合体、农业生产服务组织、粮库等入此。

农产品流通组织入 F721。

F325 农村生产组织与经营管理

农村人民公社、生产组织（生产队、专业户、个体农民）、生产管理、农村干部、乡镇干部、各地农村生产组织情况调查等入此。

乡镇企业入 F279.2；农业企业组织与管理入 F324；农业合作组织入 F321。

F326 农业部门经济

各种农业产品的产销情况、“菜篮子工程”、农村生产服务业（农村第三产业、农村经济人等）入此。

F327 地方农业经济

论述地方农业经济建设、区域经济综合研究等入此。

依中国地区表分。

F327.8 少数民族农业经济

总论入此。

专论某一地区少数民族农业经济入 F327.1/.7。

F327.9 特区农业经济

总论入此。

专论某一特区农业经济入 F327.1/.7。

[F328] 农民生活状况

宜入 D422。

F329 中国农业经济史

林业、畜牧业、渔业等部门经济史入 F326 有关各类。

F329.9 中国农业经济地理

依中国地区表分。

F33/37 各国农业经济

依世界地区表分。

F4 工业经济

F40 工业经济理论

工业经济学入此。

F401 工业经济结构与体制

工业改革、工业所有制等入此。

F402 工业规划、计划与管理体制

行业管理与组织、工业协会、工业统计学、工业经济指标等入此。

〈4 版类名：工业计划与管理体制〉

F403 工业建设与发展

工业国有化，工业部门结构、发展速度与比例关系，工业生产布局与资源利用（资源开发与利用、生产布局及其与环境保护的关系、节能减排等），工业部门协作与配合、工业专门化，工业投资（包括工业基本建设投资、固定资产投资），工业技术创新与发展（包括总论工业技术引进、技术转让），工业技术经济分析及经济效益等入此。

F404 工业劳动与工资、劳动生产率

劳动力供应与培训入此。

F405 工业品销售与市场

工业品成本与价格、投资与利润等入此。

〈4 版类名：工业品供销与市场〉

F406 工业企业组织与经营管理

企业管理者与行政管理（企业战略管理、民主管理、工业心理学、现代化管理方法、人力资源管理、定额管理等），生产管理、生产过程组织，技术管理与创新，固定资产管理，原料、材料、能源的管理，车间、班、组管理，企业营销管理与市场，企业财务管理与资本运营（工业会计、企业投资、融资管理等）等入此。

劳动保护与安全管理入 X93。

〈4 版类名：工业企业组织与管理〉

F407 工业部门经济

制造业、装备制造业总论,地质、矿业,能源工业、动力工业,冶金工业,金属加工、机械工业,航空、航天工业,电气工业,电信设备、计算机制造业,家电工业,化学工业,轻工业、手工业,建筑、水利工程等入此。

〈软件业,5版改入F490〉

F41 世界工业经济

工业政策、工业建设与发展、国际工业经济关系(世界工业技术引进、技术转让)、工业部门经济、工业经济史、工业经济地理等入此。

工人生活状况入D411。

F42 中国工业经济

F420 方针政策及其阐述

F421 工业经济结构与体制

工业国有化、工业社会主义改造、工业体制改革、工业所有制(全民、集体、个体所有制,联合体,中外合资经营,股份制,租赁制)等入此。

F423 工业计划、规划与管理

工业管理体制、行业管理与组织等入此。

〈4版类名:工业计划与管理〉

F424 工业建设与发展

工业部门结构与比例关系、生产布局与资源利用、投资、技术创新与发展(技术引进、技术转让)、集约化与规模经济、专业化与协作、技术经济分析、经济效益(包括增产节约)入此。

F425 工业企业组织和经营管理

论述我国工业企业经营与管理的经验、总结等入此。

F426 工业部门经济

见F407注。

F427 地方工业经济

论述地方工业经济概况、建设成就等的著作入此。

依中国地区表分。

F427.8 少数民族工业

总论入此。

专论某一地区少数民族工业入F427.1/.7。

F427.9 特区工业

总论入此。

专论某一特区工业入F427.1/.7。

[F428] 工人生活状况

宜入D412。

F429 中国工业经济史

各工业部门经济史入F426。

F429.9 中国工业经济地理

工业部门经济地理入F426。

F43/47 各国工业经济

依世界地区表分。

F49 信息产业经济

总论电子信息传输服务业入此。网络经济入此。

〈4版类名:信息产业经济(总论);网络经济,4版入F06〉

F490 理论与方法

方针政策、经济结构与体制、规划与管理、建设与发展、信息服务与市场、企业组织与管理(互联网信息服务业、计算机服务与软件业、网络服务商(ISP)、网络经营管理、网址管理等)入此。

F491 世界信息产业经济

F492 中国信息产业经济

F493/497 各国信息产业经济

依世界地区表分。

F5 交通运输经济

F50 交通运输经济理论

交通运输学、运输经济学、交通运输业规划与管理体制、交通运输业建设与发展、运输价格、成本与利润、交通运输企业组织与经营管理入此。

{F502} 运输业计划和管理体制

〈停用;5版改入F50〉

{F503} 运输业建设与发展

〈停用;5版改入F50〉

{F505} 运输价格、成本与利润

〈停用;5版改入F50〉

{F506} 运输企业组织与经营管理

〈停用;5版改入F50〉

F51 世界各国交通运输经济

F511 世界

交通运输政策，交通运输业建设与发展，国际运输组织和会议、条约、协定，交通史及交通运输经济地理入此。铁路、公路、水路、航空各种方式之间的国际联合运输入此。

一种运输方式之内的国际联合运输入 F53/56 有关类目。

F512 中国

方针政策、运输业规划与管理体制，交通运输建设和发展，联合运输，运输价格、成本与利润，交通运输企业组织与经营管理，地方交通运输概况，交通史，交通地理入此。

F513/517 各国

依世界地区表分。

F53 铁路运输经济

F530 铁路运输经济理论

铁路规划、计划与管理体制，建设与发展，铁路工业经济，运输成本、运价、票价，铁路企业组织与经营管理，各种铁路的经营与管理，运输业务，列车长、列车员工作职责及工作方法入此。

铁路选线经济入 U212；铁路施工经济入 U215；行车组织入 U292；货运工作入 U294；客运工作入 U293。

F531 世界铁路运输经济

F532 中国铁路运输经济

F533/537 各国铁路运输经济

依世界地区表分。

F54 陆路、公路运输经济

F540 陆路、公路运输经济理论

汽车运输学入此。

站务工作、货运工作、客运工作入 U492。

见 F530 注。

F541 世界陆路、公路运输经济

F542 中国陆路、公路运输经济

F543/547 各国陆路、公路运输经济

依世界地区表分。

F55 水路运输经济

F550 水路运输经济理论

见 F530 注。

货运工作、客运工作入 U695。

F551 世界水路运输经济

F552 中国水路运输经济

F553/557 各国水路运输经济

依世界地区表分。

F56 航空运输经济

民航事业入此。

F560 航空运输经济理论

航线开辟与航运基本建设、专业飞行服务等入此。

见 F530 注。

F561 世界航空运输

F562 中国航空运输

F563/567 各国航空运输与民航事业

依世界地区表分。

F57 城市交通运输经济

乡村交通运输经济入此。

F570 城市交通运输经济理论

见 F530 注。

F571 世界城市交通运输经济

F572 中国城市交通运输经济

F573/577 各国城市交通运输经济

依世界地区表分。

F59 旅游经济

F590 旅游经济理论与方法

旅游学、旅游经济学、旅游心理学、旅游美学、旅游业规划与管理、事业建设与发展（旅游资源的开发、利用与保护，旅游设施规划与管理）、旅游服务与旅游企业（导游业务、从业人员及导游管理、景区管理）、各类型旅游、旅游市场开发与营销（旅游营销学、旅游商品价格管理、旅游消费）等入此。

F591 世界旅游业

旅游业史、旅游经济地理入此。

见 K919 注。

F592 中国旅游业

方针政策、规划与管理体制、旅游业建设与发展、旅游企业与旅游市场（旅行社、

旅游公司、乡镇旅游企业、各种旅游产品及旅游市场的开发与营销、服务方式等)、旅游业史、旅游经济地理入此。总论旅游景点的分布和经济的关系入此。

名胜古迹等景点介绍入K928.7。

F593/597 各国旅游业

依世界地区表分。

F6 邮电通信经济

〈4版类名:邮电经济〉

F60 通信经济理论

通信业规划与管理、通信管制、通信业建设与发展、通信业市场、通信企业组织与经营管理入此。

通信法规入D912.29。

〈4版类名:邮电经济理论〉

{F601} 邮电业计划与管理体制

〈停用;5版改入F60〉

{F603} 邮电业建设与发展

〈停用;5版改入F60〉

{F606} 邮电企业组织与经营管理

〈停用;5版改入F60〉

F61 邮政

F611 邮政业规划与管理

邮政计划工作、统计等入此。

〈4版类名:邮政事业计划和管理〉

F614 邮政业建设与发展

邮政编码、邮务网布局、技术改造和革新及邮政机械化、自动化、信息化等入此。

F615 邮政业市场

邮政业务收入、成本与利润、邮费问题、市场营销、客户管理等入此。

〈4版类名:邮政业务收入、成本与利润〉

F616 邮政企业组织与经营管理

各级邮局、代办所、邮政企业人力资源管理、现代化管理、固定资产管理、财务管理和经济核算等入此。

F618 邮政业务

邮政物流,邮政特快专递,电子邮政,邮件收受、处理、运送、投递,邮汇,邮政储蓄,报刊发行,邮票等入此。

集邮、邮品欣赏入G262。

〈邮费,5版改入F615〉

F619 邮务员、分拣员

先进工作方法入此。

F62 电信

F621 电信业规划与管理

电信理论和方法、计划、规划、统计等入此。

〈4版类名:电信事业计划和管理体制〉

F623 电信业建设与发展

电信网络规划、建设、布局,下一代网络,电信技术与革新等入此。

〈4版类名:电信建设与发展〉

F625 电信业市场

电信市场结构、市场营销、市场行为、市场绩效、市场竞争及策略、产品、客户管理等入此。

F626 电信企业组织和经营管理

电话企业、电报企业、无线电通信企业、电信网络建设与服务企业(电信工程企业)以及电话业务、电报业务、无线寻呼业务等入此。

〈网络服务商(ISP)、网络经营管理、网址管理,5版改入F490〉

F627 国际电信

F63 世界各国邮电通信经济

〈4版类名:世界各国邮电事业〉

F631 世界

万国邮联、国际电联、邮电业史、通信地理入此。

F632 中国

方针政策、通信管制、通信业规划与管理、通信业建设和发展、通信企业组织与经营管理、通信业市场、对外通信业务关系、地方通信业、通信业史、通信地理入此。

F633/637 各国

依世界地区表分。

F7 贸易经济

F71 国内贸易经济

兼论对外贸易、内外贸一体化入此。

F710 贸易经济理论与方法

商业经济学、商业数学入此。

F711 贸易经济结构与体制

F712 贸易计划、规划与管理

贸易统计学入此。

〈4版类名:贸易计划与管理体制〉

F712.9 贸易建设与发展

F713 商品流通与市场

商品流通学、流通产业组织等入此。

F713.1 商品流通渠道

商品产销渠道入此。

F713.2 商品采购与收购

废品与再生资源回收入此。

〈4版类名:商品收购〉

F713.3 商品销售

销售学、销售技术与手段(铺货、促销)、批发与分销,零售(传销、直销)、城乡贸易、集市贸易、民族贸易、期货贸易、拍卖、电子商务(电子商务通信技术、系统、网站建设、安全、物流管理)、网上贸易、销售代理等入此。

物资供应入F252;期货金融、电子银行入F830;电子商务工作者入F718;国际贸易代理入F740。

F713.4 商品分配与调拨

F713.5 市场与营销

市场学、市场营销学,商业信息,市场调查与分析预测、商情分析与研究,商品供需与产品定价,市场营销战略规划,消费者行为分析(商业心理学、市场心理学、顾客心理学、消费心理学),市场与营销管理及各种市场入此。

电子商务运营与营销入F713.3。

〈4版类名:市场〉

F713.6 商品交易中介与经纪人

总论入此。

专论各种商品交易中介和经纪人入有关各类。

〈4版类名:经纪人〉

F713.7 商品展销与会展经济

〈4版类名:商品陈列布置;5版改入F713.8〉

F713.8 广告

广告学、广告心理学,广告策划与制作,广告管理、商品展览与展会设计、广告市场与营销、广告企业与管理等入此。

广告艺术入J524;展览会的装饰美术设计入J535。

F714 商品价格与流通费用

物价学、消费品价格等入此。

F715 商业企业组织与管理

商业经营管理学、商业企业经营管理(包括商业企业改革、经营决策)、商业企业行政与组织管理(包括人力资源管理、劳动管理)、商业谈判与经济合同管理、财务管理、经济核算、商业物流管理(仓库管理、维护、保养)等入此。

商品管理入F713。

F716 商业技术与设备

业务操作技术与革新,新技术在商业部门中的应用,商业业务的机械化与自动化等入此。

F717 各种商业企业

国有商业企业、供销合作社、集体商业、私营商业、商业垄断组织、股份制商业企业、合资商业企业、专业贸易企业、超级市场、连锁店、专卖店等入此。

F718 商业工作者

商业服务道德、业务培训以及先进工作方法、商业礼仪学入此。

F719 商业服务业

服务营销与市场、服务企业的组织与管理(财务管理、人力资源管理)、旅馆业、餐饮业、娱乐业(包括网吧等经营管理)、博彩业、彩票业、生活服务业(包括美容理发、按摩、浴堂、婚庆、丧葬、中介服务)等入此。

总论第三产业入F264;专论生活供应技术入TS97。

F72 中国国内贸易经济

包括兼论对外贸易的著作。

F720 方针政策及其阐述

F721　商业经济体制和组织

商业经济体制改革、国有商业企业、供销合作社、集体商业、私营商业、股份制商业企业(包括合资商业)、超级市场、连锁店、专卖店、专业贸易企业,公私合营商业企业等入此。

F722　商业计划与管理

经营责任制、计划收购与供应、贸易事业的建设与发展入此。

F723　市场

F724　商品流通

F726　物价

价格体系、物价政策与物价管理、物价调查入此。

专论各种商品的物价入有关各类。例:农产品价格为F323。

F726.9　商业服务业

F727　地区贸易经济

依中国地区表分。

F729　贸易史

F729.9　商业地理

F73　世界各国国内贸易经济

F731　世界

[F732]　中国

宜入F72。

F733/737　各国

依世界地区表分。如有必要,再仿F72分。

F74　国际贸易

F740　国际贸易理论与方法

世界市场、国际价格、国际贸易实务(贸易谈判、进出口商品检验、国际贸易程序及财务管理、国际贸易代理、国际服务贸易实务)、国际贸易统计方法等入此。

F741　政策

互惠政策、对外贸易管制(贸易禁运)、自由贸易与保护贸易(自由港、倾销与反倾销)等入此。

F742　国际贸易关系

F743　国际贸易组织与会议

国际贸易团体、贸易商、国际贸易会议、世界贸易组织(WTO)等入此。

专论WTO与各国、各行业关系入有关各类。联合国国际贸易组织入D813。

F744　国际贸易条约和协定

F745　海关及关税

国际走私、反走私总论,关税政策(关税税率)、海关制度、关税协定与关税同盟(包括最惠国条款)、海关史、关税史等入此。

F746　世界进出口贸易概况

转口贸易、补偿贸易、期货贸易、技术与知识产权贸易、服务贸易(包括无形贸易、对外承包工程、劳务合作、出口加工贸易等)、各种商品的国际贸易等入此。

期货金融入F831。

F749　国际贸易史

F75　各国对外贸易

F752　中国对外贸易

F752.0　方针政策及其阐述

对外贸易管制、贸易保护(倾销与反倾销)等入此。

F752.1　对外贸易计划与管理

F752.3　对外贸易组织与会议

贸易促进会、商品交易会等入此。

F752.4　对外贸易条约和协定

F752.5　海关及关税

查缉走私、违禁品入此。

F752.6　进出口贸易概况

外贸市场入此。

F752.7　与各国贸易关系

F752.8　地方对外贸易

边贸入此。

F752.9　对外贸易史

F753/757　各国对外贸易

依世界地区表分。

F76　商品学

商品目录、商品分类、商品包装和运输、商品保管和贮存、商标、商品检验等入此。

专论各种商品入F762/769有关各类;

进出口商品检验入 F74/75 有关各类；商品包装美术、商标入 J524。

F762 农产品

粮食、经济作物、园艺作物、木材、畜牧产品、水产品、土特产品入此。

F763 医疗用品、医药品

F764 工业产品

燃料工业产品、冶金工业产品、金属加工工业产品、机器仪表工业产品、电工器材、无线电电子产品、武器工业产品入此。

F765 建筑器材

F766 交通运输器材

F767 化学工业产品

化学肥料、农药、硅酸盐制品、染料、颜料、涂料、橡胶、塑料、合成树脂、摄影材料、肥皂、洗涤剂、日用化学用品入此。

F768 轻工业产品

纺织品，食品，烟草制品，缝纫服装制品，皮革制品，羽毛制品，木、竹、石工业制品，文化用品，工艺美术制品等入此。

F769 其他产品

手工业产品、出口加工产品（总论）、初级产品（总论）等入此。

F8 财政、金融

F81 财政、国家财政

F810 财政理论

财政学、国家财政学、财政分配、公共财政、财政运行方式和运行机制、国家财政制度与管理体制、国家预算与决算、财政收入与支出（税收、非税收收入、社会保险基金收入、经济建设支出、社会保障与科教文卫支出、国防支出、公共服务与公共安全支出、外交支出、环境与生态保护支出）、公债、债券、国际借款、国家机关会计（政府会计）、预算会计、地方财政等入此。

F811 世界财政

政策，财政制度与管理体制，国家预算和决算，财政收入和支出，内外债、对外借款，国际财政关系，财政史（包括赋税史）入此。

F812 中国财政

方针政策，财政制度与管理体制，预算和决算，财政收入、支出，税收，国家公债、债券，对外财政援助，地方财政，农村财政，财政史等入此。

F813/817 各国财政

依世界地区表分。

F82 货币

F820 货币理论

货币政策（货币供应量、利率等）、货币制度与管理、货币流通和信用（现金管理、现金结算）、通货膨胀（货币危机）等入此。

F821 世界货币

货币政策与制度、世界货币危机、国际货币关系及货币史入此。

F822 中国货币

货币改革入此。

古货币入 K875。

F823/827 各国货币

依世界地区表分。

F83 金融、银行

F830 金融、银行理论

金融、银行体制，金融组织、银行（中央银行，政策性银行，商业银行，城乡金融机构，各种所有制银行，信托投资公司、证券交易所、租赁公司、钱庄、银号、典当业等其他金融机构），银行业务（金库业务，资金管理，划拨、结算（非现金结算），储蓄、存款，新技术应用），信贷，投资，汇兑，信托，金融市场（证券市场、外汇市场、商品交易所、期货公司、黄金市场、金融衍生品市场、理财产品等），金融危机等理论与方法的著作入此。

邮政储蓄入 F618；彩票市场入 F719；货币危机入 F820。

F831 世界金融、银行

政策、银行体制（银行制度）、金融组织与业务、金融市场、金融危机、国际金融关系、国际资金流通、金融史、银行史等入此。

货币危机入F821。

F832　中国金融、银行

方针政策,金融、银行体制(银行制度),银行业务(资金管理、储蓄、划拨、结算),金融组织、银行(中国人民银行、政策性银行、专业银行、城乡信用合作社、各种所有制银行、钱庄、银号、典当业),信贷,投资,信托,金融市场,金融危机,汇兑、对外金融关系(包括国外资金利用),地方金融事业,金融史、银行史等入此。

F833/837　各国金融、银行

依世界地区表分。

F84　保险

F840　保险理论

保险心理学入此。

F840.2　保险制度、保险体制

保险条款、条例制定等入此。

F840.3　保险组织和管理

保险公司、保险经纪公司、保险代理公司、保险公估公司等保险组织,保险行业协议、保险公司资格审核以及保险企业经营管理(保险经营学、营销管理、展业管理、人力资源管理等)、风险管理、保险从业人员、保险监管与监察等入此。

F840.4　保险业务

保险营销(保险策划、保险推销),保险会计,保险中介业务(保险公估、保险经纪、保险代理等),保险核保、理赔,保险精算(统计分析和各类业务统计)入此。

F840.5　保险市场

保险融资、投资等入此。

F840.6　各种类型保险

社会保险(劳动保险、养老保险、社会医疗保险、失业保险、工伤保险、生育保险)、人身保险(人寿保险、意外伤害保险、健康医疗保险、年金保险、分红保险)、交通运输保险(货物运输保险、运输工具保险)、灾害保险、财产保险、农业、林业保险(森林火灾保险)、工商企业、工程保险、企业财产保险、信用保险、保证保险、金融信贷保险、涉外保险、责任保险以及特约保险、再保险、航天保险等入此。

F841　世界保险业

政策、国际保险组织、保险业务、保险市场、各类型保险、保险业史等入此。

F842　中国保险业

方针政策、保险组织和管理、保险业务、保险市场、各种类型保险、地方保险业、保险业史等入此。

F843/847　各国保险业

依世界地区表分。

G　文化、科学、教育、体育

类 目 简 表

0	文化理论
1	世界各国文化与文化事业
2	信息与知识传播
3	科学、科学研究
4	教育
8	体育

G　文化、科学、教育、体育

依总论复分表分。

G0　文化理论

文化学、文化哲学、文化的民族性、比较文化学、文化与其他学科的关系入此。

{G02}　文化哲学

〈停用;5 版改入 G0〉

{G03}　文化的民族性

〈停用;5 版改入 G0〉

{G04}　比较文化学

〈停用;5 版改入 G0〉

{G05}　文化与其他学科的关系

〈停用;5 版改入 G0〉

[G07]　文化地理学

宜入 K90。

〈4 版为正式类;5 版改为交替类〉

[G09]　文化史

宜入 K1/7。

G1　世界各国文化与文化事业

兼论教育事业入此。

专论教育事业入 G4。

G11　世界

涉及多专题文化研究、文化遗产保护,总论非物质文化遗产研究(如遗产普查、抢救与保护)、网络文化、国际文化事业组织与活动、文化产业(总论)、文化市场(总论)、文化合作与交流、文化会议、文化协定、文化事业史等入此。

各专题文化研究、文化产业(专论)、文化市场(专论)入有关各类。例:饮食文化入 TS971。

G12　中国

G120　方针政策及其阐述

G122　文化专题研究

见 G11 注。

G123　文化事业组织与活动

文化事业行政机关、文化工作会议等入此;总论文化团体的概况和活动入此。

专业文化组织团体入有关各类。

G124　文化产业、文化市场

G125　对外文化交流

G127　地方文化与文化事业

依中国地区表分。

G129　文化事业史

G13/17　各国

依世界地区表分。

G2 信息与知识传播

G20 信息与传播理论

总论入此。信息理论、信息技术、信息管理、传播理论(传播媒介、大众传播、组织传播、传播学与其他学科的关系)等入此。

专论入有关各类。例:新闻学入G210;情报学入G250;信息数学理论入O236;通信信息入TN911;自动控制信息入TP14;语言传播入H0。

参见F208、TP391。

{G201} 信息理论

〈停用;5版改入G20〉

{G202} 信息处理技术

〈停用;5版改入G20〉

{G203} 信息资源及其管理

〈停用;5版改入G250〉

{G206} 传播理论

〈停用;5版改入G20〉

G209 传播事业

总论入此。

专论入有关各类。

G21 新闻事业

综合论述报刊、广播、电视、网络等多种新闻媒体的著作入此。

〈4版类名:新闻学、新闻事业〉

G210 新闻学

新闻传播学,比较新闻学,新闻工作自动化、网络化,新闻学史等入此。

G211 组织和管理

G212 新闻采访和报道

新闻调查研究、新闻通讯、报道、特写、评论等的写作方法入此。

G213 编辑工作

编辑技术,如标题、插图以及副刊、专刊的编辑工作等入此。

G214 新闻工作者

总论入此。编辑、记者、通讯员入此。

广播、电视工作者入G224。

G215 报纸的出版发行

报纸推广、自办发行等入此。

邮政发行入F618。

G216 各类型报纸

论述报纸的性质、任务、组织方法,办报经验等的著作入此。

[G218] 新闻摄影

宜入J41。

G219 世界各国新闻事业

G219.1 世界

G219.2 中国

方针政策、新闻事业组织、各种通讯社、各类型报社、对外新闻工作交流、地方新闻事业、新闻事业史、报刊史入此。

G219.3/.7 各国

依世界地区表分。

G22 广播、电视事业

总论广播、电视工作组织与管理的著作入此。

专论电影电视艺术的著作入J9;广播、电视技术入TN93/94有关各类。

G220 广播、电视工作理论

广播、电视新闻工作理论,广播、电视工作自动化入此。

G221 组织和管理

G222 编辑、写作和播送业务

广播员、电视播音员、电视节目主持人等的业务,采访,广播语言,节目制作入此。

G223 广播、电视宣传和群众工作

听众与观众调查入此。

G224 广播、电视工作者

干部教育培训等入此。

G229 世界各国广播、电视事业

G229.1 世界

G229.2 中国

方针政策,广播、电视事业组织,广播电台、电视台,对外广播、电视工作交流,地方广播、电视事业,广播、电视事业史入此。

G229.3/.7 各国

依世界地区表分。

G23 出版事业

书刊出版入此。

著作权、版权法规入 D9 有关类目，著作权、版权贸易入 F746。

G230 出版工作理论

出版学、出版工作自动化入此。

G231 组织和管理

G232 编辑工作

选题、组稿、编辑、校对入此。

装帧设计入 TS88。

[G234] 印刷工作

宜入 TS8。

G235 发行工作

书店工作、兼论书刊发行工作入此。

报刊的邮政发行入 F618；报纸的发行工作入 G215。

G236 书刊宣传、评介

出版发行工作中的书刊宣传、评论、展销等入此。

参见 G252、G256。

G237 各类型出版物编辑出版

工具书、期刊、电子出版物等编辑出版入此。

方志编纂入 K29；辞典编纂入 H06、H16 等有关各类。

G238 出版工作者

G239 世界各国出版事业

G239.1 世界

G239.2 中国

方针政策、出版事业组织与活动、出版社、杂志社、发行机构（各类型书店）、对外出版工作交流、地方出版事业、出版事业史、书刊史、期刊史入此。

书史入 G256。

G239.3/.7 各国

依世界地区表分。

G24 群众文化事业

总论文化馆（站）、文化宫、俱乐部等群众文化事业的著作入此。

G240 群众文化工作理论

G241 工作方法

宣传辅导工作，群众文艺活动、娱乐活动，报告会、座谈会、故事会入此。

G242 文化馆（站）、文化宫

论述组织管理、工作经验的著作入此。

G243 俱乐部

G244 青年宫、少年宫、少年之家

少年儿童活动中心入此。

G245 展览馆、展览会

综合性展览会、展览馆入此。

专业展览会、展览馆入有关各类。

G246 公园

有关公园的组织管理以及文化活动等著作入此。

造园学、园林学入 TU986。

G247 群众文化活动

业余美术小组、业余歌唱队、文艺宣传队等入此。

G248 游乐场、歌舞厅

网吧行政管理入此。

G249 世界各国群众文化事业

G249.1 世界

G249.2 中国

方针政策、群众文化事业组织、对外群众文化工作交流、地方群众文化事业、群众文化事业史入此。

G249.3/.7 各国

见 G249.2 注。

依世界地区表分。

G25 图书馆事业、信息事业

〈4 版类名：图书馆学、图书馆事业；情报学及情报工作，4 版入 G35〉

G250 图书馆学、情报学

总论文献信息学、信息资源管理理论等入此。论述图书情报一体化的著作入此。

专论入有关各类。

参见 G270。

〈4 版类名：图书馆学〉

G250.1 图书馆学

理论图书馆学、比较图书馆学、图书馆学研究方法、图书馆学与其他学科的关系等入此。

G250.2 情报学

比较情报学、竞争情报学、科技情报学、社科情报学、信息计量学(目录计量学、文献计量学、情报计量学)、情报学研究方法入此。总论专科情报学入此。

专论入有关各类。例:医学情报学入R-05。

〈4版入G350〉

G250.7 图书馆工作、信息工作自动化和网络化

总论入此。图书馆2.0,图书、信息资源管理系统,图书馆工作、信息工作网络化,信息资源整合与利用,数据库建设,自动化辅助技术的应用等入此。

专论入有关各类。例:图书采购工作自动化入G253;编目工作自动化入G254;图书外借工作自动化入G252;图书馆自动化设备入G258.9。

〈4版类名:图书馆自动化、网络化;情报工作自动化、网络化,4版入G350;网络资源开发与利用;5版改入G255〉

G250.76 电子图书馆、数字图书馆

总论入此。虚拟图书馆、复合图书馆等入此。

专论入有关各类。

G250.9 图书馆学史、情报学史

参见G259。

〈4版类名:图书馆学史;情报学史,4版入G350〉

G251 图书馆管理、信息工作管理

图书馆管理学、情报所管理学,图书情报组织机构、规章制度、业务统计、业务研究与辅导,图书情报工作者(在职培训、继续教育、业务考核、职称评定、职业道德、工作守则等),情报工作体制、组织入此。

〈4版类名:图书馆管理;情报工作体制、组织,4版入G351〉

G252 信息资源服务

读者工作,情报资料的利用,读者、信息用户的研究,图书宣传与阅读辅导(群众工作、图书展览、报告会、读者座谈会、阅读辅导、读书活动),阅览服务(阅览室工作),外借服务(借书处工作、借阅工作自动化),文献传递与馆际互借(国际借书、区域性共享网络服务),流通站、流通书车,参考咨询(参考咨询自动化、虚拟咨询、数字咨询、咨询解答服务、定题服务、回溯服务、查新服务、图书馆利用法),信息研究与服务(文献综述、科学技术总结)等入此。

参见G236。

〈4版类名:读者工作;情报资料的利用,4版入G358〉

G253 信息资源建设

文献信息资源获取(图书采购、征集、交换、补充,情报获取,书源与情报源调查研究、质量鉴定等)、登记整理(清点、注销)、文献信息资源保管和典藏(总论及藏书组织、典藏、排架等)、文献信息资源保护(总论及图书防虫、防潮、装订、修复等)入此。总论藏书建设与藏书组织、信息资源建设与共享等入此。

古籍、善本的保护入G255。

参见G273、TS88。

〈4版类名:藏书建设和藏书组织;情报资料的搜集、保管,4版入G352〉

G254 信息组织

信息组织理论(知识组织系统、检索语言、分类主题一体化)、分类法(分类理论与方法、综合性与专业性分类表、同类书排列法)、主题法(主题法理论与方法、标题法与标题表、关键词法、叙词法与叙词表)、其他知识组织系统(知识本体)、信息描述(文献编目、文献著录及规则、编目过程、集中编目、合作编目、在版编目、重新编目、文献标引与编目自动化、信息加工)入此。

〈4版类名:文献标引与编目〉

G254.9 信息检索

文献检索,情报检索,信息检索理论、技术、工具、系统、服务(文献检索室、情报检索中心的工作、文献检索课、信息素养教育等)入此。

〈文献检索，4 版入 G252；情报检索，4 版入 G354〉

G255 各类信息资源工作

善本、线装古籍、期刊、报纸、地图、科技情报资料、专利、标准、样本、乐谱、图片、照片、缩微资料、视听资料、机读资料、网络信息资源、电子出版物、盲文图书等的研究、采集、编目、保管、开发和利用等入此。

文献出版入 G23。

〈4 版类名：各种文献工作；网络资源开发与利用，4 版入 G250.7〉

G256 文献学

图书学、版本学、校勘学及题跋、书评研究入此。

专科文献学入 G257；书籍装帧技术入 TS88。

参见 G236。

G257 目录学

普通目录学、目录学史、书目控制、书目编制法、专科目录学等入此。

文献标引和编目、文摘与索引入 G254。

〈计量目录学，5 版改入 G250.2〉

G258 各类型图书馆、信息机构

总论某一类型图书馆、信息机构，如儿童图书馆工作的著作入此；专论某一方面工作入 G251/255 有关各类；关于各国个别图书馆、信息机构的工作概况、计划、统计、报告等入 G259。

〈4 版类名：各类型图书馆〉

G258.9 图书馆、信息机构建筑和设备

图书馆、信息机构建筑的一般要求及特点，图书馆、信息机构设备（书架、阅览桌），图书馆、信息机构的机械化和自动化设备（文献复印、缩微设备、防盗仪、充消磁器、图书清点器），图书馆、信息机构日常业务用品（磁条、卡片、书标、RFID 卡）入此。

图书馆、信息机构建筑设计入 TU242。

〈4 版类名：图书馆建设、设备；情报机构的建筑、设备，4 版入 G351.9〉

G259 世界各国图书馆事业、信息事业

参见 G250.9。

〈4 版类名：世界各国图书馆事业；世界各国情报事业，4 版入 G359〉

G259.1 世界

国际组织和活动，世界图书馆事业史、信息事业史以及统计资料入此。

〈世界情报事业，4 版入 G359.1〉

G259.2 中国

方针政策，事业建设与发展，组织与活动，事业协调与合作，业务辅导，各类型图书馆、信息中心，对外交流，地方图书馆事业、信息事业，图书馆事业史、信息事业史入此。

〈中国情报事业，4 版入 G359.2〉

G259.3/.7 各国

依世界地区表分。

〈各国情报事业，4 版入 G359.3/.7〉

G26 博物馆事业

展览馆、博物馆建筑设计入 TU242。

〈4 版类名：博物馆学、博物馆事业〉

G260 博物馆学

博物馆学史入此。

G261 组织和管理

G262 藏品的采集、征集、鉴定

包括私人藏品的采集、鉴定，如集邮等。

私人博物馆入 G268；文物鉴定入 K85 有关各类。

〈私人藏品的采集、鉴定，4 版入 G894〉

G263 文物复制

实物复制、摹拓、器物绘图、照相等入此。

G264 藏品整理和保管

分类、编目、登记、保管、修复等入此。

G265 陈列、展览工作

G266 群众宣传工作

展览说明、讲解工作、群众组织工作等入此。

G267 建筑和设备

展览馆、博物馆建筑设计入 TU242。

G268 各类型展览馆、博物馆

革命博物馆、纪念馆、历史博物馆、私人博物馆等入此。

专业博物馆入有关学科 。例:地质博物馆入 P5-2;自然博物馆入 N2。

见 G258 注。

G269 世界各国博物馆事业

G27 档案事业

〈4 版类名:档案学、档案事业〉

G270 档案学

档案管理学、档案学史入此。

参见 G250。

G270.7 档案工作自动化和网络化

见 G250.7 注。

〈4 版类名:档案工作自动化〉

G271 档案馆管理

见 G251 注。

〈4 版类名:档案管理〉

G272 收集和整理

档案修复入此。

G273 保管和利用

参见 G253。

G274 公布、出版

G275 各种类型档案工作

历史档案、文书档案、技术档案、特种档案(图纸、照片、报表、声像资料)、机读档案等入此。

{G276} 特种档案工作

〈停用;5 版改入 G275〉

[G277] 文书工作

宜入 C931。

G278 各类型档案馆、档案室

见 G258 注。

G278.9 档案馆建筑和设备

档案馆建筑设计入 TU242。

见 G258.9 注。

G279 世界各国档案事业

G279.1 世界

G279.2 中国

G279.3/.7 各国

依世界地区表分。

G3 科学、科学研究

总论科学研究(包括社会科学和自然科学)的著作入此。

总论社会科学研究的著作入 C;总论自然科学研究的著作入 N;关于具体学科的研究的著作入有关各类。

依总论复分表分。

G30 科学研究理论

G301 科学学

科学政策学、科学社会学、科学智力学以及论述潜科学、软科学等的著作入此。

G302 知识学

研究科学知识的总论性著作入此。

G303 未来学

科学发展的规律性、科学技术预测等入此。

专门科学技术预测入有关各类。

G304 科学研究的方法论

科学体系学(科学分类学)、科学的比较研究等入此。

G305 科学发明、发现研究(创造学)

创造心理学等入此。

G306 专利研究

专利理论方法、制度与管理、编写与出版,各国专利文献概况,专利综合汇编入此。

各种专利汇编入有关各类。

G307 技术标准研究

见 G306 注。

G31 科学研究工作

G311 组织和管理

论述科学研究机构的工作组织、科研管理、科研基金等的著作入此。

参见 F204、C1、N1。

G312 工作方法

总论科学实验方法等的著作入此。

科学论文、专业应用文的写作入 H152。

G315 群众性科学研究工作

G316 科学工作者

科学研究人员的条件、培养、考核等入此。

G32 世界各国科学研究事业

G321 世界

G322 中国

G322.0 方针政策及其阐述

G322.1 规划、计划

G322.2 机构和团体

总论中国科学院、中国社会科学院以及其他科学团体、协会、学会、学社和地方科学研究机构的规则、条例、组织、报告、会议、设备的著作入此。

专论某一专科科研所、科学团体、协会、学会、学社的著作入有关各类。例:中国科学院化学研究所为O6-2。

G322.5 对外科学研究工作的交流与合作

G322.7 地方科学研究事业

G322.9 科学事业史

G323/327 各国

依世界地区表分。

{G35} 情报学、情报工作

〈停用;5版改入G25〉

{G350} 情报学

〈停用;5版改入G250.2〉

{G351} 情报工作体制、组织

〈停用;5版改入G251〉

{G351.9} 情报机构的建筑、设备

〈停用;5版改入G258.9〉

{G352} 情报资料的搜集、保管

〈停用;5版改入G253〉

{G353} 情报资料的处理

〈停用;5版改入G252、G254有关各类〉

{G354} 情报检索

〈停用;5版改入G254.9〉

{G355} 机器翻译

〈停用;4版为交替类,宜入H08〉

{G356} 情报过程自动化的方法和设备

〈停用;5版改入G250.7、G254、G258.9等有关各类〉

{G357} 文献复制方法和设备

〈停用;5版改入G258.9〉

{G358} 情报资料的利用

〈停用;5版改入G252〉

{G359} 世界各国情报事业

〈停用;5版改入G259〉

G4 教育

依总论复分表分。G4-0理论与方法论所属类目复分入G40。

G40 教育学

教育理论、教育思想、教育立法与教育政策、教育职能入此。

{G40-011} 教育职能

〈停用;5版改入G40〉

G40-012 全面发展教育

智育、美育(包括审美教育)、劳动教育及总论人文教育、素质教育入此。

德育入G41;体育专业教育入G807;非体育学校体育教育入G61/63有关各类。

{G40-013} 智育

〈停用;5版改入G40-012〉

{G40-014} 美育

〈停用;5版改入G40-012〉

{G40-015} 劳动教育

〈停用;5版改入G40-012〉

G40-02 教育哲学

G40-03 教育科学研究

元教育学、教育科学研究方法论和研究方法入此。

G40-05 教育与其他科学的关系、教育学分支

教育统计学、教育社会学、教育环境、教育政治学、教育经济学、教育文化学、教育生物学、教育技术学、教育管理学、教育伦理学、教育未来学、教育信息学、教育逻辑学等入此。比较教育学总论入此。

具体的比较研究入有关各类。例:中美成人教育比较为G72。

G40-06 教育学派

实用主义教育学派、新教育学派、存在主义教育学派、结构主义教育学派等入此。

G40-09 教育学史、教育思想史

G41 思想政治教育、德育

德育理论,马列主义毛泽东思想教育,人生观、世界观与理想教育,阶级教育、革命传统教育,爱国主义教育,纪律、民主与法制教育,品德教育,社会公德教育,军事训练教育入此。总论学校思想政治教育入此。

各级各类学校的思想政治教育入G61/79有关各类。

参见D64。

{G410} 德育理论

〈停用;5版改入G41〉

{G411} 马列主义毛泽东思想教育

〈停用;5版改入G41〉

{G412} 人生观、世界观与理想教育

〈停用;5版改入G41〉

{G413} 阶级教育、革命传统教育

〈停用;5版改入G41〉

{G414} 国际主义教育、爱国主义教育

〈停用;5版改入G41〉

{G415} 纪律、民主与法制教育

〈停用;5版改入G41〉

{G416} 思想品德教育

〈停用;5版改入G41〉

{G417} 社会公德教育

〈停用;5版改入G41〉

{G418} 军事训练教育

〈停用;5版改入G41〉

G42 教学理论

教学研究和改革、教学过程、教学原则、课程论、教学法和教学组织、各派教学法、各科教学法(分科教学法)、教研室(组)工作入此。总论教学理论、学科教育学等入此。

各级各类学校教学理论入G61/79有关各类。

参见G652、G712。

{G420} 教学研究和改革

〈停用;5版改入G42〉

{G421} 教学过程

〈停用;5版改入G42〉

{G422} 教学原则

〈停用;5版改入G42〉

{G423} 课程论

〈停用;5版改入G42〉

{G424} 教学法和教学组织

〈停用;5版改入G42〉

{G426} 各派教学法

〈停用;5版改入G42〉

{G427} 各科教学法(分科教学法)

〈停用;5版改入G42〉

{G428} 教研室(组)工作

〈停用;5版改入G42〉

G43 电化教育

视听教学(电化教学),广播、电视教学,计算机化教学(教学机),电化教材、课件等入此。

〈教学机,4版入TP391.6〉

{G431} 视听教学(电化教学)

〈停用;5版改入G43〉

{G432} 广播、电视教学

〈停用;5版改入G43〉

{G433} 程序教学

〈停用;5版改入G43〉

{G434} 计算机化教学

〈停用;5版改入G43〉

{G436} 电化教材

〈停用;5版改入G43〉

G44 教育心理学

教学心理学(课堂教育心理学)、学习心理学、教师心理学、学生心理学、教育社会心理学、学科心理学、教育心理诊断与辅导、教育心理测验与评估、智育心理、德育心理、美育心理等入此。

学校管理心理学入G47;青少年心理学入B844;儿童智商标准入R179。

{G441} 教学心理学(课堂教育心理学)

〈停用;5版改入G44〉

{G442} 学习心理学

〈停用;5版改入G44〉

{G443} 教师心理学

〈停用;5 版改入 G44〉

{G444} 学生心理学

〈停用;5 版改入 G44〉

{G446} 教育社会心理学

〈停用;5 版改入 G44〉

{G447} 学科心理学

〈停用;5 版改入 G44〉

{G448} 教育心理诊断与教育心理辅导

〈停用;5 版改入 G44〉

{G449} 教育心理测验与评估

〈停用;5 版改入 G44〉

G45 教师与学生

G451 教师

教师评定与任用、教师队伍结构与建设、教师的社会地位、教师节、教师兼职、教师职称与待遇、教师职责与修养 、教师组织、教学辅助人员等入此。

教师心理学入 G44。

参见 G650。

G455 学生

学生守则、学生生活、学生组织及社团等入此。

全国学生联合会入 D43 有关各类。

G456 师生关系

尊师爱生入此。

G459 学校与家庭、学校与社会

家长会、家长学校等入此。

G46 教育行政

教育行政管理学、教育行政理论及总论各国教育行政的著作入此。教育行政机关、教育科研管理、教育视导、教育调查、教育财政、教育拨款、教育经费、教育基金、教育税、教育捐款、学杂费、奖学金、助学金、贷学金等入此。

专论各国教育行政的著作入 G52/57 有关各类。

G47 学校管理

学校管理理论、学校管理心理学及总论各国学校管理的著作入此。学校管理体制、行政工作、教务及总务工作、财务管理、学校卫生工作、健康教育入此。

各级各类学校管理入 G61/79 有关各类;托儿所、幼儿园卫生入 R175;学生身体检查入 R19;总论心理健康教育入 G44。

G48 学校建筑和设备的管理

校园规划、教室、实验室和设备、附属建筑和设备(学校宿舍、食堂、浴室等生活设施)、教学设备等入此。

学校建筑设计入 TU244;图书馆建筑入 G258.9;运动场、体育馆建筑入 G818。

G51 世界教育事业

G510 教育政策

总论各国教育政策的著作入此。

G511 教育改革与发展

总论各国教育改革与发展的著作入此。

G511.9 教育系统与结构

G512 教育制度

总论各国教育制度的著作入此。

G513 国际教育组织与活动

教育网及教育科研组织、机构,会议,互助合作与交流、教育协定等入此。

G515 教师和学生状况

世界学生运动概况入 D431。

G516 教育统计资料

G519 教育史

G52 中国教育事业

G520 方针、政策及其阐述

论述教育与生产劳动相结合、三个面向和教育规划的著作入此。

G521 教育改革与发展

G521.9 教育系统与结构

教育体系构成等入此。

G522 教育制度

学制(各种办学制度,如全日制、半日制)、国民教育(普及教育、强迫教育、义务教育)、勤工俭学、办学形式(公立、私立、宗教团体办学、社会捐资办学、希望工程)、校办产业入此。

私塾入 G629.2。

G523 教育组织与活动

见 G513 注。

G525 教师与学生状况

中国学生运动概况入 D432。

G526 教育行政

教育统计资料、对外教育关系入此。

见 G46 注。

G527 地方教育

G528 学校概况

各级各类学校概况汇编入此。

G529 教育史

G53/57 各国教育事业

依世界地区表分。

G61/79 各级教育、各类教育

总论各级各类教育的著作入 G4。

G61 学前教育、幼儿教育

论述婴儿教育、幼儿教育、儿童学、儿童教育、早期教育等的著作入此。

参见 TS976。

G610 学前教育、幼儿教育理论

胎教的理论与方法入此。

G611 思想品德教育

G612 教学理论、教学法

G613 各科教学法、教材

语言、识字、常识、故事、算术、计算、音乐、舞蹈、美术、体育、游戏等入此。

参见 G898。

G614 玩具、教具

参见 TS958。

G615 幼教人员

G616 幼儿园与家庭

G617 幼儿园管理

幼儿园园长入此。

幼儿园(托儿所)卫生入 R175。

G618 各类型幼儿园(托儿所)

各类型幼儿园(托儿所)的研究及办学经验入此。

幼儿园概况入 G619 有关各类。例:中国幼儿园概况为 G619.2。

G619 世界各国学前教育、幼儿教育概况

G619.1 世界

G619.2 中国

方针政策、教育改革、教育制度、幼儿园概况、学前教育和幼儿教育史入此。

G619.3/.7 各国

依世界地区表分。

G62 初等教育

总论基础教育、普通教育的著作入 G63。

G620 初等教育理论

G621 思想政治教育

德育入此。

G622 教学理论、教学法

综合论述初等教育各门学科教学、教学改革、课程设置、课程标准、教学计划、教学大纲、教学组织、教学辅导、学籍管理、考试和评分、试题汇编、命题改革、应考技能等的方法与研究入此。

各科试题与题解、教科书入 G624;各科教学计划、教学大纲入 G623。

G623 各科教学法、教学参考书

G623.1/.9 各科教学法、教学参考书

均收教学计划、教学大纲、教学法、教师参考书、教师手册等。例:小学语文教学法为 G623.2。

G623.1 政治

思想品德课入此。

G623.2 汉语语文

文科课程入此。

G623.29 中国少数民族语文

G623.3 外语

G623.4 历史、地理

乡土、人口方面教学用书入此。

G623.5 数学

珠算、算术入此。

G623.58 计算机

G623.6 自然常识

理科课程入此。

G623.7 美育

音乐、美术、图画、手工、书法入此。

G623.8 体育、游戏

参见 G898。

G623.9 其他

G624 教材、课本、学生参考书

补充教材、学生学习资料、自学读物、课外读物、习题、试题、题解、学生手册等入此。

仿 G623 分。例:小学数学习题集为 G624.5。

G625 教师与学生

见 G451/456 有关各类注。

G626 学校与家庭、学校与社会

见 G459 注。

G627 学校管理

见 G47 注。

G628 各类型小学校

见 G618 注。

G629 世界各国初等教育概况

G629.1 世界

G629.2 中国

私塾入此。

G629.3/.7 各国

依世界地区表分。

G63 中等教育

总论基础教育、普通教育、中小学教育的著作入此。

G630 中等教育理论

G631 思想政治教育、德育

G632 教学理论、教学法

见 G622 注。

G633 各科教学法、教学参考书

职业高中基础课教学法、教学参考书入此。

专业课教学法、教学参考书各入其类。

G633.2/.98 各科教学法、教学参考书

均收教学计划、教学大纲、教学法、教师参考书、教师手册等。

G633.2 政治

社会科学课程入此。

G633.3 汉语语文

文科课程入此。

G633.39 中国少数民族语文

G633.4 外语

G633.5 历史、地理

乡土、人口方面教材入此。

G633.6 数学

G633.67 计算机

G633.7 物理

理科课程入此。

G633.8 化学

G633.91 生物

G633.92 生理卫生

G633.93 专业技术知识

工农业基础知识、劳动技术知识等入此。

G633.95 美育

音乐、舞蹈、美术等入此。

G633.96 体育

G633.98 其他

G634 教材、课本、学生参考书

见 G624 注。

仿 G633 分。

G635 教师与学生

见 G451/456 各类注。

G636 学校与家庭、学校与社会

见 G459 注。

G637 学校管理

见 G47 注。

G638 各类型中等学校

完全中学、初级中学、高级中学等入此。

职业高中、农业中学入 G718。

见 G618 注。

G639 世界各国中等教育概况

G639.1 世界

G639.2 中国

见 G619.2 注。

G639.3/.7 各国

见 G619.2 注。

依世界地区表分。

G64 高等教育

G640 高等教育理论

G641 思想政治教育、德育

G642 教学理论、教学法

教学研究与改革、教学过程、教学原则、课程设置、教学法与教学组织(课堂教学、实习、现场教学、辅导、学绩管理与考试、学士学位管理、评分方法)、教研室工作、毕业论文写作法、毕业论文汇编入此。

各科教学理论、教学法、教材,单篇论文或单科论文汇编入有关各类。

高等教育自学考试入G726。

见G42注。

G643 研究生教育

研究生教育理论、思想政治教育、教学理论、研究生教育机构(研究生院)、学位(硕士、博士)及学位论文汇编入此。

单篇论文或单科论文汇编入有关各类。

论文写作法入G642。

G644 科学研究工作

学术评议和交流、高校科学研究机构、研究所、博士后、博士后流动站入此。

G645 教师与学生

见G451/456各类注。

G646 学校与社会

G647 学校管理

见G47注。

G648 各类型高等学校

综合性大学、综合性理工科院校、文科院校、地方院校、社会大学、短期大学、民办院校入此。

专科专类院校各入其类。例:农业大学为S-4;石油学院为TE-4;师范大学入G658。

见G618注。

〈留学教育、互派教授,5版改入G648.9〉

G648.9 留学教育、校际合作与交流

留学培训中心、互派教授、互派留学生等入此。

〈4版类名:留学教育、互派教授〉

G649 世界各国高等教育概况

G649.1 世界

G649.2 中国

方针政策、教育改革与发展、教育制度、学校概况、高等教育史入此。中国历史上的书院入此。

{G649.20} 方针政策及其阐述

〈停用;5版改入G649.2〉

{G649.21} 教育改革与发展

〈停用;5版改入G649.2〉

{G649.22} 教育制度

〈停用;5版改入G649.2〉

{G649.28} 学校概况、校史

〈停用;5版改入G649.2〉

{G649.29} 高等教育史

〈停用;5版改入G649.2〉

G649.3/.7 各国

依世界地区表分。

G65 师范教育、教师教育

〈4版类名:师范教育〉

G650 教育理论

论述教师培养、教师在职教育等的著作入此。

参见G451。

〈4版类名:师范教育理论〉

G651 思想政治教育、德育

G652 教学理论、教学法

参见G42。

G655 教师与学生

见G451/456各类注。

G656 学校与家庭、学校与社会

G657 学校管理

见G47注。

G658 各级师范学校

幼儿、中等、高等师范学校,教师进修院校,教育行政学院入此。

高等师范学校各科教学法、教材按学科归类。

G659 世界各国师范教育、教师教育概况

〈4版类名:世界各国师范教育概况〉

G659.1　　世界
G659.2　　中国
G659.3/.7　　各国
　　依世界地区表分。

G71　　职业技术教育
　　总论基本生产技术教育、综合技术教育的著作入此。
　　专论某一学科的职业技术教育入有关各类，用总论复分表-4分。例：石油专业教育为TE-4。

G710　　职业技术教育理论
G711　　思想政治教育、德育
G712　　教学理论、教学法
　　参见G42。

[G714]　　教材、课本、学生参考书
　　文化课教材宜入G634；技术技能教材按学科性质宜入有关各类。

G715　　教师与学生
　　见G451/456各类注。

G717　　学校管理
　　见G47注。

G718　　各类型职业技术学校
　　技工学校、职业高中、中等专业学校、农业中学、高等职业技术学校入此。
　　师范学校入G658；培训班入C97。
　　见G618注。

G719　　世界各国职业技术教育概况
G719.1　　世界
G719.2　　中国
G719.3/.7　　各国
　　依世界地区表分。

G72　　成人教育、业余教育
　　继续教育、终身教育、成人学校等入此。

G720　　成人教育、业余教育理论
G722　　初等成人业余教育
　　论述扫盲教育的著作入此。教学法、教材、课本入此。

G723　　中等成人业余教育
　　文化课教材入此。
　　技术技能教材按学科归类。

G724　　高等成人业余教育
　　教学理论、教学法、夜大学、开放大学入此。
　　各科教学法、教材、课本按学科归类。

G725　　农民业余教育
　　农村各级各类型教育入此。教学法、教材、课本等入此。

G726　　职工教育
　　干部教育、企业教育、职业补习学校、职工培训班、职工大学、管理干部学院入此。

G726.9　　自学考试
　　有关自学考试的著作、试题汇编与解答入此。
　　各科试题与题解入有关各类。

G727　　函授、刊授教育
　　函授、刊授大学入此。

G728　　广播电视教育
　　广播电视大学入此。

G729　　世界各国成人教育与业余教育概况
　　仿G719分。

G74　　华侨教育、侨民教育
　　归国华侨教育、国外华侨教育、华文教育、在华外侨教育、世界各国侨民教育入此。

G75　　少数民族教育
　　各类型民族学校、学院及各国少数民族教育概况入此。

G76　　特殊教育
　　残疾人教育、全纳教育总论，视觉障碍者教育、听觉障碍者教育、语言障碍者教育、智力超常儿童教育(天才儿童教育)、智力落后儿童教育(弱智儿童教育)、犯罪青少年教育、工读学校、情绪与行为障碍儿童教育(问题儿童、自闭症、多动症儿童教育)、肢体残疾者教育、多重残疾者教育、学习障碍儿童教育的理论、方法、教学理论、教学法、教材、课本及世界各国特殊教育概况入此。
　　口吃、聋哑人的医学矫正入H01。
　　参见R49、G783。

G77　　社会教育

校外教育、社区教育、乡土教育、青少年教育、妇女教育、女子大学、老年教育、老年大学及世界各国社会教育概况入此。

犯罪青少年教育入 G76；图书馆入 G25；博物馆入 G26；文化馆入 G242。

G78 家庭教育

参见 TS976。

G780 家庭教育理论与方法

家庭教育心理学、各类型家庭的教育方法、家长施教、教子方法等入此。

参见 B848。

G781 学前儿童、婴幼儿

亲子教育、幼儿的家庭启蒙教育等入此。

G782 学龄儿童、青少年

中、小学生，青春期孩子的家庭教育等入此。

G783 特殊教育对象

家庭特殊教育入此。

参见 G76。

G785 家庭教师

G789 世界各国教育概况

G789.1 世界

G789.2 中国

G789.3/.7 各国

依世界地区表分。

G79 自学

学习方法、读书方法、治学方法入此。

自学考试入 G726.9。

G8 体育

依总论复分表分，G8-0 理论与方法论所属类目复分入 G80。

G80 体育理论

体育的哲学理论、比较体育学、体育与其他学科的关系(体育社会学、体育经济学、体育管理学、体育文化学、体育新闻学、体育信息学、体育情报学、娱乐体育学、体育气象学、体育预测学)、体育研究方法和工作方法、体育统计学等入此。

体育的具体统计资料入有关各类。

G802 体育运动美学

G803 体育伦理学

论述运动员的思想、修养、技术风格等的著作入此。

G804 体育基础科学

运动生理学(运动与人体结构、运动技能的生理学研究、运动训练的生理学基础、体育运动与年龄的关系、体育运动与性别的关系)、运动卫生、运动保健(运动员营养、运动免疫学)、运动解剖学、运动人体测定(体力测定，体质调查、评定，运动人体测量学)、运动生物力学、运动生物化学、运动心理学(运动员、教练员、裁判员、观众心理学)等入此。

参见 Q44。

G806 体育锻炼

体育锻炼的原理、方法，体育锻炼与健康等入此。

G807 体育教育

各级、各类体育学校的体育教育、业余体育教育及其理论和方法入此。

非体育学校的体育教育入 G61/64 有关各类。

G808 运动训练、运动竞赛

总论入此。包括训练原则，训练计划，训练方法，训练内容，运动员、教练员、裁判员素质、职责及考核，运动竞赛组织、管理、宣传。

单项运动训练、竞赛入 G82/89 有关各类；世界各国运动训练、运动竞赛入 G81 有关各类；心理训练入 G804。

G81 世界各国体育事业

G811 世界

体育事业概况，国际及地区性体育运动组织、运动会、运动竞赛、体育制度，大众体育(休闲体育、残疾人体育)，体育教育，体育科学研究，国际体育交往，运动成绩及体育史等入此。

单项体育运动组织、运动会、运动竞赛、运动成绩入 G82/89 有关各类。

G812 中国

方针政策、体育运动组织、运动会、运动竞赛、体育制度、群众性体育活动、体育教育制度、体育院校概况、体育科学研究、地方体育事业、对外体育关系、运动成绩汇编及体育史入此。

各单项运动会、运动竞赛、运动成绩入 G82/89 有关各类。

G813/817　各国

依世界地区表分。

G818　运动场地与设备

总论运动场、体育馆、运动器材、运动服装入此。

单项运动场地与设备入 G82/89 有关各类；建筑设计入 TU245；运动器材制造入 TS952；运动服装制造入 TS941。

G819　体育运动技术（总论）

G82/89 各项体育运动

以下各项体育运动均包括理论、方法、教学、训练、科学研究、规则、裁判法、场地器材设备、体育组织、运动会、运动比赛、成绩记录、运动概况、体育史。

G82　田径运动

G821　竞走

G822　跑

短、中、长距离跑，越野跑，障碍跑，跨栏跑，接力跑，马拉松跑，超长距离跑入此。

G823　跳

跳高、撑竿跳、跳远、三级跳远入此。

G824　投掷

铅球、铁饼、标枪、链球、手榴弹等入此。

G825　全能运动

田径全能十项、七项、五项、三项等入此。

G826　定向运动

越野识图、徒步定向（接力定向、公园定向等）、工具定向（滑雪定向、山地车定向、摩托车定向等）入此。

G83　体操运动

G831　基本体操

徒手体操、广播操、生产操、健美操、队列、队形入此。

G832　竞技体操

自由体操、跳马、单杠、双杠、高低杠、吊环、平衡木、鞍马等入此。

G833　技巧运动

垫上运动、迭罗汉等入此。

G834　艺术体操

徒手艺术体操、轻器械体操（绳、圈、球、棒、带、团体六人、纱巾、鼓、扇、旗、棍等）等入此。

G835　运动辅助体操

实心球、沙袋、肋木、哑铃、爬绳、旋梯、爬竿、跳箱、回旋架等入此。

G837　团体操

啦啦队运动（表演）等入此。

G838　蹦床运动（弹跳网）

G84　球类运动

G841　篮球

G842　排球

沙滩排球、软式排球等入此。

G843　足球

G844　手球

G845　网球

软式网球等入此。

G846　乒乓球

G847　羽毛球

G848　棒球、垒球

G849.1　曲棍球

G849.2　橄榄球（列格比球）

G849.3　高尔夫球

G849.4　地滚球（保龄球）

G849.5　壁球

G849.9　其他球类运动

毽球、门球（槌球）、地掷球、回力球、板球、藤球等入此。

G85　武术及民族形式体育

G852　中国武术

G852.1　拳术

太极拳、长拳、南拳、形意拳（心意拳）、少林拳、八卦掌、通背拳、象形拳（螳螂拳、猴拳、鹰拳等）等入此。

G852.2　器械武术

刀、枪、剑、棍、软器械(九节鞭、流星锤、三节棍、绳、镖)等入此。

G852.3 武术对练

两人以上,按固定套路所进行的武术项目入此。

G852.4 武术攻防

两人以上,无固定套路并具有搏斗形式的武术项目,如:推拿、散手、擒拿等入此。

G852.5 武术集体表演

六人以上徒手或持器械演练入此。

G852.6 武术气功

气功疗法入 R247。

G852.9 其他民族形式体育

石担、石锁、中国式射箭、龙舟竞赛等入此。

中国式摔跤入 G886;舞龙、舞狮入 J722。

G853/857 各国民族形式体育

依世界地区表分。

G86 水上、冰上与雪上运动

G861 水上运动

游泳、跳水、水球、划船、潜水、滑水、帆板、冲浪等入此。

G862 冰上运动

速度滑冰、花样滑冰、冰球、冰上曲棍球、冰上游戏及表演、掷冰壶(冰上溜石比准)、滑轮滑冰(旱冰)等入此。

G863 雪上运动

滑雪、雪车、雪橇、雪犁、滑旱雪入此。

G865 现代冬季两项

越野滑雪和射击相结合的雪上运动。

G87 其他体育运动

〈总论军事体育运动,5 版改入 G873〉

G871 射击

参见 E92。

G872 汽车、摩托车、自行车运动

车辆模型运动入此。

G873 军事体育(总论)

军事野营入此。

〈4 版类名:军事野营〉

G874 航海运动

摩托艇、航海模型入此。

舢板运动入 G861。

G875 航空运动

飞行、滑翔、跳伞、航空模型、气球运动等入此。

G876 无线电运动

G881 登山运动

攀岩入此。

G882 马术、马球

G883 健美运动(健力美)

健美操入 G831。

G884 举重

G885 击剑

G886 拳击、摔跤、柔道、相扑

空手道、合气道、跆拳道等入此。

G887 射箭

中国式射箭入 G852.9。

G888 现代多项运动、极限运动

铁人三项运动、现代五项运动入此。总论极限运动(蹦极、滑板、高空飞越、漂流运动)入此。

专论入有关各类,例:水上滑板入 G861。

〈4 版类名:现代多项运动〉

[G889] 体育舞蹈(国际标准交谊舞)

宜入 J722、J732。

G89 文娱性体育活动

总论休闲体育项目、智力运动项目入此。

群众文化活动入 G24 有关各类。如:KTV 活动入 G248。

〈4 版类名:文体活动〉

G891 棋类

G891.1 国际象棋

G891.2 中国象棋

G891.3 围棋

G891.9 其他

军棋、五子棋、飞行棋、跳棋等入此。

G892 牌类

扑克、桥牌、麻将等入此。

G893 娱乐性球类

康乐球、台球、弹子、沙壶球等入此。

〈4 版类名：康乐球、台球、弹子〉

{G894} 私人收藏

〈停用；5 版改入 G262 和 G268 有关各类〉

{G894.1} 集邮

〈停用；5 版改入 G262〉

G895 野外活动

徒步活动、野营、拓展训练、运动性的旅游活动(包括自行车游、自驾游等利用各种车辆旅行)等入此。

〈4 版类名：旅行〉

G896 健身房活动

总论入此。

专项运动入有关各类。如：健身操入 G831。

〈4 版类名：狩猎运动；5 版改入 G897〉

G897 钓鱼、狩猎运动

水下狩猎入 G861。

参见 S86。

〈4 版类名：钓鱼；狩猎运动，4 版入 G896〉

G898 游戏

拔河、跳绳、跳皮筋、踢毽子、放风筝等活动性游戏和益智图、七巧板、积木、魔方等智力游戏以及网络游戏、电脑游戏、电视游戏、游艺机游戏等电子游戏入此。

参见 G623.8、G613。

〈电子游戏，4 版入 G899〉

G899 其他文体活动

信鸽、斗蟋蟀、斗鸡、斗牛、赛狗等入此。

〈电子游戏机活动，5 版改入 G898〉

H　语　言、文　字

类　目　简　表

0	语言学
1	汉语
2	中国少数民族语言
3	常用外国语
4	汉藏语系
5	阿尔泰语系（突厥-蒙古-通古斯语系）
61	南亚语系（澳斯特罗-亚细亚语系）
62	南印语系（达罗毗荼语系、德拉维达语系）
63	南岛语系（马来亚-玻里尼西亚语系）
64	东北亚诸语言
65	高加索语系（伊比利亚-高加索语系）
66	乌拉尔语系（芬兰-乌戈尔语系）
67	闪-含语系（阿非罗-亚细亚语系）
7	印欧语系
81	非洲诸语言
83	美洲诸语言
84	大洋洲诸语言
9	国际辅助语

H　语言、文字

H0　语言学

总论语言、文字的本质、结构系统及其内部发展规律的著作，普通语言学、符号学、历史语言学、比较语言学、非亲属语言的对比研究等入此；专论语言的传播、语言在传播交流信息中的作用的著作入此。总论语言规划（包括语言政策的研制和调整、语言的选择和协调、语言规范化、术语移植等）、语言的分类（语言分类方法、类型语言学）、语言的分布（地理语言学、区域语言学以及总论一个地区或国家诸语言）入此。

总论新闻、广播、电视和语言传播的著作入 G20；专论一种语系或一种语言的著作入有关各类。例：论述蒙古语族的形成和发展的著作入 H5。

{H002}　语言规划

〈停用；5 版改入 H0〉

{H003}　语言的分类

〈停用;5版改入H0〉

{H004} 语言的分布

〈停用;5版改入H0〉

H01 语音学

音系学、描写语音学、历史语音学、比较语音学、音素、音位、音节结构、声调、语调、音标、实验语音学(仪器语音学)、语音生理学(发音法、校正发音缺陷、教聋哑人发音、病理语音学)等入此。

歌咏舞台发音入J616。

H019 朗诵法、演讲术

论述说话的艺术、演说术、辩论术、说服方法、诗歌朗诵方法、口才学等入此。

各种语言的朗诵法、讲演术依语言入有关各类,演讲辞依内容入有关各类。

表演语言技巧入J812;谈判学入C912.3。

H02 文字学

文字学一般理论,文字的起源和发展,各种文字的汇编,文字和语言的关系,文字类型(表形、表意、表音及形意音的关系),正字法,文字的创制、整理和改革,特种文字(速记、盲文、形态语言),古文字考释(古文字辨认学)等入此。

专论某种文字的著作入有关各类。例:汉字改革入H125。

H03 语义学、语用学、词汇学、词义学

描写词汇学、历史词汇学、比较词汇学、语境学、熟语(成语、歇后语、格言、名言警句)、俗语(社会习惯语、网络用俗语)、外来语、词源学等入此。

专论某种语言的熟语、俗语、外来语入H1/9有关各类;谚语、手机短信分别入I17、I16有关各类。专门应用的格言、名言集入有关各类。

参见B825.1。

H04 语法学

描写语法学、历史语法学、比较语法学、转换生成语法、结构主义语法、功能语法、认知语法、词法、词类(名词、动词、形容词等)、句法(词组、短语、句子成分、句子结构等)等入此。

H05 写作学、修辞学

文章学、风格论、文体论、标点法、韵律学,总论各种文体写作方法及总论标点符号用法入此。

专论某种文体写作方法入有关各类。例:文学创作方法入I04,新闻写作方法入G212,传记写作方法入K810,司法文书写作方法入D916,行政文书写作方法入C931,统计风格学入H08。

专论某种语言写作、修辞,各种文字标点符号用法的著作入H1/9有关各类。例:《汉语标点符号的用法》入H155。

H059 翻译学

论述语言翻译理论和技巧的一般著作,论述三种以上(含三种)语言互译的著作入此。

专论某种语言、文字翻译理论和技巧的著作入有关各类。例:《日语翻译方法》入H365.9。

专论文学翻译的著作入I04。

H06 词典学

词典编纂法、三种及三种以上语言对照的词典入此。

一种语言的词典入该语言。例:《新华字典》入H163;汉语和中国少数民族语言对照的词典均入H2,例:《维汉词典》和《汉维简明词典》均入H2;汉语和外语对照的词典均入有关外语,例:《英汉词典》和《汉英词典》均入H316;两种外语对照的词典入前一种外语,例:《英俄词典》入H316,《俄英词典》入H356。

专科词典、专业术语集,均入各学科。例:汉语的《简明化工词典》和《英汉化工词典》均入TQ-61。综合类词典入Z有关各类。

H07 方言学

描写方言学、历史方言学、方言地理学、方言调查法入此。

H08 应用语言学

机器应用语言学、语言能力测试总论、术语学、机器翻译(自动化翻译理论、原文的自动分析与综合、两种语言的翻译、媒介语和多种语言的翻译、机器词典与词表)、数理语言学等入此。

朗诵法、演讲术入 H019；翻译机入 TP391.2。

{H083} 术语学

〈停用；5 版改入 H08〉

{H085} 机器翻译

〈停用；5 版改入 H08〉

{H087} 数理语言学

〈停用；5 版改入 H08〉

H09 语文教学

论述语文教学（语言、文字教学）的一般理论与方法的著作入此。

专论各种语言、文字的教学入有关各类。例：汉语教学与研究入 H19。

H1 汉语

总论汉语语言文字的著作入此。

总论汉语及中国少数民族语言分布的著作入 H0。论述汉语与中国某一少数民族语言关系的著作入 H2。

H1-41/1-49 的有关汉语教学的著作应入 H19 有关各类。例：《大学语文》分类号为 H193。

H102 汉语的规范化、标准化、推广普通话

总论汉语规划的著作入此。

专论汉语某一方面规范化、标准化的著作入有关各类。

论述某一方言区如何推广学说普通话的著作入 H17。

H109.2 古代汉语

总论古代汉语及其发展的著作入此。

H109.3 近代汉语

总论近代汉语及其发展的著作入此。

H109.4 现代汉语

总论现代汉语及其发展的著作入此。

H11 语音

汉语音韵学、上古语音（周秦两汉语音）、中古语音（《切韵》、《唐韵》、《广韵》、《集韵》等）、近代语音（《古今韵会举要》、《中原音韵》、《中州音韵》、《洪武正韵》等）、现代语音（发音、音素与音位、音节结构、声调、语调）等入此。

H119 朗诵法、演讲术

见 H019 注。

H12 文字学

总论汉字的起源和演变的著作入此。

文字学的一般理论入 H02。

H121 古文字

总论古代汉文字（隶书成熟以前的汉字）的著作入此。

专论某一种文字，如甲骨文、金文等著作入 K877；总论古文字辨认和考释方法的著作入 H02。

H122 汉字构造

六书入此。

H123 汉字形体

各种字体的研究、各种字体的字典入此；女书入此。

汉字书法入 J292。

H124 汉字整理和简化

正字表（纠正错别字）、简化字、同音字、多音字、异体字、检字法、行款（书写格式）等入此。

汉字形体标准入 H123。

H125 汉字改革

汉语拼音的发展、汉语拼音方案、拼写法、拼音读物、拼音的应用等入此。

H126 特种文字

速记、盲文及形态语言（动作语言、手语、旗语等）入此。

H127 汉字编码

H13 语义、语用、词汇、词义（训诂学）

总论汉语词汇发展的著作入此。

〈4 版类名：语义、词汇、词义（训诂学）〉

H131 古代词汇

《尔雅》、《释名》、《广雅》、《博雅》、群雅、群书音义、群书解诂等入此。

H134 近代词汇

变文、元曲、旧小说等词汇的研究入此。

H136 现代词汇

基本词汇、同义词、多义词、反义词、熟语（成语、歇后语、格言）、俗语、外来语、略语、迭字、联绵字等入此。

H139 词源学（字源学）

研究汉语中事物命名的来源、词的最初音义及其分化演变、词族中词与

词之间的关系、外来语的词源等著作入此。

H14 语法

兼论语法、修辞的著作入此。

汉语方言语法入 H17 有关各类。

H141 古代语法(文言语法)

文言虚字、句法疑义以及论述古书句读的著作入此。例:《古文标点例说》入此。

H146 近代、现代语法

白话语法、构词法、词类、句法入此。

见 H04 注。

H15 写作、修辞

文章学及论述运用汉语语言技巧的著作入此。

H151 风格论

H152 文体论

总论汉语各种文体写作方法,如记叙文、辩论文、应用文等入此。

专论入有关各类。例:文学创作方法入 I04,新闻写作方法入 G212;司法文书写作入 D916;传记写作方法入 K810;行政文书写作入 C931;中小学作文指南入 G62/63 有关各类;中小学生作文选入 H194。

H155 标点法

标点符号用法入此。

古书句读入 H141。

[H158] 诗词格律

宜入 I207.21。

H159 翻译

有关汉语古文今译的论述,人名、地名译名统一问题入此。

H16 字书、字典、词典

汉语字典、词典的编纂法入此。

总论词典学及编纂法入 H06。

H161 《说文》

六书研究入 H122。

H162 其他字书

《字林》、《玉篇》、《类篇》等入此。

H163 字典

H164 词典

研究和学习汉语的普通词典入此。

汉语某方面的专门词典(如同音词典、方言词典、成语词典、外来语词典)入汉语语音、方言、熟语、外来语等各类;综合性词典入 Z32;专科词典入有关学科。

H17 方言

汉语方言调查、研究、比较分析,方言词典,方言字汇,各地区方言,中国境外汉语方言,现代汉语方言学等入此。

H19 汉语教学

包括中等以上的少数民族汉语教学。

中等学校以上(包括中等专业学校汉语专业)的汉语教学法、教材、课本、教学参考书等入以下有关各类。

初、中等语文教学法、教学参考书及教材、课本、考试复习大纲、习题汇编等入 G61/63 有关各类。

H191 教学改革

H192 教学计划、教学大纲

H193 教学法、教材、教学参考书

儿童语言研究、口语教学、文字教学、词汇教学、语法教学、写作教学、阅读教学及汉语学习方法等入此。

学前儿童语文识字教学法及教材入 G613。

〈4 版类名:教学法〉

H194 汉语读物

兼论汉语阅读方法的著作和主要供学习、掌握汉语,提高汉语阅读能力用的汉语读物及中小学生作文选入此。

供欣赏用的文学作品选集入 I2 有关各类。

H194.1 古代汉语读物

例:《古文类选》、《百家姓》、《千字文》、《古文观止译注》等入此。

H194.3 现代汉语读物

H194.4 初级学校用读物

小学生语文读物、作文选等入此。

初级学校语文教材、课本入 G624。

H194.5 中级学校用读物

中学生语文读物、作文选等入此。

中级学校语文教材、课本入 G634。

H195　　对外汉语教学

汉语水平考试(HSK)、教学理论、教学计划、教学大纲、教学法、教学工作、教材、课本、读物、习题、试题及题解等入此。

H2　中国少数民族语言

总论中国少数民族语言的著作，例：《民族语文概论》入此；我国出版的少数民族文字的语言著作入此。

外国出版的与我国少数民族文字相同的语言著作入各语系的具体语言、文字。

兼论汉语的著作入 H0。

H3　常用外国语

H31　　英语

总论英语语音、文字、词汇、语法等的著作入此。非标准英语、英语水平考试、英语发展史入此。

专论英语水平考试某一方面的著作入有关各类。例：《GRE 词汇》入 H313。专业英语入有关各类。例：《国际商务英语》(高等院校国际贸易类教材)为 F7-4。

中等学校以上(包括中等专业学校英语专业)的英语教学法、教材、课本、教学参考书等入 H319 有关各类。例：《英语》(许国璋编)分类号为 H319.3。

〈中等专业以上英语教材、课本、教学参考书，5 版改入 H319.3〉

H311　　语音

朗诵法、演讲术入此。

见 H019 注。

H312　　文字

H313　　语义、语用、词汇、词义

基本词汇、同义词、多义词、反义词、熟语、俗语、外来语、略语、词源入此。

见 H03 注。

〈4 版类名：语义、词汇、词义〉

H314　　语法

兼论语法、修辞的著作及词法、词类、句法等入此。

H315　　写作、修辞

文章学入此。

H315.9　　翻译

H316　　词典

见 H06 和 H164 注。

H317　　方言

H319　　英语教学

中小学英语教学改革、教学大纲、教学法、教材、教学参考书等入 G6 有关各类。

〈4 版类名：语文教学〉

H319.1　　教学改革

H319.2　　教学计划、教学大纲

H319.3　　教学法、教材、教学参考书

中等学校以上(包括中等专业学校英语专业)的英语教学法、英语学习方法、教材、课本、教学参考书等入此。

见 H193 注。

〈4 版类名：教学法；教材、教学参考书，4 版入 H31〉

H319.4　　读物

以提高阅读能力为目的的各科简易读物、对照读物、注释读物入此。

H319.6　　习题、试题

英语水平考试试题、习题入 H31 有关各类。例：《GRE 试题汇编》为 H31-44。

H319.9　　会话

口语、会话、听力、听说、视听教学及教材入此。

H32/37 各种常用外国语

均可仿 H31 分。

H32　　法语⑨

H33　　德语⑨

H34　　西班牙语⑨

H35　　俄语⑨

H36　　日语⑨

H37　　阿拉伯语⑨

H4/9 其他外国语

参见 H31 各类。

H4　汉藏语系

壮侗语族、藏缅语族、苗瑶语族、越南语等入此。

H5　阿尔泰语系(突厥-蒙古-通古斯语系)

突厥语族、蒙古语族、通古斯-满语族、朝鲜语等入此。

H61　南亚语系(澳斯特罗-亚细亚语系)

高棉语等入此。

老挝语、泰语、越南语入 H4。

H62　南印语系(达罗毗荼语系、德拉维达语系)

H63　南岛语系(马来亚-玻里尼西亚语系)

马来语、印尼语等入此。

H64　东北亚诸语言

H65　高加索语系(伊比利亚-高加索语系)

H66　乌拉尔语系(芬兰-乌戈尔语系)

爱沙尼亚语、匈牙利语等入此。

H67　闪-含语系(阿非罗-亚细亚语系)

希伯莱语等入此。

H7　印欧语系

印度语族、伊朗语族、斯拉夫语族、波罗的语族、日耳曼语族、罗马语族、凯尔特语族、希腊语族、阿尔巴尼亚语族、亚美尼亚语族、安纳托利亚语族、吐火罗语族等入此。

H81　非洲诸语言

闪-含语系除外。

H83　美洲诸语言

印第安人语言与爱斯基摩人语言入此。

H84　大洋洲诸语言

澳大利亚诸语言入此。

南岛语系诸语言入 H63。

H9　国际辅助语

世界语、沃拉布克国际语、阿克奇顿道尔国际语、艾多国际语、国际语入此。

I 文　学

类目简表

0　文学理论
1　世界文学
2　中国文学
3/7　各国文学

I　文学

依总论复分表分，I-0 理论与方法论所属类目复分入 I0。

I0　文学理论

总论文学和艺术理论（文艺学）的著作入此。文学的哲学基础（文学的思想性与社会性，文学的阶级性、党性与人民性，文学的社会本质和作用，文学的服务方向）、文学研究方法论、文学与其他科学的关系（如文艺心理学）等入此。

专论艺术理论的著作入 J0。

I01　文艺美学

各体文学美学专论入 I05 有关各类。

专论艺术美学入 J01 等有关各类。

I02　文学理论的基本问题

文学的民族化、大众化，文学与现实生活，普及与提高，内容与形式，典型与形象，文学遗产的批判继承等入此。

I03　文艺工作者

总论文艺工作者的修养、文艺工作者的实践体会以及有关他们的学习、培养、深入生活等的著作入此。

文艺界人物传记入 K81 有关各类。

I04　文学创作论

文学写作学，文学创作的题材、主题思想、人物形象、结构、情节、风格、技巧，文学语言，文学翻译等入此。

关于语言、文字翻译等方面的著作入 H059。

I05　各体文学理论和创作方法

I052　诗歌

I053　戏剧文学

I053.5　电影剧本、电视剧本、广播剧本

I054　小说

I055　报告文学、史传文学

纪实文学理论和创作方法入此。

I056　散文、杂著

I057　民间文学

I058　儿童文学

I059　民族文学

I059.9　宗教文学

I059.99　其他

网络文学等入此。

I06　文学评论、文学欣赏

理论方法入此。

关于具体文学作品评论、欣赏的著作入 I1/7 有关各类。

I1　世界文学

I106　作品评论和研究

各时代、各体文学作家及作品，乡土文学，土著文学的评论和研究，总论网络文

学的评论和研究等入此。

I109 文学史、文学思想史

文学批评史,古典主义、浪漫主义、现实主义、自然主义等文学流派及其研究入此。

各体文学史、文学思想史入I106有关各类。

I11 作品集

两洲以上的各国多种文体作品集入此。

一种文体的作品集入下列各类。

I12 诗歌集

I13 戏剧文学集

电影、电视、广播戏剧集入此。

I14 小说集

I15 报告文学集

纪实文学集、史传文学作品综合集等入此。

I16 散文集、杂著集

随笔体裁的博客、手机短信作品综合集入此。

I17 民间文学集

I18 儿童文学集

I19 民族文学集

I199 宗教文学集

I2 中国文学

中国文学事业的现状与发展、文学评奖、组织机构、学术团体、学会、协会、文学产业等入此。

I200 方针政策及其阐述

论述"双百"(百花齐放、百家争鸣)方针、"两为"(为人民服务、为社会主义服务)方向等的著作入此。

I206 文学评论和研究

文学批评和研究的综合著作以及对各时代作家及作品的评论和研究入此。总论海外华人文学的评论和研究亦入此。

各体文学的批评和研究入I207有关各类;专论个别海外华人文学作品的评论和研究,依作者国籍入I3/7有关各类。

I206.09 文学批评史

I206.2/.4 古代文学(～1840年)

总论古代文学入I206.2。

依中国时代表分。

I206.5 近代文学(1840～1919年)

I206.6 现代文学(1919～1949年)

关于鲁迅著作的研究、评论的著作入I210。

I206.7 当代文学(1949年～)

如有必要,可依中国时代表分。

I207 各体文学评论和研究

乡土文学、土著文学的评论和研究入此。

I207.2 诗歌、韵文

I207.209 诗歌史

I207.21 诗律(诗韵)、诗法

I207.22 诗歌

包括古体诗、诗经、楚辞、赋、骈文、乐府、近体诗、律诗、绝句等的诗评、诗话。

I207.23 词

词曲史、词律、词韵、词谱、词话等入此。

I207.24 散曲

I207.25 新诗

I207.3 戏剧文学

戏剧文学史、各剧种的评论和研究入此。

总论戏剧改革入J892;专论某一剧种的改革入J821/828有关各类;戏剧艺术史入J80。

I207.39 曲艺

I207.4 小说

I207.409 小说史

I207.41 古代、近代小说

包括笔记、话本、评话、章回小说等。

对古代、近代小说的综合评论与研究入此。

〈4版类名:古代小说〉

I207.42 现代、当代小说(1919年～)

〈4版类名:新体小说〉

I207.5 报告文学

纪实文学、史传文学评论研究入此。

I207.6 散文、杂著

杂文、小品文、随笔、书信等的评论

和研究入此。

I207.7　民间文学

包括歌谣、故事、传说、神话、寓言、变文、宝卷、谚语、谜语、笑话、幽默等。

I207.8　儿童文学

I207.9　少数民族文学

I207.99　宗教文学

I207.999　其他

总论网络文学的评论和研究入此。

专论各体网络文学的评论和研究入I207.2/.99有关各类。

I209　文学史、文学思想史

系统论述中国文学史的著作入此。

对各时代作家及作品的评论和研究入I206/207。各体文学史入I207有关各类。

如有必要可依中国时代表分。

I209.9　地方文学史

依中国地区表分。

I21　作品集

I210　鲁迅著作及研究

鲁迅著作、日记、书信、手稿、墨迹、译文集，对鲁迅著作的学习研究、评论，学习鲁迅精神的著作入此。

生平事迹入K825.6。

{I210.1}　全集

〈停用;5版改入I210〉

{I210.2}　选集、文集

〈停用;5版改入I210〉

{I210.3}　理论著作

〈停用;5版改入I210〉

{I210.4}　杂文、散文

〈停用;5版改入I210〉

{I210.5}　诗

〈停用;5版改入I210〉

{I210.6}　小说

〈停用;5版改入I210〉

{I210.7}　日记、书信

〈停用;5版改入I210〉

{I210.8}　手稿、墨迹

〈停用;5版改入I210〉

{I210.91}　史著

〈停用;5版改入I210〉

{I210.93}　译文集

〈停用;5版改入I210〉

{I210.96}　鲁迅思想的学习和研究

〈停用;5版改入I210〉

{I210.97}　著作研究

〈停用;5版改入I210〉

{I210.99}　书目、索引

〈停用;5版改入I210〉

I211　作品综合集

跨时代各体作品综合集(包括海外华人作品综合集)入此。

一个时代的各体作品综合集入I212/217;一体的作品集入I22/28有关各类。个体海外华人文学作品依作者国籍入I3/7有关各类。

I212/217　各时代作品集

某一时代的各体作品综合集(包括网络文学作品综合集)入此。

一体的作品集入I22/28有关各类。

依中国时代表分。

I218　地方作品综合集

关于某一地区的多种文体作品综合集入此。

某一地区的一种文体作品集入I22/28有关各类。

依中国地区表分。

I219　群众文艺演唱材料

诗歌、戏剧、曲艺、音乐、舞蹈等多种作品的综合集入此。

一体文艺作品入有关各类。例:戏剧文学集入I23;歌曲集入J642。

I22　诗歌、韵文

各时代诗歌综合集入此。

民间歌谣入I27。

I222　古代至近代作品(～1919年)

五四以前各时代的诗歌作品集入此。

I222.2　诗经

I222.3　楚辞

I222.4　赋

I222.5　骈文

I222.6　乐府

I222.7 古体诗、近体诗

I222.8 词

I222.9 散曲

I226 现代作品(1919～1949年)

民国时代诗歌作品入此。

I226.1 新诗(自由诗)

〈4版类名:自由诗〉

I226.2 抒情诗

包括颂歌、情歌、哀歌、挽歌等。

I226.3 叙事诗

包括诗体小说、故事诗、史诗等。

I226.6 散文诗

I226.7 格律诗

I226.8 词

I226.9 其他

I227 当代作品(1949年～)

仿I226分。

I23 戏剧文学

I230 综合集

各种戏剧综合集入此。

I232 京剧

I232.9 昆曲

昆剧入此。

I233 歌剧、歌舞剧、音乐剧

秧歌剧入此。

〈4版类名:歌剧、歌舞剧〉

I234 话剧

I235 电影剧本、电视剧本、广播剧剧本

〈4版类名:电影、电视、广播剧〉

I235.1 电影剧本

I235.2 电视剧本

综合性的电视片解说词入此。

各专题的电视片解说词入有关各类。例:《话说长江》入K928。

I235.3 广播剧剧本

I236 地方剧

I237 古代戏曲

作品综合集(南北曲综合集)、杂剧、传奇入此。

I238 其他剧种

诗剧、朗诵剧、活报剧、哑剧、快板剧、滑稽剧、皮影戏、木偶戏(傀儡戏)、戏剧小品综合集等入此。

一体戏剧小品及作品集依体裁入有关各类。

I239 曲艺

综合集,弹词、鼓词、河南坠子、道情、渔鼓、琴书、曲词、快板、相声、独脚戏、评书等入此。

兼有曲谱的著作入J644;变文、宝卷入I276.6。

I24 小说

中篇、长篇小说可根据需要采用下列题材复分表分。

1 革命斗争小说

以近代各时期人民革命斗争为题材的小说入此。

辛亥革命以前的入3;以军事题材为主线的入2。

2 军事小说

以战争和军队、民兵生活、国防建设为题材的小说入此。

以和平时期军人爱情、婚姻、家庭生活为主线的小说入7;涉及侦探、推理、惊险小说入6。

3 史传小说

以历史和人物事迹为题材的小说入此。

4 经济、政治小说

以经济建设、经济改革,政治斗争、政治生活、国际关系为题材的小说入此;以文化教育为题材的小说也入此。

5 科学小说、科幻小说

以科学探险、科学考察、科学实验等为题材的小说和科学幻想小说入此。

6　惊险小说、推理小说

以反特、侦探、惊险、推理为题材的小说入此。

7　社会、言情小说

以社会生活、社会问题、人际关系、伦理道德和爱情、婚姻、家庭生活为题材的小说入此。

8　武侠小说

9　其他题材小说

I242　古代至近代作品(～1919 年)

I242.1　笔记小说

杂志、志怪、传奇、谐谑等入此。

I242.3　话本、评话

I242.4　章回小说

长篇小说入此。

I242.7　短篇小说

I246　现代作品(1919～1949 年)

I246.1　笔记小说

I246.3　评话

I246.4　章回小说

I246.5　新体长篇、中篇小说

I246.7　新体短篇小说

I246.8　故事

I247　当代作品(1949 年～)

I247.4　章回小说

I247.5　新体长篇、中篇小说

I247.7　新体短篇小说

I247.8　故事、微型小说

I25　报告文学

专题性报告文学入 I253 有关各类。

有关人物生平事迹的报告文学著作宜在 K 类作互见。

I251　回忆录

有关人物、事件回忆的报告文学入此。

有关人物生平事迹的回忆录入 K82 有关类。

I252　企业史、村史、家史

报告文学体裁的企业史、村史、家史、基层组织机构史等入此。

企业史、村史、家史、基层组织机构史及调查报告入有关各类。例:工厂史入 F42 有关各类;村史入 K29 有关各类。

I253　通讯、特写、专题报道

I253.1　政治、法律

I253.2　军事、国防建设

I253.3　经济

I253.4　文化、教育、体育

I253.5　文学、艺术

I253.6　科学与工程技术

I253.7　社会生活与社会问题

I253.8　历史

I253.9　其他

宗教等入此。

I26　散文

随笔、杂文、小品文等各时代作品综合集入此。

学术随笔、科学小品入有关各类。例:科普小品入 N49。

I262/265　古代至近代作品(～1919 年)

依中国时代表分。

I266　现代作品(1919～1949 年)

民国时期散文作品综合集入此。

散文诗入 I226.6。

I266.1　随笔、杂文

I266.3　小品文

I266.4　游记

具有文学性、欣赏性的游记入此。

关于旅游的叙述、旅游手册、导游等入 K919、K928.9 等有关各类。

I266.5　书信、日记

有关人物生平事迹的书信、日记入 K81 有关类目。

涉及专门问题的书信、日记入有关各类。

I267　当代作品(1949 年～)

随笔体裁的博客综合集入此。

仿I266分。

I269　杂著

春联、对联、挽词、匾额、手机短信集等入此。

I27　民间文学

I276　古代至现代作品(～1949年)

I276.2　民间歌谣

各地区民间歌谣集、各地方歌谣、各民族歌谣入此。

有曲谱的民间歌谣入J642.2。

I276.3　民间故事、民间传说

I276.4　寓言

I276.5　神话

I276.6　变文、宝卷

I276.7　谚语

专业谚语入有关各类。例:农业天气谚语入S165。

格言、名言入H136。

I276.8　谜语、笑话、幽默

I277　当代作品(1949年～)

I277.2　民间歌谣

见I276.2注。

I277.3　民间故事、民间传说

I277.4　寓言

I277.5　神话

I277.7　谚语

见I276.7注。

I277.8　谜语、笑话、幽默

I28　儿童文学

各体作品综合集,例:儿童小丛书、儿童文库等入此。

I286　古代至现代作品(～1949年)

I287　当代作品(1949年～)

I287.2　诗歌、童谣

I287.3　戏剧剧本、歌舞剧剧本

电影、电视、广播剧剧本入此。

I287.39　曲艺

I287.4　小说

I287.45　长篇、中篇小说

I287.47　短篇小说、微型小说

I287.5　故事

儿童民间故事入此。

I287.59　报告文学

见I15注。

I287.6　散文

I287.7　童话、寓言

儿童笑话、谜语、神话入此。

I287.8　图画故事

I29　少数民族文学

作品综合集入此。

各体文学作品入有关各类。例:诗歌入I22;小说入I24;宗教文学入I299。

I299　宗教文学

I3/7　各国文学

见I2注。

依世界地区表分,再依下表分。例:日本近代小说集的号码是I313.44。

06　评论和研究

文学评论史入此。

见I206注。

07　各体文学的评论和研究

乡土文学、土著文学的评论和研究入此。

参见I207有关各类。

09　文学史、文学思想史

见I209注。

1　作品集

各时代和某一时代各体作品综合集均入此。

一体作品集入2/99有关各类。

2　诗歌

3　戏剧文学

4　小说

42　古代小说

43　中世纪小说

44　近代小说

45　现代小说

5 报告文学

见 I15 注。

参见 I25 有关各类。

6 散文、杂著

随笔体裁的博客、手机短信作品综合集入此。

7 民间文学

综合集入此。

8 儿童文学

综合集入此。

9 少数民族文学

见 I29 注。

99 宗教文学

J 艺 术

类 目 简 表

0	艺术理论
1	世界各国艺术概况
19	专题艺术与现代边缘艺术
2	绘画
29	书法、篆刻
3	雕塑
4	摄影艺术
5	工艺美术
[59]	建筑艺术
6	音乐
7	舞蹈
8	戏剧、曲艺、杂技艺术
9	电影、电视艺术

J 艺术

依总论复分表分，J-0 理论与方法论所属类目入 J0。

J0 艺术理论

艺术的哲学基础（艺术的思想性和社会性、艺术为人民服务、为社会主义建设服务）、艺术的方法论（比较艺术）、艺术与其他科学的关系（艺术心理学、艺术社会学）等入此。

{J0-02} 艺术的哲学基础

〈停用；5 版改入 J0〉

{J0-03} 艺术的方法论

〈停用；5 版改入 J0〉

{J0-05} 艺术与其他科学的关系

〈停用；5 版改入 J0〉

J01 艺术美学

总论入此。

专论入 J2/9 有关各类。

J02 艺术理论的基本问题

艺术的民族化、大众化（艺术的民族风格、民族特点、群众性等），艺术与现实生活，普及与提高，内容与形式，民族遗产的批判继承入此。

J03 艺术工作者

艺术工作者的修养，艺术工作实践体会、经验以及对艺术工作者的评论等综合论著入此。

专论入有关各类。例：画家的思想修养入 J20。人物传记入 K81 有关各类。

J04 艺术创作方法

题材、主题思想、典型、形象、作品结构、

风格、技巧入此。

J05　艺术评论、欣赏

艺术评论和艺术欣赏的理论方法入此。

多种艺术作品的综合分析、评论或兼评艺术家的文献入此,并依世界地区表分。

关于某一种艺术作品的评论和欣赏入有关各类。例:音乐评论和欣赏入J60。

J06　造型艺术理论

总论美术造型设计、构图学、透视学、色彩学、艺术解剖学的著作入此。

J08　艺术技法(总论)

J1　世界各国艺术概况

世界各国美术概况入此。

J11　世界

总论世界各种艺术,艺术史、艺术思想史,美术史,艺术流派,艺术作品综合集,艺术事业与艺术市场、艺术评奖(艺术比赛),艺术机构、团体、企业、会议(国际组织、学术团体、艺术节、展览会、美术展览),艺术教育的著作入此。

专论一种艺术的著作入有关各类。例:中国绘画艺术入J20。

J12　中国

方针政策入此。

艺术作品评论和欣赏入J05。

J13/17　各国艺术

依世界地区表分。

[J18]　美术考古

宜入K85有关各类。

J19　专题艺术与现代边缘艺术

民间艺术(总论)、宗教艺术(理论、概况、作品综合集及其评介)、现代边缘艺术(行为艺术、人体艺术、装置艺术、配置艺术、地景艺术)等入此。

专论各艺术形式的宗教艺术入有关各类。例:宗教绘画艺术入J219。

〈4版类名:宗教艺术〉

J2　绘画

参见K879。

J2-3　绘画研究方法、工作方法

J2-39　电子绘画技术

总论电脑绘画及设计入此。

专论入有关各类。例:电脑动画(flash)技法入J218。

J20　绘画理论

绘画艺术的哲学基础、绘画艺术与其他科学的关系、绘画美学、绘画工作者、绘画创作方法、绘画评论与欣赏、绘画造型艺术理论(构图学、透视学、色彩学)、绘画艺术史、绘画流派及其研究入此。

人物传记入K81有关各类。

J21　绘画技法

包括兼论理论的著作。

J211　一般技法

各种题材画的技法、绘画材料和工具、绘画的装帧和修裱技术入此。

J212/219 各种绘画技法

均包括兼论理论的著作、各种题材画技法、绘画材料和工具、绘画的装帧和修裱技术。

涉及多个体裁分类标准的著作入编列在前的类。例:年画(农民画、版画)入J217。

J212　中国画技法

兼论书法的著作入此;指画入此。

包括笔法(皴法、点淡)、墨法、用色(染法)等。

J213　油画技法

J213.9　漆画、涂料画技法

丙烯画、喷洒画技法入此。

J214　素描、速写技法

铅笔画、钢笔画、木炭画技法入此。

J215　水彩、水粉画技法

J216　粉画、蜡笔画技法

J217　版画技法

木版画、石版画、玻璃版画、铜版画、麻胶版画技法入此。

J218　各种画技法:按用途分

宣传画(电影宣传画)、漫画(讽刺画)、年画、连环画、组画、插图画、壁画、动画(卡通)、电脑动画(flash)、立体画等入此。

三维动画制作入 TP391.4。

J219 其他绘画技法

宗教绘画艺术入此;总论农民画、儿童画入此。

J22 中国绘画作品

J221 作品综合集

两种以上绘画形式的作品综合集入此。

两种以上绘画形式的个人作品集入 J221.8;一种绘画形式的作品集入 J222/229 有关各类。

J221.1/.7 各地方绘画作品综合集

依中国地区表分。

〈4 版类名:各地方绘画作品集〉

J221.8 个人绘画作品综合集

两种以上绘画形式的个人作品集入此。

一种绘画形式的作品集入 J222/229 有关各类。

〈4 版类名:个人绘画作品集〉

J221.9 绘画范本、画谱

〈4 版类名:绘画范本〉

J222 中国画

书法绘画作品综合集入此。

外国画家的中国画作品入 J232.9。

J222.2/.6 历代作品

依中国时代表分。

J222.7 现代作品

建国后作品入此。

J223 油画

J223.9 漆画、涂料画

丙烯画、喷洒画入此。

J224 素描、速写

铅笔画、钢笔画、木炭画作品等入此。

J225 水彩、水粉画

J226 粉画、蜡笔画

J227 版画

J228 各种画:按用途分

见 J218 注。

J229 其他绘画

见 J219 注。

J23 各国绘画作品

J231 作品综合集

两种以上技法的画集入此。

J231.9 绘画范本

J232 民族技法画

J232.9 中国画

外国画家的中国画作品入此。

J233 油画

J233.9 漆画、涂料画

J234 素描、速写

J235 水彩、水粉画

J236 粉画、蜡笔画

J237 版画

J238 各种画:按用途分

见 J218 注。

J239 其他绘画

见 J219 注。

J29 书法、篆刻

J292 中国书法、篆刻

总论汉字书法及兼论篆刻的著作入此。

论画而兼及题字书法和刻印的著作入 J212;汉字形体研究入 H123。

参见 K877。

J292.1 书法

理论和方法入此。毛笔字理论、方法、研究、评鉴,硬笔字(钢笔字、铅笔字、钢版字)、美术字、少数民族文字书法、拼音文字书法及作品,书法材料、工具的使用与保管入此。

毛笔字作品入 J292.2/.3。

J292.2 碑帖、书法作品:按时代分

包括墨迹、真迹。

碑帖源流考证、题跋、译文,碑帖丛刻、各代书法单帖,以及外国人所作汉字书法等入此。

J292.3 书法作品:按书体分

包括篆书、隶书、楷书、草书、行书。

J292.4 篆刻、治印及作品

篆刻法，各代及外国人所刻印谱，篆刻治印材料、工具的使用入此。

J293　外文书法

外文书写方法、外文美术字写法、外文书法历史发展等入此。

J3　雕塑

参见 TS932。

J30　雕塑理论

雕塑艺术的哲学基础、雕塑艺术与其他科学的关系、雕塑美学、雕塑工作者、创作方法、雕塑评论与欣赏、雕塑造型艺术理论、雕塑艺术史入此。

人物传记入 K81 有关各类。

J31　雕塑技法

包括兼论理论的著作。

基本技法(塑造、放大、翻模等)、各种样式雕塑法、各种题材和体裁雕塑法、各种材料雕塑法、宗教雕塑技法、雕塑材料和工具、雕塑作品的修复和保管入此。

宗教雕塑作品入 J32 或 J33。

J32　中国雕塑作品

雕塑史入 J30。

参见 K876。

J33　各国雕塑作品

J4　摄影艺术

摄影技术入 TB8。

J40　摄影艺术理论

摄影艺术的哲学基础、摄影艺术与其他科学的关系、摄影美学、摄影工作者、创作方法、摄影评论与欣赏、摄影造型艺术理论、摄影艺术史等入此。

人物传记入 K81 有关各类。

J41　各种摄影艺术

摄影入门、摄影普及读物、兼论摄影艺术和摄影技术的著作入此。室内、广告、人物(人体、人像、婚纱)、时装、风光、户外、舞台、动体(体育表演、旅行游览、立体摄影)、夜间、空中、水下、新闻、建筑、动物、植物等摄影和专题摄影艺术入此。

J42　中国摄影艺术作品

近现代摄影作品综合集、各种摄影艺术作品入此。

见 J41 注。

J43　世界各国摄影艺术作品

见 J41、J42 注。

J5　工艺美术

实用美术入此。

专论工业美术设计入 TB47 有关各类。

参见 TS93。

依总论复分表分，J5-0 理论与方法论所属类目复分入 J50；工艺美术作品展览为 J5-28；工艺美术品市场入 F7 有关各类。

J50　工艺美术理论

工艺美术史入此。

J51　图案设计

图案学入此。

〈4 版类名：图案学〉

J52　中国工艺美术

[J520.9]　工艺美术史

宜入 J50。

J521　工艺美术作品综合集

依中国地区表分。

J522　图案集

纹样集、报刊图案、文身图案集等入此。

J523/529 各种工艺美术

均收各种工艺美术的理论、技法和作品集。

J523　织染、服装、刺绣工艺美术

纺织、印染、编织、地毯、挂毯等入此。

参见 TS1、TS93/94 有关各类。

J524　工商工艺美术

商品装潢、包装、广告、商标、书籍装帧，以及邮票、明信片、贺卡、名片、日历等入此。

参见 TB47、TB48、TS88。

J525　装饰美术

室内陈设，特定场合装饰(婚礼、节日等)，展示装饰美术(如：橱窗)，生活用具装饰美术(如：家具装饰)等入此。

建筑装饰入 TU22。

参见 TS975。

J526 金属工艺美术

金属器物(珠宝饰物、金银器、镀金品等)、景泰蓝、珐琅、徽章、纪念币、铁画(铁花)等入此。

金属雕刻技法入 J31。

参见 TS934。

J527 陶瓷、漆器工艺美术

陶雕、陶瓷塑、漆雕入 J31。

参见 TQ173、TQ174。

J528 民间工艺美术

剪纸、刻纸、折纸、扎纸、绒绢、木偶、皮影、假面具、脸谱、人形工艺美术、面塑、糖塑、木竹棕草编织、风筝、灯彩等入此。

参见 TS959.2。

J529 其他工艺美术

塑料、皮革、玩具等美术入此。

J53 各国工艺美术

仿 J52 分。

[J59] 建筑艺术

宜入 TU-8。

J6 音乐

J60 音乐理论

音乐的哲学基础、音乐与其他科学的关系、音乐教育学、音乐美学、音乐工作者、音乐创作方法和经验、音乐表演学、音乐评论和欣赏、宗教音乐研究、民族(民间)音乐研究总论、民族音乐学、音乐史等入此。

民族声乐理论和演唱法入 J616;人物传记入 K81 有关各类。专史入有关各类。例:乐器史入 J62。

J61 音乐技术理论与方法

J611 音乐物理学、音乐生理学

音响学、音乐电声学、音乐生理学总论入此。

音乐生理学专论入有关各类。例:发声的生理入 J616。

J612 乐律学

J613 基本乐科

基本乐理、简谱乐理、视唱练耳、读谱法、记谱法、谱系研究、音阶、调式、节奏学入此。

J614 作曲理论

和声学、对位(复调)、曲式学(作品分析)、配器法(管弦乐法)、作曲法、旋律学、伴奏写法、计算机作曲、合成器音乐写作等入此。

J614.9 作词法(音乐法)

歌词写作技法和研究入此。

J615 指挥

J616 声乐理论

发声法、歌唱法(美声唱法、民族唱法、通俗唱法、合唱法)及以发声和歌唱方法为目的的练声曲、声乐史入此。

将练声曲写成音乐会演唱的艺术作品入 J642.3 或 J652。

J617 戏剧音乐理论

京剧、昆曲、歌剧、歌舞剧、舞剧、话剧、地方戏曲、电影、电视、广播、杂技音乐以及朗诵诗配乐理论和方法等入此。

J618 舞蹈音乐理论

J618.9 其他音乐技术理论

医疗音乐等实用音乐理论入此。

J619 音乐工艺学

音乐的录音与复制、音响设备与利用入此。

乐器制造与维修入 TS953。

J62/629 各种器乐理论及演奏法

均包括器乐理论、调试、保养、备品及利用、演奏法、教学法、作品评论与欣赏、器乐史。

J62 西洋器乐理论与演奏法

兼论民族器乐的著作入此。

〈4 版类名:器乐理论与演奏法〉

J621 西洋管乐理论和演奏法

笛、管、号等入此。

〈4 版类名:管乐理论和演奏法〉

J622 西洋弓弦乐理论和演奏法

提琴入此。

〈4版类名:弓弦乐理论和演奏法〉

J623 西洋弹拨乐理论和演奏法

竖琴、六弦琴(吉他)、琉特琴、曼陀林、独弦琴(瓢琴)等入此。

〈4版类名:弹拨乐理论和演奏法〉

J624 西洋键盘、簧乐理论和演奏法

钢琴、风琴、管风琴、手风琴、口琴、古钢琴、羽管键琴等入此。

〈4版类名:键盘、簧乐理论和演奏法〉

J625 西洋打击乐理论和演奏法

木琴、钢片琴、钟琴、定音鼓、小鼓、大鼓、打击乐组等入此。

〈4版类名:打击乐理论和演奏法〉

J627 器乐合奏理论和演奏法

室内乐演奏理论入此。

J628 电子乐器器乐理论和演奏法

电子琴(电风琴)、电子音响合成器等入此。

标准乐器的改型和模拟制品依原型乐器分。例:电吉他理论和演奏法入J623。

〈4版类名:电子乐器〉

J629 其他西洋器乐理论和演奏法

J63 民族器乐理论和演奏法

民族(民间)音乐研究总论、民族音乐学等入J60;民族声乐理论和唱法入J616。见J62有关类注。

J632 中国民族器乐

J632.1 吹奏乐理论与演奏法

笛子、笙、箫、唢呐、管子等入此。

J632.2 弓弦乐理论和演奏法

二胡、高胡、板胡、四胡、京胡、坠胡、马头琴等入此。

J632.3 弹拨乐理论和演奏法

古琴(七弦琴)、瑟、古筝、琵琶、三弦、月琴、阮咸、冬不拉、柳琴、箜篌、伽倻琴等入此。

J632.5 打击乐理论和演奏法

锣、鼓、扬琴(洋琴)等入此。

J632.6 民族器乐合奏乐理论和演奏法

以中国民族器乐为主的中西器乐合奏、室内乐演奏理论、管弦乐合奏、吹打乐合奏入此。

J632.7 地方音乐器乐合奏理论和演奏法

广东音乐等入此。

J633/637 各国民族器乐

依世界地区表分。

J639 其他

宗教器乐理论与演奏法入此。

J64 中国音乐作品

J641 音乐作品综合集

J642 歌曲

综合性歌曲集入此。

J642.0 国歌

J642.1 通俗歌曲

普通歌曲、流行歌曲、摇滚歌曲入此。

〈4版类名:群众歌曲〉

J642.2 各族民歌、各地方民歌

有曲谱的民歌(包括原生态歌曲)入此。

无曲谱的民歌入I27有关各类。

J642.3 练声曲

将练声曲写成音乐会演唱的艺术作品入此。

以发声和歌唱方法为目的的练声曲入J616。

J642.4 戏剧、电影歌曲

戏剧、电影、电视、广播剧的主题歌、插曲、选曲等入此。

J642.5 艺术歌曲

声乐协奏曲、声乐套曲、独唱曲、重唱曲、对唱曲、轮唱曲、合唱曲、多形式套曲、大合唱曲等入此。

J642.6 儿童歌曲

J642.7 古代歌曲

由后人释谱的古代歌曲入此。

J642.8 宗教歌曲

宗教仪式上的合唱作品亦入此。

J642.9 其他

J643 戏剧音乐、配乐音乐曲谱

京剧、昆曲、歌剧、歌舞剧、舞剧等音

乐，话剧配乐，地方剧音乐，电影、广播、电视、杂剧、杂技配乐等入此。

J644 曲艺音乐乐曲

词曲兼有的作品入此。

J645 舞蹈乐曲

J647 器乐曲

J647.1/.5 各种器乐独奏曲

均包括各种练习曲、变奏曲、回旋曲、协奏曲、狂想曲、随想曲、奏鸣曲、组曲、序曲、前奏曲、舞曲以及其他形式的乐曲。

J647.1 管乐曲

笛、管、号乐曲等入此。

J647.2 弓弦乐曲

各种提琴乐曲等入此。

J647.3 弹拨乐曲

竖琴、六弦琴(吉他)、琉特琴、曼陀林乐曲等入此。

J647.4 键盘、簧乐曲

钢琴、风琴、管风琴、手风琴、口琴、古钢琴、羽管键琴乐曲等入此。

J647.5 打击乐曲

木琴、钢片琴、钟琴、定音鼓、小鼓、大鼓、打击乐组乐曲等入此。

J647.6 器乐合奏曲

管弦乐合奏曲(交响曲、序曲、前奏曲、舞曲等)，多种乐器合奏大、小协奏曲，重奏乐曲，管乐合奏曲(军乐曲、礼乐曲)，弦乐合奏曲，弹拨乐合奏曲，键盘、簧乐合奏曲，打击乐合奏曲，轻音乐曲，爵士乐队合奏曲(摇滚乐、迪斯科舞曲)、特种编制乐队合奏曲等入此。

J647.7 电子乐曲

电子琴乐曲、电子音响合成器乐曲等入此。

J648 民族器乐曲

J648.1/.5 各种民族器乐曲

均包括练习曲、变奏曲、协奏曲、奏鸣曲等。

J648.1 吹奏乐曲

笛、笙、箫、唢呐、管子(头管)乐曲等入此。

J648.2 弓弦乐曲

各种胡琴、马头琴乐曲等入此。

J648.3 弹拨乐曲

古琴、古筝、琵琶、三弦、月琴、冬不拉、柳琴乐曲等入此。

J648.5 打击乐曲

扬琴、锣鼓、钟、磬乐曲等入此。

J648.6 器乐合奏曲

包括以中国民族器乐为主的中国器乐合奏。

管弦乐合奏曲、吹打乐合奏曲、重奏与乐队乐曲、重奏乐曲、丝竹乐曲、轻音乐等入此。

J648.7 地方性器乐曲

广东音乐曲等入此。

J649 其他音乐曲

宗教音乐乐曲入此。

J65 各国音乐作品

J651 音乐作品综合集

J652 歌曲

国际歌、国歌及各种歌曲入此。

J653 戏剧乐曲、配乐音乐乐曲

见 J643 注。

J654 说唱乐曲

J655 舞蹈乐曲

J657 器乐曲

仿 J647 分。

J658 民族器乐曲

依世界地区表分。例：美国乡村音乐入 J658.712。

J659 其他音乐曲

宗教音乐乐曲入此。

J69 音乐事业

仿 J79 分。

J7 舞蹈

舞蹈文化入此。

J70 舞蹈理论

舞蹈艺术的哲学基础、舞蹈艺术与其他科学的关系(舞蹈艺术心理学、舞蹈艺术教育学等)、舞蹈美学、舞蹈艺术的民族特点、总论舞蹈工作者、创作方法、舞蹈评论与欣赏、舞蹈造型艺术理论、舞蹈艺术史等入此。

关于某一种舞蹈的评论和欣赏入有关各类。编舞导演、舞蹈演员入 J71;人物传记入 K81 有关各类。

J71　舞蹈技术和方法

编导学(编舞导演人员的修养、条件、培养,编导基本技术,编舞法等)、表演学(舞蹈演员的修养、条件、培养、保健及训练、排练等)、舞台美术、舞台技术、化装、服装、服饰等入此。

舞蹈、舞剧音乐入 J6 有关各类。

J72　中国舞蹈、舞剧

[J720.9]　舞蹈、舞剧史

宜入 J70。

J721　舞蹈图谱

各代舞谱入此。如:敦煌舞谱、东巴舞谱、傩舞谱、定位法舞谱等。

以舞蹈为题材的绘画集入 J2;以舞蹈为题材的摄影集入 J4。

J722　各种舞蹈

包括理论、方法及作品。

舞蹈场记,三人舞、群舞、双人舞、独舞的综合论述入此。集体舞、民间舞蹈、民族舞蹈、儿童舞蹈、古典舞蹈、芭蕾舞、歌舞、现代舞、交际舞(交谊舞)、体育舞蹈(国标舞)、街舞、迪斯科舞、霹雳舞、踢踏舞等入此。

健美舞入 G831。

J723　各种舞剧

包括理论、方法及作品。

民族舞剧、古典舞剧、儿童舞剧、芭蕾舞剧、现代派舞剧等入此。

J73　各国舞蹈、舞剧

[J730.9]　舞蹈、舞剧史

宜入 J70。

J731　舞蹈图谱

各代舞谱入此。如:拉班舞谱、贝尼什舞谱等入此。

J732　各种舞蹈

见 J722 注。

J733　各种舞剧

见 J723 注。

J79　舞蹈事业

J791　世界

舞蹈组织与机构、舞蹈演出、舞蹈比赛、舞蹈节、舞蹈艺术教育入此。

舞蹈事业史入 J70。

J792　中国

舞蹈组织与机构(舞蹈家协会、舞蹈研究所等)、舞蹈团和演出(演出公司、演出市场等)、舞蹈对外交流和访问演出、舞蹈比赛、舞蹈节、舞蹈艺术教育入此。

舞蹈事业史入 J70。

J793/797　各国

见 J792 注。

依世界地区表分。

J8　戏剧、曲艺、杂技艺术

兼论戏剧文学的著作入此。

文学剧本入 I 有关各类。

〈4 版类名:戏剧艺术〉

J80　戏剧艺术理论

包括曲艺、杂技艺术理论。

戏剧艺术的哲学基础、戏剧艺术与其他科学的关系、戏剧美学、戏剧的民族化与大众化、戏剧工作者、戏剧创作方法、戏剧评论与欣赏、戏剧造型艺术理论、戏剧艺术史、戏剧艺术流派及研究入此。

编、导、演人员入 J811/812;人物传记入 K81 有关各类。

J81　舞台艺术

J811　导演学

导演人员的修养、训练及对其评论,导演基本技术,排演组织,剧目导演计划等入此。

专论某剧种导演艺术的著作入有关各类。例:京剧导演艺术入 J821。

J812　表演学

戏剧演员的修养、条件、训练、保健及对其评论,表演基本技术,表演语言技巧,剧目角色设计,总论舞台表演艺术等入此。

专论某一剧种表演艺术的著作入有关各类。例:京剧表演艺术入 J821。

J813 舞台美术(舞台设计)

设计基本技术、绘景技术、剧目设计图等入此。

J814 舞台技术

布景、道具、灯光、音响技术及舞台效果入此。

J815 戏剧化装

J816 戏剧服装

[J818] 戏剧音乐

宜入 J6 有关各类。

J819 剧团组织和管理

演出组织和管理、剧场设备和管理入此。

J82 中国戏剧、曲艺、杂技艺术

总论中国戏曲艺术入此。

〈4 版类名:中国戏剧艺术〉

[J820.9] 戏剧艺术史

宜入 J80。

J821 京剧艺术

导演及表演艺术、舞台美术、舞台技术、化装、服装和服饰入此。

戏曲配乐入 J617;京剧文学剧本入 I232。

J821.9 昆曲艺术

〈4 版入 J825〉

J822 歌剧艺术、音乐剧艺术

见 J821 注。

J823 歌舞剧艺术

见 J821 注。

J824 话剧艺术

见 J821 注。

J825 地方剧艺术

见 J821 注。

J826 曲艺艺术

见 I239、J821 注。

J827 其他剧艺术

活报剧、木偶剧、皮影剧、雕塑剧、哑剧、小品剧等入此。

见 I238、J821 注。

J828 杂技艺术

杂耍、魔术、马戏、口技等入此。

见 J821 注。

J83 各国戏剧、杂技艺术

〈4 版类名:各国戏剧艺术〉

J89 戏剧、曲艺、杂技事业

〈4 版类名:戏剧事业〉

J891 世界

戏剧组织与机构、戏剧演出、戏剧评奖入此。

戏剧事业史入 J80。

J892 中国

方针政策、戏剧组织机构(戏剧家协会)、剧团和演出(演出公司、戏剧市场等)、戏剧对外交流、戏剧评奖、戏剧艺术教育等入此。

戏剧事业史入 J80。

J893/897 各国

见 J892 注。

依世界地区表分。

J9 电影、电视艺术

电视剧艺术入此。

J90 电影、电视艺术理论

电影、电视艺术的哲学基础,电影、电视艺术与其他科学的关系,电影、电视美学,电影、电视工作者,电影、电视创作方法、评论与欣赏、造型艺术理论、艺术流派、艺术史、事业史入此。

专论电视工作和事业入 G22;导演人员、演员入 J911/912;电影蒙太奇入 J93;人物传记入 K81 有关各类。

J91 电影、电视艺术与技术

J911 导演

总论导演、表演艺术的著作入此。

见 J811 注。

J912 表演、演员

配音艺术入此。

见 J812 注。

J913 美工

置景、道具入此。

J914 照明(灯光、自然光)

J915 拟音(音响、效果)

J916 特技

特技设计、特技合成、烟火入此。

J917 化妆

J918 服装

[J919] 音乐

宜入 J617。

J92 电影、电视分镜头脚本

完成台本、对白台本入此。

电影、电视文学剧本入 I 有关各类。

J93 电影、电视拍摄艺术与技术

拍摄技法、剪辑、录音、技术检查、摄影场地等入此。

专论拍摄技术入 TB82;电影机械及器材入 TB85;洗印入 TB88。

参见 TB86。

J94 电影、电视企业组织与管理

制片厂、独立制片人、洗印厂、电影院的组织管理,流通和放映(影视宣传、电影市场、观众研究、放映队、放映员、放映技术),影片保护等入此。

J95/97 各种电影、电视

各种电影、电视的综合论述入 J95。

涉及多种分类标准的著作入前面编列的类,同时在 J96/97 相关类作互见。例:军事题材的故事片入 J95,互见类号:J97。

J95 各种电影、电视:按内容与样式分

艺术片、故事片、舞台艺术片、新闻片、纪录片、文献片、科教片(科学纪录片、科普片、技术推广片、科学系列片等)、美术片、译制片等入此。

〈4 版类名:各种电影、电视:按内容分;科幻片,5 版改入 J97〉

J96 各种电影、电视:按表现形式和技术分

无声与有声片、黑白影片与彩色影片、窄胶片与宽银幕片、环幕与球幕片、全景电影、立体电影、白昼电影、味觉电影等入此。

J97 各种电影、电视:按题材分

工业片、农业片、商业片、军事片、学生片、体育片、儿童片、青年片、妇女片、老年片、政治片、哲理片、社会生活及伦理片、科幻片、惊险片(推理片、侦破片、功夫片、灾难片)、喜剧片、悲剧片、情节片、散文式片、无情节片等入此。

J98 幻灯

幻灯片的编制、幻灯机的使用及维护入此。

幻灯机的制造入 TB85。

J99 电影、电视事业

总论电影电视事业入此。

专论电视工作和事业入 G22。

J991 世界

统计资料、国际组织与活动、电影评奖、电影节入此。

电影事业史入 J90。

J992 中国

方针政策、电影机构(电影工作者协会等)、电影对外交流(专题影展、回顾展、电影合拍和协作)、电影评奖、电影节、电影艺术教育入此。

电影事业史入 J90。

J993/997 各国

见 J992 注。

依世界地区表分。

K 历 史、地 理

类 目 简 表

0	史学理论
1	世界史
2	中国史
3/7	世界各国和地区历史
81	传记
85	文物考古
89	风俗习惯
9	地理

K 历史、地理

总论历史与兼论史地入此。

地理入 K9。

依总论复分表分，K-0 理论与方法论所属类目复分入 K0。

K0 史学理论

史学的哲学基础(历史哲学)、社会发展理论(各种社会形态的历史发展、发展社会学、现代化理论等)、史学专论(历史主义与阶级观点问题、各种历史观、历史人物评价等)、年代学(历史年代的测定理论和方法)、史料学(史料的源流、价值、搜集、整理和利用方法)、历史研究(历史研究法、历史写法、历史学习法)、史学史(史学思想、派别的研究，对史学家的学术思想评述以及古代史学理论等)入此。

关于世界及各国的史事、历史文献的研究、历史事件、历史年代、历史年表入世界各国历史；人物年谱入传记。

有关历史唯物主义及其专题论述，如："社会基本矛盾"、"社会存在与社会意识"入 B03 有关各类；史学文献学入 G257。

{K01} 史学的哲学基础

〈停用；5 版改入 K0〉

{K02} 社会发展理论

〈停用；5 版改入 K0〉

{K03} 史学专论

〈停用；5 版改入 K0〉

{K04} 年代学

〈停用；5 版改入 K0〉

{K05} 史料学

〈停用；5 版改入 K0〉

{K06} 历史研究

〈停用；5 版改入 K0〉

{K09} 史学史

〈停用；5 版改入 K0〉

K1 世界史

两洲以上的多国历史入此。

K10 通史

革命史、文化史、杂史、史钞、历史事件、史料、研究、考订、评论、年表以及东方学、亚述学入此。

有关文物考古的史料入 K86。

K109　普及读物

K11　上古史(公元前40世纪以前)

关于世界史前考古的著作入K86。

K12　古代史(公元前40世纪～公元476年)

古代东方(总论古代亚洲、非洲东北部,巴比伦王国,波斯帝国等)、古代希腊、古代罗马等入此。

专论亚非各国古代历史的著作入各国史。例:古代中国入K22;古代埃及入K411。

K13　中世纪史(476～1640年)

拜占庭帝国、阿拉伯帝国入此。

K14　近代史(1640～1917年)

总论国际工人运动史入此;英国资产阶级革命至巴黎公社前夕及总论18世纪历史,巴黎公社至苏联十月社会主义革命前夕及总论19世纪历史入此。关于第一次世界大战,只收有关世界大战的起源、史实的著作。

关于第一次世界大战的军事史、战争史及研究战略、战术的著作入E军事有关类。英国资产阶级革命史入K561;巴黎公社史入K565;俄国十月革命前的资产阶级革命史入K512。

K15　现代史(1917年～)

总论苏联十月社会主义革命至第二次世界大战前夕的世界现代史的著作入此。关于第二次世界大战,只收有关世界大战的起源、史实、战争史以及纳粹大屠杀的著作。

专论苏联十月社会主义革命史的著作入K512;关于第二次世界大战的军事史及研究战略、战术的著作入E军事有关各类。

K16　21世纪(2000年～)

K18　民族史志

总论世界各国民族史志的著作入此;世界民族地理入此。

专论一洲一国民族史志的著作入各洲、各国史。

K2　中国史

K20　通史

新编章节体通史著作入此。

K201　革命史

总论中国农民运动、民族起义、人民革命入此。

K203　文化史

K204　古代史籍

古代史籍及其注释、校勘、考证、评论研究入此。纪传(《世本》、《史记》)、纪传体史书合刻(《十七史》、《廿四史》、《廿五史》等)、编年(《竹书纪年》、《资治通鉴》、《通鉴纲目》等)、纪事本末(《通鉴纪事本末》)、杂史、史钞等入此。

某一时代史入各代史,例:《南齐书》入K239,《明史》入K248。

K205　历史事件

K206　史料

公牍、档案、诏令、奏议、笔记、掌故、旧闻、回忆录入此。

中国文物考古的资料入K87;中国历史教学用参考资料入K20-4;典章制度、政书入D69。

K207　研究、考订、评论

对史事、史料、历史分期等的综合研究、考证、评论,汉学、中国学等入此。

对中国古代史籍的注疏、考证,随古代史籍分入有关各类。

K208　年表

历史表解、图解入此。

K209　普及读物

K21/27 中国各代史

均可仿K20分,仿分时一律冠“0”。例:总论南北朝人民革命的著作为K239.01;陈胜、吴广起义为K233.01。

K21　上古史(约170万年前～约公元前2070年)[9]

总述原始社会或太古时期的历史入此。

关于史前的文物考古入K87。

〈4版类名：原始社会(约60万年前～4000多年前)〉

K22　古代史早期(约公元前2070～公元前475年)⑨

总述古代史、奴隶社会历史、先秦史入此。

〈4版类名：奴隶社会(约公元前21世纪～公元前475年)〉

K221　三代(约公元前2070～公元前770年)⑨

〈4版类名：三代(公元前21世纪～公元前770年)〉

K225　春秋(公元前770～公元前475年)⑨

总论东周入此。

K23　古代史中期(公元前475～公元581年)⑨

总论封建社会史入此。

〈4版类名：封建社会(公元前475～公元1840年)〉

K231　战国(公元前475～公元前221年)⑨

K232　秦、汉(公元前221～公元220年)⑨

K233　秦(公元前221～公元前207年)⑨

K234　汉(公元前206～公元220年)⑨

K235　三国、晋、南北朝(220～589年)⑨

总论魏、晋、南北朝入此。

K236　三国(220～280年)⑨

K237　晋(265～420年)⑨

K238　十六国(304～439年)⑨

包括成汉、前凉、前赵、后赵、前燕、前秦、后燕、后秦、西秦、后凉、南燕、北凉、南凉、西凉、夏、北燕。

有关匈奴、羯、鲜卑、氐、羌等民族历史的著作入K28。

K239　南北朝(386～589年)⑨

K24　古代史后期(581～1840年)⑨

总论中古时期、隋唐史入此。

〈4版类名：隋、唐至清前期(581～1840年)〉

K241　隋(581～618年)⑨

K242　唐(618～907年)⑨

K243　五代、十国(907～979年)⑨

K244　北宋(960～1127年)⑨

总论宋代入此。

〈4版类名：宋：北宋(960～1127年)〉

K245　南宋(1127～1279年)⑨

K246　辽、金、西夏(916～1234年)⑨

〈4版类名：辽、金(916～1234年)〉

K247　元(1271～1368年)⑨

蒙古时期(1206～1271年)入此。

K248　明(1368～1663年)⑨

总论明清史入此。

K249　清前期(1616～1840年)⑨

总论清代(1616～1911年)入此。

K25　近代史：1840～1919年⑨

总论近代史，侵华史，旧民主主义革命时期史，半殖民地、半封建社会史等入此。

专论侵华某一事件的著作入以下有关各类；对外交涉文电、条约等入D829。

〈4版类名：半殖民地、半封建社会(1840～1949年)〉

{K251}　旧民主主义革命时期(1840～1919年)

〈停用；5版改入K25〉

K252　清后期(1840～1911年)⑨

清朝咸丰、同治、光绪、宣统各朝历史和记述辛亥革命后清宫情况入此。

K253　第一次鸦片战争及其以后(1840～1850年)⑨

K254　太平天国革命(1851～1864年)⑨

K255　第二次鸦片战争(1856～1860年)⑨

K256　第二次鸦片战争以后时期(1860～1900年)⑨

K257　辛亥革命(1901～1911年)⑨

K258 民国早期(1912～1919年)⑨

总论中华民国史入此。

K26 近代史:1919～1949年⑨

总论20世纪、新民主主义革命时期的历史入此。

参见E296。

〈4版类名:新民主主义革命时期(1919～1949年)〉

K261 "五四"运动和中国共产党成立后(1919～1924年)⑨

"五四"运动时期的革命运动(如驱张运动、劳动立法运动等)、中国共产党成立后的中国工人运动(如香港海员罢工、安源煤矿工人罢工等)、中国共产党成立后的农民运动(如湖南农民运动、海陆丰农民运动)、"五四"运动后的军阀统治及军阀混战(如直皖战争、江浙战争、直奉战争)等入此。

K262 第一次国内革命战争时期(1924～1927年)⑨

工农群众运动、广东革命根据地的统一和巩固、改组后的国民党、国民党右派的反共活动、国民党南京政府入此。

K263 第二次国内革命战争(土地革命战争)时期(1927～1937年)⑨

总论土地革命时期的著作入此。南昌起义、秋收起义、广州起义、井岗山的斗争、新军阀混战入此。

专论土地革命时期革命根据地建设和发展的著作入K269。

K264 日本入侵及全国抗日民主运动⑨

"九·一八"事变前日本侵华事件、"九·一八"事变、"九·一八"事变后日本侵华事件及抗日武装斗争、红军长征、"一二·九"运动、西安事变等入此。

K265 抗日战争时期(1937～1945年)⑨

总论八年抗日战争历史的著作入此。中国共产党领导的抗日战争、第二次国共合作、国民党政府及其抗日与反共、"七七"芦沟桥事变、"八·一三"上海事变、沦陷区概况及日本在华暴行、日本投降等入此。

专论抗日根据地建设和发展的著作入K269。

K266 第三次国内革命战争(解放战争)时期(1945～1949年)⑨

关于人民解放战争时期的历史事件及其论述的著作入此。重庆谈判、旧政治协商会议、国民党政府与美国联合、国民党在谈判期间向解放区进攻、国民党政府地区人民争取和平民主的斗争(如反饥饿、反内战、反迫害运动,台湾省人民"二·二八"起义)、人民解放战争各次战役等入此。

论述人民解放战争时期解放区的建设和发展的著作入K269。

K269 解放区的建设和发展⑨

土地革命战争时期的红色根据地、抗日战争时期的抗日根据地、人民解放战争时期的解放区入此。

K27 中华人民共和国时期(1949年～)⑨

总论中国现代史入此。

K271 1949年～1965年⑨

K273 1966年～1978年⑨

"文化大革命"时期的历史入此。

K275 1978年以后⑨

改革开放时期的历史入此。

K28 民族史志

总论全国民族的起源、分布及历史发展入此;中国民族地理入此。

K280.0 各代民族总志

1949年以前各代的民族总志入此。

K280.1/.7 各省区民族总志

总论一个地区各民族的历史和现状入此。

依中国地区表分。

K281/288 各民族史志

论述一个民族的历史和现状的著作入此;各民族研究,如藏学等亦入此。

论述某一民族的某一历史事件的著作入中国各代史有关类目。

中国学、汉学入 K207。

依中国民族表分。

K289　古代民族史志

历史上的某一民族，如匈奴、突厥等的史志入此。

参见中国民族表 99。

K29　地方史志

方志学入此。

古地名考入 K928。

依中国地区表分。

K3/7　世界各国和地区历史

依世界地区表分。

K81　传记

包括有关人物的传记、生平事迹、回忆录、访问记、年谱、生卒年表、日记、书信、纪念文集、墓志铭、祭文、悼词、哀挽录、照片、肖像等。

人物思想评论按学科归类。

各国人物如有改变国籍者，按其改变后所属的国籍分。

K810　传记研究与编写

传记写作法、谱系学及论述姓氏的著作入此。

K811　世界人物传记

多学科跨地区跨时代人物总传入此。

世界华人总传入 K828。

K811-6　参考工具书

人名词典、姓氏词典、传记目录、别名索引、生卒年表、疑年表、年谱等入此。

K812　人物总传：按时代分

依国际时代表分。

[K813]　人物总传：按地区分

宜入 K833/837。

K815　人物总传：按学科分

仿 K825.1/828 分。例：世界文学家传记为 K815.6；世界医学家传记为 K816.2。

K819　氏族谱系

有关洲际移民的谱系入此。

K82　中国人物传记

多学科跨地区跨时代人物总传入此。

K82-6　参考工具书

见 K811-6 注。

K820　人物总传：按时代分

依中国时代表分。

K820.8　人物总传：按地区分

依中国地区表分。

K820.9　氏族谱系

K825　人物传记：按学科分

各科人物传记，包括总传和分传。

K825.1/828（特殊分类规定）

凡具有多重特征的学科人物，按重点或按编列在前的类目归类。例：中国青年文学家传入 K825.6。

各学科人物传记可在有关学科作互见。

如愿分散到各学科，可入各学科的科学史。

K825.1　哲学、社会科学

心理学人物传入此。

哲学家思想评传入 B 有关各类。

[K825.15]　宗教

宜入 B9。

K825.19　法律

K825.2　军事

军事间谍入此。

K825.3　经济

各行业的企业人物入此。

K825.4　文化、教育、体育

图书馆、博物馆、档案馆人物，目录学家，收藏家，新闻、广播、出版等人物入此。

K825.5　语言、文字

K825.6　文学

K825.7　艺术

K825.8　历史、地理

探险家等入此。

K826.1　自然科学、工程技术

数理科学、化学、天文学、地球科学、生物学等人物传记入此。

K826.2　医学、卫生

K826.3 农业、林业、畜牧业、渔业

K827 社会政治人物

政党和国家领导人、社会活动家、外交家、社会知名人士、历代革命人物、历代统治阶层人物等传记入此。

K828 社会各界人物

工人、农民、公务员、个体劳动者、青年、学生、妇女、残疾人、民族人物入此。海外多国华人总传入此。

外籍华人传记入 K833/837 有关各类。

K833/837 各国人物传记

依世界地区表分,如有必要,再仿 K82 分。

K85 文物考古

考古学(史前考古学、历史考古学、田野考古学等)、纹章学(铭纹学)、考古方法与技术(调查发掘方法,总论文物、古物鉴定)入此。

古物保管和修复入 G264。

[K852] 古文献学

宜入 G256。

{K853} 纹章学

〈停用;5 版改入 K85〉

{K854} 考古方法

〈停用;5 版改入 K85〉

K86 世界文物考古

K87 中国文物考古

金石学等入此。敦煌学总论入此。

敦煌学专题研究入有关各类。例:敦煌壁画入 K879;敦煌文献研究入 G256。

K871 各代文物考古

综合研究或介绍某一时代文物的著作入此。

专论某类文物者入 K875/879。

综合研究或介绍某一地区文物的著作入 K872。

K872 地区文物考古

综合研究某一地区文物的著作入此。

某一地区的出土文物图录入 K873;专论某一专题的著作入 K875/879 各类。

依中国地区表分。

K873 出土文物图录

K874 民族文物考古

综合研究各民族或某一民族文物的著作入此。

专论少数民族文物某一专题的著作入 K875/879 有关各类。

依中国民族表分。

K875/879 专题研究

专题研究的著作,要根据其阐述的重点入有关各类,如:总论石器者入 K876,但专论石器生产工具者入 K875。

K875 各种用途器物

生产工具,生活用具,交通工具,文化用品,舞乐戏剧文物,钱币、度量衡器、兵器等入此。

〈4 版类名:各种用品器物〉

K876 各种材料器物

骨器、石器、陶器、瓷器、金属器,料器(包括玻璃器)、木器、玉器、纺织品等入此。

明器入 K878;铜器铭文入 K877。

参见 J32。

K877 古书契

甲骨、金石文、石刻、简牍、玺印、封泥、帛书、砖文、陶文等入此。

石雕、石画入 K879。

参见 H121、J292。

K878 遗址考古

纪念地、故居,城址、居住遗址,交通、水利遗址,作坊、窑址,宗教建筑遗址(寺庙、古塔等),陵墓、墓葬,明器等入此。

纪念地、故居、陵墓、墓葬的一般介绍和图集入 K928.7。

〈4 版类名:遗址〉

K879 美术考古

古代建筑、石窟寺、古代雕塑、古绘画等入此。

参见 J2、TU-0。

K883/887 各国文物考古

依世界地区表分。

K89 风俗习惯

民俗学入此。

{K890} 民俗学

〈停用;5版改入K89〉

K891 世界风俗习惯

总论世界各地区各民族风俗习惯的著作入此。

K892 中国风俗习惯

中国风俗习惯总志、风俗史、妇女风俗入此。

《周礼》入K221。

K892.1 节日、节令

论述节日、纪念日的来源、活动情况及风俗习惯入此。

K892.2 各种民俗专志

生育、诞辰、婚姻、丧葬、服饰、民间文化艺术、饮食、居住、出行、礼仪、礼节、社会、家庭、生产、贸易等民俗入此。

有关图腾、占卜、神灵崇拜等宗教民俗入B9有关各类。

参见C912。

K892.3 民族风俗习惯总志

K892.4 各地方风俗习惯总志

专论某种风俗习惯的著作入K892.2。

K892.9 古代礼制

各种古代礼制入此。

K893/897 各国风俗习惯

依世界地区表分。

K9 地理

总论自然、经济、居民、国家制度、文化生活等各方面的综合性地理著作入此。

专门地理学入有关各类。例:世界经济地理入F119.9;自然地理入P9。

K90 地理学

地理学派、地理学史、人文地理学(包括人地关系、行为地理学、人文景观学等)、社会文化地理学、政治地理学、地缘地理学、地缘政治学、旅游地理学、历史地理学、应用地理学、总论聚落地理学入此。

专论城市地理学、乡村聚落地理学、社会地理学入C912.8;宗教地理入B92;人口地理学入C922;军事地理学入E99;经济地理学入F119.9;旅游经济地理入F590;语言地理入H0;民族地理入K18;自然地理学入P9。

K91 世界地理

政治区划、城市、村落、历史地理(古地名考)、名胜古迹、专类地理(疆界、山、水)入此。

K919 旅游地理、游记

世界旅游地理指南、导游手册入此。

世界旅游经济地理入F591;游记的文学作品入I16等有关各类。

〈4版类名:旅行、游记〉

K92 中国地理

K921/927 区域地理、地理志

地方志入K29;旅游地理指南入K928.9。

依中国地区表分。

K928 专类地理

疆界(包括海疆)、政治区划、山、水、城市、村落、历史地理(包括古地名考)等入此。

K928.7 名胜古迹

古建筑、纪念地、故居、遗址、苑囿、园林、碑林、宫殿、楼阁、寺庙、祠堂、陵墓、城墙、关隘、桥梁、栈道等名胜古迹的一般介绍和图集入此。

对名胜古迹的考古研究入K878/879。

K928.8 现代著名建筑

K928.9 旅游地理、游记

旅游地理指南、导游手册等入此。

旅游经济地理入F592;游记的文学作品入I26等有关各类。

依中国地区表分。

〈4版类名:旅行、游记〉

K93/97 各国地理

依世界地区表分。

K99 地图

地图学入 P28。

K991 世界

K992 中国

疆界图、行政区划图、城市图、历史地理图、游览图入此。

交通图入 F512;自然地理图入 P98。

K993/997 各国

见 K992 注。

依世界地区表分。

N　自然科学总论

类　目　简　表

N　自然科学总论

总论自然科学与技术科学及兼论技术科学的著作入此。

N0　自然科学理论与方法论

科学的对象、任务、价值、意义，科学的研究方针、政策及其阐述，科学的哲学原理，自然辩证法，术语规范及交流，与其他学科的关系，学派与学说及其评论研究，自然科学史、学史、思想史，技术学、技术史等入此。总论有争议或未经探明的自然现象与事物、模拟理论的著作入此。

专论入有关各类。例：不明飞行物(UFO)入 V11；野人入 Q98；外星人入 Q693；物理模拟入 O411；数学模拟入 O242。

总论社会科学研究和自然科学研究的方针政策入 G3 有关各类；自然科学法令、法规及其阐述入 D9 有关各类。

N09　自然科学史

学史、思想史、技术史等入此。

自然科学人物传记入 K81 有关各类。

N1　自然科学概况、现状、进展

专利、创造发明、先进经验、综合性自然科学奖项入此；专科性自然科学奖项入有关各类。如：工业技术奖项入 T-19。

参见 G311。

〈4 版类名：自然科学现状及发展〉

N2　自然科学机构、团体、会议

包括章程、历史、概况、活动、成员名录、年报、工作报告等。

国际性机构与区域性机构入此。

N3 自然科学研究方法

调查方法、统计方法、计算方法、实验方法、方法与设备、分析研究、测试与鉴定、组织方法、管理方法、数据库建设、信息化建设、新技术的应用(电子技术、计算机技术、网络通讯技术的应用,网站建设)等入此。总论体视学入此。

专论入有关各类。例:生物体视学为Q-3。

文献数据库建设入G250.7;比较研究入N0。

N4 自然科学教育与普及

教育组织、学校、教学计划、教学大纲、课程研究、教学法、教学参考书、教材、课本、习题、题解、教学实验、实习、实践等、教学设备、考核(资格考试)、评估、奖励等入此。

中小学各科教学法、教学参考书等入G623、G633;中小学各科教材等入G624、G634有关各类。

N49 普及读物

N5 自然科学丛书、文集、连续性出版物

丛书(汇刻书)、文库,论文集(会议录、学位论文、毕业论文、杂文集),年鉴、年刊,连续出版物,政府、团体出版物等入此。

N6 自然科学参考工具书

名词术语、辞典、百科全书、手册、名录、指南、一览表、产品目录、样本、说明书、表解、谱录、图册,条例、规程、标准、统计资料等入此。

年鉴入N5;图书目录入Z8。

[N7] 自然科学文献检索工具

关于自然科学总论的文献情报研究或目录索引研究宜入G257;文献目录索引宜入Z88、Z89。

N79 非书资料、视听资料

总论自然科学的音像制品(声像资料)、电子文献、电子出版物等入此。如:缩微制品(缩微胶卷、缩微平片),录音制品(唱片、录音带等非计算机可读资料、唱盘(CD)),感光制品、录像制品(电影片、幻灯片、录像带等非计算机可读资料),机读资料(光盘资料、计算机可读资料、多媒体资料等),网络资源(网站、网页、网络数据)等入此。

N8 自然科学调查、考察

各专业物质调查入有关各类。

N91 自然研究、自然历史

博物学入此。

N93 非线性科学

总论入此。

专论入有关各类。例:非线性物理学入O415。

N94 系统科学

系统哲学、现代系统理论、系统工程入此。总论系统论、控制论、信息论,系统科学在各方面的应用入此。

专论入有关各类。控制论入O231;信息论入G20;自动化系统理论入TP11;混沌理论、协同学、耗散结构理论入O415;突变理论入O19;生命系统论入Q1-0;预测技术入G303。

参见TB11、C934。

[N99] 情报学、情报工作

宜入G25。

O 数理科学和化学

类 目 简 表

O 数理科学和化学

依总论复分表分。

O1 数学

依总论复分表分。

O1-6 数学参考工具书

O1-64 数学表

乘法表、乘方与开方表、对数表、三角函数表等入此。

O1-8 计算工具

计算尺、电子计算器等的使用入此。

电子计算器制造入 TP32。

O11 古典数学

数学史、中国古算经入此。

O119 中国数学

总论入此。

O12 初等数学

中小学教材入 G4 有关各类。

O121 算术

四则、比例、百分法、心算法、速算法、珠算、筹算等入此。

O122 初等代数

代数式、方程式、不等式、排列、组合、二项定理、极大与极小、对数、指数、级数等入此。

O123 初等几何

平面几何、立体几何、几何各论、极大与极小、轨迹与几何作图、三角形与圆的几何学、近世几何学等入此。

O124 三角

平面三角、球面三角入此。

O13 高等数学

总论入此。

专论入有关各类。例:微积分入 O172。

O14 数理逻辑、数学基础

命题演算、谓词演算、类演算、证明论、递归论(递归函数、能行性理论)、可计算理论与构造论、模型理论、集合论(悖论、公理集合论、类型论)等入此。

布尔代数(集代数)入 O153。

参见 B815、O211。

O15 代数、数论、组合理论

高等代数入此。

O151 代数方程论、线性代数

矩阵论、行列式论、向量代数、因子代数、代数不变量论、线性不等式、线性代数的应用、古典伽罗瓦论等入此。

随机矩阵入 O211;计算方法入 O241。

参见 S11。

O152 群论

广群(群胚)、群表示论、群论的应用等入此。

代数群入O187。

O153 抽象代数(近世代数)

偏序集合与格论、布尔代数、环论、域论、泛代数等入此。

O154 范畴论、同调代数

代数K-理论等入此。

O155 微分代数、差分代数

O156 数论

类域论、二次型、丢番图分析等入此。

超限数入O14;格论入O153;连分式入O173。

O157 组合数学(组合学)

阶乘、划分、排列、组合、分拆、填装、组合分析、组合设计、组合几何、编码理论、图论(脉络论、网络理论等)和总论图论的应用等入此。

编码理论、图论的具体应用入有关各类;试验设计入O212。

图论,参见O233。

O158 离散数学

有限数学入此。

O159 模糊数学

模糊学、模糊集、模糊概率、灰色数学等入此。

对各种模糊现象的研究按其所属学科归类。例:模糊系统理论入N94;模糊信息入G20;模糊控制入O231;模糊逻辑入B815;模糊决策入C934;模糊语言入H08;模糊统计入C81;模糊工程入TB11;模糊时间理论入P19。

O17 数学分析

O171 分析基础

初等数学分析,如初等函数、极限论等入此。

O172 微积分

微分学、积分学、导数入此。

微分算子入O175;微分几何学入O186;微分拓朴入O189。

参见O241。

O173 级数论

无穷级数论、发散级数、可求和性、收敛因子(收敛级数、幂级数、泰勒级数、连分式论)等入此。

正交级数、傅里叶级数入O174。

〈4版类名:无穷级数论(级数论)〉

O174 函数论

超越函数、三角函数、双曲线函数、实分析、实变函数、傅里叶分析(经典调和分析)、调和函数与位势论、函数构造论、复分析、复变函数、特殊函数等入此。

参见O241。

O175 微分方程、积分方程

常微分方程、偏微分方程(稳定性理论)、微分算子理论、高阶偏微分方程(组)、积分微分方程、边值问题、特征值及特征值函数问题等入此。

参见O241、O317。

O176 变分法

极小曲面方程、等周问题、大范围变分法(临界点理论)等入此。

O177 泛函分析

算子、希尔伯特空间及其线性算子理论、巴拿赫空间及其线性算子理论、线性空间理论、广义函数论、巴拿赫代数、拓扑代数、抽象调和分析、积分变换及算子演算、谱理论、积分论、非线性泛函分析及泛函分析的应用等入此。

傅氏变换入O174。

O178 不等式及其他

O18 几何、拓扑

高等几何、计算几何等入此。

O181 几何基础(几何学原理)

欧几里德几何入此。

O182 解析几何

平面解析几何、立体解析几何(空间解析几何)、二次圆锥曲线、二次曲面等入此。

O183 向量(矢量)和张量分析

O184 非欧几何、多维空间几何

O185 射影(投影)几何、画法几何

抽象画法几何、数学制图阴影法入此。

O186 微分几何、积分几何

初等微分几何、古典微分几何(包括曲线论、曲面论)、黎曼几何、射线微分几何、广义空间、微分形式、大范围微分几何(极小曲面论、规范场论、调和映射理论、指标理论)、直接微分几何等入此。

O187 代数几何

代数曲线、代数曲面、代数簇、域上多胞形和其他环等入此。

O189 拓扑(形势几何学)

维论、同调和上同调群、同伦论、纽结理论、拓扑 K-理论入此。

复变流形入 O174。

O19 动力系统理论

整体分析、流形上分析、突变理论、微分动力系统、非线性动力系统入此。

分形入 O415。

O21 概率论与数理统计

O211 概率论(几率论、或然率论)

分布理论(特征函数)、极限理论、随机变量、随机过程(包括平稳过程与二阶矩过程、马尔可夫过程、随机微分方程、过程统计理论、期望与预测等)、概率逻辑、鞅论、滤波理论、点过程、风险论、估计论等入此。

总论概率论的应用入此;具体应用入有关各类。

马尔可夫决策过程入 O225。

参见 O14。

O212 数理统计

线性模型、一般数理统计(假设检验、相关与回归理论、方差分析、参数分析等)、抽样理论、频率分布、序贯分析、多元分析、判决函数(决策函数)、试验分析与试验设计、非参数统计、贝叶斯统计等入此。

决策论入 O225。

参见 C8。

O213 应用统计数学

质量控制、可靠性理论(总论)入此。

总论入此;在各部门的应用入有关各类。

参见 TB11。

O22 运筹学

总论入此;在各部门的应用入有关各类。例:运筹学在农业方面的应用为 S11。

参见 TB11。

O221 规划论(数学规划)

线性规划、非线性规划、动态规划、整数规划、随机规划、多目标规划、组合规划、参数规划等入此。

O223 统筹方法

排序问题入此。

O224 最优化的数学理论

优选法、正交法、随机优化等入此。

O225 对策论(博弈论)

微分对策、马尔可夫决策过程等入此。

O226 排队论(随机服务系统)

O227 库存论

存储理论入此。

O228 更新理论

O229 搜索理论

O23 控制论、信息论(数学理论)

O231 控制论(控制论的数学理论)

总论控制论,线性、非线性、随机控制系统、分布参数系统等入此。

工程控制论入 TB11;自动控制论入 TP13;自动控制系统入 TP27;社会控制论入 C91;管理计划和控制理论入 C935;经济控制论入 F224;生物控制论入 Q81;复杂系统、系统辨识入 N94。

O232 最优控制

最优控制器入 TM57。

O233 逻辑网络理论

参见 O157。

O234 学习机理论

学习机入 TP36。

参见 TP27。

O235 模式识别理论

O236 信息论(信息论的数学理论)

香农理论、信息熵等入此。

信息论一般理论、信息处理技术入 G20;编码理论入 O157。

O24 计算数学

参见 TB11。

O241 数值分析

数值计算的理论与方法、误差理论、最小二乘法、插值法、有限差分法、数值积分法、数值微分法、数值逼近、线性代数的计算方法、非线性代数方程和超越方程的数值解法、微分方程与积分方程的数值解法、实用调合分析等入此。

参见 O17、TB11 等有关各类。

O242 数学模拟、近似计算

随机模拟方法、蒙特卡罗方法、随机近似法、区间分析法等入此。

有限元法入 O241。

O243 图解数学、图算数学

列线图学(诺模图法)入此。

[O244] 程序设计

宜入 TP311。

O245 数学软件

总论入此。

专论入有关各类。例:有限元法的计算机辅助计算软件为 O241。

图形软件入 TP317;工程计算软件入 TB11。

〈4 版类名:数值软件〉

O246 数值并行计算

O29 应用数学

总论入此;具体应用入有关各类。例:工程数学入 TB11。

如愿将各种应用数学集中于此,可用组配编号法。例:工程数学为 O29:TB11。

O3 力学

经典力学(牛顿力学)入此。

依总论复分表分。

O301 牛顿定律、达朗伯原理

O302 力学中的数学方法

总论入此;计算力学入此。各力学分支的数学方法入有关各类。例:哈密顿原理和哈密顿方程入 O316。

O303 量纲分析与相似理论

O31 理论力学(一般力学)

O311 运动学

直线运动与曲线运动、质点运动、刚体运动、形的运动等入此。

时间与空间入 O412;机械运动入 TH113;机构传动入 TH112。

O312 静力学

力的合成与分解、平衡、几何静力学、图解静力学、刚体静力学等入此。

分析静力学入 O316。

参见 TU31。

O313 动力学

质点动力学、质点系动力学、刚体动力学、碰撞理论、摩擦理论、变质量动力学、多体系统动力学等入此。

摩润学入 TH117。

参见 O347、TU31。

O314 引力理论

引力与万有引力定律、重力与落体定律、摆的理论等入此。

O315 弹道学

总论入此。

专论入 TJ 有关各类。

O316 分析力学(解析力学)

分析静力学、完整体系动力学、非完整体系动力学、正则方程、力学变分原理等入此。

O317 稳定性理论

平衡的稳定性、运动的稳定性等入此。

弹性稳定性入 O343;弹塑性稳定性入 O344;结构的稳定性入 TU311。

参见 O175。

O318 陀螺力学(回转仪理论)

具有万向支架的回转仪理论、支承点的运动、回转仪运动的稳定性、漂移问题等入此。

参见 V24。

O32 振动理论

总论线性振动、非线性振动、自激振动、参数振动、随机振动、有限自由度体系的振动、弹性体的振动、结构振动、减振与隔振理论及振动测量技术等的著作入此。

专论入有关各类。例:流体振动入 O353;机械振动入 TH113;建筑结构振动入 TU311。

参见 TB5。

O33　连续介质力学(变形体力学)

固体力学、流体力学、塑性力学总论，理性力学等入此。

专论入有关各类。例：塑性力学入 O344。

O34　固体力学

土力学入 TU43；岩石力学入 TU45。

参见 O482。

[O341]　材料力学

宜入 TB3。

O342　结构力学

总论入此。

专论入有关各类。例：建筑结构力学入 TU311。

O343　弹性力学

线性、各向同性、均匀介质等的弹性力学，二维问题(平面问题)，三维问题(空间问题)，接触问题，应力集中问题，热应力，弹性稳定性问题等入此。

O344　塑性力学

弹塑性力学、塑性流动问题、极限分析、蠕变理论、弹塑性稳定性问题等入此。

O345　粘弹塑性介质力学

O346　强度理论

断裂和疲劳理论、损伤理论(损伤力学)等入此。

O347　变形固体动力学

总论弹性及塑性动力学的著作入此。动载荷、动力稳定性、冲击载荷下的材料强度、应力波、冲击波、转子动力学、散体力学等入此。

参见 O313。

O348　实验应力分析

光测法、电测法、机械测定法、涂盖法(脆膜法)、高温变形测试技术、X 射线法、比拟法、模拟理论、声学方法等入此。

O35　流体力学

计算流体力学入此。

水力学入 TV13。

O351　普通流体力学

流体静力学和动力学、理想流体力学(不可压缩理想流体力学、位势流动、涡流、尾流、层流等)入此。

[O352]　水动力学

宜入 TV13。

O353　流体振动与波浪

汹涌与水击、固体与流体的冲击、实验技术与测量等入此。

O354　气体动力学(可压缩流体力学)

各种音速流动、激波(冲击波)、高速气流的冷凝等入此。

[O355]　空气动力学

宜入 V21。

[O356]　稀薄空气动力学

宜入 V21。

O357　粘性流体力学

蠕流、渗流、边界层(附面层)理论、湍流(紊流)等入此。

O358　射流

射流技术入 TP6。

O359　多相流

液、气(汽)二相流，空松固体中的多相流等入此。

参见 V21。

O361　电磁流体力学

介质的运动性质、电磁流体的诊断技术(测量)等入此。

等离子体入 O53。

O362　化学流体力学

O363　物理-化学流体动力学

总论入此。分散体系的流动、界面和毛细流动等入此。

专论入有关各类。例：磁流体力学入 O361。

O368　应用流体力学

总论入此；专论入有关各类。

O369　物理力学

O37　流变学

液态和气态物质的流动性、固体剩余变形的有关过程、唯象理论、非牛顿流体、容积粘度、正应力、二次流、应力松弛及反弹性应力松弛等入此。

O38 爆炸力学

爆震(爆轰)理论、爆震波的传播、爆炸波与物体的相互作用、爆炸波的观测技术、穿甲理论等入此。

应用爆炸力学总论入此;专论入有关各类。

如愿集中于此者,可用组配编号法。

O39 应用力学

总论入此。

专论在某方面的应用入有关各类。例:工程力学入 TB12。

如愿将力学在各方面应用的著作集中于此,可用组配编号法。例:工程力学为 O39 : TB12。

O4 物理学

普通物理学、论述物理现象(例:波)的综合性著作入此。

依总论复分表分。

O4-0 物理学理论

物理学史入此。

O4-3 物理学研究方法

总论物理学实验方法与设备入此;专论入有关各类。

O41 理论物理学

近代物理学入此。

O411 物理学的数学方法

数学物理方程、群表示方法、势论、物理模拟方法、物理仿真等入此。

O412 相对论、场论

爱因斯坦引力理论、时间与空间、关于电磁场和引力统一起来的理论、关于把基本粒子场统一起来的理论等入此。总论场论的著作入此。

专论入有关各类。例:电磁场入 O441。

O413 量子论

量子力学(波动力学、矩阵力学)、量子电动力学、量子场论与多体问题(核论)、规范场等入此。

量子光学入 O431;量子化学入 O641;量子电子学入 TN2;粒子间相互作用、结构模型、量子色动力学等入 O57。

O414 热力学与统计物理学

相变、平衡态统计理论、非平衡态统计理论(输运理论、涨落耗散定理等理论)、统计热力学、统计力学、量子统计力学等入此。总论热力学的应用入此;专论入有关各类。

化学热力学入 O642;工程热力学入 TK12;海洋热力学入 P73。

O415 非线性物理学

协同学、耗散结构与自组织入此;总论混沌理论入此;专论入有关各类。

突变理论、动力系统入 O19。

O42 声学

总论入此。

专论入有关各类。例:声学工程入 TB5;地声学入 P315。

参见 O482。

O421 声的原理

基本理论、振动体(声源)、振动的发生方法、机电类比、固体中振动的传播、声与物质的相互作用等入此。

O422 声的传播

声速,声场,声的反射与折射,声的吸收与衰减,声的干涉、衍射、散射和辐射,声的共振,大振幅声波,非线性效应,几何声学,噪音等入此。

水下噪声入 O427。

参见 TB5。

O423 声的合成与分析

O424 物理声学

O425 次声学

大气声学现象(大气声学)入 P427。

O426 超声学

超声显像、声光作用、量子声学、声能学等入此。

超声的物理效应入此;其他效应入有关各类。

超声应用入 TB5;声全息摄影入 TB86。

O427 水声学

水声传播、水下噪声、水中声起浮,

气泡、空化、湍流、尾流的声源特性等入此。

海洋声学入 P73；声纳入 U666 有关各类；水声的应用入 TB5。

[O428]　生理声学

宜入 Q62。

O429　应用声学

总论入此。

专论入有关各类。例：语音声学入 H01；电声学入 TN912.1；电声器件入 TN64；建筑声学入 TU11；医学声学入 R312；生物声学入 Q62；心理声学入 B845。

O43　光学

光学仪器制造入 TH74；显微镜学入 TH742；发光学入 O482；激光入 TN24；光电子学入 TN2。

O431　光本性的理论

光的电磁理论、量子光学等入此。

中子光学入 O571；光子光学入 O572。

O432　光辐射、光度学、色度学

气体放电辐射与受激光发射、光通量、测量方法等入此。

等离子体的辐射入 O53；激光器件入 TN24。

参见 TQ57。

O433　光谱学

总论入此。

专论入有关各类。例：X 射线光谱入 O434；原子光谱、分子光谱入 O56。

O434　X 射线、紫外线、红外线

总论入此，在各方面的应用入有关各类。物理效应入此；其他效应入有关各类。例：光化学入 O644。

α、β、γ 射线入 O571。

参见 TN21、TN23、TN92 有关各类。

O435　几何光学

高斯光学（近轴光学）、光的反射与折射、光具组理论与象差理论等入此。

参见 TH74。

O436　物理光学（波动光学）

分子光学、介观光学、光的干涉与衍射、吸收与散射、偏振与色散、电光现象（克尔效应）与磁光现象（法拉弟效应）等入此。

中子光学入 O571；光子光学入 O572；光的电磁理论、量子光学入 O431；薄膜光学入 O484；晶体光学入 O73；集成光学、纤维光学入 TN25。

O437　非线性光学（强光与物质的作用）

非线性光谱学、飞秒超快光学、合频效应、受激布里渊散射、受激拉曼散射、光参量器件、光自聚焦等入此。

O438　信息光学

全息光学、傅里叶光学等入此。

参见 TB86、TN27。

O439　应用光学

总论入此；在各方面的应用入有关各类。

O44　电磁学、电动力学

电磁流体动力学入 O361。

O441　电磁学

电学、磁学、电磁感应、电磁波与电磁场、电磁测量等入此。总论物质的电磁性质入此。

专论入有关各类。例：有机化合物的电磁性质入 O62。

磁测量仪器入 TM937。

O442　电动力学

从宏观、微观论述各种电磁现象方面的著作入此。

量子电动力学入 O413。

O45　无线电物理学

电磁波传播理论、超高频无线电物理、无线电线路理论、统计无线电物理、量子无线电物理、无线电波谱学等入此。

无线电技术入 TN01。

O46　真空电子学（电子物理学）

气体放电、阴极电子学、带电粒子光学（电子光学、离子光学）等入此。

电真空器件入 TN1。

O469　凝聚态物理学

总论入此。

O47　半导体物理学

半导体理论与性质、非平衡载流子、杂质和缺陷、P-N结等入此。

半导体技术入TN3。

O48 固体物理学

电介质入此。

半导体物理学入O47;晶体物理学入O73;金属物理学入TG111。

O481 固体理论

能带论、多体理论(多电子效应)、穆斯堡尔效应等入此。

超导理论入O51;点阵力学入O73。

O482 固体性质

力学性质、声学性质、热学性质、光学性质(发光学)、电学性质、磁学性质、热电与热磁效应、光电效应等入此。总论磁性弛豫及共振现象入此;专论入有关各类。

低温下的性质入O51;高压和高温下的性质入O52;固体表面的电子、离子发射、外光电效应入O46;半导体光效应入O47。

参见O34、O42、O55。

O483 固体缺陷

固体中的杂质、固体辐射效应等入此。

晶体缺陷入O77。

O484 薄膜物理学

薄膜的生长、结构和处延,薄膜中的力学效应、输运现象,薄膜的性质、测量与分析,层介质膜等入此。

O485 表面物理学

界面物理入此。

半导体表面物理入O47。

O487 介电物理

O488 介观物理

低维物理入此。

O51 低温物理学

超导电性、超流性和量子固体、低温物性、低温物理实验技术等入此。

总论超导电性应用入此;在各方面的应用入有关各类。

制冷技术入TB6;超导材料入TM26。

O52 高压与高温物理学

总论高压的应用入此;在各方面的应用入有关各类。

O53 等离子体物理学

总论等离子体的波动、平衡、稳定与输送,等离子体物理的应用入此。等离子体力学,低温等离子体物理学,等离子体的产生、约束与加热、湍流、波与不稳定性、激震波(骇波)、辐射与测量等入此。

专论在某一方面的应用入有关各类。例:磁流体发电入TM91。

空间等离子体物理学入P35。

参见TL6。

O55 热学与物质分子运动论

量热学、测温学、布朗运动、扩散与渗透、凝聚状态与相变(溶解与凝固、液化与沸腾、蒸发与升华、过冷与过热状态等)入此。总论热传导、热膨胀、比热容、热扩散等著作入此。

专论入有关各类。例:金属热传导入TG113;热交换入TK12。

溶液化学入O645;胶体化学入O648;流体力学入O35。

物质的热性质,参见O482;物质分子运动论,参见TB7。

O56 分子物理学、原子物理学

分子、原子的结构、性质及其测定,光谱、碰撞与散射,分子、原子间的作用、激发与离解,介分子与μ分子、介原子与μ原子、电子偶素与μ子素等入此。

化学键入O641。

O57 原子核物理学、高能物理学

O571 原子核物理学

原子核物理实验(总论粒子探测、能谱测量)、原子核的结构与性质、放射性原子核衰变(包括各种射线)、原子核反应、中子物理、重离子物理(用高速重离子作用于原子核、原子、分子、固体晶格等从而研究他们的结构及规律的原子核物理学分支)等入此。总论中子光学和中子衍射及其应用入此;射线的物理效应入此。

射线的其他效应入有关各类。例:辐射化学入O644;放射卫生防护入R14;原子能生产的辐射防护入TL7。

原子能技术入 TL。

O572 高能物理学

高能量密度物理、微观物理学、宇宙线、粒子物理学、粒子类型等入此。总论宇宙线的应用入此；专论入有关各类。

宇宙线天文学入 P17；量子场论入 O413；核天体物理学入 P14。

参见 TL5。

O581 波谱学

总论入此。

专论入有关各类。例：无线电波谱学入 O45；波谱仪入 TH841；波谱分析入 O657。

O582 能谱学

总论入此。

专论入有关各类。例：中子能谱入 O571；能谱仪入 TH842；能谱分析入 O657。

O59 应用物理学

总论入此；在各方面应用入有关各类。例：物理学在农业上的应用入 S12。

如愿集中于此，可用组配编号法。例：农业物理学为 O59：S12。

O6 化学

普通化学入此；总论固体化学（固态化学）与凝聚态化学入此。

各种固体化学入有关各类。例：无机固态化学入 O61。

依总论复分表分。

O6-0 化学原理和方法

化学基本定律、化合物总论、化学物质命名法、化学计算、化学统计等入此。

化学仿生学入 Q811。

O6-3 化学实验（实验化学）

总论入此。电子计算机在化学中的应用入此。

专论入有关各类。例：无机化学实验入 O61。

O6-6 化学参考工具书

O6-64 化学用表

元素周期表、周期律等入此。

O61 无机化学

依总论复分表分。

O611 化学元素与无机化合物

总论入此。

凡按元素各族写的著作入 O612；专论非金属元素及其无机化合物的著作入 O613；金属元素及其无机化合物入 O614；放射性元素及其化合物入 O615；稀有与分散元素及其化合物入 O616；分析与鉴定入 O653；络合物化学入 O641；放射性同位素入 O615；有机同位素入 O628。

O612 周期系统各族元素

凡按元素各族写的著作入此；论述个别元素的著作入 O613/616 有关各类。

第Ⅰ、Ⅱ、Ⅷ族元素及其化合物入 O614；零族元素及其化合物入 O613。

O613 非金属元素及其化合物

非金属元素化学入此。

参见 TQ12。

O614 金属元素及其化合物

金属元素化学、金属间化合物化学入此。

参见 TQ13。

O615 放射性元素、放射化学

总论放射性元素的著作入此。

专论某种天然及人工放射性元素的著作入 O613/614 有关各类。例：铀入 O614；放射性入 O57。

参见 O644。

O616 稀有元素与分散元素

总论入此。

专论某种稀有与分散元素的著作入有关各类。例：锗入 O614。

O619 其他新化学元素

O62 有机化学

有机化学理论、物理有机化学、有机化合物性质、有机合成化学等入此。总论有机化合物的著作入此。

专论个别有机化合物的著作入 O622/629。有机化学分析与鉴定入 O656；晶体化学入 O74；立体异构现象入 O641；聚合反应与缩合反应入 O631。

依总论复分表分。

论述有机化合物的著作,按系统和最后标号规则处理。即涉及几类的有机化合物,均入本类表中后出现的那种化合物下。例:脂肪芳香酮入 O625;酮酯入 O623;含氧茂及氮苯环属的有机化合物入 O626。

O622 各类有机化合物

总论不同结构的各族有机化合物的著作入此。

烃(碳氢化合物)、卤素衍生物、卤代烃、醇及其衍生物、醛和酮及其衍生物、有机羧酸及其衍生物、含氮化合物和含硫化合物等入此。

专论个别有机化合物的著作分入 O623/629 有关各类。

O623 脂肪族化合物(无环化合物)

脂肪族烃及其衍生物与卤代衍生物、脂肪族醇及其衍生物、脂肪族醛和酮及其衍生物、脂肪族羧酸及其衍生物、脂肪族含氮化合物、脂肪族含硫化合物等入此。

硝基醛、硝基酮,氨基醛、氨基酮入 O625;碳酸、碳酸盐,羟氨、联氨入 O613。

参见 O626、TQ64。

O624 碳环化合物、脂环族化合物

总论碳环化合物,脂环族烃及其衍生物、卤代脂环烃及其衍生物、脂环族醇及其衍生物、脂环族醛和酮及其衍生物、脂环族羧酸及其衍生物、脂环族含氮化合物、脂环族含硫化合物等入此。

O625 芳香族化合物

芳香族化学,芳香烃及其衍生物,芳香烃卤素衍生物,酚、芳香醇及其衍生物,芳醛、芳酮及其衍生物,醌及其衍生物,芳香族羧酸及其衍生物,芳香族含氮化合物,芳香族含硫化合物,非苯环芳香族化合物等入此。

参见 TQ65。

O626 杂环化合物

杂环化学,含单异原子以及含双或多异原子的五节杂环、六节杂环、七节杂环等入此。

生物碱、维生素 B2(核黄素、乳黄素)、天然核酸、维生素 B1(硫胺素)入 O629。

参见 O623、TQ25。

O627 元素有机化合物

非金属有机化合物(氧、氮、硫、氟、氯、溴和碘除外)、金属有机化合物等入此。

硅有机化合物,参见 TQ26 有关各类。

O628 含同位素化合物

按周期表系统分。

O629 天然化合物

碳水化合物、糖、类固醇(甾族化合物)、生物碱、维生素、类胡萝卜素、天然抗生素、萜类化合物、α-氨基酸、肽类、蛋白质、核酸、酶、激素等入此。

高分子多糖入 O636。

O63 高分子化学(高聚物)

合成高分子化学、高分子仿生学、低聚物入此。

参见 TQ31。

依总论复分表分。

O63-0 高分子化学(高聚物)理论

O631 高分子物理和高分子物理化学

高聚物结构理论、物理性质、化学性质、分析与鉴定、聚合与缩聚反应等入此。总论高聚物溶液的著作入此。

专论高聚物溶液的著作入 O632/636 有关各类。

O632 碳链聚合物

不饱和烃聚合物、不饱和烃卤素衍生物的聚合物、不饱和醇及其衍生物的聚合物、不饱和醛和酮及其衍生物的聚合物、不饱和酸及其衍生物的聚合物,以及含氮化合物的聚合物、链上含芳香和氢化芳香环的碳链聚合物等入此。

O633 杂链聚合物

链上含氧、氮、硫的聚合物,链上含两个或多异原子的聚合物、杂环链聚合物等入此。

聚乙烯胺入 O632。

O634 元素有机聚合物

周期表第Ⅲ族、第Ⅳ族、第Ⅴ族元素有机聚合物入此。

O635 无机高分子化合物(高聚物)

总论入此。碳链无机聚合物、杂链无机聚合物等入此。

O636 天然高分子化合物(高聚物)

高分子多聚糖(纤维素及其衍生物、淀粉等)、木质素、天然树脂、腐殖物等入此。

蛋白质入 O629;天然橡胶入 TQ332。

O64 物理化学(理论化学)、化学物理学

力化学入此。

物质结构和凝聚状态入 O55。

依总论复分表分。

O641 结构化学

关于原子、分子和晶体结构及其物质性能的关系,总论元素、化合物结构、结构的模型法,分子工程学的结构化学理论,化学键的理论、种类,分子间的相互作用,超分子化学,立体化学等入此。

总论络合物化学(配位化学)入此;专论一种络合物、结合络合物分子入有关原子类。例:六氰铁酸钾入 O614。

原子结构、分子结构入 O56;有机化学结构理论入 O62;高聚物的结构入 O631。

参见 O651、O74。

O641-3 结构化学研究方法

化学显微术入此。

O642 化学热力学、热化学、热力学平衡

化学热力学第一定律、第二定律、第三定律在化学过程中的应用,不可逆过程热力学,热效应,化学亲合力,体系的物理化学分析等入此。

溶液热力学入 O645;表面现象热力学入 O647。

参见 TK12。

O643 化学动力学、催化作用

化学反应的速度和机理、单相反应与多相反应、同位素交换反应、高压和超高压反应、放电反应、周期性反应、燃烧、爆炸和爆破、催化、高压化学、高温化学、低温化学、深度冷冻化学等入此。

软胶中的周期现象入 O648;爆炸力学入 O38;催化还原(去氢作用、加氢作用)入 O62;关于生物催化的著作入 Q67。

燃烧,参见 TQ03、TF05;爆炸和爆破,参见 TQ56。

O644 光化学、辐射化学、超声波作用的化学过程

化学光物理学、光谱化学入此。

光合作用入 Q945;有机辐射化学入 O62;感光化学入 TQ57。

参见 O615;激光化学,参见 TN24;光化学反应原理,参见 TK51。

O645 溶液

液态溶液、固体溶液、气态溶液(气体的混和体)、熔盐、熔盐和溶液中的结晶作用等入此。

高分子溶液入 O631;电解质溶液入 O646。

O646 电化学、电解、磁化学

电解质溶液理论、电化学平衡、电解与电极作用、气体电化学(放电反应)、等离子体化学等入此。

电池生产入 TM91;金属的溶解电化学理论入 TG113;金属的腐蚀的电化学理论入 TG17。

参见 TQ151。

O647 表面现象的物理化学

表面活性物质的化学、吸附、粘附、湿润现象、毛细现象等入此。

液体的表面张力与毛细现象等入 O55;色层吸附分析法入 O658;离子交换剂、吸附剂的生产入 TQ42;化学工艺的离子交换过程入 TQ02;浮选原理入 TD92。

参见 O658、O79。

O648 胶体化学(分散体系的物理化学)

胶体、粗分散体系(悬浮体、乳状液、泡沫、粉末、糊膏等)、胶体系统陈化、

传动凝结作用等入此。

O649 半导体化学

有机半导体入 TN3。

O65 分析化学

总论无机物和有机物的各种分析方法的理论和一般著作入此;不同元素和化合物的分析方法入无机和有机化学有关各类;有关各科学部门的分析入有关各类。例:铟的分析化学入 O614;土壤分析入 S151.9。

依总论复分表分。

O651 分析化学基础理论

总论入此;各种分析方法的理论入有关各类。

参见 O641。

O652 分析作业方法与技术

分析实验、试样、分解、富集方法、分离方法、分析自动化及总论各种分析法所用仪器、制剂、试剂等入此,各种分析法所用仪器、试剂、制剂等入有关各类。

O653 无机分析

兼论有机分析的著作,以及定性分析、定量分析、结构分析、价态分析、状态分析等入此。

火焰光度法、电重量分析、电解分析法入 O657;有机重量分析、有机容量分析入 O656。

O656 有机分析

有机定性分析、定量分析、结构分析、价态分析、状态分析等入此。总论有机化合物的元素分析入此。

各种有机化合物的分析入有机化合物有关各类。例:丁醇的分析入 O623。

O657 仪器分析法(物理及物理化学分析法)

电、磁、光化学分析法、放射化学分析法、活化分析、超声波分析法、波谱分析、能谱分析、质谱分析、色谱分析、毛细管和电毛细管分析、物理化学常数测定分析法、氢离子浓度指数(PH)的测定等入此。

结晶化学分析入 O74;库尔纳科夫的物理化学分析法入 O642。

O658 元素及化合物的分离方法

色层吸附分析、萃取法、蒸馏法、汞电极分离法、渗碳法、物相分析等入此。

参见 O647。

O659 气体分析

气体定性、定量分析、物理分析及物理化学分析法等入此。

光谱化学分析入 O657;气体温度测定热学入 O55;气体热值测定入 TK3;气体色层分析入 O658;大气监测入 X83;工业气体分析入 TQ116。

O661 液体分析、水分析

总论入此;专论入有关各类。

O69 应用化学

总论入此;具体应用入有关各类。例:农业化学入 S13。

如愿将各种应用化学集中于此,可用组配编号法。例:农业化学为 O69∶S13。

O7 晶体学

O71 几何晶体学

晶体对称性、点阵和倒易点阵、晶体外形和晶体投影等入此。

O72 X 射线晶体学

晶体对 X 射线、电子和中子的衍射理论,衍射实验及数据处理,结构分析等入此。

O73 晶体物理

总论入此。

专论某一半导体或电介质物理性质的著作入 O47 或 O48。

O74 晶体化学

总论晶体结构数据、晶体化学的规律性、系统晶体化学的著作入此。

专论某一元素或化合物的晶体化学入有关各类。例:硅单晶入 O613。

晶体中的化学键,参见 O641。

O75 非晶态和类晶态

丝缕结构、无定形态和琉璃态等入此。总论非晶态和类晶态的理论、形成、结构、性质、实验方法、材料的应用入此。

专论入有关各类。例：非晶态半导体入TN3；类晶态合金入TG13。

O76 晶体结构

复相在晶体中的分布，孪生晶体，晶粒间界，粒度分布，晶体中的应力，观察、分析晶体结构的实验方法等入此。

O77 晶体缺陷

点、面、体缺陷，位错，色心，杂质，高能辐射在晶体中的效应等入此。

参见O483、TG111。

O78 晶体生长

晶体生长理论、晶体生长工艺、再结晶、晶须、单晶体的检验、晶体加工、区域提纯等入此。

O79 晶体物理化学过程

扩散、相变、表面现象和表面性能、玻璃的晶化、晶化过程的热力学与动力学等入此。

参见O647、TG111。

O799 应用晶体学

总论入此。

专论晶体学在各方面的具体应用入有关各类。

P　天文学、地球科学

类 目 简 表

1　　天文学
2　　测绘学
3　　地球物理学
4　　大气科学(气象学)
5　　地质学
7　　海洋学
9　　自然地理学

P　天文学、地球科学

依总论复分表分。

P1　天文学

依总论复分表分。

P1-2　机构、团体、会议

P1-28　天文馆

P11　天文观测设备与观测资料

天文仪器的构造、维修和应用、天文台(观象台)、天文观测报告、天文图表汇编等入此。

各类天体的观测方法与观测报告入各天体;天文仪器制造入 TH75。

P12　天体测量学

球面天文学、天体测量误差和订正、照相天体测量学、子午天体测量学、交食(日食、月食)、凌掩(行星凌日、月掩星等)、授时、经纬度的变化、现代天体测量学等入此。

天文基本常数测定的一般理论及测定方法入此;个别星体的测定入有关各类。

人造卫星在大地测量中的应用入 P22;近地卫星理论、动力学方法及其应用、大地测量卫星等入 V47;航海天文学入 U675;航空天文学入 V32;天文导航入 V24。

参见 TB93。

P13　天体力学(理论天文学)

天体引力理论、n 体问题、摄动理论、太阳系内各天体的运动理论、轨道计算、天体力学定性理论、天体运动和平衡问题、天体力学方法等入此。

参见 P51。

P14　天体物理学

实测天体物理学(天体照相学、天体光度学等)、理论天体物理学、恒星物理学、分子天体物理学、相对论天体物理学等入此。

电波天文学入 P16。

P148　天体化学

天体物理化学、宇宙化学、分子天体化学等入此。

[P149]　天体生物学

宜入 Q693。

P15　恒星天文学、星系天文学、宇宙学

星座、双星、聚星、星团、星协、恒星云、银河星云和星际物质、银河系、河外星系、类星体、类星射电源、宇宙起源等入此。

宇宙线入 O572;太阳系起源和演化入 P181。

P16 射电天文学(无线电天文学)

射电天体物理学、射电天文方法、电波天文学、射电天文观测、射电辐射及机制、干涉测量、雷达天文学等入此。

观测工具及设备入 P11;非热致辐射入 P14。

P17 空间天文学

空间天文观测设备与观测方法(气球观测、人造卫星观测、星际观测站等)、空间天体物理学、星际航行动力学等入此。

参见 P35。

P18 太阳系

行星地理学等入此。

宇宙气象学入 V41。

P181 太阳系的起源和演化

太阳系的结构、太阳系化学等入此。总论地外物质入此。

专论各种具体的地外物质入有关各类。

P182 太阳物理学

太阳的物理参数、太阳观测、太阳光谱、太阳光球(黑子、光斑)、太阳色球(谱斑、耀斑)、日珥和日冕、太阳磁场、太阳的内部结构、太阳活动等入此。

太阳常数入 P422。

P183 地球

关于地球在天体中运转和有关天体物理方面的著作(如地球的结构、地球的自转和公转、大气折射、地球与其他天体的关系等)入此。

专论地球物理和地质地理方面的著作入 P3 和 P5;地球的起源和演化入 P311。

P184 月球

月质学入此。

P185 行星、卫星、彗星、流星、陨星

行星物理学、行星化学、陨石学等入此。

P19 时间、历法

计年法、季节、时令、历法、历书、历书对照表、天文年历、时间学、模糊时间理论等入此。

年代学入 K0。

P2 测绘学

测绘标准与规范、测绘用表、测绘观测记录、测绘业务与组织管理、测量误差与测量平差、测绘数据库与地理信息系统(GIS)、电子计算机的应用等入此。总论测绘仪器的使用方法入此。

各种测绘仪器的使用方法入 P21/23 有关各类;仪器制造入 TH76。

参见 TD1。

依总论复分表分。

P2-0 理论与方法

地理格网入此。

测绘法规入 D9 有关各类。

P21 普通测量学、地形测量学

简易测绘法、罗盘仪及其他半仪器测量、经纬仪测量、平板仪测量、等外导线测量、距离和高程测量、地形测绘和地形图测绘、面积测量等入此。

P22 大地测量学

几何大地测量学、平面控制测量、物理大地测量、重力测量、地球形状的测定、高程控制测量(水准测量等)、电磁波测距和基线测量、椭球面大地测量、动态大地测量、惯性大地测量、卫星与空间大地测量(卫星定位、卫星测高、全球定位系统(GPS、GLONASS)、卫星激光测距(SLR)和激光测月(LLR)、射电干涉测量)等入此。

总论全球定位系统的应用入此;专论入有关各类。

天文大地测量入 P12;地球固体潮入 P31。

参见 P73。

P229 海洋测量学

海底地形测量、海洋大地测量、海洋工程测量、领海基线测量等入此。

海道测量入 U675。

参见 P71。

P23 摄影测量学与测绘遥感

航空摄影测量、地面摄影测量、非地形摄影测量、全息与动态摄影测量、航天摄影测量(卫星摄影测量与空间摄影测量等)、总论测绘遥感技术等入此。

专论测绘遥感技术在其他学科中的应用入有关各类。

总论遥感技术入 TP7；摄影理论与技术入 TB8 有关各类。

[P24] 测绘仪器

宜入 P2。

P25 专业测绘

总论入此。

专论入有关各类。例：矿山测量入 TD1。工程测量入 TB22。

如愿将测绘技术在各方面应用的著作集中于此，可用组配编号法。例：矿山测量为 P25∶TD1。

P27 地籍学

地籍测量（土地规划测量、地界测量）、地籍调查与管理等入此。

P28 地图制图学（地图学）

理论制图学、地图信息传输、地名学（地名调查、地名标准化等）、数学制图学（地图的数学基础）、地图（电子地图）和地形图编制、制图仪器与设备、地图模型、地球仪、地图制印与复制、地图读法与应用等入此。

古地名学入 K91。

参见 TH76。

P3 地球物理学

理论地球物理学入此。

依总论复分表分。

P31 大地（岩石界）物理学（固体地球物理学）

总论岩石圈入此。

P311 地球起源及演化

大陆起源及演化、大气起源及演化入此。

天体起源及演化入 P15；海洋起源及演化入 P73；地球年龄（地质纪年学）入 P53。

P312 重力学与地球形状学

地球自由振荡、地球的重力场（地心引力）、地球形状学、地壳均衡说（地壳间接效应）、地球的体潮、重力的时间变化等入此。

纬度变化入 P12。

P313 大地构造物理学、岩组学（构造岩石学）

地壳的构造、成分、物理性质和状态等入此。

岩石物理性质入 P58；地壳化学性质入 P59；地壳运动、造山及造陆运动入 P54；地壳内部力学入 P55；岛弧入 P73。

P314 地热学

温泉学、地球的内部热（热能源、热场、地热流、地球内部温度等）、地热测量（地热调查）等入此。

地球表面温度入 P423；冻土学入 P642。

参见 TK52。

P315 地震学

P315-39 新技术的应用

计算机应用入此。

P315.0 理论与方法

数理地震学、物理地震学（定量地震学、数学地震学、统计地震学、地震反演理论、模拟计算）等入此。

P315.1 地震成因

断层学说、相变学说、岩浆冲击学、地应力场等入此。

P315.2 地震与地球构造

地震与断层、地震与地槽、地震地质学、地震构造、地震与构造物理、地震与构造运动、地球深部地震构造等入此。

地震与构造运动、地球深部地震构造，参见 P54。

P315.3 地震波、地震震级、震源物理

地声学、地震波（地震波谱分析、地震波传播、介质物理特性等）、地震震级和能量、震源物理（震源力学、震源错动理论）等入此。

实验地震学、地震模拟实验入 P315.8。

P315.4 地球的震动与脉动

核爆、海啸等与地震关系，地球的自由震荡等入此。

P315.5 地震活动性、地震区域划分

P315.6 测震学

地震观测技术与方法，地震观测仪器与设备，地震观测数据及其处理，计算机应用，地震观测仪器与设备使用、维修等入此。

地震观测仪器与设备制造入TH76；地震观测图、震相分析入P315.7。

P315.7 地震观测预报

震情，地震前兆与地震机理（地磁与地震、地电与地震、地下水动态与地震、地球化学与地震、地壳形变与地震、环境因素与地震），地震观测（地震观测记录、地震观测图、震相分析），地震预报，地震台、站等入此。

火山与地震入P317；地震台、站建筑设计与施工入TU244。

P315.8 实验地震学、地震模拟试验

P315.9 地震工程与震害防御、应急救援

工程地震、地震综合防御、地震应急救援、震后防疫与心理干预工作、震后重建工作等入此。

建筑抗震结构、抗震措施、工程结构抗震入TU35；建筑物基础与地震入TU43；岩土工程抗震入TU43、TU753有关各类。

〈4版类名：工程地震〉

P316 地震调查、地震志

依世界地区表分。

P317 火山学

火山热能、火山分类（泥火山、气火山）与构造、火山喷发及其喷出物、火山晚期活动、火山分布、火山志（火山调查）、火山观测（火山观测站、火山遥感观测）、火山喷发预测预报、火山与地震（火山与地震时空分布的关系、火山喷发与地震活动、岩浆活动与板块运动的关系）、火山灾害及其防御（火山灾害种类、分布等）等入此。

参见P54。

P318 地磁学

地球基本磁场，地球变化磁场（太阳日变化、太阴日变化、磁暴、磁扰等），行星际空间的磁场，岩石磁性及古地磁学，地震地磁学，地磁观测仪器的使用、维修，地磁台、站（台志、台史）等入此。

总论地磁应用入此；专论入有关各类。

地磁观测仪器的制造入TH76。

P319 地电学

古地电学，地球电场（自然电场、人工电磁场、地电暴、大地电场、生物电场等），地壳与岩石的电学性质，地电台、站，地电观测数据及其处理，地电观测仪器的使用、维修等入此。

地电观测仪器的制造入TH76。

P33 水文科学（水界物理学）

水文调查与观测、水文分析与计算、水文实验、水文测验仪器与设备、水文站、水文记录、水文资料、水文预报、水文循环与水文气象、水文物理、水文化学、陆地水文学、水文地理学（河流学、湖泊学、沼泽学、河口学、冰川学）等入此。总论应用水文学入此；专论入有关各类。

总论地下水入P641；地下水在农业方面的开发与利用入S273；海洋水文学、海冰入P73；水的分析入O661。

参见X14、P51。

P35 空间物理

空间天气学、电离层物理、外层空间日地关系物理、空间等离子体物理、高空稀薄空气动力学等入此。

星际航行动力学入V41；高层大气物理、大气光化反应入P40；大气结构、大气辐射入P42；大气热状态和能源、大气振荡入P43；宇宙线入O572；宇宙电动力学入P14；极光入P427；高层大气探测入P41有关各类。

参见P17。

P4 大气科学（气象学）

大气科学是研究地球大气中各种现象的形成原因、时间、空间分布和演变规律以及如何利用这些规律为人类服务的一门学科。

空间天气学入 P35。

依总论复分表分。

P40　一般理论与方法

大气物理学、大气化学、高空气象学、近地面层气象学、近地面层大气物理学、卫星气象学、无线电气象学、大气遥感及电子计算机在大气科学上的应用等入此。

气象卫星入 P41；大气污染气象学入 X16。

参见 TP7。

P41　大气探测(气象观测)

气象观测网的组织和布局、探测技术与方法(高空气象探测、高层大气探测、极地观测等)、数据处理、大气探测量仪器及设备(探空气球、探测飞机、气象火箭、气象卫星等)、观测记录等入此。

各专业性气象观测入有关各类。例：农业气象观测入 S163。

气象雷达入 TN95。

P42　气象基本要素、大气现象

P421　大气性质及大气结构

大气物理性质、化学性质入 P40。

P422　大气辐射

太阳辐射，地球辐射，大气中的吸收、散射与传递，辐射平衡及热量平衡，特殊波长的辐射等入此。

参见 P182。

P423　大气温度

大气温度的结构、地面温度分布及变化、等温线、霜及防霜的原理、近地面湍流层温度的垂直分布、高空温度、地球表面温度等入此。

地球内部温度入 P314；农业防霜与措施入 S42。

P424　气压

气压结构、分布、变化及高空气压等入此。

P425　风

风的结构，湍流、阵风性和大气中的湍流扩散，近地表风的水平分布、流线及变化，特殊区域的风(如大风雪、沙暴、尘暴)，风的影响，垂直气流等入此。

台风、龙卷风、尘暴、沙暴入 P44；风能利用入 TK8；农业风灾、农业防风入 S42；风对建筑结构的影响入 TU35。

P426　水汽、凝结和降水

湿度、蒸发与蒸散、凝结、雾、云、降水及降水的影响(水灾、旱灾等)等入此。

植物与作物的蒸发与蒸散入 S161；农业上的水、旱灾及其防治入 S42；土壤水分入 S152。

参见 S762。

P427　大气现象

大气光学现象(如海市蜃楼、虹)、能见度、浑浊度、大气电现象(雷暴的电、电子放电、降水的电、极光)、大气声学现象(雷鸣)等入此。

P429　气象灾害及其防治

总论入此。

专论入有关各类。例：水灾入 P426；农业水灾入 S42。

〈4 版类名：气象灾害〉

P43　动力气象学

大气静力学和准静力学、大气运动学、大气动力学、大气环流、数值试验、实验研究等入此。

P44　天气学

气团和锋、低气压和温带气旋、热带气象(热带气旋、台风、飓风等)、中小尺度天气现象(陆龙卷、水龙卷、旋风)、雷暴、气旋、反气旋、大气环流在天气学上的分析等入此。

尘暴、沙暴入 P425。

P45　天气预报

预报工作组织、预报方法、主要气象要素与天气现象预报、天气过程的分析、预报用图表、天气资料、民间看天经验等入此。

天气谚语入 S165。

P46　气候学

物理气候学、动力气候学、气候的形成和影响气候的因素、气候类型、中气候与小气候(包括城市气候学、室内小气候)、高空气候学、气候变化、历史气候、气候资料、气候图等入此。

耕作与小气候入 S162；生物气候学入

Q14;古气候学入 P53;“厄尔尼诺”、“拉尼娜”现象入 P73;森林气象学入 S716。

参见 X16。

[P47] 海洋气象学

宜入 P73。

P48 人工影响天气

人工降水(降雨、降雪),防雹,消雷,消云、消雾(消云减雨)、人工气候室等入此。

P49 应用气象学

总论入此;实用气象学入此。

具体应用入有关各类。例:农业气象学入 S16。

如愿将各种应用气象学集中于此,可用组配编号法。例:农业气象学为 P49∶S16。

P5 地质学

普通地质学、数学地质学等入此。

经济地质学入 P61。

依总论复分表分。

P51 动力地质学

内力作用、外力作用(风化、剥蚀、搬运、沉积作用、地上水作用、海浪冲蚀、潮汐作用、海洋阶地与海洋沉积的形成、冰川作用、生物作用、人类地质作用、天体引力作用)等入此。

地壳运动入 P54;地震作用入 P315;火山作用入 P317;岩浆与变质作用入 P58;泥石流入 P642。

水力作用,参见 P641;河流、冰川作用,参见 P33;天体引力作用,参见 P13。

[P52] 古生物学

宜入 Q91。

P53 历史地质学、地层学

总论地史学、灾变论,古地理学、古气候学、地球年龄(地质纪年学)、区域地层学、各时代地史及其地层与成矿等入此。

生态地层学、生物地层学入 Q911;海洋地层学入 P73;同位素地层学入 P59。

P54 构造地质学

大地构造学、地球动力学与大地构造理论、构造运动、地壳运动、大地构造分区(地台、地槽、过渡区、大陆与大洋盆地等)、新构造运动、历史大地构造学、区域构造地质学等入此。

大地构造物理学、岩组学入 P313。

参见 P315.2、P317。

P55 地质力学

构造形迹力学性质、地壳应力与活动构造等入此。

专门研究形态的著作入 P54。

P56 区域地质学

总论区域地史入此。

P57 矿物学

生物矿物学入此。

P571 矿物成因

矿物的形成、变化、世代、共生、集合体等入此。

参见 P61。

P572 矿物形态

P573 矿物的构造

矿物晶体化学等入此。

P574 矿物的物理化学

矿物谱系学入此。

P575 矿物的鉴定及分析

显微镜分析入 P58。

P577 矿物分布、区域矿物志

依世界地区表分。

P578 矿物分类

各种矿物元素分类入此。

专论某一矿物矿产的著作入 P61。

P579 实验矿物学、应用矿物学

参见 TQ177。

P58 岩石学

岩石成因,岩石产状、结构和构造,岩石鉴定、分析,岩相学,岩石分布,区域岩石志,岩石分类,岩石物理和化学,实验岩石学,工艺岩石学等入此。

岩石力学入 TU45;人造石工业入 TQ177。

P59 地球化学

地球的化学成分,水、生物、气体、个别元素、自然作用、区域及景观等的地球化学,同位素地质学与地质年代学,实验地球化学、化学地理学、量子地球化学等入此。

水化学分析入 O661;水文化学入 P33;地下水地球化学入 P641;海洋化学、海洋地球化学入 P73;放射性地质学入 P61。

P61 矿床学

矿床及各种矿产的成因、产状、地质构造、性质、矿体分析、地区分布、普查与勘探、取样与储量计算、矿相学、实验矿床学等入此。

参见 P571。

P62 地质、矿产普查与勘探

总论入此。各种勘探方法(遥感勘探、数学勘探、同位素勘探、地球物理勘探、地球化学勘探等),坑探、钻探工程与设备,地质勘探安全等入此。

各种矿的普查与勘探入 P61;地质制图入 P28。

参见 TE92;钻进技术与方法,参见 TE24、TD3、TE95。

P64 水文地质学与工程地质学

P641 水文地质学(地下水水文学)

地下水动力学,水文地球化学,矿床水文地质学,矿水学,区域水文地质,地下水的成因、性质、分类,地下水普查与勘探,地下水资源的评价、开发和保护等入此。

环境水文地质入 X14;地下热水入 P314。

参见 P51。

P642 工程地质学

土质学、动力地质及工程地质作用(如崩塌、滑坡、泥石流、岩溶、地面沉降)、区域工程地质等入此。

土的测量入 TU41;风化入 P51;土力学及岩石力学入 TU43 及 TU45;环境工程地质入 X14。

[P65] 地震地质学

宜入 P315。

[P66] 环境地质学

宜入 X14。

[P67] 海洋地质学

宜入 P73。

P68 宇宙地质学

月质学入 P184;陨石学入 P185。

P691 行星地质学

P694 灾害地质学

P7 海洋学

依总论复分表分。

P71 海洋调查与观测

海洋调查及观测的组织与布局、规范、方法、设备、仪表,调查与观测资料等入此。

调查与观测仪器、设备的制造入 TH76;调查船制造入 U674。

参见 P229。

P72 区域海洋学

海洋地理学,太平洋、印度洋、大西洋、地中海、北冰洋、南大洋、南极等区域的海洋学入此。

南极入 P941。

P73 海洋基础科学

海洋水文学(如温度、潮汐、黑潮、海洋水文预报)、海洋气象学(如"厄尔尼诺"、"拉尼娜"现象,海洋天气预报)、海洋物理学、海洋化学、海洋地质学、海洋地貌学及海洋地球物理学等入此。

海洋气象观测入 P71;海洋生物学入 Q17;水声工程入 TB5。

参见 P22、TQ95。

P74 海洋资源与开发

海洋经济学、海洋开发技术设备、海洋动力资源及开发、海洋矿产资源及开发、海洋生物资源及开发、海水资源开发与综合利用、海水淡化、海岸带资源及其开发等入此。

渔业水产入 S9。

参见 TD8。

P75 海洋工程

近海工程、深海工程、海上工程、海岸工程、海下工程、海洋空间利用等入此。

海下调查观测设备入 P71;港湾工程入 U65;海底隧道入 U45;海上机场入 V35。

[P76] 海洋环境科学

宜入 X14、X55。

[P77] 潜水医学

宜入 R84。

[P79]　军事海洋学

宜入 E99。

P9　自然地理学

依总论复分表分。

P90　一般理论与方法

总论景观学、区域论入此。景观生态学、景观美学、自然区划法、高山定位法、地理考察法等入此。

专论入有关各类。例:人文景观学、旅游景观学入 K90。

〈景观生态学,4 版入 Q14〉

P91　数理地理学

计量地理学入此。

[P92]　古地理学

宜入 P53。

P93　部门自然地理学

地貌学(地形学)、气候地貌学入此。

海洋地貌入 P73;火山地貌入 P317;气候学入 P46;水文地理学入 P33;海洋地理学入 P72;土壤地理学入 S159;生物地理学入 Q15;植物地理学入 Q948;动物地理学入 Q958;医学地理学入 R188。

P94　区域自然地理学

P941　世界自然地理

海洋地理入 P72;火山入 P317。

涉及多重分类标准的文献,入最后编列的类。

〈4 版类名:世界自然地理学〉

P942　中国自然地理

中国区域自然地理入此。

依中国地区表分。

P943/947　各国自然地理

依世界地区表分。

[P951]　环境地理学

宜入 X14。

[P954]　灾害地理学

宜入 X4。

P96　自然资源学

总论入此。资源学、自然资源调查与分析、资源评价、资源分布(地理分布、地带分布、地文分布)等入此。

专论入有关各类。例:海洋资源入 P74;资源经济学入 F06。

总论自然资源合理开发与环境保护入 X37;各种资源开发利用入有关各类。自然资源规划与管理入 F205。

参见 F124.5。

P966　资源分布

依世界地区表分。如有必要,中国可再依中国地区表分。

[P97]　地理探险与发现

宜入 N8。

P98　自然地理图

一般自然地理图入此;专类地理图入有关各类,例:气候图入 P46;地图制图学入 P28。

依世界地区表分,中国再依中国地区表分。

Q 生 物 科 学

类 目 简 表

1	普通生物学
2	细胞生物学
3	遗传学
4	生理学
5	生物化学
6	生物物理学
7	分子生物学
81	生物工程学(生物技术)
[89]	环境生物学
91	古生物学
93	微生物学
94	植物学
95	动物学
96	昆虫学
98	人类学

Q 生物科学

依总论复分表分。

Q-0 生物科学的理论与方法

生物科学的理论基础、有机体与生活条件统一的学说入此。

Q-03 定量生物学

Q-06 生物学说

综合性论文集入此。

专论某一门学科的著作入有关各类。例:米丘林的遗传学说入 Q3-0;达尔文的进化论入 Q11。

Q-1 生物科学现状与发展

总论生物科学的水平、动态、动向等入此。

专论入有关各类。例:《农业生物技术进展与展望》入 S18。

依世界地区表分。

Q-3 生物科学的研究方法、技术

总论实验生物学、计算生物学入此。生物学实验与观测、生物数学方法、生物图像处理(生物成像)技术、生物绘图法及摄影法、生物显微技术、实验设备及装置、生物标本的采集和制备、生物学教具制作等入此。

专论各类生物的研究方法与实验入有关各类。

Q-4 生物科学教育与普及

生产实习、生物学的科学普及读物等入此。

Q-9 生物资源调查

总论生物资源、生物综合调查入此。

专门调查入有关各类。

依世界地区表分。

Q1 普通生物学

依总论复分表分。

Q1-0 生命科学总论

Q10 生命的起源

生命物质、生命力(生活力、生存能力、新陈代谢的能力、生长势、抵抗性等)、生长与延续、生物与非生物的比较、植物与动物的异同等入此。

细胞演化入 Q21;原生质的组成和特性、生命物质的化学入 Q5;生命物质的亚微观形态入 Q61。

Q11 生物演化与发展

进化论、生物系统发育(生物系统学、系统生物学、社会生物学、协同进化、拉马克学说、达尔文学说等)、有机界发展的因素和规律、绝种问题、协同进化与研究、新达尔文主义、新拉马克主义及有机体的个体发育等入此。

植物系统发生史入 Q941;动物系统发生史入 Q951;古生物演化入 Q91;演化或比较生理学入 Q495;演化或比较生物化学入 Q594;遗传性与变异性入 Q31;论述胚态发育过程的著作入 Q13。

Q13 生物形态学

形态发生、形态发育、形态特征、畸形学等入此。总论普通胚胎学(性细胞的发生、形成与受精、卵裂、胚胎的形成及发育、生态胚胎学、生物化学胚胎学、实验胚胎学、进化胚胎学等)、胚后发育、组织学等入此。

动物胚胎学入 Q954;医学胚胎学入 R714;植物胚胎学入 Q944;人体组织学入 R329;家畜组织学入 S852;动物组织学入 Q954;植物组织学入 Q944。

Q14 生态学(生物生态学)

总论入此。数学生态学、生物模型、生物与非生物环境的关系、生物色(警戒色、保护色等)、物候学、生物的迁徙(生命系统的物种流动)、生物群落学与种群生态学、生态平衡与生态系统稳定性、系统生态学、生态系统生态学等入此。

专论入有关各类。例:树木生态学入 S718;农业生态学入 S18;动物生态学入 Q958;植物生态学入 Q948;生态遗传学入 Q34;人类生态学入 Q988;古人类生态学入 Q981;环境生态学入 X17;生态库入 X171;景观生态学入 P90;生物环境的物理、化学、水文因素的著作分别入 Q6、Q5、Q17 有关各类。

Q15 生物分布与生物地理学

生物的地带、地文、地区分布入此。

Q16 保护生物学

物种保护、生物入侵、生物的多样性等入此。

参见 X17。

Q17 水生生物学

水生生物演化,水生生物细胞学、遗传学、形态学、解剖学、组织学、生理学、物理学、化学、生态学、地理学、分类学等入此。

水生微生物学入 Q938;水生植物学入 Q948;水生动物学入 Q958;水生昆虫学入 Q968。

Q18 寄生生物学

总论入此。

专论入有关各类。例:医学寄生虫学入 R38。

Q189 神经科学

神经科学是集神经解剖学、神经生理学、神经化学、神经病理学、神经分子生物学、神经行为学、心理学、生物控制论及数学、信息科学与计算机科学为一体的新兴学科。

专论神经解剖学、神经生理学的著作入 Q42。

Q19 生物分类学

生物分类学又称系统分类学,是根据生物之间的自然联系对它们进行分类的科学,包括对生物进行系统的编组、编目和命名。

细胞分类学、化学分类学、血清分类学等入此。

Q2 细胞生物学

总论入此。细胞学说、细胞学史、细胞学实验与细胞学研究方法入此。

专论某种生物细胞的著作入有关各类。

细胞培养入 Q813。

依总论复分表分。

Q21 细胞的起源及演化

参见 Q10。

[Q23] 细胞遗传学

宜入 Q34。

Q24 细胞形态学

细胞膜、细胞壁、细胞质、细胞核、染色体、染色质、细胞内膜系统、细胞骨架、显微结构等入此。

Q25 细胞生理学

细胞运动、细胞迁移、细胞质环流、细胞的新陈代谢、细胞呼吸、细胞生长与细胞分裂、细胞的衰老与死亡、细胞对外界环境的反应、细胞内的信息传递等入此。

Q26 细胞生物化学

细胞表面受体、细胞识别的生物化学原理等入此;兼论组织化学的著作入此。

Q27 细胞生物物理学

精细结构、渗透性、兴奋与收缩的作用、物理因素对细胞的作用、癌细胞生物学、细胞动力学等入此。

[Q291] 细胞分子生物学

宜入 Q7。

Q3 遗传学

表遗传学入此。

依总论复分表分。

Q3-0 理论与方法论

米丘林遗传学说和研究,孟德尔、摩尔根遗传学说和研究,遗传学与其他学科的关系等入此。

Q3-3 研究方法与实验遗传学

Q31 遗传与变异

连锁与交换、体细胞遗传突变、芽变及变异入 Q34;突变、突变的分子基础、突变类型、自然突变入 Q75。

Q32 杂交与杂种

杂种细胞、杂合体检出、有性杂交、无性繁殖、性的影响入此。

分子杂交入 Q78。

[Q33] 人工选择与自然选择

宜入 Q11。

Q34 遗传学分支学科

生化遗传学、细胞遗传学、发生遗传学(发育遗传学)、生理遗传学、辐射遗传学(放射遗传学)、生态遗传学、群体遗传学、数量遗传学(生物统计遗传学)、进化遗传学、行为遗传学、免疫遗传学、肿瘤遗传学、毒理遗传学、药物遗传学入此。

分子遗传学、量子遗传学入 Q75;人体免疫遗传学入 R392;人体毒理遗传学、人体药物遗传学入 R394。

[Q36] 微生物遗传学

宜入 Q933。

[Q37] 植物遗传学

宜入 Q943。

[Q38] 动物遗传学

宜入 Q953。

[Q39] 人类遗传学

宜入 Q987。

Q4 生理学

总论高等动物(脊椎动物)生理学,生理学理论与方法论、生理学研究方法(实验与技术)入此。

专论微生物及植物生理学的著作入 Q93/94 有关各类;专论某类或某种动物及昆虫生理学的著作入 Q95/96 有关各类;巴甫洛夫生理学说、人体生理学入 R33;劳动生理学入 R131;运动生理学入 G804;家畜生理学入 S852;病理生理学入 R363;动物组织生理学入 Q954。

依总论复分表分。

Q41 普通生理学

能量转化与热能的产生,兴奋和抑制,传导、反射与向性,驯化现象,生长、发育与生殖(机体再生、生物节律、生物钟),衰老与死亡等入此。

新陈代谢入 Q493;呼吸入 Q47;神经系统的兴奋和抑制入 Q42;适应性入 Q14;老年学入 C913;老年生理学入 R339.3。

Q42 神经生理学

神经细胞(神经元)、神经胶质的结构和功能、神经的传导、神经的兴奋与抑制、电生理学、植物性神经系统的生理、高级神经活动、睡眠与觉醒等入此。

Q43 分析器生理学(感官生理学)

皮肤感受器、化学感受器(嗅觉、味觉等)、光感受器(视觉)、音感受器(听觉)、内感受器(内脏、肌肉等)、其他感受器(红外线感受器、渗透压感受器、机械感受器等)入此。

Q44 运动器官生理学

骨关节、韧带生理、肌肉生理学等入此。

参见 G804。

Q45 内分泌生理学

分子内分泌学、免疫内分泌学、比较内分泌学、实验内分泌学、甲状腺、垂体、肾上腺、胰岛、胸腺、松果体等入此。

Q46 循环生理学

血液、造血机能(脾脏、骨髓的机能)、血液循环、淋巴及其循环、其他体液生理(如脑脊髓液,胸膜液、动物体内部的水等)等入此。

Q47 呼吸生理学

肺、细胞、皮肤、动物腮等的呼吸,发声器官的生理,特殊气压下的呼吸等入此。

Q48 消化生理学

口腔、胃及肠的消化,肝脏的生理,胆道系统,胰腺、腹膜及吸收等入此。

Q491 排泄生理学

尿的生成和排泄(肾的生理)、皮肤的生理(皮脂腺、汗腺等)入此。

Q492 生殖生理学

生殖生物学入此。

年龄生理学入 O41。

参见 Q954。

Q493 新陈代谢与营养

从生理学观点论述新陈代谢的著作入此。

从生物化学过程论述化学性质在有机体内的代谢过程的著作入 Q591。

Q494 特殊环境生理学、生态生理学

风土驯化、热带气候、高山气候、寒冷气候等与动物的关系等入此。

Q495 比较生理学与进化生理学

Q5 生物化学

总论动物及人体生物化学的著作入此。

专论微生物、植物和昆虫生物化学的著作入 Q93/94、Q96 有关各类;专论某类或某种动物生物化学的著作入 Q95 有关各类;量子生物化学入 Q7。

依总论复分表分。

Q5-3 生物化学研究法

同位素、超声波、紫外线在生物化学中的应用及生物化学实验入此。

Q51/57 生物的各种化学成分和结构

均收生物的化学成分和结构、物理与化学性质、生物化学技术、生化效应、生物氧化、放射生物化学、生化调解等。

Q51 蛋白质

蛋白质晶体学(X 射线衍射晶体学)入此。

免疫化学入 Q939;蛋白质合成、代谢入 Q591。

参见 Q75。

Q52 核酸

核糖核酸(RNA)、脱氧核糖核酸(DNA)、核苷酸、核苷、核酸碱基、核酸的生物学功能等入此。

核酸和蛋白质生物合成的关系、核糖核蛋白体、核酸的分解代谢及核酸的生物合成等入 Q591;核酸和遗传的关系入 Q75。

Q53 糖(醣)

单糖、二糖、三糖、四糖、结合糖、其他多糖(淀粉、纤维素、树胶、果胶、琼脂等)入此。

Q54 脂类

萜类、中性脂、脂性油、蜡、磷脂、糖脂、脂肪酸、类固醇、固醇脂等入此。

麦角固醇、谷固醇入 Q946。

Q55 酶

分子酶学、酶动力学、酶活力测定等入此。

Q56 维生素

各种维生素入此。

Q57 激素

激素的作用机理总论、甲状腺激素、胸腺激素、垂体激素、松果体激素、肾上腺皮质激素、胰岛素及胰高血糖素、性腺激素、胃肠激素等入此。

植物激素入 Q946;前列腺素类入 Q54。

Q58 生物体其他化学成分

微量元素、钙、磷、镁、天然放射元素、水与矿物质、生物化学复合体(自然界色素等)入此。

Q591 物质代谢及能量代谢

蛋白质代谢、核酸代谢、糖代谢、脂肪代谢、维生素代谢、水与无机盐的代谢、代谢的调节等入此。

参见 Q493。

Q592 体液化学

水、电解质、低分子有机化合物、血液化学、尿化学、淋巴液、细胞外液、脑脊液、乳液、汗、精液、泪房水、关节液、组织间隙液等的化学入此。

Q593 器官生物化学

肝脏、神经组织、肌肉组织、结缔组织等的生物化学、钙磷代谢和骨、牙等入此。

生化遗传学入 Q34;病理生物化学入 R362;胚胎发育的生物化学入 Q13。

Q594 比较生物化学

Q599 应用生物化学

总论入此。

专论入有关各类。例:临床生物化学入 R362。

Q6 生物物理学

总论动物及人体生物物理学的著作入此。

专论微生物、植物、昆虫的生物物理学的著作入 Q93/94、Q96 有关各类;专论某类或某种动物生物物理学的著作入 Q95 有关各类。

依总论复分表分。

Q6-3 生物物理学研究与实验

电子显微镜技术、核磁共振、顺磁共振技术等入此。

Q61 理论生物物理学

生物能力学、生物热力学、数学生物物理学、分子生物物理学、量子生物物理学、生物结构理论等入此。

Q62 生物声学

动物声纳系统、声通讯、听觉声学等入此。

Q63 生物光学

动物光、激光生物学、光生物物理学等入此。

Q64 生物电磁学

生物磁图入此。

Q65 生物热学

低温生物学、动物热等入此。

Q66 生物力学

生物固体力学、生物流体力学、生物流变学等入此。

参见 R318。

Q67 物理化学生物学

运用数学仪器和模拟的方式,以物理化学的原理制造模型来研究能量和物理化学的情况及其在生物体内的发展规律。

收缩与扩散、渗透、吸收及吸附现象等入此。

Q68 物理因素对生物的作用

离心力、加速、超声波、光、电、热等对生物的作用,生物剂量学、静电生物效应、微波的生物效应等入此。

Q691 辐射生物学(放射生物学)

放射性物质在生物体内的作用等入此。

放射生物化学入 Q5;放射生态学入 Q14;辐射遗传学入 Q34。

[Q692] 仿生学

宜入 Q811。

Q693 空间(宇宙)生物学

天体生物学、空间(宇宙)生物物理学、空间(宇宙)生物动力学等入此。外星人亦入此。

Q7 分子生物学

量子生物学、量子生物化学、分子生理学、分子放射生物学入此。

依总论复分表分。

Q71 生物大分子的结构和功能

结构生物学以及侧重生物物理学的著作入 Q61。

Q73 生物膜的结构和功能

总论入此;膜生物工程学、生物膜与生命现象等入此。

线粒体的结构和功能、叶绿体的结构和功能入 Q24。

参见 R318。

Q74 生物小分子的结构和功能

短的核苷酸系列、原子团(甲基原子团等)、离子等入此。

Q75 分子遗传学

量子遗传学、基因在蛋白质合成中的作用、基因的结构和突变的分子原理、遗传密码(基因图)、遗传的调节控制等入此。

脱氧核糖核酸(DNA)及核糖核酸(RNA)的结构和功能入 Q52。

参见 Q51。

Q77 生物能的转换

参见 S216。

Q78 基因工程(遗传工程)

目的基因的获得,基因载体,工具酶,基因的重组、表达,转化及克隆(基因文库、转基因技术),基因工程中的安全防护等入此。总论基因工程的应用入此。

专论基因工程在某方面的应用入有关各类。

基因库入 Q34。

参见 S33。

Q81 生物工程学(生物技术)

总论入此;专论入有关各类。

参见 TB17。

Q811 仿生学

生物原型、生物模拟(感觉器官模拟、动植物机理仿生等)、生物控制论、生物信息论、能量仿生(模拟生物电器官、生物发光等)、力学仿生、化学仿生学、分子仿生学、人-机系统仿生学等入此。

仿生学的应用入有关各类。例:医用仿生学入 R314。

[Q812] 基因工程(遗传工程)

宜入 Q78。

Q813 细胞工程

采用细胞融合或核移植等方法,直接把外来基因转移到受体细胞内,培养生物新品种的工程。

染色体工程、胚胎培养和胚胎移植等入此。

Q814 酶工程

利用酶、细胞和细胞器等具有的某些特异的催化功能,借助工艺学手段和生物反应装置,生产人们所需要的产品的工程。

总论酶的应用入此;专论入有关各类。

酶制剂入 TQ92。

[Q815] 发酵工程(微生物工程)

宜入 TQ92。

[Q816] 蛋白质工程

宜入 TQ93。

Q819 生物工程应用

总论入此。

专论入有关各类。例:工程仿生学入 TB17;医学生物工程学入 R318;人体工程学入 TB18。

如愿将生物工程在各方面应用集中于此,可用组配编号法。

[Q89] 环境生物学

宜入 X17。

Q91 古生物学

分子古生物学入此。

依总论复分表分。

Q91-3 古生物学研究法

研究程序、研究手段、研究结果、周期表示法、数理统计在古生物学的应用等入此。

Q91-65 古生物命名法

〈4 版入 Q91〉

Q911 普通古生物学

化石、古生物形态学、古生物生态学等

及各地层、各地区古生物分布入此。

灾变论入P53。

Q913　微体古生物学

微体古植物学、微体古动物学入此。

Q914　古植物学

总论应用古植物学入此；专论入有关各类。

Q915　古动物学

Q919　应用古生物学

总论入此。

专论在某一方面应用的著作入有关各类。

Q93　微生物学

参见S18、S718。

可依总论复分表分。

Q93-3　微生物研究与微生物实验

微生物的分离与纯化、灭菌法、微生物菌种目录等入此。

Q931　微生物的演化(适应与变异)

Q932　微生物细胞学

Q933　微生物遗传学

微生物的遗传变异、定向变异，溶原转变、接合、转化、转导、噬菌体感染，实验育种等入此。

微生物发育遗传入Q34。

Q934　微生物形态学

Q935　微生物生理学

有关微生物的生长、繁殖、营养、代谢以及物理、化学因素对微生物的影响、自养细菌的生理学等著作入此。

Q936　微生物生物化学

微生物体内蛋白质、氨基酸、核酸、糖、脂肪的代谢，自养细菌的生物化学，内毒素、外毒素等入此。

Q937　微生物生物物理学

放射微生物学入此。

Q938　微生物生态学和地区分布

总论水生微生物学的著作入此。

专论入Q939。

Q939　微生物分类学(系统微生物学)

图谱、细菌纲、螺旋体、立克次体、病毒等入此。

植物病毒入S432；动物病毒学入S852；人体病毒学入R37；粘菌目、真菌入Q949。

Q939.9　应用微生物学

微生物资源学、免疫学、腐蚀微生物学、地微生物学等入此。总论抗菌素学、拮抗微生物学、工业微生物学的著作入此。

专论入有关各类。例：农业用抗菌素入S482.2；发酵微生物学入TQ92；食品微生物学、食品发酵微生物学入TS201。

血液免疫学入Q46；医学微生物学入R37；人体免疫学入R392；人体肿瘤免疫学入R73；植病微生物学入S432；农业微生物学入S18；土壤微生物学入S154；植物微生物学、植物免疫学入S432；兽医微生物学、家畜免疫学入S852；环境微生物学入X172。

Q94　植物学

古植物学入Q914。

参见S718。

依总论复分表分。

Q94-3　植物学研究和植物学实验

植物统计学、实验植物学(植物测定法、植物绘图法和摄影法、实验设备及装置、植物园)、植物标本的采集和制备等入此。

植物园建筑入TU242。

Q941　植物演化与植物发展

植物的起源、进化，物种的形成与变化，自然选择等入此。

Q942　植物细胞学

植物真核细胞、原核细胞入此。

Q943　植物细胞遗传学

植物多倍体及单倍体、植物杂交、植物生物工程学、植物细胞的离体培养、植物基因工程等入此。

参见S33。

Q944　植物形态学

总论草本和木本植物形态的著作入此。植物胚胎学、植物解剖学、植物组织学等入此。

专论某类或某种植物形态的著作入Q949；植物再生作用、植物生长和发育生理学、植物阶段发育等入 Q945;植物组织培养入 Q943。

Q945　植物生理学

植物营养、代谢与呼吸(光合作用等),植物的生长、发育、繁殖、生殖生理,感应性与植物运动,植物协迫生理学,植物生理生态学等入此。

植物有性细胞繁殖入 Q942;植物受精作用、受精生理与生化入 Q944。

[Q945.8]植物病理学

宜入 S432。

Q946　植物生物化学

植物体的化学成分(蛋白质、核酸、糖、脂类、酶、维生素、植物次生物质等)和物质代谢作用等入此。

抗菌素入 R978。

参见 S31。

Q946-3　植物生物化学研究方法

植物分子生物学实验入此。

Q947　植物生物物理学

植物力能学、植物热力学、植物电现象、植物热学、植物力学、物理因素(超声波、光、电)对植物的作用等入此。

Q948　植物生态学和植物地理学

植物与环境、种的分布与迁移、地植物学(植物群落学)等入此。总论植物分布(植物志),水生植物学、寄生植物学的著作入此。

具体某一种植物的资源调查和分布各入其类;专论某种水生植物、寄生植物的著作入 Q949。

参见 S18、S93。

Q949　植物分类学(系统植物学)

各类孢子植物(菌、藻植物)、种子植物(显花植物、裸子植物、被子植物)等入此。

专论某种植物生活史入有关各类。

Q949-6　参考工具书

Q949-65　植物命名法

Q949.9　应用植物学(经济植物学)

总论植物资源的综合利用入此。食用、饲料用、油脂用、油料用、纤维用、药用、杀菌用、杀虫用、化工原料用野生植物以及有毒野生植物等入此。

专论各种经济植物栽培、育种与综合利用入 S5 有关各类。

参见 S567。

Q95　动物学

可依总论复分表分。

Q95-3　动物学的研究与实验

见 Q94-3 注。

Q951　动物演化与发展

动物的起源、动物进化与动物系统发育、个体发育等入此。

Q952　动物细胞学

Q953　动物遗传学

动物杂交、生殖腺移植等入此。

Q954　动物形态学

总论动物胚胎学、解剖学及组织学的著作入此;专论入有关各类。

家畜的人工授精入 S8 有关各类;鱼的人工授精入 S961;动物病理组织学入 R361。

参见 Q492。

Q954-3　动物形态学研究方法

[Q955]　动物生理学

宜入 Q4。

[Q956]　动物生物化学

宜入 Q5。

[Q957]　动物生物物理学

宜入 Q6。

Q958　动物生态学和动物地理学

总论动物与生物环境,动物的迁徙、驯化、群落,动物地理学,动物分布,水生动物学,寄生动物、寄生虫学的著作入此;专论入有关各类。例:医学寄生虫学入 R38;家畜寄生虫学入 S852;植物寄生虫学入 S433。

专论某种动物生态及分布的著作入 Q959。

参见 S18、S93。

Q959　动物分类学(系统动物学)

各种无脊椎动物、脊椎动物(鱼纲、两栖纲、爬行纲、鸟纲、哺乳纲等)入此。

总论脊椎动物生理学的著作入 Q4;昆虫纲入 Q96;笔石纲、三叶虫纲入 Q915;

灵长类行为学入 Q981。

Q959-65 动物命名法

Q959.9 应用动物学(经济动物学)

总论入此;各种经济动物入有关各类。例:畜牧入 S8;养蜂入 S89。

参见 S862。

Q96 昆虫学

实验昆虫学入此。

参见 S718。

Q961 昆虫演化与发展

昆虫胚胎学、昆虫和植物的关系等入此。

古昆虫(化石)入 Q915。

Q962 昆虫细胞学

Q963 昆虫遗传学

Q964 昆虫形态学

Q965 昆虫生理学

Q965.8 昆虫病理学

Q965.9 昆虫毒理学

Q966 昆虫生物化学

Q967 昆虫生物物理学

Q968 昆虫生态学和昆虫地理学

昆虫分布(昆虫志)入此。总论水生昆虫学、寄生昆虫学的著作入此;专论入有关各类。

Q969 昆虫分类学

无翅亚纲、有翅亚纲各种昆虫入此。

Q969.9 应用昆虫学(经济昆虫学)

昆虫资源学、贮藏物昆虫学入此。总论蜱螨学的著作入此;专论入有关各类。例:医学蜱螨学入 R38;农业蜱螨学入 S18。

医学昆虫学入 R38;农业昆虫学入 S18;森林昆虫学入 S718;工业昆虫学入 S89;水产昆虫学入 S91。

Q98 人类学

人体科学入此。野人亦入此。

社会人类学入 C912;文化人类学入 C95;法医人类学入 D919;种族主义入 D0。

依总论复分表分。

Q98-0 人类学理论与方法论

Q98-06 学派及其研究

社会达尔文主义、资产阶级人类学及其研究等入此。

{Q98-08} 资产阶级人类学及其研究

〈停用;5 版改入 Q98-06〉

Q981 古人类学

古人类分子化石、灵长类行为学、古人类生态学、人类起源论、类人猿、化石猿、猿人(直立人)、古人(大荔人、许家窑人)、新人(智人)等入此。

现代各种人猿,如:黑猩猩、长臂猿的形态、生理等入 Q959。

Q982 人种学

人种的形成、起源,种型,人种(种族)的区别及分布,种族地理学,人种地理学等入此。

Q983 体质人类学

脸、身体大小与比例、骨骼、肌肉系统、神经、脑、皮肤、感觉器官、牙齿、生殖器官等入此。

Q984 人体测量学

[Q985] 人体形态学

宜入 R32。

Q986 分子人类学

Q987 人类遗传学

细胞遗传、生化遗传入此。总论优生学的著作入此。

专论优生学入有关各类。例:临床优生学入 R715;社会优生学入 C912;环境优生学入 X24。

参见 R394。

Q988 人类生态学

社会生态学及有关人类与生存环境之间关系、民族生态学的著作入此。

人口生态学入 C922。

参见 X24。

Q989 应用人类学

人体特异功能入 R339.1。

R　医　药、　卫　生

类　目　简　表

1	预防医学、卫生学
2	中国医学
3	基础医学
4	临床医学
5	内科学
6	外科学
71	妇产科学
72	儿科学
73	肿瘤学
74	神经病学与精神病学
75	皮肤病学与性病学
76	耳鼻咽喉科学
77	眼科学
78	口腔科学
79	外国民族医学
8	特种医学
9	药学

R　医药、卫生

依总论复分表分。

R-0　一般理论

医学的对象、任务、作用等入此。

R-02　医学哲学

R-05　医学与其他学科的关系

医学社会学、医学人才学、医学行为学、医学信息学等入此。总论医学伦理学入此。

专论入有关各类。例：护理伦理学入 R47-05。

医学心理学入 R395。

R-09　医学史

总论入此；专论入有关各类。

R-092　中国医学史

中医学史入此。

专论中国少数民族医学史入 R29。

R-1　现状与发展

依总论复分表-1 分。

R-3 医学研究方法

R-33 实验医学、医学实验

医用实验动物学入此。

R1 预防医学、卫生学

公共卫生学、社会医学、健康学等入此。

R1-9 卫生经济学

R11 卫生基础科学

卫生生物学、卫生生物物理学、卫生物理学、卫生生物化学、卫生化学、卫生毒理学、卫生微生物学、清洁卫生用具与设备等入此。总论卫生检验的著作入此。

专论卫生检验入有关各类。例:水质卫生检查入 R123。

外环境毒物入 R994;个人卫生用具入 R168。

R12 环境医学、环境卫生

环境医学总论入此。

专论入有关各类。例:环境污染对人体的危害及其防治入 X5 有关各类。

R122 气候卫生与大气卫生

空气的分析与检验、气象与卫生、室内空气与卫生、电磁波与卫生等入此。

空气卫生标准入 X-65;电磁辐射对人体的影响入 R594;大气污染及防治入 X51。

R123 水与给水卫生

水的卫生标准和卫生监测、地面水卫生、水的净化与消毒、水库卫生、水质检查等入此。

污水的处理与卫生入 X7。

参见 X-65。

R124 土壤卫生与废弃污物卫生管理

粪便、垃圾卫生管理入此。

废物对土壤的污染入 X53。

R125 尸体的处理

参见 TU993。

R126 城市居住卫生

区域和城市规划卫生,公共场所和宿舍卫生标准,室内装修卫生标准,厨房卫生,城市的噪音、振动的卫生标准与管理等入此。

居民区绿化入 S731。

参见 TU993。

R127 农村居住卫生

见 R126 注。

〈4 版类名:农村卫生〉

R128 交通卫生、旅行卫生

铁路、公路、水路运行卫生,旅游过程中饮食、住宿等卫生总论入此。

专论入有关各类。例:营养要求入 R151;国境检疫入 R18;航空航天卫生学入 R85。

R129 灾害医学、灾害卫生

自然灾害医学、人为灾害医学、灾害医学救援等入此。

传染病控制入 R183;尸体处理入 R125。

R13 职业卫生

总论职业卫生、工厂卫生、劳动卫生等入此。

专论某种职业的劳动卫生入有关各类。

参见 TD7。

〈4 版类名:劳动卫生〉

R131 职业生理学

劳动生理学、劳动生理卫生等入此。

〈4 版类名:劳动生理学〉

R132 职业卫生组织与管理

劳动卫生组织与行政入此。

〈4 版类名:劳动卫生组织与行政〉

R134 作业环境卫生

生产环境卫生,职业卫生条件及标准,作业场所职业卫生,异常气压、气温作业卫生,作业场所有害物质的检测及其容许浓度等入此。

〈4 版类名:生产环境卫生〉

R135 职业性疾病预防

专论职业性疾病(如矽肺、煤肺、潜水病、高山病与高空病等)的预防及兼论职业性疾病的治疗、康复等的著作入此。

非职业性的物理化学性损害入 R594、R595;农药中毒的预防入 R139。

参见 R779.1、R84。

R136 职业安全卫生防护措施

生产劳动安全卫生措施、劳动保护

措施、防止职业性损伤的安全措施,物理性、化学性、生物性毒害的职业安全卫生防护措施(如工业照明、工厂空调、工业通风等)等入此。

工业外科学入 R64;作业环境卫生入 R134;噪音、振动卫生及其预防入 TB5;放射性物质的防护入 R14。

参见 TU83。

〈4 版类名:生产劳动安全卫生措施(劳动保护措施)〉

[R137] 厂矿卫生各论

宜入有关各类。

如愿集中于此,可用此号。如需细分时,可用工业技术类号与本号组配。例:矿业工程卫生为 R137:TD。

R139 农业劳动卫生

农业劳动疾病及其预防(稻田皮炎、菜田皮炎、中暑、日射病等),农业中毒,农业劳动损伤与防治等著作入此。

生产环境保护入 X32。

R14 放射卫生

放射性物质(电离辐射)的一般卫生及防护,如保健物理学、放射卫生学、放射卫生政策、放射线与公共卫生等入此。

专论原子能生产技术中的放射防护、核事故与放射事故应急防护,放射职业卫生等入 TL7 有关各类;放射性物质对环境、人体的影响及防护,对各种放射性物质的防护及处理入 X591。

R149 战备卫生

军事野营、防空工程、三防及战地卫生与防护等入此。

参见 R82。

R15 营养卫生、饮食卫生

参见 TS201。

〈4 版类名:营养卫生、食品卫生〉

R151 营养学

营养生理学、营养生物化学、食物营养与食物化学、合理营养等入此。

R153 各类型人群的营养

妇幼、儿童、少年、老年人及特种工作人员营养等入此。

病人营养入 R459.3;运动员营养入 G804。

R154 食物的调配、烹饪、运输、保藏与营养

参见 TS972.1。

R155 饮食卫生与食品检查

饮食行为、习惯与食品选择,饮食中毒与饮食性疾病的预防,食物卫生与检验,饮食业卫生与检查,餐饮业人员卫生等入此。

营养缺乏症入 R591;饮食中毒的治疗入 R595;食品微生物学入 TS201;食物性传染病入 R51 有关各类;运动员营养入 G804。

参见 TS207。

R16 个人卫生

劳动生理卫生入 R131;心理卫生入 R395。

参见 TS976。

R161 一般保健法

家庭保健、中医保健及健身法、健脑法、体格锻炼、深呼吸法、长寿法等入此。

气功健身入 R21。

R163 生活制度与卫生

劳逸结合、休息与睡眠、戒烟、戒酒、戒毒等入此。

R165 文体生活卫生

体育运动卫生入 G804;运动医学入 R87。

R166 身体清洁卫生

R167 性卫生

性知识、性医学、性心理学等入此。

性教育入 G47。

R168 个人卫生防护用品使用

清洁卫生用品等的使用入此。

参见 TS974。

R169 生殖健康与卫生

计划生育与卫生、婚前教育与体格检查、优生优育的健康教育与管理、计划生育方法(避孕、人工流产、绝育方法)等入此。

胎教入 G61;青春期卫生教育、性教育入 G47;免疫避孕入 R392;引产入 R719;输卵管结扎手术入 R713;输精管结扎手

术入 R699。

〈4 版类名:计划生育与卫生〉

R17 妇幼卫生

妇幼劳动保护和卫生入 R13 有关各类。

参见 TS976。

R172 妇幼保健事业与组织

妇幼健康调查、发育调查等入此。

妇产科医院、儿童医院入 R19。

R173 妇女保健与卫生

女性青春期、更年期保健入此。

孕产期保健入 R715。

R174 婴幼儿保健与卫生

初生儿生理卫生、生活习惯卫生、哺育与护理、疾病预防控制、残疾儿童的卫生与照顾等入此。

R175 托儿所、幼儿园卫生

R179 儿童、少年卫生

儿童、少年的生长发育及标准、智力发育及标准(智商)等入此。

学校卫生入 G47;儿童、少年营养入 R153。

参见 R339.3。

R18 流行病学与防疫

总论入此。

见 R183 注。

R181 流行病学基本理论与方法

疫情监测与管理入此。

R183 传染病预防

总论入此。

专论某一种传染病预防入 R51 等有关各类。

R184 防疫措施和管理

对空气、尘埃、水、土壤以及公共场所的防治措施入此。

R185 检疫

检疫条例、组织与管理;陆上、船舶、海上、飞机航空、国境检疫等入此。

R186 预防接种、计划免疫、药物预防

R187 消毒

家庭消毒方法,药剂、化学、物理、生物消毒等入此。

参见 R613。

R188 医学地理学

卫生地理学(高原卫生、山地卫生)、病理地理学、地方病预防等入此。

地方病治疗及兼论预防入 R599。

R19 卫生事业管理(保健组织与事业)

总论卫生普及及健康教育(群众性除害灭病及爱国卫生运动、献血、捐献器官等)、卫生标准与检查、医药管理、卫生调查与统计、各国卫生保健事业概况等的著作入此。

专论医务技术的著作入有关各类。专论某种疾病的调查与统计的著作,分别入有关疾病。例:专论肿瘤的调查与统计入 R73。

专论除害灭病及消灭病媒昆虫入 R184;食品卫生检查入 R155;药品管理与监督入 R95;卫生保健法规入 D9 有关各类;医院病人膳食及其管理入 R459.3;医院建筑设计入 TU246。

R192 卫生医务人员

关于医务人员的职业道德、思想修养、工作方法、培训方法等入此。

专论医药卫生技术的著作入有关各类。例:医学伦理学入 R-05;农村医生手册入 R-62。

R197 医疗卫生制度与机构

医疗服务制度及各种医院、疗养院、医疗队等入此。

R2 中国医学

中医学教育与普及(医古文教学用书),中医学丛书、文集、连续出版物等入此。采用现代科学理论与技术研究中医的中西医结合理论、中医系统论入此。

专论入有关各类。例:中西医结合研究经络学说入 R224;中西医结合治疗各种疾病入 R4/78。

中医学史入 R-092。

R21 中医预防、卫生学

综合性养生入此。总论气功学、气功法、气功健身等入此。

专论武术气功入 G852.6;专论气功疗法,食养、食疗入 R247;中医保健性美容入 TS974;中医治疗性美容入 R24、R275

等有关各类；中老年保健入 R161；性卫生入 R167。

R22　中医基础理论

R221　内经

素问、灵枢、素问及灵枢分类合编等入此。

R221.9　难经

R222　伤寒、金匮（伤寒杂病论）

R223　中医生理学

中医解剖学、脏腑学说、骨度等入此。

R224　经络、孔穴

经穴图谱入此。

R226　中医阴阳五行、运气学说

总论医易、中医时间医学入此。

气功疗法入 R247。

R228　中医病理学

病机和病因，如《巢氏诸病源候论》入此。

R229　其他

中医心理学、中医免疫学等入此。

R24　中医临床学

R241　中医诊断学

R241.1　脉学

脉象图入此。

R241.2　四诊

望、闻、问、切等入此。

R241.3　八纲辨证

R241.4　病因辨证

R241.5　六经辨证

R241.6　脏腑辨证

R241.7　经络辨证

R241.8　营卫气血和三焦辨证

R241.9　其他诊法

R242　中医治疗学

治法通论、常见病疗法等入此。

R243　中草药治疗学（八法论治）

中草药麻醉入此。

R244　外治法

〈4 版类名：外治法（物理疗法）〉

R244.1　推拿、按摩、捏积

指针、点穴入此。

参见 R454。

R244.3　拔罐疗法

竹管疗法、新罐疗法入此。

R244.4　刮痧、拧痧

R244.5　割治、挑治

R244.8　埋藏疗法

穴位埋藏疗法入 R245.9。

R244.9　其他外治法

熏洗法、溻浴法、涂敷法、冷刺激、薄贴熨法（膏药疗法）、坐药法等入此。

R245　针灸学、针灸疗法

总论性著作，如《针灸甲乙经》、《针灸大成》等入此。

R245-0　一般理论与方法

禁针、放血与一般操作方法入此。

R245-3　研究方法

R245-33　针灸用器械与仪器

[R245.2]　经络与孔穴

宜入 R224。

R245.3　针法

各种针刺疗法（毫针、三棱针、皮肤针、梅花针、皮内针、温针、火针等）、区系针刺疗法（头针、耳针、肌肉针刺、神经针刺等）入此。

R245.8　灸法

艾炙，药灸（太乙神针、牛黄灸等）入此。

R245.9　穴位疗法（经络疗法）

穴位埋藏疗法、穴位刺激结扎疗法、穴位注射疗法，穴位电流疗法、淋巴结刺激法等入此。

R246　针灸疗法临床应用

针灸疗法在各科的临床应用，针灸意外，针灸戒烟、酒、美容等入此。

R247　其他疗法

外功疗法（专论医疗保健锻炼等）、导引、气功疗法等入此。总论食养、食疗入此。

专论某种疾病的食养、食疗入有关各类。例:消渴的食疗法入R255.4。

气功功法入R21。

食养、食疗,参见TS972.1。

R247.9 中医康复医学

R248 中医护理学

综合性护理入此。

R249 医案、医话(临床经验)

医案、医话汇编,综合性个人医案、医话入此。

专科医案、医话入临床各科。

R25 中医内科学

R254 外感病证

综论温病、瘟疫、时病的著作入此。

R254.1 伤寒

R254.2 温病

R254.3 瘟疫

R254.4 秋燥

R254.5 疟疾

R254.6 痢疾

R254.7 霍乱

痧胀、伏阴入此。

R254.8 鼠疫

R254.9 其他

感冒(外感病)等入此。

R255 一般病证

R255.1 内伤发热

R255.2 中风

R255.3 眩晕

R255.4 消渴

R255.5 虚劳

R255.6 痿证、痹证

R255.7 血证

R255.8 痰饮

R255.9 其他

总论汗证、痛证等入此。

R256 脏腑病证

脏腑病总论入此。

R256.1 肺系病证

咳嗽、哮喘、失音等入此。

R256.2 心系病证

心悸、怔忡、失眠、昏迷等入此。

癫、狂、痫入R277。

R256.3 脾胃系病证

呕吐、泄泻、便秘、虫证、口疮等入此。

R256.4 肝胆系病证

黄疸、臌胀、疝气、胁痛、颤证等入此。

R256.5 肾、膀胱系病证

水肿、淋证、癃闭、尿浊、精浊等入此。

遗尿、尿失禁、遗泄、不育(男子)入R277有关各类。

R259 现代医学内科疾病

参见R5有关各类。

R26 中医外科学

R261 痈疽

总论疮疡入此。

R262 疔毒

R263 瘰疬

R264 创伤

割伤、刺伤、裂伤等入此。

R265 瘿瘤

R266 肛门病

R268 其他

R269 现代医学外科疾病

参见R6有关各类。

R271 中医妇产科学

R271.1 妇科病

经病、崩漏、带下、不孕等入此。

R271.4 产科病

胎前(妊娠)、临产、产后、乳病等入此。

乳癌的中医理论与治疗入R273。

R271.9 现代医学妇产科疾病

参见R71有关各类。

R272 中医儿科学

综合性著作入此。

小儿临床各科疾病的中医治疗,除本科已设类目者,均归入中医各科。

R272.1 新生儿疾病

不乳、脐风、胎黄、鹅口等入此。

R272.2 痘疹、麻疹

风疹、喉痧等入此。

R272.3 惊风

客忤、中恶、急惊风、慢脾风等入此。

R272.4 疳积

R272.5 小儿时疫

R272.6 小儿杂病

虫疾、血症、汗症、痫症、疝症、遗尿、脱肛等入此。

R273 中医肿瘤科学

现代医学肿瘤病的中医理论与治疗入此。

参见 R73 有关各类。

R274 中医骨伤科学

骨折、脱位、软组织损伤等入此。

R274.9 现代医学骨伤科疾病

参见 R68 有关各类。

R275 中医皮肤科学与性病学

疥癣、麻风、梅毒入此。

〈4 版类名：中医皮科〉

R275.9 现代医学皮肤病、性病

参见 R75 有关各类。

R276 中医五官科学

R276.1 耳鼻咽喉科学

参见 R76 有关各类。

R276.7 眼科学

参见 R77 有关各类。

R276.8 口腔科学

参见 R78 有关各类。

〈4 版类名：口齿科〉

R277 中医其他学科

中医泌尿学、中医神经病学与精神病学等入此。

参见 R69、R74 有关各类。

R278 中医急症学

总论急救入此。

专科急救入有关各科。

R28 中药学

中药资源学入此。

生药学（天然药物学）入 R93。

R281 本草

本草经、综合本草、地方本草（中药志）、食物本草等入此。

本草各论入 R282。

R282 中药材

药材的采集、加工，药材鉴定，各类药材等入此。

药用植物的栽培入 S567；药用动物的饲养入 S865.4；生药化学入 R284。

R283 中药炮制、制剂

R284 中药化学

R285 中药药理学

中药药性学（包括药性歌赋）入此。

R286 中药品

药品鉴定，中成药汇编，如《胡庆余堂丸散膏丹全集》入此。

R287 各科用药

单味药入 R282；方剂入 R289；内科中成药入 R286。

参见 R98。

R288 中药药事管理

药事法规、药房、药品管理与贮藏等入此。

〈4 版类名：中药药事组织〉

R289 方剂学

方论、医方、方歌、验方与单方（包括某具体方剂的研究）、外治方等入此。

R29 中国少数民族医学

R3 基础医学

参见 R471。

R31 医用一般科学

R311 医用数学

医用数理统计入此。

R312 医用物理学

论述超声波、电磁、半导体、电子学、激光等在医学上的应用入此。

具体应用入有关各类。例：超声波疗法入 R454。

R313 医用化学

R314 医用仿生学

仿生医学入此。

R318 生物医学工程

生物力学、生物的质量和能量传递、生物信息、生物控制、生物材料学、人工脏器与器官、生物医学工程的其他分支、低温生物医学及生物医学工程、仪器、设备等入此。

总论光、激光生物医学,人工脏器材料入此;专论入有关各类。

移植免疫学入 R392;器官移植术入 R617;激光治癌入 R73。

参见 R49、Q66、Q73。

R319 其他科学技术在医学上的应用

信息技术在医学中的应用入此。

R32 人体形态学

R321 人体胚胎学(人体胎生学、发生学)

试管婴儿入此。

R322 人体解剖学

系统解剖学、断面解剖学、局部解剖学、解剖生理学、解剖标本制作技术、解剖学图表等入此。

艺术解剖学入 J06;病理解剖学入 R361。

R329 人体组织学

人体组织胚胎学(发生学)、人体细胞学、人体组织生理学(机能组织学)、人体器官组织学(显微解剖学、组织解剖学)等入此。人体干细胞理论入此。

专论入有关各类。例:造血干细胞入 R331。

R33 人体生理学

总论入此。巴甫洛夫生理学的综合性著作入此。

专论入有关各类。例:劳动生理学入 R131。

参见 Q4。

R331 血液与循环生理

造血机能(网状内皮系统的机能)、血液循环(动脉、静脉的机能及微循环)、淋巴及其循环、体液生理等入此。

人体血液化学入 Q592。

R332 呼吸生理

生理声学(语言与发声的生理)入 H01。

R333 消化与吸收生理

口腔与食管、胃、肠、肝脏等的生理,新陈代谢入此。

蛋白质、核酸的代谢入 Q591;营养生理学入 R151。

R334 排泄生理

皮肤的生理入此。

R335 内分泌生理

总论神经内分泌生理的著作入此。

R336 骨骼生理学

骨的生长与再生等入此。

〈4 版类名:骨及骨骼生理学〉

R337 肌肉生理学

神经的传导入 R338。

R338 神经生理学

总论神经反射、神经介质、神经受体等的著作入此。催眠入此。

R339.1 感觉器官生理学

论述感觉器官活动规律、人体特异功能等入此。

R339.2 生殖(性)生理

妊娠生理入 R714;试管婴儿入 R321。

R339.3 发育及年龄生理

老年学入 C913。

参见 R179。

[R339.4] 运动生理

宜入 G804。

R339.5 特殊环境生理、生态生理

风土驯化,热带、干燥及沙漠、高山、寒冷、潮湿等气候与人类的关系,辐射线的生理作用等入此。

R339.6 能量代谢与体温

[R34] 人体生物化学

宜入 Q5。

〈4 版类名:人体生物化学、人体分子生物学;医学分子生物学,5 版改入 R393〉

[R35] 人体生物物理学

宜入 Q6。

R36 病理学

总论疾病性质的著作、病原病理学等入此。

专论入有关各科。例：免疫病理学入R392。

R361　病理解剖学与组织学

细胞病理学入此。

R362　病理化学

各种营养素的代谢障碍、脱水与水肿的病理化学、临床生物化学等入此。

R363　病理生理学

总论入此。病因学(医源性因素)、发病学入此。

专论各疾病病理生理学入有关各类。

病理地理学入R188；疾病学入R366。

R364　病理过程

循环障碍，物质代谢和营养障碍，组织生长病理学(肥大、增生、硬化、病理性再生)，窒息、缺氧，炎症，体温调节的障碍(发热)等入此。

肿瘤病理学入R73；免疫病理学入R392。

R365　临床病理学(系统及内脏病理学)

综合性著作入此；各种疾病的病理学均按疾病分入有关各类。例：传染病病理学入R51。

R366　疾病的分类与命名

疾病学入此。

R37　医学微生物学(病原细菌学、病原微生物学)

病原生物学入此。

卫生细菌学入R11；口腔细菌学入R78；药物细菌学入R91。

R372　病原微生物分类与鉴定

R373　人体病毒学(致病病毒)

兼论人体及动物病毒学的著作入此。

专论动物病毒学入S852。

R373.1　呼吸道传染性病毒

疱疹、痘、流行性感冒、呼吸道合胞、人冠状、SARS、鼻病毒，流行性腮腺炎等入此。

R373.2　肝炎病毒与肠道病毒

脊髓灰质炎、柯萨奇、埃克(ECHO)、流行性胃肠炎病毒入此。

R373.3　节肢动物传播的病毒(虫媒病毒)

脑炎(脑脊髓炎)、流行性出血热、登革热、白蛉子热病毒等入此。

R373.9　其他病毒

狂犬病病毒等入此。

R374　衣原体属

R375　支原体属

R376　立克次(Ricketts)氏体属

R377　螺旋体属

R378　病原细菌

R379　放线菌与病原真菌(霉菌)

R38　医学寄生虫学

医学原虫学、医学蠕虫学、医学昆虫学，寄生虫与宿主等入此。

临床寄生虫学，兼论寄生虫学与寄生虫病的著作入R53。

R392　医学免疫学

总论入此；临床免疫学入有关各类。例：内科免疫学入R5；免疫学检验入R446。

免疫生物学、免疫遗传学(免疫分子遗传学)、移植免疫学、变态反应及其过敏反应等以及总论免疫病理学、内分泌免疫学、生殖免疫学、免疫血清学等入此；内分泌免疫性疾病、各种疫苗与血清按其用途入有关各类。

免疫遗传性疾病、免疫性疾病、变态反应疾病等入R593；产科免疫学入R714；免疫药理学入R96。

R393　医学分子生物学

分子遗传学入Q75。

R394　医学遗传学

医学遗传理论、遗传咨询、药物遗传学、遗传毒理学、医学遗传工程等入此。

返祖遗传学入Q987；临床优生学入R715；发育遗传学(发生遗传学)、生理遗传学、细胞遗传学、群体遗传学、辐射遗传学等入Q34；分子遗传学(生化遗传学)入Q75；免疫遗传学入R392；遗传性疾病入R596。

R395　医学心理学、病理心理学

脑损伤与心理、器官缺陷与心理、发育障碍与心理、心理卫生、临床心理学等入此。

变态心理学入 B846;护理心理学入 R471;神经病与心理入 R741;精神病与心理入 R749;心理治疗法入 R49。

R4 临床医学

R41 临床诊疗问题

诊疗学、医疗事故与预防入此。

总论入此;各种疾病的临床诊疗入有关各类。

R44 诊断学

总论入此。计算机辅助诊断、诊断系统等入此。

专论各种疾病的诊断入有关各类。例:传染病诊断学入 R51。

各种诊断器械与设备的使用入有关各类。例:电诊断设备的使用入 R444;X 射线检查、放射性同位素检查入 R81。

R441 症状诊断学

疼痛、眩晕、发热、心动过速、咳嗽、咯血、厌食、肝脾肿大、腹水、痉挛等常见病的诊断入此。总论常见病症状、亚健康症状以及体征诊断与治疗入此。

专论入有关各类。例:血液循环衰竭导致休克、心力衰竭综合征入 R541。

R443 物理诊断学(体检诊断)

视诊、触诊、叩诊、听诊、体温和血压测定、呼吸检查、反应检查及物理诊断仪器与设备等入此。

放射性同位素在诊断中的应用入 R81。

R444 电诊断

总论血流图的著作入此。

专论入有关各类。例:心电图入 R540.4;脑血流图、脑电图、肌电图入 R741。

R445 影像诊断学

总论入此;专论入有关各类。超声波诊断、核磁共振成像、热成像、全息成像术等入此。

电子计算机体层扫描、放射线诊断、放射性核素成像、放射型计算机体层显像入 R81。

R446 实验室诊断

染色技术、检验试剂配制、机器检验及其自动化,生物化学、临床检验(血液学、尿液、粪便、脑脊液),微生物学检验,细胞遗传学检查(DNA 指纹、基因诊断等)、免疫学检验,组织学检验等入此。

R447 鉴别诊断学

总论误诊入此。

R448 机能诊断学

R449 预后及劳动鉴定

R45 治疗学

各科通用的治疗法入此。

中医疗法入 R242;特种疗法入有关各类。例:休克疗法入 R749;放射疗法入 R81;康复疗法入 R49。

各种治疗器械与设备的使用入有关各类。例:电疗器械的使用入 R454。

R451 处方法及剂量学

R452 投药法、用药法

内服法、外用法、注射法、吸入法、灌肠法、皮下灌注等入此。

体液补充法入 R457。

R453 药物疗法、化学疗法

总论药物治疗学的著作入此;各种疾病的药物治疗入有关各类。

R454 物理疗法、自然疗法

电疗法、磁疗法、光疗法(日光浴)、声疗法(超声波疗法)、机械能疗法、电动按摩、冷热疗法(蒸气疗法、药浴疗法、矿泉疗法等)、气候疗法、自然疗法(高山、海水疗法等)等入此。

拔火罐入 R244.1。

参见 R459.6。

R455 体育疗法(医疗体育)

创伤、腰酸、背痛、截瘫、平足、内脏下垂等的医疗体育入此。

运动医学入 R87;运动卫生入 G804。

R456 生物疗法

基因疗法、发热疗法、种痘疗法、蛋

白质休克疗法等入此。

R457 血液疗法

输血疗法(血型、血库、血浆)、血清疗法、免疫疗法、放血疗法、造血干细胞移植、人工充血法等入此。总论骨髓移植、外周血、脐带血移植等入此。

血浆代用品入 R977;肿瘤免疫疗法入 R73。

R458 组织疗法(器官疗法)

甲状腺、垂体、淋巴腺等制剂及其疗法入此。

R459.1 激素疗法

R459.2 封闭(庇护)疗法、脱敏疗法

R459.3 饮食疗法、临床营养学

静脉营养、病人营养、全肠外营养等入此。

R459.4 综合快速疗法

各种专科及各疾病的快速疗法入有关各类。

R459.5 血液净化疗法

腹膜透析、结肠透析、血液透析、血液滤过、血液置换等入此。

专论透析治疗各疾病入有关各类。例:透析治疗肾功能衰竭入 R692。

〈4 版类名:透析疗法〉

R459.6 氧疗法、高压氧疗法

高压氧治疗潜水病入 R84。

参见 R454。

R459.7 急救医学、急救处理

总论急症、急诊处理等入此。

专论各科的急症、急救入各科。

〈4 版类名:急症、急救处理〉

[R459.8] 精神疗法

宜入 R49。

R459.9 其他疗法

姑息疗法、呼吸疗法、逆行疗法等入此。

R47 护理学

循证护理等入此。

中医护理学入 R248;临终关怀学入 R48。

R47-05 护理学与其他学科的关系

护理社会学、护理美学、护理信息学、护理伦理学等入此。

R471 护理学基础科学

护理心理学等入此。

参见 R3。

R472 护理一般技术

护理程序、基础护理、消毒法和保管法、护理急救法(急救护理学)、手术室护理操作、保护具的使用、隔离技术、诊疗技术(护理诊断、自动监护、胃肠道的处理,泌尿器的处理等)等入此。

用药法、注射法、输血法、饮食管理等入 R45 有关各类。

R473 专科护理学

临终前监护、围手术期护理、危重病人的监护、老年病护理、各科护理及社区护理学、家庭护理学、理疗科护理学等入此。

军队护理学入 R82。

R48 临终关怀学

R49 康复医学

总论入此。康复评定、社会康复(职业康复、社区康复、家庭康复)、医学康复(康复疗法)、教育康复、康复医学工程等入此。

专论各科疾病康复入有关各类。

康复医疗机构入 R19;物理治疗入 R454;中医康复治疗入 R247.9。

参见 G76、R318。

R499 临床医学的其他分支学科

全科医学(家庭医学)、循证医学等入此。

R5/8 临床各科

各科各种疾病均收疾病的预防、控制和卫生,病理学、病因学,医学微生物学、医学免疫学,诊断学,治疗学(急症,急救处理等),并发症,预后,诊疗器械、用具,康复等方面的著作。

R5 内科学

参见 R725。

R51 传染病

总论传染病的预防入R183。

小儿传染病入R725。

参见R599、R751。

R511　病毒传染病

病毒性肺炎入R563;病毒性皮肤病入R75;病毒性心肌炎入R541;腹股沟肉芽肿入R759;沙眼入R777。

R511.1　麻疹

R511.2　风疹

R511.3　天花

种痘入R186。

R511.5　水痘

猝发疹等入此。

R511.6　感冒(伤风)

R511.7　流行性感冒

人感染禽流感、甲型H1N1流感等入此。

R511.8　腺病毒感染

R512.1　流行性腮腺炎

R512.3　脑炎及脑脊髓膜炎

中枢神经系统病毒性疾病入此。

R512.4　脊髓灰质炎(小儿麻痹症)

R512.5　肠道病毒感染

婴幼儿腹泻入R723。

R512.6　病毒性肝炎

R512.7　传染性单核细胞增多症(腺热)

R512.8　病毒性出血热

流行性出血热、黄热病、登革热等入此。

R512.91　获得性免疫缺陷综合征(AIDS艾滋病)

R512.93　严重急性呼吸系统综合症(SARS)

R512.99　其他

狂犬病、白蛉热病等入此。

R513　立克次(Ricketts)氏体传染病

R514　螺旋体传染病

回归热、雅司病、鼠咬热(鼠毒)等入此。

梅毒入R759;奋森(Vincent)氏咽峡炎入R766。

R515　细菌传染病、球菌传染病

猩红热、流行性脑脊髓膜炎(流行性脑膜炎)、败血症(菌血症)等入此。

全身性化脓性感染的败血症、疖、痈入R63;新生儿败血症入R722;细菌性心内膜炎入R541;肺炎入R563;风湿病入R593;淋病入R759;扁桃体炎入R766;球菌性皮肤病入R751。

R516　杆菌传染病

肠炎、伤寒、副伤寒、细菌性痢疾、霍乱、百日咳、布鲁氏菌病、梭菌肌炎、克雷白氏菌传染病、李斯特氏菌病、军团病、鼠疫、白喉、破伤风、气性坏疽等入此。总论炭疽及内脏炭疽入此。

皮肤炭疽、鼻疽、类丹毒、麻疯病入R751;软性下疳入R759;细菌性食物中毒入R595。

R518　衣原体属疾病

鹦鹉热入此。

性病淋巴肉芽肿入R759;沙眼、成人滤泡性结膜炎入R777;衣原体性泌尿生殖系统感染入R691。

R518.9　支原体疾病

支原体肺炎入R563。

R519　真菌与放线菌传染病

皮肤真菌病入R751。

R519.9　原因未明的传染病

R52　结核病

肺、淋巴系、气管及食管、胃、肠、肝、脾、胰、腹膜、泌尿生殖器、骨与关节、脑、皮肤、耳鼻咽喉、眼及口腔结核病,结核菌素试验等入此。

卡介苗接种入R186。

R53　寄生虫病

原虫病,蠕虫病、吸虫病、绦虫病、囊虫病等入此。兼论寄生虫学与寄生虫病的著作、临床寄生虫学等入此。

皮肤寄生虫病入R751;胆道蛔虫入R656。

参见R599。

R535　人畜共患病

总论入此。

专论入有关各类。例:囊虫病入R53。

参见 S855.99。

R54 心脏、血管（循环系）疾病

心脏、血管（循环系）肿瘤入 R732；心脏、血管梅毒入 R759；心血管造影术、心脏同位素造影术入 R81。

R540.4 诊断学

心电图、心音图、超声心动图、心血管机能试验等入此。

心血管造影术入 R81。

R541 心脏疾病

先天性、风湿性、高血压性、肺原性心脏病，冠心病、血液循环衰竭、心律失常、心包疾病、心肌疾病、克山病、心瓣膜疾病、猝死、心脏肥大等入此。

红斑狼疮、硬皮病入 R593；神经官能性心脏病入 R749。

参见 R654。

R543 血管疾病

外周血管疾病、动脉疾病、静脉疾病、毛细血管等疾病入此。

雷诺氏（Raynaud）病、红斑性肢痛症入 R747；节结性动脉周围炎入 R593；食管静脉曲张入 R571；精索静脉曲张入 R697。

参见 R654。

R544 血压异常

高血压、低血压（晕厥）入此。

R55 血液及淋巴系疾病

R551 造血系疾病

造血系统遗传病、脾及网状内皮系统疾病、淋巴系疾病、骨髓疾病等入此。

何杰金（HodgKin）氏病入 R733；淋巴体质入 R583；腹股沟肉芽肿入 R759。

参见 R654。

R552 血液疾病

巨球蛋白血症、血液丙种球蛋白缺乏症、出血性疾病（血友病、紫癜等）、红细胞疾病、贫血病、白细胞疾病、血小板疾病等入此。

病毒性出血热入 R512.8；传染性单核细胞增多入 R512.7；败血症入 R515；坏血病入 R591；新生儿溶血病入 R722；白血病入 R733；卟啉血症、血液元素过多或过少入 R589。

R56 呼吸系及胸部疾病

呼吸系及胸部结核入 R52；呼吸系肿瘤入 R734；鼻咽疾病入 R76。

R561 胸膜及胸腔疾病

结核性胸膜炎、结核性脓胸入 R52。

R562 气管和支气管疾病

气管镜检查术、支气管镜检查术入 R768。

参见 R653。

R563 肺疾病

慢性阻塞性肺疾病（COPD）、肺炎、肺脓肿、肺气肿、肺出血、呼吸衰竭等入此。

职业性肺疾病入 R135；肺结核病入 R52；肺源性心脏病入 R541；肺畸形入 R655；肺放线菌病与真菌病入 R519；狼疮性肺炎入 R593。

R564 纵膈疾病

R565 膈疾病

膈疝入 R655。

R57 消化系及腹部疾病

胃肠病学入此。

消化系肿瘤入 R735；消化系结核入 R52。

R571 食管疾病

食管镜检查术入 R768。

R572 腹部疾病

内脏下垂、网膜疾病入此。

急腹症入 R656；腹水入 R441；结核性腹膜炎入 R52；产褥期腹膜炎入 R714。

R573 胃疾病

胃电图诊断、胃镜检查入此。

胃穿孔入 R656；胃下垂入 R572。

R574 肠疾病

肠镜检查入此。

肠炎入 R516；肠寄生虫病入 R53；肠肿瘤入 R735；十二指肠溃疡入 R573；痔、肛门裂入 R656。

R575 肝及胆疾病

肝细胞性黄疸、梗阻性黄疸入此。

传染性肝炎及病毒性肝炎、同种血清肝炎入 R512.6;阿米巴肝脓肿入 R53。

R576 胰腺疾病

胰腺炎入此。

R58 内分泌腺疾病及代谢病

内分泌腺肿瘤入 R736。

R581 甲状腺疾病

地方性甲状腺肿入此。

R582 甲状旁腺疾病

手足抽搐症入此。

R583 胸腺疾病

淋巴体质入此。

R584 垂体及间脑-垂体系统疾病

巨大畸形、侏儒症、尿崩症等入此。

R585 松果体疾病、早发青春期症(性早熟)

R586 肾上腺疾病

R587 胰岛疾病

糖尿病、低血糖入此。

R588 性腺疾病

总论男子睾丸、女子卵巢内分泌机能失调所引起的性腺疾病及更年期综合征入此。

性医学入 R167;男性性腺(睾丸)疾病入 R697;女性性腺(卵巢)疾病入 R711。

R589 代谢病

碳水化合物、脂肪、蛋白质中间、水盐、钙磷、嘌呤、卟啉等代谢障碍和酸碱平衡失调等入此。

糖尿病入 R587;丙种球蛋白减少血症入 R552;蛋白质缺乏症、低钾症、低钠症入 R591;黑酸尿、胱氨酸尿入 R695;尿崩症入 R584;甲状旁腺肌能减退入 R582;尿酸盐尿、磷酸盐尿症入 R696。

R59 全身性疾病

总论医源性疾病入此。

R591 营养缺乏症

无机盐、蛋白质及氨基酸、不饱和脂肪酸、维生素、内源性营养缺乏症及佝偻症、干眼病、夜盲、坏血病等入此。婴儿坏血病入 R723。

R592 老年病学

总论老年医学、老年病学的著作入此。

专论入有关各类。例:老年生理入 R339.3;老年口腔疾病入 R787;老年卫生入 R161。

R593 免疫性疾病

变态反应性疾病总论及血清病、过敏性休克、干燥综合征、风湿热、风湿性关节炎、红斑狼疮、硬皮病、自身免疫性疾病、结缔组织疾病、免疫缺陷病等入此;各部位器官的过敏性疾病入有关各类。例:哮喘病入 R562。

多发性(播散性)硬化症入 R744;局限型盘状红斑狼疮、结节性红斑入 R751;先天性丙种球蛋白缺乏症入 R552;艾滋病入 R512.91。

〈干燥综合征,4 版入 R441〉

R594 物理性损害

热和冷的损害、高空病、高山病、血氧缺乏症、高气压病、光线作用病、振动损害(晕车)、电磁波损害、声波作用病等入此。

电击伤入 R647;职业性高温中暑入 R135;放射损伤、战壕足病、晕船、晕空等入 R8 有关各类。

参见 R64。

R595 中毒及化学性损害

饮食中毒、气体中毒、金属中毒、药源性中毒,药物中毒(农药中毒)、麻醉剂中毒、动物毒液中毒等入此。药源性疾病总论入此。

专论各系统、各器官的药源性疾病入有关各类。例:药源性肾病入 R692。

水下气体中毒入 R84。

参见 R994。

R596 遗传性疾病

总论入此。染色体病、单基因遗传病、多基因遗传病等入此。

专论入有关各类。例:血友病入 R552。

R597 原因未明的疾病

淀粉样变性病、垂头病、热带口炎性腹泻、乳糜泄(Gee 氏病)、非热带口炎性腹泻白塞氏病等入此。

R598 职业性疾病

职业性疾病预防入 R135。

R599 地方病学

地方性硒中毒、钡、砷、氟中毒及热带病、寒带病等入此。总论入此;各种地方病按发病部位或器官分入有关各类。例:大骨节病入 R684;克山病入 R541。

参见 R51、R53。

R6 外科学

外伤急救入 R64;骨折急救入 R683;战伤急救入 R82;各部位、各器官的肿瘤入 R73 有关各类;小儿外科学入 R726;静脉营养入 R459.3。

R61 外科手术学

参见 R713。

R612 手术室及其设备

R613 抗菌术、无菌技术(消毒法)

参见 R187。

R614 麻醉学

麻醉前给药入此。

中草药麻醉、针刺麻醉入 R24;麻醉用药入 R971。

R615 手术基本操作技术

R616 特种外科手术学

电外科、显微外科、冷冻外科、激光外科、内镜术等入此。

R617 器官移植术

各部位的器官移植术入 R65 有关各类。例:肝移植入 R656。

R618 绷带学

石膏、固定、牵引、绷带等入此。

R619 手术前后的处理及外科并发症

出血与止血,手术后血栓与栓塞,手术后感染,手术后水、电解质代谢失调,手术创伤,瘢痕等入此。

R62 整形外科学(修复外科学)

整形手术学(皮肤、肌及肌腱、神经、血管移植)、美容术(头颈、胸、腰腹、臀、四肢等部)入此;各部位的整形入有关各类。例:女性生殖器畸形及缺损的修复入 R713;乳房成形术入 R655。

骨骼移植术入 R687。

R63 外科感染

全身性化脓性感染、皮及皮下感染、特异性感染(破伤风,气性坏疽、放线菌病)、坏死、坏疽、窦道与瘘管等入此。

上肢的感染、下肢的感染入 R658;炭疽入 R516;丹毒入 R751。

R64 创伤外科学

工业及灾祸性外伤入此;各部位的损伤入有关各类。例:颅脑损伤入 R651。

参见 R594。

R641 创伤

割伤、刺伤、裂伤等入此。

火器伤入 R82。

R642 挤压伤、震荡伤、冲击伤

R643 化学损伤

R644 烧伤及烫伤(灼伤)

放射线烧伤入 R81;电烧伤入 R647。

R645 冻伤

R646 动物、昆虫咬(刺)伤

毒蛇、蝎、蜈蚣、蜂、蝶、蛾、蚂蝗和其他毒虫咬(刺)伤等入此。

狂犬病入 R512.99。

R647 电击伤

电烧伤入此。

[R648] 运动损伤

宜入 R87。

R649.1 气压伤

潜水气压伤入 R84;航空气压伤入 R85。

R649.2 窒息

R649.3 淹溺

R649.4 异物

各部位的异物入有关各类。例:颅内异物入 R651。

R649.9 其他

R65 外科学各论

R651 头部及神经外科学

颅脑、脊髓、周围神经、植物神经外

科等入此。

颌面和涎腺外科入R782;颅骨骨折入R683。

R653　颈部外科学

气管、甲状腺手术等入此。

参见R562、R768。

R654　心脏血管和淋巴系外科学

参见R541、R543、R551。

R655　胸部外科学

参见R56、R571、R768有关各类。

R656　腹部外科学

腹部各部位或器官外科入此。总论及中西医结合治疗急腹症入此;各种急腹症入有关各类。例:急性肠梗阻入R574。

参见R57有关各类。

R658　四肢外科学

R659　其他外科学

总论内分泌腺外科学的著作入此。

专论入有关各类。例:甲状腺手术入R653。

R68　骨科学(运动系疾病、矫形外科学)

骨结核入R52;骨软化、佝偻病入R591;四肢损伤入R658;面骨的骨折入R782;骨肿瘤入R738;骨梅毒入R759。

参见R87。

R681　骨骼疾病

骨髓炎、软骨疾病、脊柱疾病(如椎间盘突出、颈椎病、腰背痛等)、骨盆疾病等入此。

强直性脊柱炎入R593。

R682　骨的畸形

中西医结合治疗小儿麻痹后遗症、膝内外翻、平足症等入此。

R683　骨折、骨的损伤

中西医结合治疗骨折、外伤性截瘫等入此。

R684　关节疾病及损伤

颞下颌关节疾病入R782;风湿性关节炎入R593。

R685　肌肉疾病及损伤

蜂窝组织炎入R63;重症肌无力入R746。

R686　筋腱、韧带、滑囊疾病及损伤

R687　矫形外科手术学

肌肉及肌腱手术、骨胳手术、关节手术、截肢手术、假肢安装等入此。

断肢再植手术入R658;肌肉与肌腱移植术入R62;假肢材料入R318。

R69　泌尿科学(泌尿生殖系疾病)

泌尿系统的内外科病入此。

泌尿生殖系结核入R52;女性生殖系疾病入R711;泌尿生殖系肿瘤入R737。

R691　一般疾病

总论入此。

专论入有关各类。例:肾结石入R692。

R692　肾疾病

狼疮性肾炎入R593。

R693　输尿管疾病

R694　膀胱疾病

R695　尿道疾病

R696　尿的成分异常

糖尿病入R587。

R697　男性生殖器疾病

男科学入此。

R698　男子性机能障碍

兼论女性不育症的著作入R711。

R699　泌尿及男性生殖系外科学

输精管结扎术入此。

R71　妇产科学

R711　妇科学

儿童及青少年妇科学、女性生殖器畸形、位置异常、炎症、损伤、功能性疾病(女性盆底功能障碍性疾病)、不育症(兼论男性不育症的著作)、尿失禁、女性更年期综合征等入此。

女性生殖器结核入R52;乳房、乳腺疾病入R655;女性尿道瘘管入R695;女性生殖器肿瘤入R737;梅毒入R759;多毛症入R586。

R713　妇科手术

输卵管手术、不育症手术、避孕手术等入此。

参见 R61。

R714 产科学

生理、病理妊娠,生理、病理分娩,胎儿,产褥及总论围产期医学等的著作入此。

围产期新生儿、新生儿疾病入 R722;围产期卫生入 R715;试管婴儿入 R321;葡萄胎入 R737;哺乳,授乳入 R174;阴道炎、外阴炎、子宫颈炎入 R711。

R715 临床优生学

孕期卫生与保健、分娩监护等入此。

胎儿产前诊断入 R714;计划生育与优生入 R169;遗传与优生入 R394;新生儿保健入 R174。

参见 Q987。

R717 助产学

接生法入此。

R719 产科手术

引产术、牵引术、胎头吸引术、倒转术、产钳术、碎胎术、剖腹手术等入此。

R72 儿科学

儿科治疗学(儿科急症及处理)入此。

儿童的保健与卫生入 R174/179;儿童营养学入 R153;儿童的生长发育入 R179。

参见 TS976。

R722 新生儿、早产儿疾病

围产期医学入 R714;新生儿畸形入 R726。

新生儿内科病、外科病、五官科疾病等入各专科。例:新生儿皮肤病入 R751;新生儿肿瘤入 R73。

R723 婴儿的营养障碍

消化营养障碍(如婴儿腹泻症等)、营养缺乏症等入此。

R725 小儿内科学

小儿自身免疫性疾病入此。

儿童结核病入 R52;小儿脱水及酸中毒、小儿肥胖症、小儿营养缺乏症入 R723。

参见 R5。

R726 小儿外科学

R729 小儿其他疾病

儿童肿瘤、神经病、精神病、皮肤病、耳鼻咽喉病、眼病及口腔病等入有关各科。例:儿童肿瘤入 R73;儿童神经病入 R748。

R73 肿瘤学

包括良性肿瘤、恶性肿瘤(癌症)。中西医结合疗法入此。

中草药疗法入 R273。

R732 心血管肿瘤

心脏肿瘤及总论血管瘤的著作入此;各部位各器官的血管瘤入各类。例:脑血管肿瘤入 R739.4。

R733 造血器及淋巴系肿瘤

网状内皮系统肿瘤,脾脏、骨髓、淋巴结肿瘤,白血病等入此。

R734 呼吸系肿瘤

气管、支气管、肺、胸膜、胸壁、纵膈、膈膜肿瘤等入此。

R735 消化系肿瘤

食管、胃、肠(包括肛管肿瘤)、肠系膜及腹膜后、腹膜及腹壁、肝、胆囊、胆道、胰腺肿瘤等入此。

R736 内分泌腺肿瘤

甲状腺、甲状旁腺、胸腺、垂体、松果腺、肾上腺、胰岛、性腺肿瘤等入此。

专论男性性腺或女性性腺肿瘤的著作入 R737。

R737 泌尿生殖器肿瘤

乳腺肿瘤入此。

R738 运动系肿瘤

骨胳、关节、滑囊、滑膜、软组织、肌肉肿瘤等入此。

骨髓肿瘤入 R733。

R739.4 神经系肿瘤

脑、脊髓、周围神经系、植物神经系、脑膜肿瘤等入此。

专论神经组织瘤的著作入 R73。

R739.5 皮肤肿瘤

专论上皮性瘤、黑痣及恶性黑色素瘤的著作入此。

R739.6 耳鼻咽喉肿瘤

R739.7 眼肿瘤

R739.8 口腔、颌面部肿瘤

唾液腺肿瘤入此。

R739.9 其他部位肿瘤

头、颈、肩部，背部，腰骶部，臀部、四肢肿瘤等入此。

R74 神经病学与精神病学

R741 神经病学

常见症状(头痛、昏迷、抽搐、麻痹等)诊断及神经病治疗学入此。

神经系结核入 R52；神经系中毒入 R595；神经系外伤入 R651；神经系肿瘤入 R739.4；神经梅毒入 R759；超声波诊断入 R445；放射线诊断、同位素诊断入 R81。

R742 脑部疾病

癫痫、舞蹈病、肝豆状核变性、震颤麻痹综合征、蛛网膜炎、脑积水、脑脓肿、大脑发育异常等入此。

脑寄生虫病入 R53；中枢神经系统感染入 R51，例：脑炎入 R512.3；结核性脑膜炎入 R52；肝豆状核变性肝硬变入 R575。

R743 脑血管疾病

脑动脉硬化、中风、脑血栓等入此。

R744 脊髓疾病

脊髓灰质炎入 R512.4。

R745 周围神经及神经节疾病

脑神经、脊髓神经、神经节疾病等入此。

耳鼻咽喉部神经系统疾病入 R76；视神经疾病入 R774。

R746 神经肌肉疾病

重症肌无力、肌营养不良症、周期性麻痹、肌萎缩等入此。

R747 植物性神经系疾病

偏头痛、肢端感觉异常症等入此。

R747.9 并发神经病

神经病与各器官疾病的关系、肺性脑病、肝脑综合征、心脑综合征等入此。

R748 儿童神经病

R749 精神病学

脑器质性精神障碍(如老年及早老性精神障碍)、躯体疾病伴发精神障碍、精神分裂症、情感性精神病、反应性精神障碍、中毒性精神障碍、神经官能症(神经衰弱、焦虑症、癔症等)、偏执性精神病、人格障碍、心身疾病、精神发育不全、儿童精神病等入此。

参见 B846。

R75 皮肤病学与性病学

R751 皮肤病学

病毒性、球菌性、杆菌性、真菌性、寄生虫性、昆虫性、物理性、中毒性、变态反应性、神经精神性、代谢障碍性、先天性皮肤病及麻风病、牛皮癣、红皮病及皮肤附属器官病(毛发、爪甲、汗腺等)入此。

皮肤结核病入 R52；皮肤肿瘤入 R739.5；水痘、猝发疹入 R511.5；甲沟炎、疖、痈入 R63；播散性红斑狼疮、硬皮病入 R593。

参见 R51。

R759 性病学

梅毒、淋病、软体下疳、腹股沟肉芽肿、性病淋巴肉芽肿等入此。

R76 耳鼻咽喉科学

总论五官科的著作入此。

耳鼻咽喉结核入 R52；耳鼻咽喉肿瘤入 R739.6；耳鼻咽喉梅毒入 R759。

R762 耳鼻咽喉外科学

R763 耳鼻咽喉科真菌病

总论入此；各部位的真菌病入有关各类。例：咽真菌病入 R766。

R764 耳科学、耳疾病

美尼尔氏综合征、中西医结合治疗聋哑病入此。

X 线检查入 R81。

R765 鼻科学、鼻疾病

酒糟鼻入 R751；臭鼻症、鼻硬结症入 R516；颅内并发症入 R742。

R766 咽科学、咽疾病

扁桃体炎、鼻咽炎等入此。

R767 喉科学、喉疾病

总论嗓音医学、语言医学的著作入此。

喉部外科手术入此。

R768 气管与食管镜学

气管与食管镜检查术、气管与食管异物取出术入此。

参见 R653。

R77 眼科学

眼科诊断学入此。

眼结核入 R52；眼肿瘤入 R739.7；眼梅毒入 R759；眼科放射线诊断学及同位素检查入 R81。

R771 眼的一般性疾病

眼畸形病、眼球炎、系统疾病的眼部表现入此。

R772 眼纤维膜疾病

角膜、巩膜疾病入此。

角膜软化病入 R591。

R773 眼色素层(葡萄膜)疾病

虹膜、瞳孔、睫状体、脉络膜疾病及总论眼底病等入此。

R774 视网膜及视神经疾病

黑蒙、盲点、色盲、黄斑、中心窝疾病，视路及视中枢疾病等入此。

夜盲入 R591；复视、弱视入 R777；视神经脊髓炎入 R744。

R775 眼压与青光眼

R776 晶状体与玻璃体疾病

白内障入此。

R777 眼附属器官疾病

眼睑、泪器、结膜(沙眼等)、眼肌、眼眶疾病及斜视、弱视、眼球震颤等入此。

R778 眼屈光学

验光、眼镜学入此。

眼镜制造 TS959.6。

R779.1 眼损伤与异物

职业性眼病入此。

战伤及军事眼科学入 R82。

参见 R135。

R779.6 眼外科手术

角膜移植、白内障摘除术、义眼安装等入此。

〈4 版类名：眼外科手术学〉

R779.7 小儿眼科学

总论入此；小儿各种眼病入以上各类。

R779.9 热带眼科学

R78 口腔科学

口腔疾病的预防与口腔卫生、口腔病理学入此。

口腔结核入 R52；口腔、颌面部肿瘤入 R739.8。

R781 口腔内科学

R782 口腔颌面部外科学

牙及牙槽骨外科(拔牙术)，口腔颌面部整形外科学(如唇、腭裂及其修复术)，口腔颌面部炎症、损伤，颞下颌关节疾病，涎腺外科手术等入此。

参见 R6。

R783 口腔矫形学、牙科美学

牙科材料学、口腔工艺学、牙体和牙列缺损的修复矫治、义齿学等入此。

〈4 版类名：口腔矫形学〉

R787 老年口腔疾病

总论入此；专论入有关各类。

R788 儿童口腔疾病

R79 外国民族医学

R8 特种医学

R81 放射医学

X 线解剖学、诊断学，放射疗法，放射性同位素在医学上的应用，放射病与放射损伤等入此。

放射卫生入 R14。

R82 军事医学

军队卫生勤务、军队卫生学(包括军人健康鉴定、军队卫生统计、国防施工卫生、军队个人卫生与环境卫生、各军兵种医院等)，军队临床医学，军队流行病学，野战内、外科学，特种武器损伤等入此。

参见 R149、TJ9。

R83 航海医学

晕船入此。

海上检疫入 R185；航海心理学入 B845。

R84 潜水医学

水下医学、高气压医学、潜水作业规则、潜水员体格检查、潜水事故伤及防治等入此。

潜水心理学入 B845;溺水入 R649.3。

参见 R135。

R85 航空航天医学

航空航天卫生学(包括航空航天食品营养与卫生、遇险营救等),航空航天生理学与防护(如缺氧、失重、空晕、昼夜节律、生命保障系统及个人防护设备等),航空航天医学工程等入此。

总论航空航天心理学入 B845;专论航空心理学入 V32,航天心理学入 V52。

R87 运动医学

运动医务监督(如人工减体重、使用兴奋剂等)、运动损伤入此。

运动环境和器材的卫生要求入 G804;体格检查入 R19;体育疗法(医疗体育)入 R455。

参见 R68。

[R89] 法医学

宜入 D919。

R9 药学

中药学入 R28。

R9-39 计算机在药学中的应用

总论入此。

专论入有关各类。例:计算机辅助药物设计入 R918。

R91 药物基础科学

药物数学、药物物理学、药物化学、药物物理化学、药物生物学、药物细菌学等入此。

药物的化学鉴定入 R927;生药化学、中草药化学入 R284;药物设计入 R918。

参见 TQ46。

R917 药物分析

参见 TQ46。

R918 药物设计

〈4 版入 R91〉

R92 药典、药方集(处方集)、药物鉴定

R921 国家药典

R922 副药典

未经国家正式公布的药典、地方标准等入此。

R924 国家药方集

法定药方集入此。

R925 处方集

非法定药方集、协定处方入此。

R926 药物规范

R927 药物鉴定

药物检验、药物含量测定等入此。

生物制品的检定入 R392。

R93 生药学(天然药物学)

各国药材分志、药材志入此。

生药药理入 R96;生药制剂学入 R94;中药学入 R28;药材学,药材的采集、加工和贮藏,药材鉴定,各类药材(植物药、动物药、矿物药、海洋药物)入 R282;药用植物的引种、栽培、病虫害防治、资源调查入 S567;药用动物的饲养驯育入 S865.4;生药化学入 R284。

R94 药剂学

调剂学(配伍禁忌等)、制剂学、剂型、生物药剂学等入此。

中草药处方学、剂量学入 R289;西药处方学、剂量学入 R451;西药制剂工艺入 TQ46;中药炮制学入 R283。

R95 药事管理

药典法规(药政学)、药房,药品灭菌法、药品和药用器械管理与贮藏等入此。

药学经济学入 F407。

〈4 版类名:药事组织〉

R96 药理学

时辰药理学、妊娠药理学等入此。药理学总论入此。

各类药物的药理学入 R97 有关各类;中药药性学入 R285;临床药学入 R97。

R97 药品

临床药学、药品汇编集入此。

生物制品的制造与检定入 R392;中药药品入 R286、R287。

参见 TQ46 有关各类。

R971 神经系统药物

解热镇痛药、抗风湿药、麻醉用药等入此。

R972　心血管系统药物

R973　血液和造血系统药物

R974　呼吸系统药物

R975　消化系统药物

R976　抗变态反应药物

R977　影响生长代谢机能药物

总论生化药物的著作入此。激素类药物、维生素类药物、血液代用品、营养滋补药、延缓衰老药等入此。

R978　治疗感染性疾病及寄生虫病药物

治疗传染病药物、抗生素(如氯霉素、金霉素、红霉素等)、磺胺类药物等入此。

参见 TQ46。

〈4 版类名:治疗传染病及寄生虫病药物〉

R979.1　抗肿瘤、抗癌药物

R979.2　计划生育药物

避孕药物、引产药、抗不育药等入此。

R979.3　职业病药物、解毒药

R979.4　抗物理性损害药

R979.5　免疫增强剂、免疫抑制剂

R979.6　防治放射病药物

R979.7　消毒、防腐药

R979.8　杀虫、灭鼠药

R979.9　其他

R98　各科药物

诊断药物,外科、泌尿科、妇产科、儿科等各科药物入此。

参见 R287。

R99　毒物学(毒理学)

职业中毒入 R135;化工毒物入 TQ08。

R991　毒物的分析及鉴定

R992　毒物的生理及化学作用

R994　毒物学分支

临床毒理学、分子毒理学、工业毒理学、药物毒理学、食品毒理学、昆虫毒理学、环境毒理学等入此。

卫生毒理学入 R11;放射性毒理学入 R81;军事毒理学入 R82。

参见 R595。

R995　无机毒物

腐蚀性酸类、腐蚀性碱类、磷酸酯类、金属类、砷(砒)毒、铅毒、有毒气体等入此。

R996　有机毒物

阿托品、海洛因、可待因、吗啡、鸦片、食物毒、植物毒、动物毒等入此。

S 农业科学

类 目 简 表

1	农业基础科学
2	农业工程
3	农学(农艺学)
4	植物保护
5	农作物
6	园艺
7	林业
8	畜牧、动物医学、狩猎、蚕、蜂
9	水产、渔业

S 农业科学

广义农业,或含农、林、牧、渔业两业以上总论性著作入此。

专论入有关各类。

依总论复分表分。

S-0 一般性理论

论述农业及农业科学的对象、任务、作用等的著作入此;高新技术农业、持续农业、生态农业、有机农业、绿色农业、农业哲学、农业科学技术研究方法(农业系统工程)、农业科学与其他学科的关系(农业软科学、农业信息学)、农业史(古农书)等入此。总论农业绿色革命、农业现代化、科技兴农、农科教结合等入此。

专论入有关各类。例:农业机械化入 S23;农业电气化入 S24;农业化肥化入 S143;农业水利化入 S27;农业良种化入 S33。

观光农业(休闲农业)入 F304。

参见 F302。

〈有机农业,4 版入 S34〉

S-1 农业科学技术现状与发展

专利、创造发明、先进经验等入此。

S-3 农业科学技术研究、试验

农业科学技术试验方法与设备、农业推广学、农业科研管理学、农业科研成果应用等入此。

[S-9] 农业经济

宜入 F3。

S1 农业基础科学

S11 农业数学

线性代数、优选法、概率论、数理统计、运筹学、控制论、系统科学在农业上的应用,农村实用计算方法入此。

专论入有关各类。例:农业测量、土地测量入 S29。

参见 O151。

S12 农业物理学

总论物理学及声、光、电、核技术、电子技术、计算机技术、3S技术等在农业上的应用的著作入此。

专论在某一方面的应用入有关各类。例:森林物理学入S712。

参见S24。

S13 农业化学

农业化学研究与实验法、农业化学分析方法总论入此。

专论入有关各类。例:植物分析入Q94。

S14 肥料学

肥料调查、肥料分析和实验入此。

S14-9 肥料志

S141 农家肥料

有机肥料、腐植酸类肥料、工业废水及垃圾在肥料中的利用等入此。

污水灌溉入S273。

S142 绿肥

豆科绿肥、非豆科绿肥、水生绿肥等入此。

绿肥作物栽培入S55。

S143 化学肥料

化学肥料的使用入此。

化学肥料制造入TQ44。

S143.1 氮肥

天然矿肥、铵态氮肥、硝酸态氮肥、酰铵态氮肥(尿素、氨水、石灰氮)、氮肥增效剂等入此。

S143.2 磷肥

难溶性磷肥(天然磷肥)、水溶性磷肥(酸制磷肥)、热制磷肥、偏磷酸盐肥等入此。

S143.3 钾肥

天然钾肥、氯化钾、硫酸钾、碳酸钾、硝酸钾等入此。

S143.4 二元复合肥料

氮磷肥、磷酸铵、磷酸二铵,氮钾肥(硝酸钾等)、磷钾肥(磷酸钾等)入此。

S143.5 三元复合肥料

磷酸钾铵等入此。

S143.58 多元复合肥料

S143.6 有机无机复合肥料

S143.7 微量元素肥料

玻璃肥料等入此。

[S143.8] 植物生长调节物质、植物生长调节剂、植物生长延缓剂

宜入S482.8。

S143.91 间接肥料

石灰、石膏、农盐、矾类、硫磺等入此。

S143.92 农药肥料

S143.93 土化肥

总论入此。

专论入S143.1/.92有关各类。

S144 微生物肥料(细菌肥料)

抗生菌、根瘤菌、固氮菌以及磷细菌肥料、钾细菌肥料、微生物发酵肥料等入此。

S145 肥料剂型

液体、气体(二氧化碳气体肥料等)、固体肥料,颗粒肥料,时效肥料(速效肥料、长效肥料、浓缩肥料等),示踪肥料,纳米肥料等入此。

S146 肥料的选择与管理

肥料选择、鉴定、质量评定、贮存、运输等入此。

S147 积肥技术、调制与施肥效益

积肥与保肥、肥料调制、肥效等入此。各种作物施肥总论入此。

专论入有关各类。例:氮肥的施肥技术入S143.1;小麦施磷肥入S512.1;飞机施肥入S25。

[S149] 施肥机具

宜入S224。

S15 土壤学

S151 土壤形成及演化

土壤风化、土壤进化、土壤与气候等入此。

S151.9 土壤分析

S152 土壤物理学

土壤结构(自然因素、农业技术措施对土壤结构的影响等)、土壤空气、土壤水分(土壤持水性、透水性、土壤蒸

发等)、土壤温度、土壤力学等入此。

土壤矿物入 S153。

参见 TU43。

S153 土壤化学、土壤物理化学

土壤磁学、土壤反应、土壤溶液、土壤成分(土壤矿物及碳、氮、磷、微量元素及其化合物)等入此。

专论入 S155 等有关各类。例:红壤物理化学入 S155。土壤分析入 S151.9。

S154 土壤生物学

土壤生态学、土壤生物化学、土壤微生物学、土壤-植物系统、土壤动物学、土壤昆虫学等入此。

S155 土壤分类学、土壤类型

森林土壤入 S714。

S156 土壤改良

土壤改良剂、水文地质条件等入此。

S157 水土保持

水土流失原因及防治、水土保持的综合治理措施、农田改良土地措施、农业技术措施等入此。

森林改良土壤措施入 S714;水利改良土壤措施入 S278。

S158 土壤肥力(土壤肥沃性)

土壤肥料学、土壤熟化和退化等入此。

S159 土壤地理、土壤调查

土壤图以及各国土壤地理、土壤改良与水土保持综合调查报告入此;各类型土壤报告入有关各类。

S16 农业气象学

作物气象学入此。

S161 农业气象要素

日照、辐射、温度(气温)、湿度、蒸发与蒸腾、云雾、降水、降雪、风等入此。

土壤温度、土壤湿度入 S152。

S162 农业气候

农业气候指标、区划、资源及其评定,气候与作物生长,节令与种植制度,气候与收获等入此。

地形、植被、土壤与小气候入 P46。

S163 农业气象观测与仪器、设备

观测网的组织与布局、观测方法、观测统计方法、观测仪器、农业气象站入此。

参见 P41。

S164 农业气象观测资料

S165 农业气象预报

天气谚语及总论农业谚语、预报网组织及各种预报的著作入此。

[S166] 气象灾害及其防御

宜入 S42。

[S167] 森林气象学

宜入 S716。

[S168] 畜牧气象学

宜入 S811。

[S169] 水产气象学

宜入 S91。

[S17] 农业地理学

宜入 F31。

S18 农业生物学

总论农业生态学(农业群体生理、群体结构、生态环境、生态工程、生态系统)、农业微生学(白色农业)、农业生物物理学、农业植物学、农业动物学、农业昆虫学、农业蜱螨学、农业生物工程(农业细胞工程、农业遗传工程、农业酶工程、农业发酵工程)等的著作入此。

专论入有关各类。例:害虫入 S433;益虫入 S47;森林昆虫学入 S718;农业生态经济入 F30 有关各类。

参见 Q93、Q948、Q958、S3、S81。

[S19] 农业生产环境保护

宜入 X32。

S2 农业工程

S21 农业动力、农村能源

农业动力综合利用、农村能源区划和规划、农村贮能及节能技术(节煤、节油、节电、余热利用等)、农村能源系统管理等入此。

电能在农业上的应用入 S24;农村能源与环境保护入 X32。

S211 人力、畜力

S212 水能的应用

水碓、水磨、水轮机等入此。

参见 TK7。

S213 风能的应用

风车、风帆、风炉、风力机等入此。

参见 TK8。

S214 太阳能的应用

太阳灶,太阳能热水器、温室、暖房,太阳能干燥、制冷等入此。

S215 地下热能的应用

地热温室、地热干燥、地热养殖等入此。

参见 TK52。

S216 生物能(生物质能)的应用

动物能源、植物能源、微生物能源、沼气等入此。

参见 Q77。

[S217] 原子能的应用

宜入 S12。

S218 热能和机械能的应用

总论农用蒸汽机、农用内燃机的著作入此。

专论入有关各类。

S219 拖拉机

兼论汽车与拖拉机的著作入 U46。

S219.1/.9 各种拖拉机

均收理论,设计、计算、制图,结构、零部件,制造用材料,制造用设备、仪器,制造工艺,运行与维修,工厂、车间等。

S219.1 轮式拖拉机

四轮驱动拖拉机、高架轮式拖拉机、轮履两用拖拉机等入此。

S219.2 链轨式(履带式)拖拉机

S219.3 自动底盘拖拉机

小动力底盘入此。

S219.4 电力拖拉机

S219.5 液压驱动拖拉机

S219.6 手扶拖拉机

S219.7 组合式拖拉机

S219.8 专用拖拉机

水田、沤田拖拉机(机耕船),山地拖拉机,园艺(果园、菜园、茶园、桑园)专用拖拉机等入此。

S219.9 其他

绳索牵引机入此。

S22 农业机械及农具

总论入此;农业各部门专用机械入有关各类。例:植物保护机械入 S49;总论农业机械运用与维修的著作入 S232。

S221 手工农具、改良农具

凡用人力操作的旧式农具和总论农具改革的著作入此。

专论某种农具的著作入有关各类。例:水稻插秧机入 S223。

S222 耕耘机具

犁、耙、耢和拖板、镇压器、旋转耕耘机械、耕耘联合作业机、农田基本建设机具等入此。

参见 S776。

S223 种植机械

种植前准备机械(种子消毒机、拌种机、浸种机、选种机、育秧机、拔秧机)、播种机、地膜机械、栽植机(水稻插秧机、抛秧机、小苗带土移栽机、薯类作物栽植机、特种栽植机、分蘖与压条机等)入此。

S224 田间管理机械

中耕除草、培土机械,肥料机械(积肥、施肥和肥料加工机械),田间管理联合作业机,间苗机等入此。

植物保护机械入 S49。

S225 收获机械

谷物、蔬菜、树产物收获机以及镰刀等入此。

干草及青贮饲料收获机入 S817。

S226 农产品初步加工机具

通用的农产品初步加工机具,如脱粒机具,剥皮机,清选、分级机具,纤维作物加工机,烘干机,切片机,切丝机等入此。各农业部门的加工机具入有关各类。例:饲草料加工机入 S817。

砻谷机,碾米、磨粉机具入 TS21。

S229 农业运输、装卸机具,贮藏设备

S23 农业机械化

兼论农业机械化与电气化的著作入此。

专论电气化的著作入 S24。

参见 F323。

[S23-9] **农业机械化技术经济**

宜入 F323。

S231 **农业机械化区划与规划**

S232 **农业机械与拖拉机运用**

农业机械化系统、机务管理、农业机械机组运用、油料的供应与保管、操纵技术、修理工艺和设备、农业机械化推广等入此。

S233 **农业生产作业机械化工艺组织**

论述一般农业生产作业机械化，如土壤耕作作业机械化、种植作业机械化、田间管理作业机械化、收获作业机械化、农副产品加工机械化等的著作入此。

专论各部门农业机械化的著作入有关各类。例：林业机械化入 S776；排灌作业机械化入 S277.9。

S237 **农用仪器、仪表及设备**

总论入此；专论入有关各类。

S238 **农业工业化**

农业工厂化入此。

S24 **农业电气化与自动化**

总论入此。

专论入有关各类。例：农村水电站入 TV7；输配电入 TM72；电气照明入 TM923；畜牧业电气化和自动化入 S818。

参见 S12。

S25 **农业航空**

总论农用飞机及其设备、飞机在农业上的应用（飞机播种、飞机施肥、飞机喷雾、喷粉杀虫、飞机降雨等）的著作入此。

专论入有关各类。例：飞机在林业上的应用入 S779。

S26 **农业建筑与农业生物环境工程**

总论农业建筑、饲养建筑及农业生物环境工程等入此。

专论农作物、园艺作物的生物环境工程入 S5、S6 有关各类；专论农业建筑设计、饲养建筑设计，栽种建筑物、农业工程用建筑物、农用辅助建筑等入 TU26。

〈4 版类名：农业建筑〉

S27 **农田水利**

农业水利化，农田水利的规划、设计、测量、计划等入此。

总论农业测量入 S29。

参见 S774、TV 有关各类。

S271 **农业水文学**

S273 **水源**

地面水、河水、湖水、地下水、城镇、工业污水的利用及总论地下水在农业方面的开发与利用、肥水利用等的著作入此。

专论入有关各类。例：凿井工程入 S277.2；地下水普查与勘探入 P641。

水源污染防治入 X52。

S274 **灌溉制度与管理**

总论入此。灌溉原理、灌溉系统、用水的测量与统计、设备清理、灌溉地的养护、节水灌溉、农田水利河网化等入此。

关于河网化的综合性论述入 TV8；专论运渠河网化的著作入 U61。

S275 **灌溉技术**

提水灌溉、自流灌溉（蓄水灌溉）、地面灌、地下灌、喷灌、滴灌、放淤等入此。

S276 **排水**

排水理论、排水系统、排水网管理（防涝）、排水方式（明渠、暗沟、竖井、截渗）等入此。

S277 **排灌工程**

总论入此。

专论一种水工建筑物的著作入有关各类。例：水库建筑入 TV62；市政凿井工程入 TU991。

S277.1 **排灌站**

抽水站、扬水站入此。

S277.2 **农业凿井**

农用打井机入此。

S277.3 **山地排灌工程**

S277.4 **圩垸与围垦工程**

海涂、滨湖围垦入此。

S277.5 **地下排灌工程**

S277.7 **农牧区给水和水利工程**

农牧区用水入此。

草原灌溉入S812。

S277.9 排灌机械与设备

机械化与电气化、水泵排灌设备入此。

水泵制造入TH31。

S278 水利改良土壤措施

总论入此。

专论入有关各类。例:水利改良盐土入S156。

S279 各国农田水利

S28 农田基本建设、农垦

关于山、水、田、林、路的综合治理,农业水土工程及平整土地,旱地、水田、草地、丘陵地、山地、森林地、池沼地、盐碱地、沙地、生荒地、海涂开发等入此。

固沙造林入S727;沙漠区入P941。

S29 农业工程勘测、土地测量

土地规划入F301。

S3 农学(农艺学)

一般作物栽培学、农学基础理论等入此。

各种作物栽培学入S5有关各类。

参见S18。

S3-3 农学的研究方法

S3-33 优质、丰产试验(经验)、技术推广

总论科学种田、试验田、田间试验设计和统计等的著作入此。

专论某种作物试验田的著作入有关各类。

〈4版类名:丰产试验(经验)、农业技术推广〉

S31 作物生物学原理、栽培技术与方法

总论大田作物、园艺作物或两种以上农业作物栽培技术与方法的著作入此。作物生理学、作物生物化学、作物生物生理学、作物生态学、作物分布、作物地理学、保护地栽培、无土栽培、高产栽培、无公害栽培、节水栽培、机械化栽培等入此。

各种作物栽培技术与方法入S5有关各类;园艺的保护地栽培入S62。

参见Q946。

S32 作物品种与种质资源(品种资源)

品种的起源与演变,引种和驯化,品种的分类,育种原始材料的调查、征集,品种资源的整理与保存及综合性品种志等入此;一类或某一种作物的品种志入有关各类。

S33 作物遗传育种与良种繁育

总论作物遗传育种学入此。作物遗传育种、优良品质的育种、抗性育种、选种、选择育种、杂交育种、引变(诱变)和突变育种(激光、航天育种)、生物技术育种方法(细胞培养、转基因育种法)、综合育种方法、品种试验和鉴定、良种繁育等入此。

参见Q78、Q943。

S34 耕作学

总论作物耕作方法(耕地、整地、耙地、镇压等)、耕作制度和方式(轮作、间作、套作、复种)、有机耕作(免耕、少耕)等的著作入此。

专论各种作物耕作方法的著作入有关各类。

中耕、除草入S36。

〈4版类名:耕作学与有机农业;总论有机农业,5版改入S-0〉

S35 播种、栽植

种子处理、种子消毒、播种、栽植法等入此。

S36 田间管理

总论作物生育期的管理(间苗、查苗、补苗、保苗、蹲苗、促苗等)、中耕、除草、培土、施肥、后期管理等的著作入此。

专论各种作物田间管理的著作入有关各类。专论化学除草入S45。

S37 农产品收获、加工及贮藏

总论农产品成熟、收获、打谷、脱粒、干燥、清除、选择、分级、加工、包装、运输、贮藏等的著作入此。

专论一种农产品的收获、加工及贮藏的著作入有关各类。例:甜菜的加工贮藏入S566;农产食品加工制造入TS2有关各类。

S38 农产品的综合利用

总论农作物及园艺产品等的综合利用的著作入此。

专论入有关各类。

S39 农产副业技术

S4 植物保护

总论植物保护及专论大田作物和园艺作物保护的著作入此。

森林保护学入 S76。

S40 动植物检疫

总论动植物检疫的著作入此。

专论动物检疫入 S851;植物检疫入 S41。

S41 植物检疫

农业植物、产品及运输工具检疫,植物病害、虫害及杂草检疫,种子、种苗、果实检疫,检疫对象图谱、名录以及国际、各国检疫等入此。

木材检疫入 S763。

S42 气象灾害及其防御

水灾、旱灾、风灾、霜冻、寒潮、冰雹、雪害(冻雨)、暖害、火灾、雷电、放射线等灾害入此。

灾情的调查入 F 经济;气象灾害的预测预报入 S165。

S43 病虫害及其防治

S431 植物病虫害的预测预报

总论植物病虫害发生、消长规律、调查取样方法等入此。

专论入有关各类。

S432 植物病害及其防治

总论入此。植物病理学、植物免疫学、非侵(传)染性及侵(传)染性病害、寄生性植物所致病害、植物器官病害等入此。

专论入有关各类。例:水稻病理学入 S511。

其他物理化学环境因素影响所致病害入 X5。

S433 植物虫害及其防治

总论入此;专论入有关各类。

植物抗虫性和各种害虫,如蝗虫、蚜虫、螟虫、粘虫、金龟子、天牛、米谷虫,壁虱、螨、地下害虫(金针虫、地老虎、蛴螬、蝼蛄等)对植物的危害及其防治入此。

农业昆虫学入 S18;益虫入 S47;棉铃虫、棉红蜘蛛入 S561。

[S435] 农作物病虫害及其防治

宜入 S5 有关各类。

[S436] 园艺作物病虫害及其防治

宜入 S6 有关各类。

S44 动物危害及其防治

外来入侵动物的防治等入此。鼠害入此。

专论虫害及外来入侵昆虫的防治入 S43 有关各类。

〈4 版类名:鸟兽害及其防治〉

S45 有害植物及其防除

杂草、毒草,有害寄生植物(菟丝子、槲寄生等),外来入侵植物的防治等入此。

S46 其他灾害及其防治

火灾入 S42。

S47 各种防治方法

总论无公害防治方法,综合防治,土壤清毒,农业技术防治,人工防治,生物防治,天敌资源的繁殖、保护与应用等,物理、机械防治等入此。

种子处理入 S35。

S48 农药防治(化学防治)

农药配制及其使用以及害虫的化学绝育等入此。

农药制造入 TQ45。

S481 植物化学保护理论

毒理学,药性持续作用、协生作用,抗药性等入此。

S482 各种农药

S482.1 土农药(天然农药)

S482.2 杀菌剂

醛类杀菌剂入 S859;杀线虫剂入 S482.5。

S482.3 杀虫剂

总论有机、无机、有机氯、有机磷类等杀虫剂入此。

杀虫剂增效剂入 S482.91。

S482.4 除草剂(杀草剂)

S482.5 杀螨剂、杀鼠剂、杀其他生物剂

氯杀剂、安妥等入此。

S482.6 熏蒸剂

溴代甲烷等入此。

S482.8 植物生长调节剂

生长促进剂、抑制剂、促枯剂、脱叶剂、防落果剂、催熟剂等入此。

S482.91 增效剂

杀虫剂及农药等增效剂入此。

S482.92 助剂

添料、溶剂、粘着剂等入此。

S482.99 其他用途药剂

化学杀雄剂、抗寒剂、防雾剂、防火剂、保水剂等入此。

蚕用农药、水产药物等入有关各类。

S49 植物保护机械

喷雾器、弥雾器、烟雾器、喷粉器、熏烟器、喷雾喷粉联合器、土壤消毒器、火焰除草机等入此。

种子消毒机、拌种机入 S223;飞机施药入 S25。

S5 农作物

大田作物的栽培技术、方法入此。

农学入 S3。

S5-3 研究方法

S5-33 优质、丰产实验(经验)、技术推广

科学种田、试验田等入此。

〈4 版类名:丰产试验(经验)、技术推广〉

S5-39 新技术在农作物生产上的应用

总论计算机技术等在农作物生产上的应用入此。

S51/59 各种农作物

均收生物学原理、地理分布和区划、品种与品质资源(品种资源)、遗传育种和良种繁育、播种、栽植、育苗、田间管理、土壤、施肥、灌溉、排水、病虫害和其他灾害及其防治、收获、加工、贮藏、综合利用等。

专论化学除草入 S45。

S51 禾谷类作物

总论粮食作物的著作入此。

S511 稻

水稻入此。

S511.2 按米的黏性分

籼稻、粳稻、糯稻等入此。

S511.3 按栽植季早迟分

早稻、中稻、晚稻等入此。

〈4 版类名:按成熟时期早迟分〉

S511.4 按栽培制度分

单季稻、双季稻、三季稻等入此。

S511.5 深水稻

S511.6 陆稻(旱稻)

S511.9 野生稻

S512 麦

S512.1 小麦

S512.3 大麦

裸大麦(元麦)、青稞、米大麦等入此。

S512.4 小黑麦

S512.5 黑麦

S512.6 燕麦

筱麦(裸燕麦)入此。

S512.9 其他

小偃麦、小冰麦、小族麦、雀麦等入此。

S513 玉米(玉蜀黍)

高蛋白玉米、爆裂玉米等入此。

S514 高粱

S515 粟(谷子、小米)

珍珠粟入此。

S516 黍、稷(糜子、黍子、黏糜子)

S517 荞麦

S519 其他

薏苡、籽粒苋入此。

S52 豆类作物

小豆(赤豆)、绿豆、黑豆、山黧豆等入此。

大豆入 S565;豆荚类蔬菜入 S643。

S53 薯类作物

甘薯(红薯)、马铃薯(土豆)、木薯(树薯)等入此。

山药(薯蓣)、豆薯(凉薯)、芋入 S632。

S54 饲料作物、牧草

豆科牧草、禾本科牧草、饲用根类作物、饲用瓜类作物及青贮作物等入此。

S55 绿肥作物

豆科绿肥、非豆科绿肥、水生绿肥等入此。

蚕豆(胡豆)入 S643;紫云英入 S54。

S56 经济作物

S561 纤维作物

棉、麻类,编织用纤维作物(藤、芦苇、菖蒲、草类、杞柳、棕榈等)等入此。

S565 油料作物

大豆、花生、芝麻、油菜籽(芸薹)、向日葵、蓖麻、油橄榄、荏(白苏)、油用亚麻、油棕树等入此。

油茶、油桐入 S794。

S566 糖料作物

甘蔗、甜菜(甜萝卜)、芦粟(糖高粱)、糖槭树、糖棕榈等入此。

S567 药用作物

木本(厚朴、肉桂、豆蔻、金鸡纳树,牡丹、枸杞等)、草本(苍术、罂粟、穿心莲、贝母、麦冬、白术、生地、薄荷、三七、绞股蓝等)、菌类(灵芝、茯苓、麦角菌、银耳、冬虫夏草等)、喜阴药物(人参、黄连等)、喜温药物(甘草等)入此。

除虫菊入 S482.3。

参见 Q949.9、S759。

S571 饮料作物

茶、咖啡、可可、可拉、啤酒花等入此。

S572 烟草(菸草)

S573 香料作物

五香、胡荽、洋茴香、香茅草、枫茅等入此。

茉莉、玫瑰入 S685。

S574 染料作物

S575 漆料作物

S576 胶液料作物

橡胶草入此。

橡胶树入 S794。

S577 鞣料作物及单宁质植物

S58 野生植物

总论野生植物栽培的著作入此。

专论一种用途的野生植物栽培的著作入有关各类。例:糖科野生植物入 S566。

S59 热带、亚热带作物

总论热带、亚热带作物入此。

专论入有关各类。例:热带油料作物入 S565。

S6 园艺

生物学原理、地理分布和区划、品种与种质资源(品种资源)、遗传育种与良种繁育、播种、育苗、栽植、园艺管理、土壤、施肥、灌溉、排水、病虫害和其他灾害及其防治、收获、分级、初加工、贮藏等入此。

S6-0 园艺理论与研究方法

S6-06 米丘林的园艺学说

S6-3 园艺研究方法与工作方法

S6-33 优质、丰产试验(经验)、技术推广

〈4 版类名:丰产试验(经验)、技术推广〉

S6-39 新技术在园艺作物生产上的应用

总论计算机技术等在园艺作物生产上的应用入此。

S61 苗圃学

总论设计、设备、播种、压条、扦插、嫁接、栽植、定植、管理、苗木包装、运输及贮藏等的著作入此。

专论入有关各类。

S62 设施园艺(保护地栽培)

总论温室、塑料大棚等建筑设施及其生物环境控制工程入此。基本作业、促成栽培、抑制栽培、软化栽培、温床、温室、蔬菜设施园艺、瓜果设施园艺、果树设施园艺、花卉设施园艺等入此。

温室建筑设计入 TU26。

S63/68 各种园艺

以下 S63/68 均收生物学原理、地理分布和区划、品种资源(种质资源)、遗传育种与良种繁育、播种、育苗、栽植、园艺管理、土壤、施肥、灌溉、排水、病虫害和其他灾害及其防治、收获、分级、初加工、贮

藏、综合利用等。

专论化学除草入S45。

S63 蔬菜园艺

S63-3 蔬菜园艺理论与方法论

S63-33 优质、丰产试验(经验)

总论蔬菜试验田的著作入此。

〈4版类名:丰产试验(经验)〉

S631 根菜类(直根类)

萝卜、胡萝卜、芜菁等入此。

大头菜(根用芥菜)入S637。

S632 薯芋类(块茎类)

山药(薯蓣)、豆薯(凉薯)、芋、魔芋、姜、菊芋(洋姜)等入此。

马铃薯入S53。

S633 葱蒜类

大葱、洋葱(葱头)、韭菜、大蒜等入此。

S634 白菜类

大白菜、白菜(小白菜)、油菜、乌塌菜、菜薹、紫菜薹、薹菜等入此。

榨菜、芥菜、雪里蕻入S637。

S635 甘蓝类

结球甘蓝、球茎甘蓝(苤蓝)、花椰菜、羽衣甘蓝等入此。

S636 绿叶菜类

菠菜、莴苣、叶用莴苣(生菜)、茎用莴苣(莴笋)、芹菜、苋菜、香芹菜等入此。

S637 芥菜类

根芥菜、叶芥菜(雪里蕻)、茎芥菜(榨菜)、子芥菜等入此。

S641 茄果类

茄子、番茄(西红柿)、辣椒、酸浆(红姑娘)等入此。

S642 瓜类

南瓜、黄瓜、冬瓜、丝瓜、苦瓜、西葫芦(美洲南瓜)、菜瓜、笋瓜等入此。

西瓜、甜瓜入S65。

S643 豆荚类

菜豆(四季豆)、刀豆、豌豆、豇豆、扁豆(鹊豆、蛾眉豆)、蚕豆、菜用大豆(毛豆)等入此。

S644 多年生菜类

食用百合、竹笋、黄花菜(金针菜)、香椿、草石蚕(甘露菜)、芦笋、石刁柏(龙须菜)等入此。

S645 水生菜类

莲藕、茭白、荸荠、菱、慈菇、鸡头子等入此。

S646 菌类(食用菌)

褶伞菌(蘑菇、香菇(香蕈)、草菇、平菇、金针菇、滑菇、松茸等)、多孔菌(珊瑚菌等)、牛肝菌、鸡油菌(杏菌)、颤胶菌、木耳(云耳、黑木耳)、马鞍菌、竹荪等入此。

参见S759。

S647 野生蔬菜

蕨菜、发菜、马齿苋等入此。

S649 其他蔬菜

玉米笋、黄秋葵等入此。

S65 瓜果园艺

西瓜、甜瓜(哈密瓜、香瓜、白兰瓜、网纹甜瓜)等入此。

S66 果树园艺

参见S759。

S66-3 果树园艺的理论与方法论

S66-33 优质、丰产试验(经验)

总论果树园艺试验田的著作入此。

〈4版类名:丰产试验(经验)〉

S661 仁果类

苹果、梨、沙果、海棠、山楂、木瓜等入此。

S662 核果类

桃、杏、李、梅、樱桃、扁桃(巴旦杏)等入此。

S663 浆果类

葡萄、黑莓(悬钩子)、无花果、猕猴桃、醋栗、越桔等入此。

S664 坚果类(壳果类)

核桃(胡桃)、栗、银杏(白果)、榛子、榧子(香榧)等入此。

S665 杂果类

枣、柿、黑枣、石榴、枳椇等入此。

沙棘入S793。

S666 柑桔类

柑、橘、柚(文旦)、橙、柠檬、黄皮、金桔、香橼、佛手等入此。

S667 热带及亚热带果类

荔枝、龙眼(桂圆)、枇杷、椰子、橄榄(青果)、乌榄、杨梅、芒果、木菠萝(菠萝蜜)、杨桃、番木瓜等入此。

S668 多年生草本果类

香蕉、凤梨(菠萝)、草莓、时计果等入此。

番木瓜入 S667。

S68 观赏园艺(花卉和观赏树木)

总论花卉入此。

总论观赏树木入 S684。

S68-49 普及读物

家庭养花知识入此。

S681 一、二年生花卉类

凤仙花、一串红、石竹、牵牛花等入此。

S682 多年生花卉类

菊花、芍药、君子兰、水仙、仙客来、郁金香、马蹄莲、百合花、万年青、吊兰、文竹、仙人掌、兰科植物等入此。

S684 观赏树木(总论)

S685 观花树木类

牡丹、玫瑰、月季、山茶、玉兰、茉莉、梅花、丁香等入此。

以药用为主论述牡丹的著作入 S567。

S686 观果树木类

石榴等入此。

S687 观叶树木类

行道树、篱垣植物、藤蔓植物等入此。

S688 园林植物栽培及应用技术

盆景和椿景、花卉装饰、花坛、花境、草坪与地被植物、篱垣、棚架与植物造型等入此。

S7 林业

依总论复分表分。

S7-0 林业理论与方法论

S7-05 林业与各业的关系

森林与农业、工业关系亦入此。

[S7-9] 林业经济

宜入 F307.2 等有关各类。

S71 林业基础科学

S711 森林数学

森林统计、林价算法等入此。

森林计测学(测树学)入 S758;森林测量入 S771。

S712 森林物理学

各种物理技术(如:声、光、放射性同位素等)在林业上的应用入此。

S713 森林化学

木材化学加工工业、树木化学、木材化学入 TQ35。

S714 森林土壤学

森林土壤图入此。

宜林地入 S724。

S715 森林水文学

集水区入此。

S716 森林气象学

S717 森林地理学、森林分布

有关森林建设情况的著作入此。

S718 森林生物学

总论森林的生物多样性、森林昆虫学入此。森林植物学、树木学、森林生态学(森林生态系统的恢复和保护)、森林动物学、森林微生物学等入此。

森林虫害入 S763;天敌昆虫入 S769。

参见 Q93、Q94、Q96。

[S719] 森林与环境保护

宜入 X173。

S72 造林学、林木育种及造林技术

S721 造林计划与实施

参见 S73。

S722 树木育种及良种繁育

种子技术和经营管理、育种选种、品种改良、引种驯化、良种繁育等入此。

S723 苗圃学(育苗技术)

育苗,嫁接,移植,苗木分级,包装运输、贮藏,苗圃整地,灌溉,施肥,下木栽培,伴生树种,温室栽培等入此。

S724　宜林地

林地区划和地质、地形、土壤、肥料、开垦等入此。

S725　造林技术

树种规划和树种选择、混交造林、造林调查设计、整地、林木施肥、造林密度、人工造林、机械造林、季节造林等入此。

S727　各林种造林

用材林、防护林、经济林、能源林(如薪炭林)、旅游林、风景林、国防林、实验林等的造林入此。

竹林入 S795。

S728　特殊地区造林

荒山、荒地造林,干旱地区造林,草原造林,沙漠造林,盐碱地造林,沿海造林等入此。

S73　绿化建设

绿化建设规划入 TU985。

参见 S721。

S731　国土绿化

绿化植物的选择和配置、绿化的生态效益、绿化技术、立体绿化、大地化、园林区域绿化、城市绿化、乡村绿化、自然风景区绿化、居民区绿化、道路绿化、疗养地绿化、工矿区绿化、校园绿化等入此。

S732　中国绿化建设

依中国地区表分。

S733/737　各国绿化建设

依世界地区表分。

S75　森林经营学、森林计测学、森林经理学

S750　森林经营学

总论农林复合经营、森林可持续经营、森林分类经营等入此。

S751　森林作业法

S752　森林主伐

皆伐、择伐、渐伐、采育兼顾伐等入此。

S753　森林间伐及抚育

林木分级、林分密度、抚育种类、抚育方式和措施、抚育采伐指标和效果、幼林管理等入此。

S754　森林更新

天然更新、人工更新、人工促进天然更新入此。

S755　封山育林

S756　林分改造

机械化改造、化学改造、生物改造、次生林改造、低产林改造等入此。

S757　森林经理学

森林资源调查、森林综合调查、森林规划、森林设计等入此。森林单项调查入有关各类。

林场经营、管理入 F307.2;林相图入 S758。

S758　森林计测学(测树学)

单株立木测定,伐倒木测定,原条、原木材积测定,大面积森林测定,林分测定,林业图表,测树仪器和工具,森林鉴定、森林评定等入此。

S759　各林种及林副产品经营

用材林、防护林、经济林、能源林、游憩林、风景林、林区养殖业、林副产品(食用菌类、林区药材、榛子、橡子、野果等)经营等入此。

竹林入 S795。

参见 S567、S646、S66、S865.4。

S759.9　自然保护区

国家森林公园、自然景观保护区、自然资源保护区、稀有动植物保护区、基因库等入此。

参见 X36。

S76　森林保护学

某一树类或树种的保护入 S79 各类。

S761　气象灾害及其防治

水、旱灾、风暴、霜冻、寒潮(冷害)、冰雹、雷电等入此。

大气中化学物质对林木的损害入 X51。

S762　林火

林火管理系统,森林火灾的预测预报、成因、种类及影响,森林防火与灭火,航空护林与灭火,林火的利用等入此。

参见 P426。

S763 森林病虫害及其防治

林木检疫、树病学入此。

寄生植物所致病害及其防治入 S765。

S764 动物为害及其防治

S765 有害草木及其清除

寄生性植物所致病害入此。

S766 人为损害及其防治

森林火灾入 S762。

S767 防治药品及其使用

森林化学保护入此。

防治器械入 S776。

[S768] 防治器械

宜入 S776。

S769 其他防治方法

森林益虫、益鸟入此。

S77 森林工程、林业机械

S771 森林测量、林业测绘

大片林区测量，林业局（场）境界测量，制图，面积平差，森林航测、森林遥感等入此。

S772 森林建筑工程

总论入此；林业基建（调查勘测、设计、施工、组织等）入此。

专论入 TU，例：林业用建筑物入 TU26。

S773 森林运输工程

森林铁路、林区公路、桥涵、林区道路网等入此。

木材水运设施入 S782。

S774 森林水土保持工程

专论森林灌溉、排水工程的著作入此。

水土保持林入 S727。

参见 S27。

S775 防沙工程

防风固沙林入 S727。

S776 林业机械

营林作业机械与设备、木材采运机械、筑路与养护机械、林业机械厂等入此。

参见 S222。

[S777] 木工机械

宜入 TS64。

S778 林业电气通讯设备

S779 林业航空

总论入此。

专论入有关各类。例：飞机灭火入 S762。

S78 森林采运与利用

总论森林资源利用、全树利用入此。

S781 木材学

木材的构造和识别，木材的力学性质、物理性质、化学性质，木材缺陷，木材的工艺性能，木材材质改进，各种树种的木材，木材志，竹材及性能等入此。

木材浸提、木材热解、木材化学、树木化学入 TQ35；木材干燥、防腐、滞火处理入 S782；成材干燥入 TS65。

S782 木材采运学

采伐、集材和伐区装车、贮材和保管（木材干燥、木材防腐、木材防火）、运材等入此。

成材干燥及防腐入 TS65。

[S784] 木材加工工业

宜入 TS6。

[S785] 木（竹）材化学加工工业

宜入 TQ35。

[S786] 森林副产品采集

宜入 S759。

S788 森林环境资源的利用

总论森林资源医疗、保健入此。

专论入医学各类。

〈森林旅游（游憩），5 版改入 F590〉

S789 森林副产品的综合利用

树皮、树脂、树胶、树枝、树根、树叶、果实、种子、寄生物、野生竹笋等林副产品的综合利用入此。

S79 森林树种

林型调查入此。

S791/796 各种森林树种

均收生物学特性、生态学特性、地理分布、育种、引种、育苗、造林、经营、经理、保护、病虫害防治和树种利用等。

S791 针叶树类

杉、松、柏等入此。

S792 阔叶乔木

杨、柳、胡桃、桤、桦、栎、榆、樟、楸、槐、梧桐、泡桐、椿、楝、槭、桉、楠、檀、檫、棕榈、槟榔、银杏等入此。

S793 阔叶灌木

沙拐枣、紫穗槐、柠条、扁担木、柽柳、沙棘、荆条、沙枣等入此。

S794 特用阔叶树类

橡胶树、漆树、油桐、油茶等入此。

油橄榄入 S565。

S795 竹

S796 热带树种

总论入此。

专论某一热带树种入 S791/794。

S8 畜牧、动物医学、狩猎、蚕、蜂

总论畜牧、兽医、养殖、狩猎、野生动物驯养等的综合性著作入此。

畜牧现代化入 S818。

依总论复分表分。

[S8-9] 畜牧经济

宜入 F307.3。

S81 普通畜牧学

畜牧学原理入此。

畜牧与其他学科的关系入 S8。

参见 S18。

S811 畜牧基础科学

畜牧气象学、畜牧气候学、畜禽生态学、畜禽行为学等入此。

畜禽生理学，畜禽生物物理学、生物化学，畜禽胚胎学、解剖学和组织学，畜禽微生物学等入 S852；畜禽卫生学入 S851。

S812 草地学、草原学

草原科学、草原生物学、草原植物学、草原气象学、草原土壤学、草原生态学(草原生态工程)、草原类型(草地、草山、草坡、草场等)，草原培育、施肥、灌溉，草原经营管理、草原保护(草原病虫害、兽害、气象灾害、杂草、毒草及其防治，草原火灾及其防治等)，草原资源开发与利用，草原更新、改良，放牧试验、牧场建设等入此。

草原经济学入 F307.3 有关各类；各种牧草的栽培入 S54。

S813 畜禽遗传、选种、育种

总论入此。品种资源、品种志等入此。

专论入有关各类。例：马的遗传、育种入 S821。

S814 畜禽繁殖

繁殖生理学、自然交配、人工授精、受精与妊娠、孵化、胚胎繁殖、产仔与哺乳、繁殖生物技术(如胚胎移植、转基因动物等)等入此。

S815 畜禽饲养管理

总论入此；各种畜禽的饲养管理入有关各类。饲养学、动物福利、畜舍禽舍管理等入此。

野生动物饲养管理入 S864。

S816 饲料

饲料学、畜禽营养学、饲料标准、饲料化学成分、饲料微生物学(饲料配方、饲料资源等)、精饲料、粗饲料、发酵饲料、饲料添加剂、配合饲料、颗粒饲料、浓缩饲料、饲料加工处理与贮藏等入此。

饲料作物栽培入 S54。专论各种畜禽的饲料入有关各类。

S817 畜牧业的机具及设备

总论草原和畜牧业机械化，饲料收获加工机械、畜产品获取及初加工机械、畜禽饲养管理及畜禽繁育机械与设备、草原畜牧业建设机具等入此。

专论畜牧业电气化和自动化的著作入 S818。

S818 畜牧业电气化和自动化

总论生物技术、计算机技术等在畜牧业中的应用，畜牧业现代化入此。

[S819] 畜牧地理学

宜入 F31 等有关各类。

S82 家畜

S821/829.9 各种家畜

均收生理、解剖、遗传、选种、育种、繁殖、饲养管理、饲料与营养、肥育、疾病及其防治等。

S821 马

S822 驴、骡

S823 牛

反刍类家畜入此。

S824 骆驼

S825 鹿

S826 羊

绵羊入此。

S827 山羊

S828 猪

S829.1 兔

S829.2 犬

S829.3 猫

S829.9 其他家畜

S83 家禽

养禽学入此。

S831/839 各种家禽

均收生理、解剖、遗传、品种、育种、孵化与繁殖、饲养管理、饲料与营养、肥育、疾病及其防治等。

S831 鸡

S832 火鸡(吐绶鸡)

S833 珠鸡(珍珠鸡)

S834 鸭

S835 鹅

S836 鸽

S837 鹌鹑

〈4 版入 S839〉

S839 其他

鸵鸟等入此。

〈鹌鹑,5 版改入 S837〉

S85 动物医学(兽医学)

参见 R 医学。

S851 畜禽卫生及防疫

兽医公共卫生学(畜禽卫生学)、畜禽流行病学及防疫(包括动物检疫)、兽医卫生检验及保健组织、医疗预防机构(兽医防疫组织)、畜禽疫病的地区分布等入此。总论家畜、家禽营养卫生、家畜使役卫生入此。

专论入有关各类。

环境污染对动物的危害及防治入 X5;畜禽卫生保健法规入 D9 有关各类。

S852 兽医基础科学

畜禽解剖学、组织学、胚胎学、生理学、生物物理学、生物化学,畜禽病理学(兽医病理学)、免疫学、血清学、兽医微生物学(兽医病原微生物)、兽医病毒学(动物病毒学、禽病毒)、寄生虫学等入此。

血清诊断、血清疗法入 S854;各科疾病的病理学,各种疫苗,血清按各种疾病入有关各类。

S853 中国兽医学

总论中西兽医结合的理论,中兽医理论、临症医学、内科学、外科学、其他临症各科、针灸疗法和其他疗法,中兽医药物学、验方等入此。

中西兽医结合治疗入 S854/857。

S854 兽医临床医学

兽医诊断学、治疗学、放射学、护理学、血清诊断、血清疗法、医疗机械等入此。

放射性同位素对家畜、家禽的影响入 X5。

S855 兽医传染病学

细菌病、结核病、病毒病、真菌病等入此。

专论某种动物的传染病入 S82、S83、S864 有关各类。

S855.9 兽医寄生虫病学

动物寄生虫病学入此。

S855.99 人畜共患病

总论入此。

专论某种疾病入有关各类。

参见 R535。

S856 兽医内科学

动物中毒入此。

S857.1　兽医外科学

痈入 S853。

S857.2　兽医母畜科学、产科学

S857.29　公畜疾病

S857.3　幼畜疾病

新生畜疾病入此。

S857.4　家畜肿瘤学

S857.5　皮肤病

S857.6　眼科学、眼疾病

S857.7　耳鼻喉疾病

S857.8　军事兽医学

[S858]　各种家畜、家禽、野生动物的疾病

家畜疾病宜入 S82 各类；家禽疾病宜入 S83 各类；野生动物疾病宜入 S864。

S859　兽医药物学

兽医中药学、中兽药品入 S853。

参见 TS207。

S86　狩猎、野生动物驯养

狩猎法规、法制入 D9 有关各类。

参见 G897。

S861　狩猎组织和人员

S862　野生动物资源调查及利用

参见 Q959.9。

S863　野生动物的保护和狩猎限制

S864　野生动物的驯养

生理、解剖及生态环境，遗传、育种，饲料、饲养管理，疾病及其防治，品种入此。

S865　各种野生动物驯养

S865.1　实验用动物

天竺鼠(豚鼠)、大白鼠、小白鼠、地鼠、鼬鼠、实验猴等入此。

S865.2　毛皮动物

鼬、貂、狐、貉(狸)、獾、水獭、麝鼠、沼狸等入此。

S865.3　观赏动物

哺乳动物(熊、狮、虎、猴等)、爬行动物(蛇、蟒等)，水生动物、野禽(山鸡、山雀等)、鸣禽(鹦鹉、天鹅、白鹤、黄莺等)、宠物(玩赏动物)等入此。

S865.4　药用动物

麝、蝎等入此。

鹿入 S825。

参见 S759。

S865.9　其他

蜗牛、蟾蜍等入此。

S866　狩猎方法、设备及用具

平原狩猎、森林狩猎、沼泽、水上狩猎，追猎、诱捕、网捕、陷井、武器狩猎以及用动物狩猎入此。

各种禽兽狩猎法入 S867。

S867　各种禽兽狩猎法

S868　狩猎及其产品保藏法

S869　狩猎状况

依世界地区表分，中国再依中国地区表分。

S87　畜禽产品的综合利用

参见 TS22、TS251、TS252、TS253。

S88　蚕、桑

蚕基础科学、育种与繁殖、饲育法、病虫害及其防治，养蚕建筑设施与养蚕机具，蚕茧、桑树(繁育、栽培管理、病虫害防治等)，蚕的其他饲料等入此。

蚕业经济入 F307.3；制丝入 TS14。

S89　养蜂、益虫饲养

蜂群生物学，蜂的繁育、品种、饲养管理、病虫害防治，蜂产品生产加工及利用，蜜源植物，蜂场的经营与管理，益虫饲养(白蜡虫、胭脂虫、五倍子、蚯蚓、紫胶虫等)入此。

金小蜂、小赤眼蜂入 S47。

S9　水产、渔业

依总论复分表分。

S9-0　理论与方法论

S9-09　渔业史

鱼类史入 Q959；古鱼类入 Q91。

依世界地区表分。

[S9-9]　水产业、渔业经济

宜入 F307.4 有关各类。

〈4 版类名：水产经济〉

S91 水产基础科学

水产数学、物理学、化学、海洋学、湖沼学、水库学、水文学、气象学、生物学(水产生物工程)等入此。

S92 水产地区分布、水产志

鱼类志、水产区域资源入此。

S93 水产资源

水产资源学、水产资源调查与评估、渔情预报、渔捞海图、水产资源保护和管理等入此。

鱼类学入 Q959；水产区域资源入 S92；潜水器入 P75。

参见 Q948、Q958、X52。

S94 水产保护学

鱼类、贝类、甲壳类(虾、蟹)、藻类等的病害、敌害及其防治，以及鳖、蛙、大鲵等病虫害及其防治，渔药、水产药物学、药理学等入此。

水产的水质污染及其防治入 X52。

S95 水产工程

水产用机械仪器(3S 技术在渔业上的应用)、增养殖渔业设施(栽培渔业设施)、养殖场工程、养殖池、过鱼设备、拦鱼设备等入此。

渔港入 U658；水库入 TV62；航空航天技术在渔业上的应用入 S97。

S96 水产养殖技术

绿色、有机、无公害养殖等入此。总论养鱼亦入此。

S961 鱼类繁殖和越冬技术

S962 鱼苗、鱼种

鱼苗、鱼种的获得，鱼苗饲养(发塘)，鱼种饲养，养殖模式(单养、混养)等入此。

S963 水产动物饵料及其营养

天然饵料、青饲料、精饲料、粗饲料、发酵饲料、液化饲料、配合饲料、肥料等入此。

各种鱼的饵料入 S965。

S964 淡水鱼养殖方式

天然水域增殖(生态养殖)，稻田养鱼，池塘养鱼，湖泊养鱼，河川养鱼，水库养鱼，网箱养鱼，温水、流水养鱼，农渔综合养殖等入此。

S965 各种鱼类养殖

淡水鱼(如青鱼、草鱼、链鱼、鳙鱼、鲤鱼、鲫鱼等)，河口性及溯河降海鱼(如鲈鱼、鲟鱼、银鱼、大马哈鱼、鲑鱼等)，海水鱼(如鲨鱼、鲱鱼、大黄鱼、小黄鱼、带鱼、金枪鱼等)，淡水观赏鱼类(如热带鱼、金鱼)、海水观赏鱼类、水族箱使用及环境调控等入此。

黄鳝入 S966。

S966 其他水产养殖

甲壳类(淡水虾、淡水蟹)、蚌、螺、蛙、龟、鳖、黄鳝、泥鳅、娃娃鱼和淡水兽类(江豚等)的养殖等入此。

水獭入 S865.2。

S967 海水养殖方式

海港养殖、浅海养殖、网箱养殖、池溏养殖、滩涂养殖、增养殖渔业(栽培渔业)等入此。

S968 各种海产动植物养殖

甲壳类、贝类(包括海水贝育珠)、藻类、海兽类及海参、海棒槌、海绵、海蛰、鲸等入此。

鱼类养殖入 S965。

S969 水产养殖设备

水产土木工程设备、繁殖设备、饲养设备、饲料机械等入此；土木工程、通用机械入有关各类。例：水力挖塘机、泥浆泵入 S222。

割草机入 S817。

S97 水产捕捞

渔具材料、索具及其工艺，渔具与捕鱼设备(渔笼、渔叉)，捕捞技术、钓鱼法，淡水捕捞，近海、沿海、远洋、深海捕捞，捕鲸等入此。

渔船制造入 U674。

S98 水产物运输、保鲜、贮藏、加工、包装

水产生物运输及设备，水产品保鲜技术，水产品贮藏与贮藏设备、原料处理及加工设备，水产成品加工及设备，水产品包装等入此。

水产食品加工入 TS254。

T 工 业 技 术

类 目 简 表

T 工业技术

依总论复分表分。

T-0 工业技术理论

方针政策及其阐述、工业技术发展史等入此。

T-1 工业技术现状与发展

T-18 专利

总论工业技术专利入此；工业技术专利汇编、专利公报、专利索引、专利文摘等入此。

专项专利及其汇编等各入其类。例：焊接技术专利入 TG4；社会科学专利入 C1；自然科学专利入 N1。

专利研究、专利综合汇编入 G306。

T-19 先进经验、创造发明

工业技术奖项入此。

T-2 机构、团体、会议

T-29 工程技术人员

有关工程技术人员的考核、培养等著作入此。

T-6 参考工具书

T-62 工程师手册、技术手册

T-63 产品目录、样本

工业产品、样本综合汇编入此。

T-65 工业规程与标准

工业技术标准综合汇编入此;各工业技术部门的专业规程、标准入有关各类。

T-651 国际

国际规程、标准汇编入此。

T-652 中国

T-653/-657 各国

依世界地区表分。

[T-9] 工业经济

宜入 F4。

TB 一般工业技术

工业工程入此;总论技术学、工程技术、高新技术的著作入此。

专论入有关各类。

TB1 工程基础科学

总论入此;在各种工程技术上的应用入有关各类。

TB11 工程数学

概率论、数理统计的应用,运筹学(优选法、规划论、估计理论等)、工程控制论、可靠性理论与技术、计算数学的应用等入此。

参见 N94、O213、O22、O24。

TB12 工程力学

工程静力学、工程动力学、工程振动学、变形体工程力学、工程塑性力学、工程弹性力学、工程流体力学等入此。

工程水力学入 TV13。

TB13 工程物理学

工程光学入此。

工程热力学入 TK12;工程声学入 TB5。

[TB14] 工程化学

宜入 TQ02。

TB15 工程天文学

[TB16] 工程地质学

宜入 P642。

TB17 工程仿生学

参见 Q81。

TB18 人体工程学

人机工程学、工效学入此。

劳动生理学入 R131。

TB2 工程设计与测绘

总论入此;各种工程设计、测绘入有关各类。

工业设计入 TB47。

TB21 工程设计

工程技术维修性设计、利用计算机自动设计入此。

机械设计入 TH122。

TB22 工程测量

建筑物变形、沉降、扭转及其观测,各种建筑物工程测量入 TU19。

TB23 工程制图

机械制图入 TH126。

参见 TU19。

TB24 工程模拟

论述工程模型试验和模拟试验的著作入此。

TB3 工程材料学

工程材料力学、工程材料试验与分析、材料结构及物理性质、材料计算及总论材料腐蚀与保护、材料科学的著作入此。

专论各种工程材料的著作入有关各类。例:金属材料及合金入 TG14;金属腐蚀入 TG17;化工设备防腐入 TQ05;管道防腐入 U17。

材料试验机与仪器入 TH87。

参见 TG115、TU5。

[TB31] 金属材料

宜入 TG14。

TB32 非金属材料

总论无机质材料、有机质材料、高分子材料的著作入此。

专论入有关各类。例:建筑工程材料入TU52。

参见TH14。

TB33 复合材料

先进复合材料等入此。

TB34 功能材料

吸热材料、隔声材料、吸波材料、变色材料、变相材料、含能材料等入此。

TB35 耐高温材料、耐低温材料

TB36 耐磨材料

减摩材料、摩擦材料入此。

TB37 耐腐蚀材料

TB381 智能材料

光敏材料、气敏材料、热敏材料、形状记忆材料等入此。

TB383 特种结构材料

纳米材料、微孔材料、超细粉体材料、非晶材料、蜂窝材料、膜材料等入此。

特种结构的复合材料入TB33。

TB39 其他材料

自蔓延高温合成材料、仿生材料、环保材料等入此。

声电材料、声光材料入TB5。

TB4 工业通用技术与设备

液压传动入TH137;遥感技术入TP7;胶粘技术入TG49。

TB41 爆破技术

总论入此。

专论各入其类。例:矿山爆破工程入TD23;爆炸成型入TG39;军用爆破器材入TJ5;爆炸物工业入TQ56。

TB42 密封技术

总论密封技术、密封材料、漏泄防治技术入此。

专论各入其类。例:机械密封入TH136;真空密封入TB7。

TB43 薄膜技术

总论入此。

专论各入其类。例:薄膜物理学入O484。

TB44 粉末技术

总论入此。

专论各入其类。例:粉末冶金入TF12。

TB45 防潮技术、干燥技术

总论防潮技术或干燥技术入此。

专论各入其类。例:化工干燥技术入TQ02。

TB47 工业设计

工业设计是工程技术与美学艺术相结合的新学科。产品设计、产品设计表现技法与模型制作入此。

企业形象设计入F272。

参见B832、J524。

TB48 包装工程

包装工艺学、包装设计、包装材料、包装类型、包装机械设备、包装技术检侧、包装工厂及总论各类产品包装的著作入此。

专论某种产品的包装入有关各类。例:商品包装入F76;药品包装入R95。

装潢设计入J524。

参见TS、TG96。

TB49 工厂、车间

工厂、车间的规划与设计,设备安装与运行,力能供应与节能,空调与照明,给水、排水,安全与卫生,技术管理,贮运等入此。

工业三废处理与综合利用入X7有关各类;工厂建筑设计入TU27;建筑施工入TU7。

参见X93。

TB5 声学工程

工程声学,声学仪器,声学测量,振动、噪声及其控制,超声工程、水声工程,以及总论电声工程、光声工程的著作入此。

专论电声工程、光声工程的著作入有关各类。例:建筑声学入TU11;吸声材料入TU55;电声设备入TN912.2;海洋声学入P73。

声学仪器制造入TH73;水下通信入TN929.3;声纳及水声导航入U666。

参见O32、O422、TB95、TN713。

TB6 制冷工程

制冷理论、材料、机械与设备(制冷机、压缩机、冷藏库等)、技术及总论空调器、冰箱等入此。总论普通冷冻与深度冷冻工程、贮运设备及制冷应用的著作入此。

专论制冷工程在各方面的应用及专论贮运设备的著作入有关各类。

家用空调器和家用冰箱入 TM925。

参见 TB7、TH45、TQ05、TQ02。

TB7 真空技术

真空技术基础理论，真空材料，真空获得技术与设备(真空泵、真空系统、真空元件等)，真空测试及仪器，以及总论真空技术应用的著作入此。

专论在某一方面的应用入有关各类。例：真空冶炼入 TF13。

真空电子技术入 TN1；气体分子运动论入 O55。

参见 TB6、TQ02、TQ05。

TB8 摄影技术

总论电影、摄影技术入此；专业性的摄影著作入此。

综合性的摄影普及读物入 J41。

TB81 摄影理论

摄影学、摄影原理的专门论述及摄影光学(光线、闪光灯、光圈与景深、滤色镜等)、摄影化学(感光原理、显影、定影等)入此。

摄影艺术入 J4；感光乳剂合成入 TQ57。

TB82 拍摄技术

拍摄艺术入 J41。

TB84 感光材料

感光材料制造入 TQ57。

TB85 摄影机具与设备

光学镜头、滤光器，照相机，摄影设备(各种摄影机、特技摄影装置等)，暗房设备、洗印设备，剪接设备、放映设备、照明设备，图书资料复制设备和阅读器制造等入此。

胶片制作设备入 TQ57；录音设备、还音设备入 TN912.2；重氮复制机、静电复制机入 TS951；扩大机入 TN72；光源、灯具入 TM923；图书资料复制设备和阅读器使用入 G258.9。

参见 TH76。

TB86 各种摄影技术

彩色、立体、全景、红外线、紫外线、放射线、水下、空中、卫星、高速、显微、光电微光、传真、全息、电影等摄影技术入此。

参见 O438、J93。

TB88 洗印技术

负片与正片过程、翻摄与复制、相片修整、电影洗印、特种材料底基的印相法(在织物、金属、瓷器、塑料上印相)及总论暗室技术的著作入此。

文献复制入 G258.9。

参见 TQ57。

TB89 摄影技术的应用

总论入此；专论入有关各类。

影印法、印刷制版法入 TS8。

TB9 计量学

计量学是一门研究测量、维持测量统一和准确的科学。

计量管理学入此；总论测量、测试、计测的著作入此。

专论入有关各类。例：工程测量入 TB22；总论测量的著作入 P2；计量仪器制造入 TH71；计量仪器使用入有关各类。

TB91 计量单位与单位制

单位名称、定义和新制度的探讨，度量衡换算法和换算表，公制、中制及各国单位制等入此。

TB92 几何量计量

长度计量、角度计量入此。

TB93 力学计量

力值、质量、密度与粘度、速度与加速度、压力与真空、冲击与振动、流量与流速、液面与物位、硬度、容量、时间与频率的计量、量子计量等入此。

参见 P12、TM93。

TB94 热学计量

热量、温度、湿度计量等入此。

参见 TK3。

TB95 声学计量

声压、声功率、声强度、声波等计量入此。

参见 TB5。

TB96　光学计量

光度、光强、光通、光源等计量入此。

参见 O432。

TB97　电磁学与无线电计量

电磁学单位与单位制入此。

参见 TM93。

TB98　电离辐射和放射性计量

辐射，x、α、β、γ 射线及中子源等计量入此。

TB99　物理化学计量

PH 值、粘度、气体分析计量等入此。

TD 矿业工程

依总论复分表分。

TD-0 矿业工程理论与方法论

TD-05　矿业工程与其他学科的关系

矿业系统工程入此。

[TD-9] 矿山经济

宜入 F407。

TD1 矿山地质与测量

矿井地质、露天矿地质、生产地质勘探、矿山环境地质、矿山测量与制图、经纬仪、水准仪、测距仪等仪器，激光技术、电子计算机技术在矿山测量中的应用入此。

矿床学入 P61；水文地质学与工程地质学入 P64；地质、矿产普查与勘探，储量计算入 P62。

参见 P2、X14。

TD2 矿山设计与建设

TD21　矿山设计

矿区规划与总体设计、标准化设计、矿井扩建设计（旧矿改造）、矿山供水设计、矿产综合开发设计等入此。

TD22　矿山地面建设

矿区地面总规划、工业生产及辅助生产建筑物、民用建筑物等入此。

基建工程与设计入 TU7。

TD23　凿岩爆破工程

工业炸药，起爆药与起爆器材，爆破方法，爆破技术，掏槽方法，炸药、起爆药在凿岩爆破中的应用等入此。

炸药、起爆药的制造入 TQ56。

参见 TB41、TJ5、TU751。

TD26　井巷工程

井筒、巷道、井底车场及峒室等的设计与施工，井巷修复与改建等入此。

TD3 矿山压力与支护

矿山岩石力学、矿山岩体力学、采场矿压理论、矿山压力与岩层移动、矿井支护与设备等入此。

参见 P62、TE21、TU45。

TD4 矿山机械

机械原理，设计、计算、制图，结构及构件，制造材料、制造工艺，安装、运行与维修，机械厂、机修厂等入此。

TD41/45 各种矿山机械

见 TD4 注。

[TD41]　勘探机械、钻孔机

宜入 P62。

TD42　采掘机械

地下采掘机械及露天矿、砂矿床、海底矿床等的采掘机械入此。

TD43　水力采矿机械化设备

水力采掘机械（水力掘进机、水枪）、水力运输提升机械、脱水机械与设备、高压水泵等入此。

TD44　矿山固定机械设备

矿山通风设备（通风机、风筒、消音器等）、排水设备、压气设备等入此。

矿山固定机械设备制造入 TH3/4 有关各类；矿井提升设备入 TD53。

TD45　选矿机械

破碎机、筛分机、磨矿机、分级机、浮选机、磁选机、电选机、烧结与团矿机械等入此。

参见 TG23。

TD5　矿山运输与设备

矿山运输电气设备入TD63。

见TD4注。

TD52　井下运输与设备

自重、风力、轨道、无轨、钢丝绳、索道、输送机等运输与设备入此。

输送机制造入TH22;水力运输与设备入TD82。

TD53　矿井提升

提升容器(罐笼、箕斗等)、天轮、提升机、井筒装备等入此。

TD54　井口设备

井架、井塔、地面矿仓、井口车场设备等入此。

TD55　斜井运输

防跑车装置入此。

TD56　地面运输

架空索道运输、装卸设备、翻车机、贮矿场等入此。

装载机入TD42;秤重设备入TH715。

TD57　露天矿运输

见TD56注。

TD58　矿外运输

总论矿井范围外运输入此。

TD6　矿山电工

理论,设计与计算,电工器材、仪表、设备,安装与维修,安全技术、节电等入此。

TD61　矿山输电与配电

井下、地面、露天矿等的供电与设备,矿山电机及其控制入此。

参见TM3。

TD62　矿山电气照明及设备

手灯、安全灯、帽灯等入此。

TD63　矿山机械的电力装备与自动化

TD64　矿山电机车的电力装备

TD65　矿山信号与通信

TD67　矿山生产自动化技术

电子计算机的应用,矿用电视,遥控、遥测、遥信系统及其他电子技术在矿业工程中的应用入此。

安全监测入TD7。

参见TP2。

TD68　矿山电气安全设备

防爆设备、安全火花设备及检验技术入此。

TD7　矿山安全与劳动保护

矿井大气(瓦斯、矿尘等)、矿井通风、矿山排水与堵水、矿山防火、矿山安全监测系统、矿山事故及救护、矿山卫生及劳动安全等入此。

岩石沉陷及安全措施入TD3;矿山水文地质入P641;矿山职业病及预防入R135。

矿山卫生及劳动安全,参见R13。

TD8　矿山开采

矿山开采理论、设计,地下开采,露天矿、砂矿床开采,水下、海底矿床开采及开采作业管理等入此。总论矿产资源开发入此。

专论某种矿物开采入有关各类。

参见P74。

TD82　煤矿开采

煤矿开采作业管理,煤矿开采理论、设计,地下开采方法(矿井开拓、各种蕴藏条件的煤层开采、回采工艺等),露天煤矿开采,水力开采,总论煤矿的设计、机械、运输、开采与选煤等的著作入此。

专论煤矿地质、建设、压力与支护、机械、运输、电工、安全的著作分别入TD1/7;专论选煤的著作入TD94;水力开采高压供水系统入TD43。

TD83　油页岩开采

见TD82注。

TD84　煤及油页岩地下气化

地下气化理论、火力作业(燃烧程序)、地下气化过程的控制和管理、地下煤气的利用及煤的综合利用等入此。

煤的加工利用入TQ53。

TD85　金属矿开采

砂矿床开采法、海底矿床开采法、共生矿的开采和利用、各种金属矿山开采等入此。

见TD82注。

TD87　非金属矿开采

化学工业和化学肥料工业原料开采,筑

路和建筑用材料和石料开采，耐火、耐酸、陶瓷、玻璃原料开采，天然磨料（金刚石等）、填料、颜料开采，收敛性材料（石膏、灰泥、石灰石等）开采，绝缘、隔热和隔音材料（石棉、云母等）开采，装饰工业和精密仪器原料、宝石料（紫晶、水晶等）、五彩石料（白玉、玛瑙等）、技术石料（压电石英等）开采及矿泉水、医疗用泥开采等入此。

见 TD82 注。

TD88　矿区复田

TD9　选矿

选矿机械入 TD45。

TD91　选矿理论

工艺矿物学、矿石性质及类型、矿石可选性研究等入此。总论选矿理论入此。

专论各入其类。例：选煤理论入 TD94。

TD92　选矿流程与方法

选前准备作业、重力选矿、浮游选矿、电磁选矿、特殊选矿（光电、放射性、细菌、化学选矿等）、选后处理作业及选矿厂等入此。

废水处理及其综合利用入 X75；矿石的热处理、烧结、团矿入 TF04。

TD94　选煤

选煤理论、选煤流程与方法、选煤厂等入此。

TD95　金属矿选矿

见 TD94 注。

TD97　非金属矿选矿

见 TD94 注。

TD98　矿产资源的综合利用

煤的综合利用入 TQ53；石油、天然气的综合利用入 TE6。

TE　石油、天然气工业

依总论复分表分。

[TE-9] 石油、天然气工业经济

宜入 F407。

TE0　能源与节能

有关石油、天然气能源计算、调查与节能、综合利用等入此。

总论能源与节能的著作入 TK；油田工厂节能入 TE4；油气加工厂节能入 TE68；油气储运节能入 TE8。

TE1　石油、天然气地质与勘探

油气田勘探组织与管理、油矿地质、油气田测量和储量计算、油气田区城分布，以及新技术在石油、天然气地质与勘探中的应用入此。

石油、天然气地质，石油、天然气调查与勘探入 P61；可采储量入 TE32；油田动态分析入 TE33。

TE2　钻井工程

TE21　钻井理论

钻井岩石力学、破岩理论、钻井模式等入此。

参见 TD3。

TE22　钻井设计

钻井工程设计、钻井施工进度计划、钻井成本预算等入此。

钻井地质设计入 TE1。

TE24　钻井工艺

钻前准备、钻井技术、定向钻井、取心钻井、超深井钻井、小井眼及大井眼钻井、喷射钻井等入此。

参见 P62。

TE25　洗井、固井、完井、油层损害与预防

洗井方法、洗井液，钻井液的使用与处理等入此。

TE26　井身质量及固井质量检查

井径、井斜检查，固井质量鉴定等入此。

TE27　中途测试及试油

地层压力检侧、随钻测量入此。

TE28　钻井安全生产与复杂情况处理

井探、井斜控制，泥岩控制与井漏、井塌、井喷、卡钻、井内落物及打捞等处理入此。

[TE29] 钻井综合技术经济指标分析

宜入 F407。

TE3 油气田开发与开采

参见 TE5。

TE31 基础理论

油气层物理、油气水渗流力学、模拟理论与计算机技术在开发中的应用入此。

TE32 油气田开发设计与计算

油气田开发远景规划、地质论证、经济论证、油田布井原则及方式、采收率研究、油气产量与可采储量等入此。

油气地质储量入 TE1。

TE33 油气田动态分析

TE34 油田开发(油藏工程)

水驱、气驱油田,弹性驱动与重力驱动油田,砂岩油田,碳酸盐岩油田,稠油油田,小油田,断块油田,多断层油田,低渗透油田及其他类型油田开发等入此。

TE35 采油工程

试井、试采、采油技术(自喷、机械采油、水平井采油、连续油管采油等)、提高采收率与维持油层压力(油层各种压裂、油层注水,油层注气,油井、注水井测试与管理等)、井下作业、油井维护管理等入此。

TE37 气田开发与开采

TE38 油气田开发和开采安全技术

TE39 油田应用化学

总论采油生产用的化学剂入此。

专论入有关各类。

TE4 油气田建设工程

油田各类工厂、设施施工的地面建设入此,包括工厂设计、规划与布局、设备与安装、施工、力能供应、供暖与照明设备、给水、排水、交通与通信、生产技术安全与卫生等。

油气加工厂入 TE68;矿场油气集输与处理入 TE8。

TE5 海上油气田勘探与开发

海上油气田的钻井工程、开采技术、建设工程、安全技术等入此。

海上油气田地质与勘探入 P61。

参见 TE2、TE3、TE4 有关各类。

TE6 石油、天然气加工工业

TE62 石油炼制

TE621 基础理论

石油化学入此。

TE622 石油的组成、性质与分析

化学性质及分析方法、物理性质及测定方法、原油评价等入此。

流程分析及评价入 TE624。

TE624 炼油工艺过程

原油预处理、蒸馏、热转化(裂化)、催化转化、精制处理、机械处理、特种加工及精制法、添加剂、催化剂等入此。

TE626 石油产品

燃料油、润滑油、润滑脂、溶剂油、气体类石油产品(液化石油气、液化天然气等)、固体类石油产品(石蜡、地蜡、沥青、石油焦等)及其他产品和副产品入此。

TE64 天然气加工

天然气的组成、性质与分析,预处理,组分分离过程,加工过程,产品的分析与鉴定,总论气体燃料生产的著作等入此。

TE65 石油化学工业

总论入此。

专论入有机化学工业各类。例:乙烯的生产入 TQ22。

TE66 人造石油

油页岩加工、合成石油、合成润滑油及从其他原料提炼石油,如从植物油中提取石油等入此。

油页岩开发与开采入 TD83;煤的低温、中温、高温干馏入 TQ52。

TE68 油气加工厂

炼油厂入此。油气加工厂的给水、排水,厂内油气集输等入此。

工厂建筑入 TU27;油气炼制设备入 TE96。

TE8 石油、天然气储存与运输

油气储运过程中油气性质及组分测定,油

气储存，油气输送与运输，油气储存损耗及预防措施，矿场油气集输与处理，油气储运安全技术、节能技术等入此。

TE9 石油机械设备与自动化

理论、设计、计算、制图、结构、零件、装置、材料、制造用设备、制造工艺、安装、运行、测试与检修、工厂等入此。

TE91/97 各种石油机械设备

见 TE9 注。

[TE91] 地质勘探机械设备

宜入 P62。

TE92 钻井机械设备

钻头、钻具与工具，钻机，井架和升降设备，钻井动力机械与传动机械，洗井、固井、完井机械设备，循环系统设备，仪器、仪表、辅助设备，钻井机械化与自动化等入此。

参见 P62。

TE93 油气开采机械设备

井口装置及井下设备，试井、试油、抽油等的机械设备，油气井提高采收率设备，修井机械设备，油田动力保温机械设备，仪器、仪表与辅助设备，油气开采机械化与自动化等设备入此。

TE94 油气田工程建设机械设备

总论入此；专论入有关各类。

TE95 海上油气田开发开采机械设备

参见 P62。

TE96 油气加工厂机械设备

塔、炉、泵等设备，热交换设备，高压加氢设备，反应器与再生器，仪器、仪表，油气加工机械化与自动化等入此。

参见 TH7。

TE97 油气储运机械设备

油气库、油气罐，油气管道，泵站(压缩机)设备，油船、油轮及液化气油轮，油槽车、油罐车，油气集输机械设备，油气储运自动化与设备等入此。

油船、油轮、液化气油轮制造入 U674；油槽车、油罐车制造入 U272。

TE98 机械设备的腐蚀与防护

钻井机械设备、油建工程机械设备、海洋石油机械设备、油气加工设备、油气储运设备等的腐蚀与防护入此。

[TE99] 石油、天然气工业环境保护与综合利用

宜入 X74。

TF 冶金工业

普通冶金学入此。

依总论复分表分。

[TF-9] 冶金工业经济

宜入 F407。

TF0 一般性问题⊗

TF01 冶金原理

冶金物理化学原理、冶金过程理论等入此。

TF02 冶炼计算

TF03 冶炼试验与分析

实验室试验分析、中间试验分析、工业试验分析等入此。

参见 O643。

TF04 冶炼原料及矿石预处理

TF05 冶金燃料与燃烧

燃烧理论与计算，固体、液体、气体(天然气、煤气等)、混合等燃料及燃烧入此。

参见 O643。

TF06 冶金炉

论述冶金炉的一般著作入此。

专论某种冶金炉的著作入有关各类。

TF08 冶金工厂

钢铁企业(钢铁联合企业)入此。

设计和建筑入 TU27。

见 TB49 注。

[TF09] 冶金工业废物处理与综合利用

宜入 X75。

TF1 冶金技术

TF11 提炼冶金(化学冶金)

总论入此。金属冶炼(干法、湿法冶金、电冶金)、金属精炼(化学方法、物理方法、电解方法)入此。

专论各种金属冶炼的著作入有关各类。例:铁的冶炼入 TF5。

TF12 粉末冶金(金属陶瓷工艺)

粉末特性及检验,粉末的制造方法,粉末成型、烧结及后处理,粉末冶金制品及其应用等入此。

粉末冶金电工材料制品入 TM2。

参见 TB44、TG39、TM27。

TF13 真空冶金

真空炼钢、电子束熔炼、真空系统的应用等入此。

真空熔炼设备入 TF3。

TF14 电渣重熔

钢的电渣重熔入此。

TF15 原子能冶金

TF16 纤维冶金

TF17 卤素冶金

TF18 微生物冶金

TF19 其他冶金技术

等离子体冶金等入此。

TF3 冶金机械、冶金生产自动化

钢铁冶炼机械与生产自动化总论、炼铁机械、铁合金冶炼机械、炼钢机械、有色冶金机械、粉末冶金机械等与生产自动化入此。

轧钢机械入 TG33。

TF4 钢铁冶炼(黑色金属冶炼)(总论)

TF5 炼铁

炼铁学入此。

TF51 理论与计算

冶炼原理、计算、实验和分析等入此。

TF52 原材料

铁矿石、生铁、废铁、废料、炉渣、熔剂、燃料等各种原材料的鉴定、分析和利用入此。

炼焦入 TQ52。

TF53 高炉熔冶过程

理论和计算、加热与炉料分解、还原、造渣、生铁的形成、燃烧反应和煤气成分的变化、炉料和煤气运动、高炉强化冶炼等入此。

TF54 高炉操作

开炉前准备及开炉、配料、冶炼过程操作,热风炉及炉前操作,高炉煤气的除尘,高炉停炉操作、故障及防止等入此。

高炉煤气的综合利用入 X75。

TF55 铁矿石直接还原

回转炉法、流态床法、反应罐法、竖炉法、电炉法、高温还原法、熔融还原法等入此。

TF56 其他炼铁法

小高炉、矮高炉、坩埚炉、电高炉炼铁入此。

TF57 炼铁炉(高炉)

高炉寿命、设计和计算、构造、砌筑、维修,热风炉及其他炼铁炉(小高炉、矮高炉、电高炉)入此。

TF58 炼铁厂

见 TF08 注。

TF59 炼铁产品

纯铁生产、炼钢生铁、铸造生铁、合金铸铁等入此。

TF6 铁合金冶炼

理论和计算、原材料、冶炼方法及各种铁合金冶炼等入此。

TF7 炼钢

炼钢学、炼钢理论和计算、原材料、熔炼过程及操作等入此。

TF71 转炉炼钢

原材料入 TF7。

TF72 氧气转炉炼钢

倾动式旋转炉炼钢法,卧式旋转炉炼钢法,顶、底复合吹炼法等入此。

原材料入 TF7。

TF73 平炉炼钢

原材料入 TF7。

TF741 电炉炼钢

电弧炉、电阻炉、感应炉炼钢，区域熔炼等入此。

原材料入 TF7。

TF742 混合炼钢

平炉电炉双联、转炉电炉双联、平炉转炉双联、三联法(转炉、平炉、电炉)等混合炼钢入此。

[TF743] 真空炼钢

宜入 TF13。

[TF744] 钢的电渣重熔

宜入 TF14。

TF746 其他炼钢法

连续炼钢法、原子能炼钢、旋涡炼钢、氧化铁还原、增碳炼钢、瞬时炼钢法、射流精炼炼钢法等入此。

TF747 早期炼钢法

土法炼钢、搅拌炉炼钢、坩埚炉炼钢、熟铁炼制方法、海绵铁生产等入此。

TF748 炼钢炉

转炉、平炉(马丁炉)、电炉、真空冶炼炉、电渣炉、回转炉、太阳炉、等离子炉、坩埚炉等入此。

TF758 炼钢厂

见 TF08 注。

TF76 各种钢的冶炼

碳素钢、优质钢、工具钢及特殊用途钢(不锈钢、耐热钢、电磁钢)等入此。

TF769 钢液二次精炼和炉外处理

氩氧炉精炼，钢包炉精炼，钢液喷粉处理、真空处理等入此。

TF77 铸锭

钢锭结构与缺陷，铸锭、镇静、浇注、脱模、精整，连续铸钢，近终形铸造等入此。

TF79 其他黑色金属冶炼

铬、锰冶炼入此。

TF8 有色金属冶炼

理论与计算，原材料及其制备，金属提炼、精炼，高纯金属制备，有色冶金炉，铸锭及有色冶金工厂等入此。

TF81/89 各种有色金属冶炼

见 TF8 注。

TF81 重金属冶炼

铜、铅、锌、锡等冶炼入此。

TF82 轻金属冶炼

铝、镁、碱金属(钾、钠等)、碱土金属(钙、锶、钡)等冶炼入此。

TF83 贵金属及铂族金属冶炼

金、银、铂(白金)等冶炼入此。

TF84 稀有金属冶炼

难熔金属(钨、钼等)、稀散元素、稀土金属等冶炼入此。

硒、碲冶炼入 TN3。

[TF88] 放射性元素冶炼

宜入 TL2。

[TF89] 半导体元素冶炼

宜入 TN3。

TG 金属学与金属工艺

总论金属工艺学的著作入此。

专论某种金属工艺的著作入有关各类。例：铸造入 TG2；焊接入 TG4；金属切削入 TG5。但总论机械制造工艺的著作入 TH16。

依总论复分表分。

TG1 金属学与热处理

TG11 金属学(物理冶金)

TG111 金属物理学

金属的弹性、蠕变、疲劳、脆性及断裂等入此。

参见 O77、O79。

TG113 金相学(金属的组织与性能)

总论相图的著作入此；金属各具体相图入各类。例：铸铁相图入 TG143。

TG115 金属的分析试验(金属材料试验)

金属的物理试验法、化学试验法、机械性能(力学性能)及工艺性能试验等入此。

参见 TB3。

TG13　合金学与各种性质合金

各种成分合金入 TG14 有关各类。

TG14　金属材料

总论金属材料的成分、组织、结构、性能及用途的著作入此。非晶金属材料也入此。

专论金属材料某一方面的,如成分、组织、结构、性能等入 TG11 有关各类;专论某种金属材料、合金的成分、组织、结构、性能及用途的入以下有关各类。

参见 TH14。

TG141　黑色金属材料

TG142　钢

钢的组织与性能、各种钢材、特种性能钢等入此。

TG143　铸铁

白口铁、灰口铁及各种铸铁入此。

TG144　铬及其合金

TG145　锰及其合金

TG146　有色金属及其合金

重有色金属、轻有色金属、贵金属、稀有金属、放射性金属等及其合金入此。

TG148　金属陶瓷材料

参见 TM28。

TG15　热处理

TG151　基础理论

加热时及冷却时的转变、奥氏体转变曲线入此。

TG154　热处理用材料

各种介质、淬火剂、涂镀材料入此。

TG155　热处理机械与设备

TG156　热处理工艺

TG157　热处理质量检查、热处理缺陷及防止

TG158　热处理车间

生产安全入此。

TG161　钢的热处理

钢铁热处理入此。

TG162　钢件热处理

工具、刀具、模具、量具、轧辊、机械零件、铸钢、钢的成品及半成品等热处理入此。

TG163　铸铁热处理

TG164　各种铸铁热处理

白口铸铁的可锻性热处理、球墨铸铁及铁铸件热处理入此。

TG166　有色金属及其合金的热处理

铜、铝、镁、钛及其合金、铸件的热处理等入此。

TG17　金属腐蚀与保护、金属表面处理

金属腐蚀理论及类型、腐蚀的控制与防护、金属电抛光及化学抛光、金属表面精整及着色、各种工业的腐蚀及防腐新方法总论等入此。

金属电镀法入 TQ153。

TG2　铸造

TG21　铸造理论

TG22　铸造原材料及配制

造型材料,砂箱、型芯、模型的材料,熔化原料及添加物等入此。

TG23　铸造机械设备

造型材料制备机械、熔炼设备(冲天炉、转炉、电炉等)、铸造机械、铸件落砂和清理设备、铸造用仪表等入此。

铸造起重运输设备制造入 TH2。

参见 TD45。

TG24　铸造工艺

制模工艺、砂型铸造造型工艺、熔化(炼)、浇注及凝固、铸件缺陷及其预防、铸件清理及铸件修正、铸件质量检查、铸件生产过程自动化等入此。

TG249　特种铸造

冷硬铸造、压力铸造、金属型铸造、离心铸造、精密铸造(熔模铸造、失蜡铸造)、实型铸造、磁型铸造、陶瓷型铸造、连续及半连续铸造等入此。

TG25　铸铁件铸造

总论黑色金属铸件铸造入此。

铸铁的组织、性能与分析试验入 TG143。

TG26　钢件铸造

钢锭模、钢管、刀具、活塞环等铸造入此。

钢的组织、性能、分析与试验入 TG142。

TG27　合金铸造

总论入此。

TG28　铸造车间(厂)

生产安全入此。

TG29　有色金属铸造

重金属、轻金属、贵金属、稀有金属、放射性元素金属、有色金属及其合金铸造等入此。

TG3　金属压力加工

理论、设计与计算、材料、设备、工艺、加工厂等入此。

TG31　锻造、锻压与锻工

锻工工艺学,锻造原理、设计、材料,锻造用机械与设备,锻造工艺,合金钢锻造,有色金属锻造,锻造车间(厂)等入此。

TG33　轧制

轧钢学、轧制理论、轧机轧辊孔型设计、轧钢机械设备、轧制工艺、特种金属及合金轧制、有色金属轧制、轧制车间(厂)等入此。

TG35　拉制、拉拔

拉制原理、设计、机械设备、工艺,有色金属及其合金拉拔、拉拔车间(厂)等入此。

TG37　挤压

见 TG35 注。

TG38　冷冲压(钣金加工)

见 TG35 注。

TG39　高能成型

电磁成型、爆炸成型、液电成型、高压液体成型等入此。

参见 TF12。

TG4　焊接、金属切割及金属粘接

焊接车间、焊接自动化技术等入此。

TG42　焊接材料

TG43　焊接设备

TG44　焊接工艺

焊接工艺学入此。

TG441　一般方法

焊前准备、接合方法、焊缝方法、焊接操作、焊接缺陷及质量检查、焊后处理等入此。

TG442　熔焊

总论入此。

TG443　电焊

总论入此。

TG444　电弧焊

TG445　埋弧焊(焊剂层下焊)

TG446　气焊

氧-气体焊等入此。

TG447　电铆焊

TG448　电渣焊

高频感应焊入此。

TG451　热剂焊

铝剂焊、镁剂焊等入此。

TG452　铸焊

TG453　加压焊

锻焊、螺柱焊、摩擦焊、超声波焊、电阻焊、真空扩散焊等入此。

TG454　钎焊

TG455　堆焊及补焊

TG456　特种焊接

电解焊、等离子弧焊、真空电子束焊、冷焊、水下焊接、爆炸焊、激光焊等入此。

TG457　各种金属材料和构件的焊接

金属材料的焊接,机器零件的焊接,柱焊接,桁架结构、钣结构、管道等焊接入此。

TG47　焊接的应用

总论入此。

专论入有关各类。例:飞行器焊接入 V26。

TG48　金属切割及设备

气刨、气割及设备、碳弧气割及设备、等离子弧切割及设备、电弧切割及设备、激光切割及设备、切割质量检查等入此。

TG49　粘接、胶接

TG5　金属切削加工及机床

TG50　一般性问题⊗

TG501 切削原理与计算

TG502 机床设计、制造与维修

总论金属切削机床、重型机床、简易机床入此。

TG506 金属切削加工工艺

机床工作法及总论车、铣、刨、钻、磨等的加工工艺入此。

专论入有关各类。

TG508 机床厂

生产安全入此。

TG51 车削加工及车床(旋床)

TG52 钻削加工及钻床

总论孔加工入此。

TG53 镗削加工及镗床

镗铣床等入此。

TG54 铣削加工及铣床

TG55 刨削加工、刨床与插床(立刨)

TG56 锯削加工与锯床、锉床

TG57 拉削加工与拉床

TG58 磨削加工与磨床

珩床、研床、砂轮机(刃轮机)等入此。

TG61 齿轮加工及齿轮机床

TG62 螺纹加工及螺纹加工机床

TG63 刻线加工及刻线机

TG64 仪表加工及仪表机床

TG65 组合机床及其加工

TG659 程序控制机床、数控机床及其加工

总论入此;加工中心入此。

专论入有关各类。例:程序控制车床入TG51。

TG66 特种加工机床及其加工

电加工、电化学及超声波等加工机床及其加工,高速流体、光能、联合加工、表面强化等加工设备及其加工入此。

TG68 机床加工生产自动化

TG7 刀具、磨料、磨具、夹具、模具和手工具

理论、设计、计算、结构、制造用材料、设备,制造工艺、试验等入此。

TG71 刀具

钻头、扩孔钻、锪钻等入此。

TG73 磨料

金刚石、刚玉、刚砂、石榴石、研磨剂、抛光剂等入此。

TG74 磨具、研具

砂轮、砂布、砂纸、砂带轮、抛光轮、油石、磨头等入此。

TG75 夹具

三爪卡盘等入此。

TG76 模具

总论入此。

专论各入其类。例:铸造模具入TG24。

[TG78] 手工具

宜入TS91有关各类。

TG8 公差与技术测量及机械量仪

机械量仪使用入此。

设计制造入TH82。

TG81 长度测量及其量仪

刻线尺、量块、游标卡尺、千分尺、千分表、比较仪、量规等入此。

TG82 角度测量及其量仪

正弦规、水平仪、检验锥形工件量规等入此。

TG83 形位偏差测量及其量仪

平尺、平板、刀口尺、V形铁、角铁、方箱、圆度仪、圆柱度仪等入此。

TG84 表面光洁度(表面粗糙度)的测量及其量仪

TG85 螺纹测量及其量仪

TG86 齿轮测量及其量仪

TG87 自动量仪

[TG88] 光学量仪

宜入TH74。

TG9 钳工工艺与装配工艺

TG91 基本理论

TG93 钳工工作法及其装备

划线、錾削、锯削、锉削、刮研、钣加工、孔加工、铆、矫直及弯曲、管子加工、攻螺纹、薄片加工、缠绕技术等入此。

TG95 机器装配、机器安装法

TG96 包装技术与产品标识

参见 TB48。

TH 机械、仪表工业

总论机械工程的著作入此。

依总论复分表分。

TH-3 机械仪表工业研究方法、工作方法

TH-39 机电一体化

微机电系统(MEMS)入此。

[TH-9] 机械、仪表工业经济

宜入 F407。

TH11 机械学(机械设计基础理论)

TH111 机械原理

TH112 机构学

TH113 机械动力学

机械振动学、机械运动入此。

TH114 机械强度

TH115 机械精确度

TH117 机械摩擦、磨损与润滑

摩润学入此。

摩擦学入 O313。

TH12 机械设计、计算与制图

总论入此。

专论入有关各类。例:泵的设计为 TH3。

TH121 标准、规格

TH122 机械设计

利用计算机进行机械设计入此。

TH123 机械计算

[TH124] 机械公差、配合与技术测量

宜入 TG8。

TH126 机械制图

计算机自动绘图入此。

TH128 机械模型

TH13 机械零件及传动装置

TH131 联接及联接零件

铆钉、焊、螺纹、键、楔、销、链等联接入此。

TH132 机械传动机构

螺旋、磨擦、挠性(皮带传动)、啮合(齿轮传动)等传动入此。

齿轮切创加工入 TG61。

参见 TP21。

TH133 转动机件

支枢、枢轴颈、轴、轴承、联轴器、离合器、连杆、曲柄、偏心轮、飞轮等入此。

TH134 控制机件

轫、阀门、活塞圈等入此。

TH135 弹簧

螺旋弹簧、板弹簧、蛇形弹簧(盘弹簧)等入此。

TH136 其他机械元件

防护装置、填料函、机械密封装置、机架、箱体等入此。

TH137 液压传动

油压传动入此,总论液压传动装置的应用入此。

专论入有关各类。例:机床液压传动装置入 TG502。

自动化液压系统入 TP27。

TH138 气压传动

总论入此。

专论入有关各类。例:内燃机车的气压传动入 U262。

自动化气压系统入 TP27;空气压缩机入 TH45。

TH139 其他传动

电传动入 TM921。

TH14 机械制造用材料

金属材料、非金属材料及其强度、硬度、材料试验、材料利用及节约材料方法等入此。

参见 TB32、TG14、TM26。

TH16 机械制造工艺

总论机械制造工艺、机械检定等入此。机械加工精度理论、工艺设计、计算机辅助机

械制造、柔性制造系统及柔性制造单元、计算机集成制造等入此。

各种金属工艺入 TG 有关各类;总论计算机辅助设计及制造的著作入 TP391。

TH17 机械运行与维修

总论入此。

专论入 TH2/6。

TH18 机械工厂(车间)

规划与设计、设备安装、力能供应、空调与照明、给水与排水、贮运、生产技术管理、安全与卫生等入此。

建筑设计入 TU27。

TH2/6 各种机械

均收理论、设计、计算、制图、结构、零件、装置、制造用材料及设备、制造工艺、运行与维修、机械工厂等。例:泵的制造为 TH3。

TH2 起重机械与运输机械

TH21 起重机械

自行式和非自行式起重机、千斤顶、滑车、葫芦、升降机、升降台、猫头小车、单轨小车等入此。

各种用途起重机制造入此;使用入有关各类。例:铸造用起重机的使用入 TG23。

TH22 运输机械

各种输送机以及溜槽、螺旋槽、斜槽,Z形槽等输送设备,给料机、抛料机、翻车机等输送机辅助设备入此。

各种用途运输机制造入此;使用入有关各类。例:矿山输送机械运输入 TD52。

TH24 装卸机械

手推式装卸车(搬运车、提升车、台车)、自动式装卸车(叉式装卸车、跨车等)、装载机(斗式装载机、连续装载机、特殊装载机)、卸料机、堆垛设备、集装箱、装卸容器等入此。

各种用途装卸机制造入此;使用入有关各类。例:港口装卸设备使用入 U653。

TH3 泵

TH31 叶片式泵

离心泵、轴流泵、混流泵、旋涡泵、迷宫泵、直联泵、自吸泵、水轮泵等入此。

TH32 容积泵

活塞泵、柱塞泵、隔膜泵、滑片泵、齿轮泵、转子泵、螺杆泵、软管泵等入此。

TH33 内燃泵

TH34 水锤泵

TH35 电磁泵(液体金属泵)

[TH36] 真空泵

宜入 TB7。

TH38 各种用途泵

制造入此;使用入有关各类。例:基础(工程)中深井泵降水法入 TU46。

TH4 气体压缩与输送机械

TH41 压缩空气工程

压缩空气性能及传导、压缩方法、压缩空气厂等入此。

[TH42] 风扇

宜入 TM925.1。

TH43 通风机

参见 TU83。

TH44 鼓风机

TH45 压缩机、压气机

参见 TB6。

TH47 其他气动工具

TH48 各种用途气体压缩输送机械

制造入此;使用入有关各类。例:压缩机制冷入 TB6。

TH49 压力容器

总论入此。

专论入有关各类。例:化工压力容器入 TQ05;高压锅炉入 TK22。

TH6 专用机械与设备

总论入此。

专论入有关各类(除 TH69 已列出者)。例:农业机械入 S22;化工机械入 TQ05。

如愿集中于此,可用组配编号法。例:化

工通用机械为 TH6：TQ05。

TH69　其他专用机械与设备

邮政、商业、金融用机械设备入此。

TH7　仪器、仪表

仪表厂入此。总论制造与使用的著作入此。

专论在某方面的应用入有关各类。

参见 TE96。

TH71　计量仪器

TH711　长度计量仪器

块规、标尺、千分表、比较仪等入此。

TH712　角度计量仪器

角度量块、多面棱体入此。

TH713　面积计量仪器

TH714　时间计量仪器

天文钟、分子钟、原子钟、日用钟表、手表、技术用钟表、计时器、定时器等入此。

TH715　质量计量仪器

重量(天平、砝码、各种秤)、密度(标准浮计、密度计)、容量等计量仪器入此。

TH72　坐标器、计算机具、计数器

坐标器和自动坐标器(直线坐标器、极坐标器等)、计数器等入此。各种计算机具制造入有关各类。例:算盘入 TS951;手摇计算机、电动计算机和电子计算机入 TP3。

TH73　物理学与力学一般仪器

普通物理实验仪器、力学仪器、声学仪器入此。

电磁学仪器入 TM937。

TH74　光学仪器

参见 O435。

TH741　光学计量仪器

测长、测角度、测表面光洁度仪器，投影仪，光电显微镜，测量显微镜等入此。

TH742　显微镜

显微镜学入此。

电子显微镜入 TN16。

TH743　望远镜

总论入此。

专论入有关各类。例:天文望远镜入 TH75。

TH744　物理光学仪器

光谱仪器、干涉仪、成分分析光学仪器、激光仪器等入此。

参见 TN24。

TH745　军用光学仪器

观察、测角、瞄准仪器入此。

测距仪器入 TH76。

参见 E92。

TH75　天文仪器

天文望远镜、天体测量仪器、天体物理仪器、天象仪、人造天体观测仪器等入此。

电子望远镜入 TN16。

TH76　地球科学仪器

测绘仪器(经纬仪、测距仪、平板仪、航空摄影仪器等)，地球物理观测仪器(地震、地磁观测仪器)，地质勘探仪器，水文观测仪器，气象仪器，海洋调查、观测仪器等入此。

钻探机入 P62;气象雷达入 TN95。

参见 P28、TB85。

TH77　医药卫生器械

TH79　生物科学与农林科学仪器

TH81　热工量的测量仪表

温度测量仪表、压力仪表、流量测量仪表、流速测量仪、物位测量仪表等入此。

真空计、真空测试与检漏仪器入 TB7。

TH82　力学量测量仪表

尺度、位移、速度、振动及力(张力计、压力计、称量仪)等的测量仪表入此。

TH83　成分分析仪器

热学式分析仪器、电化学式分析仪器(电解仪、PH 计、PM 计、极谱仪、电泳仪等)、色谱仪、射频波谱仪、粘度计、湿度计、真空表面分析仪器等入此。

密度计入 TH715;光学分析仪器入 TH744。

TH841　波谱仪

射频波谱仪入 TH83。

TH842　能谱仪

辐射探测能谱仪入 TL8。

TH843 质谱仪

真空质谱仪入 TB7。

参见 TL8。

TH85 显示仪表

指示仪、记录仪等入此。

TH86 工业自动化仪表

电动、气动单元组合仪表,液动调节仪表,微模组合仪表,射流元件组合仪表,仪表控制盘等入此。

调节器入 TP21;巡回检测与数据处理装置入 TP27。

TH87 材料试验机与试验仪器

硬度计、测力计、延伸计、渗压仪、渗透仪、剪力仪、击实仪、探伤仪器、油压机、校正尺等入此。

TH89 其他仪器仪表

TJ 武器工业

理论与试验,设计、计算、制图,结构、材料,制造工艺及设备,测试技术及设施,工厂,储运、销毁等入此。总论武器、军用器材的制造入此。

专论入有关各类。

武器、军用器材的使用、保养、维修及其训练,射击学入 E92。

依总论复分表分。

[TJ-9] 武器工业经济

宜入 F407。

TJ2 枪械

各种枪、冷兵器(刺刀、马刀、匕首等)、榴弹发射器、掷弹筒等入此。

TJ3 火炮

迫击炮、无座力炮、榴弹炮、加农炮、高射炮、反坦克炮、舰炮、航空炮、火箭炮等入此。

TJ4 弹药、引信、火工品

枪弹、炮弹、炸弹、火箭弹、火工品(火帽、雷管、导火索)等入此。

手榴弹、地雷入 TJ5。

TJ5 爆破器材、烟火器材、火炸药、军用器材

手榴弹、地雷、爆破筒、布雷及扫雷器材,纵火(火焰喷射器)、防火及灭火器材,信号器材、照明器材、发烟器材等入此。

火炸药入 TQ56。

参见 TD23。

〈4 版类名:爆破器材、烟火器材、火炸药〉

TJ6 水中兵器

水雷、鱼雷、深水炸弹及反潜武器总论入此。

TJ7 火箭、导弹

军用火箭、火箭筒、各种导弹、导弹发射设施及总论火箭、导弹的著作入此。

其他火箭各入其类。例:气象火箭入 P41;航天器运载火箭入 V47。

火箭炮入 TJ3;火箭弹(无控火箭弹)、引信入 TJ4;导弹保养、维修与发射入 E92;导弹推进系统入 V43。

TJ8 战车、战舰、战机、航天武器

坦克、装甲车、军用车辆(爆破车、工程车、架桥车、救援车、登陆车、侦察车)、自行火炮等入此。

武器运输车入有关各类。炮车入 TJ3;布雷、扫雷、探雷车入 TJ5;导弹运输车、发射车入 TJ7;战舰入 U674;战机入 V27。

TJ9 核武器与其他特种武器及其防护设备

原子弹、氢弹、中子弹,化学、声学、生物武器,激光武器,等离子武器及其防护设备等入此。

参见 R82、TL7。

TK 能源与动力工程

能源、节能及能源综合利用,蓄能技术、动力能源、动力机械、动力厂总论入此。

专论入有关各类。

发电及电机入 TM;核能入 TL;三废处理与综合利用入 X77。

参见 U664。

依总论复分表分。

[TK-9] 能源与动力工业经济

宜入 F407。

TK1 热能、热力工程

热机入此。

〈4 版类名:热力工程、热机〉

TK11 热能

热能产生、计算、测量、利用等入此。

TK12 热力工程理论

工程热物理学、工程热力学、热工学、传热传质学等入此。

参见 O642。

TK14 气体透平(涡轮机)

总论蒸汽与燃气轮机的著作入此。

TK16 燃料与燃烧

从能源方面论述燃料与燃烧、燃烧空气动力学等的著作入此。

总论燃料与燃烧的著作入 TQ03;专论燃烧理论的著作入 O643。

TK17 工业用热工设备

换热设备、热管、干燥设备、可燃气体设备、工业用炉等入此。总论工业加热设备的著作入此。

专论入有关各类。例:金属压力加工加热设备为 TG3。

TK2 蒸汽动力工程

TK21 蒸汽理论

蒸汽性质、热力计算(热量、水的循环、空气动力和热力效率、功率等的计算)、热量综合利用等入此。

TK22 蒸汽锅炉

理论、设计、计算、锅炉构造、燃烧过程、材料、制造工艺、安装、运行、检修、维护及各类型锅炉等入此。

TK24 蒸汽机

见 TK22 注。

参见 U261。

TK26 蒸汽轮机(蒸汽透平、汽轮机)

见 TK22 注。

TK28 蒸汽动力工厂(车间)

厂址选择与规划、设备及运用、安全技术等入此。

建筑设计入 TU27。

TK3 热工量测和热工自动控制

量测仪表制造入 TH81。

参见 TB94。

TK4 内燃机

参见 U262。

TK41 汽油机

见 TK22 注。

TK42 柴油机

见 TK22 注。

TK43 气体燃料内燃机

见 TK22 注。

TK44 复合式发动机

自动活塞式发动机入此。

见 TK22 注。

TK45 旋转活塞式内燃机

转子发动机入此。

见 TK22 注。

TK46 其他燃料的内燃机

煤油机、酒精机、氢气内燃机、代用燃料内燃机等入此。

TK47 燃气轮机(燃气透平)

见 TK22 注。

[TK48] 喷气推进器

宜入 V43。

[TK49] 火箭发动机

宜入 V43。

TK5 特殊热能及其机械

TK51 太阳能及其利用

总论太阳能技术入此。

太阳能发电装置入 TM61。

参见 O644、TU18、TU83。

〈4 版类名:太阳能技术〉

TK52 地下热能、地下热能机械

总论地下热能利用入此;在各方面的应用入有关各类。例:地热发电入 TM61。

海洋热能入 P74。

参见 P314、S215。

TK6 生物能及其利用

总论生物质能及其利用入此;在各方面的应用入有关各类。例:沼气在农业上的应用入 S216。

生物质发电入 TM61。

参见 TQ51。

TK7 水能、水力机械

水能的产生、计算与测定,水力机械理论,水力原动机,水轮机等入此。总论水能利用的著作入此;在各方面的应用入有关各类。

水力发电入 TM61;水轮泵入 TH31;海洋动力能入 P74。

参见 S212、TV7。

TK8 风能、风力机械

风能的产生、计算、测定及贮存,风力机械和设备等入此。总论风能利用的著作入此;在各方面的应用入有关各类。例:风能发电入 TM61。

参见 S213。

TK91 氢能及其利用

总论入此;在各方面的应用入有关各类。

TL 原子能技术

依总论复分表分。

[TL-9] 原子能技术经济

宜入 F407。

TL1 基础理论

原子能物理入 O57;放射性化学入 O615;辐射化学入 O644。

TL2 核燃料及其生产

核燃料的生产总论,铀、钍燃料及其生产,乏燃料后处理,铀及其他稳定同位素的分离,核燃料的分析等入此。

氘、氚、重水及其化合物的生产入 TQ12;锂及其化合物的生产入 TQ13。

TL3 核反应堆工程

反应堆理论、设计、计算、材料及其性能、安装、安全与控制、实验与测量(运行与维修)等入此。

TL4 各种核反应堆、核电厂

核电厂(核电站)入 TM62。

参见 U664。

TL5 加速器

粒子动力学、粒子工厂及各种加速器入此。

参见 O572。

TL6 受控热核反应(聚变反应理论及实验装置)

聚变工程技术、热核装置、等离子体诊断(测量)、热核反应堆(聚变堆)安全与环境等入此。

参见 O53。

TL7 辐射防护

辐射事故、核设施和铀矿山的辐射监测防护和卫生、核实验的防护等入此。

防护理论、辐射剂量学入 R14。

参见 TJ9。

TL8 粒子探测技术、辐射探测技术与核仪器仪表

核电子学、核电子学仪器、放射性计量学与计量技术等入此。

核工业用普通仪器仪表入 TH7 有关各

类;光电倍加管和电子倍加管入 TN15;毫微秒脉冲技术入 TN78。

参见 TH843。

TL91 核爆炸

总论核爆炸和核爆炸的和平利用入此。

专论核武器与核爆炸入 TJ9。

TL92 放射性同位素的生产与制备

TL929 辐射源

TL93 放射性物质的包装、运输和贮存

放射性废物贮存入 TL94;核燃料贮存入核反应堆。

TL94 放射性废物管理及综合利用

核设施销毁入此。

核武器的销毁入 TJ9;放射性废物的综合利用入 X77;放射性废物对环境的影响入 X591。

TL99 原子能技术的应用

总论入此。

专论在某一方面的应用入有关各类。

TM 电工技术

电工设计、制图、安装技术、保养、维修、安全等入此。

机电一体化入 TH-39。

依总论复分表分。

[TM-9]电工技术经济

宜入 F407。

TM1 电工基础理论

电力电子学入此。

TM11 电工单位、电工计算

[TM12] 电学、磁学

宜入 O441。

TM13 电路理论

线性及非线性电路、铁心电路、电路综合与分析、电路参数、分布参数电路总论入此。

电子网络理论入 TN711;具体分布参数电路入 TN710;逻辑电路入 TP33;集成逻辑电路入 TN43。

TM14 磁路

漏磁通磁路、磁导入此。

参见 TM5。

TM15 电磁场理论的应用

静电场、电流场、磁场及其计算,场的造型及模拟技术等入此。

地磁入 P318。

TM2 电工材料

理论、设计、制图、结构、制造工艺及设备、性能试验和测量、材料腐蚀与防护等入此。

TM21 绝缘材料、电介质及其制品

有机和无机绝缘材料总论,气体、液体和固体电介质,绝缘子和套管等入此。

陶瓷绝缘材料入 TM28。

TM22 强性介质和压电介质

铁电体、铁电晶体、铁磁体、石英晶体、铌酸盐、锡酸盐、筛格涅特盐等入此。

[TM23] 半导体材料

宜入 TN3。

TM24 导电材料及其制品

金属和非金属导电材料,裸电线,电磁线,绝缘导线、漆包线,导电塑料,各种电缆等入此。

光纤电缆入 TN81。

TM25 微波吸收材料

TM26 超导体、超导体材料

参见 TH14。

TM27 磁性材料、铁氧体

铁磁材料、硅钢片、电工钢、永久磁铁、磁介质、坡莫合金、驻极体材料等入此。

电磁铁入 TM57。

参见 TF12。

TM28 电工陶瓷材料

滑石、硅藻土、陶土等入此。

参见 TG148、TQ174。

TM3 电机

电机学、电机原理、设计、制图、结构及部件、制造工艺及设备、试验、运行与维修等入此。

电机材料入 TM2。

参见 TD61、TM922、TU85。

TM31 发电机、大型发电机组(总论)

汽轮、水轮、永磁、内燃和风力发电机等入此。

直流发电机入 TM33;交流发电机入 TM34。

TM32 电动机(总论)

总论电动机的著作入此。

专论入有关各类。例:牵引电动机入 TM922。

TM33/38 各种电机

有必要按发电机、电动机区分时,可用组配编号法。例:直流电动机为 TM33∶TM32;异步发电机的制造为 TM34∶TM31。

TM33 直流电机

TM34 交流电机

TM35 特殊电机

永磁电机、深槽电机、防爆电机、光电机、晶闸管电机等入此。

TM36 无接点电机

无接点直流、交流、同步、异步电机等入此。

TM37 超导体电机

TM38 微电机

直流微电机、交流微电机、控制用微电机、驱动用微电机、印刷电机、霍尔效应电机、电源用微电机等入此。

TM4 变压器、变流器及电抗器

各种变压器、稳定器、互感器、变流器(整流器、逆变器)、电抗器等入此。

变压器、变流器及电抗器材料入 TM2;牵引变压器入 TM922;半导体整流器入 TN35;晶闸管(可控硅)入 TN34。

TM5 电器

理论、设计、结构、制造工艺、试验、运行、维修等入此。

电器材料入 TM2。

参见 TM14。

TM51 高压电器(总论)

TM52 低压电器(总论)

TM53 电容器

有机介质、无机介质、氧化膜介质、气体介质、液体介质等的电容器、电解电容器等入此。

TM54 电阻器、电位器

TM55、 电感器、线圈、扼流圈

互感器、电抗器入 TM4。

TM56 开关电器、断路器

短路器、熔断器、保险丝装置、各种开关等入此。

TM57 控制器、接触器、起动器、电磁铁

永久磁铁入 TM27。

TM58 继电器

电、热、光电、声学、机械、气体、压力等继电器,控制继电器,保护继电器等入此。

TM59 成套电器

开关柜、配电屏、控制台(柜)、保护屏(台)、动力配电箱、照明箱、全封闭组合电器等入此。

TM6 发电、发电厂

参见 TM91。

TM60 电能学

TM61 各种发电

火力、热力、水力、原子能、风能、太阳能、地热和余热发电等入此。

磁流体发电、电流体发电,独立电源技术入 TM91;水能、水力机械入 TK7;原子能技术入 TL;风能、风力机械入 TK8;太阳能、太阳能装置入 TK51。

TM62 发电厂

火力发电厂、热电站、核电厂(核电站)、移动式发电站等入此。

发电厂建筑入 TU27;水力发电厂、水电站入 TV7;反应堆入 TL4;发电厂"三

废”的处理与综合利用入 X77。

TM63 变电所

总论变电运行技术与设备的著作入此。

牵引变电站入 TM922。

TM64 配电设备和电气接线

配电室、控制室、配电装置、配电盘及电气接线、开关设备总论入此。

专论开关的著作入 TM56；互感器入 TM4。

TM7 输配电工程、电力网及电力系统

TM71 理论与分析

网络分析、电力系统分析、电力系统稳定及分析、电力系统短路、负荷分析、电力系统规划等入此。

参见 TN915.01、TP393.01。

TM72 输配电技术

供电技术、输电制度、各种输电、输配电线路、电力网等入此。

参见 TM922。

TM73 电力系统的调度、管理、通信

经济功率分布、损失函数、电力系统的运行、系统的工业试验、参数的现场试验等入此。

TM74 电力系统的模拟与计算

TM75 线路及杆塔

导线的参数计算应用，导线的架设、施工，杆塔的机械计算及设计、修建及维护，电缆敷设等入此。

海底电缆敷设入 P75。

TM76 电力系统的自动化

自动调整、电气设备和非电气设备的自动控制、遥测和遥控、电子计算机在电力系统中的应用等入此。

TM77 电力系统继电保护

保护原理(过电流保护、瓦斯保护、高频保护)、元件的保护、线路保护及继电保护装置等入此。

保护继电器入 TM58。

TM8 高电压技术

高压安全、高电压试验设备及测量技术、高电压带电操作技术、高电压绝缘技术、过电压及其防护等入此。

总论高电压及大电流技术的应用入此；在各方面的应用入有关各类。

建筑物的避雷入 TU89。

TM91 独立电源技术(直接发电)

化学电源、电池、燃料电池、蓄电池、温差电池、温差发电器、光电池、热离子与热电子换能器、磁流体发电、电流体与电气体发电、超导体发电、核能换能器等入此。

参见 TM6。

TM92 电气化、电能应用

节约用电、安全用电入此。

电化学工业入 TQ15。

TM921 电力拖动(电气传动)

各种电力拖动系统、控制系统入此。

参见 TP27。

TM922 电力牵引

牵引供电系统、牵引变电所、接触网、受电器、集电弓、牵引电气设备及辅助机组等入此。

参见 TM3、TM72、U22、U264。

TM923 电气照明

各种灯泡、灯管、照明器、各种用途灯及附件(镇流器、启动器、灯头、灯座)等电照器具的原理、制造等入此。

电器照明安装入 TU11。

TM924 电热

电热设备的各种系统、电加热器、电阻炉、电弧炉、感应电炉、真空电炉及特种电炉设备(混合加热电炉、电子轰击炉、单晶体炉、等离子加热设备、微波和红外线加热设备)等入此。

电炉应用入有关各类。

TM925 家用电器及其他电器设备

原理、设计、计算、制图、结构、构件、制造工艺、安装、运行、测试、使用、检修、工厂(车间)等入此。家用电器安全入此。

家用电器制造用材料入 TM2。

参见 TS97。

TM925.1 空气调节用电器

家用电风扇，排风扇，窗式、分体式、

柜式空调,除湿电器(空气干燥机、湿度调节器等),空气净化电器等入此。

集中式空调入TB6。

TM925.2 冷藏用电器

冷冻器、电冻箱、电冰柜等入此。

TM925.3 清洁卫生用电器

除尘器(电吸尘器)、电热水器、洗衣机、烘干机、电熨斗、打蜡机、地板擦光机、自动抽水马桶、烘手机等入此。

TM925.4 整容、保健用电器

电动理发工具(电推子、电吹风机、电热梳、电卷发器等)、按摩电器(电动丰乳器等)等入此。

TM925.5 厨房用电器、电炊具

电炉灶、电饭锅(电炒锅)、电烤箱、微波炉、电热壶、电热杯、电和面机、电压面机(电包饺子机)、排油烟机、餐具器皿清洁器等入此。

TM925.6 取暖电器

电热器、防寒保温服装及用具(电热褥、电热服、电热鞋等)等入此。

TM925.7 视听娱乐用电器

总论入此。

专论入有关各类。例:组合音响入TN912.2;电子游戏机入TS952。

TM925.9 其他电器

家用报警器(电铃、电子应答装置等)、电驱虫器等入此。

[TM926]农村电气化

宜入S24。

TM93 电气测量技术及仪器

测量原理和方法,电气测量仪器仪表的设计、结构、制造工艺、使用、维修、检验及电子计算机在测量技术中的应用等入此;电子测量入此。

高电压测量技术入TM8;电气测量材料入TM2。

参见TB97、TB93。

TM931 微波测量及仪表

总论入此;具体测量与仪表入有关各类。

TM932 数字式测量及仪表

总论入此;具体测量与仪表入有关各类。

TM933 电数量的测量及仪表

电流测量及仪表(电量计、电流表等)、电压测量及仪表(电压表、伏特计、验电器等)、功率测量及仪器、电能测量及电度表(电能表)等入此。

TM934 集中参数、分布参数的测量及仪表

电阻测量及仪器(电阻表等),电容测量及仪器(法拉表等),绝缘(介质)测量及仪表,电感测量及仪表,品质因数的测量及仪表,电平、衰减量的测量及仪表,驻波、阻抗的测量及仪表等入此。

TM935 频率、波形参数的测量及仪表

波长、频率(时间)的测量及仪表(石英钟、分子钟、原子钟、频率计等),波形参数测量及仪器,示波器,脉冲波参数测量及仪器(脉冲计、计数器、计时器等)入此。

石英钟、分子钟、原子钟制造入TH714。

TM936 磁数量测量及仪器

TM937 电磁场强度(信号强度)测量及仪表

干扰测量及干扰仪、噪声测量及噪声仪、测试专用接收机及天线等入此。

TM938 复用、较量、记录和模拟测试装置

复用仪表(伏安表、万用表)、流比计、检流计、指零仪、较量仪器、电桥、带感应耦合效应的仪器、测量记录装置、模拟测试设备、非电量的电测量(物理量、化学量、生物量等)及仪表等入此。

TN 电子技术、通信技术

依总论复分表分。

〈4版类名:无线电电子学、电信技术〉

[TN-9]电子工业经济

宜入F407。

TN0 一般性问题⊗

TN01 基础理论

模糊电子学、模拟电子学,电波传播、传播机理,光波传播,业余无线电等入此。

总论电子学，无线电中波、短波、超短波技术，微波与超高频技术等的著作入此。

专论入有关各类。

微波器件入 TN12；微波元件入 TN61/63；微波通信入 TN925。

TN02 设计、制图

TN03 结构

电磁兼容性入此。

TN04 材料

无线电材料入 TN8。

TN05 制造工艺及设备

TN06 测试技术及设备

TN07 无线电产品的维修、保养

防辐射入此。

TN08 无线电工厂

生产过程自动化、技术安全及卫生措施入此。

TN1 真空电子技术

电真空器件材料、电真空器件制造工艺、电真空测试技术与设备、电真空排气系统等入此。

气体放电、阴极电子学入 O46；真空密封材料入 TB7。

TN11 电子管

二极管、三极管、四极管、五极管、多极管、变频管、混频管、复合管、超小型管、收讯放大管等入此。

TN12 微波电子管

超高频三级、四级管(栅控微波管)，速调管，磁控管，行波管，返波管，天线开关管(谐振放电管)，其他超高频、特高频器件等入此。

TN13 气体放电器件、离子管

放电管、闸流管、低压充气二极管等入此。等离子体器件总论入此。

专论入有关各类。

TN14 电子束器件、X射线管、阴极射线管

显示器件(示波管、定位管、电视显像管等)、电视摄像管、变像管、像增强器、贮存管、特种电子束器件等入此。

TN15 光电器件、光电管

光电倍增管入此。

TN16 电子光学仪器

电子显微镜、电子望远镜入此。

TN2 光电子技术、激光技术

TN21 红外技术及仪器

红外技术总论入此。

专论各入其类。例：红外制导入 V24。

红外光通信入 TN92。

参见 E92。

如愿将红外技术在各方面应用的著作集中于此，可用组配编号法。例：红外通信为 TN21：TN92。

TN22 夜视技术、夜视仪

有源夜视、无源夜视、微光技术、微光夜视仪、红外夜视技术、红外夜视仪等入此。

TN23 紫外技术及仪器

紫外光通信入 TN92。

TN24 激光技术、微波激射技术

激光物理和基本理论、激光器设计和结构、激光材料及工作物质、能源、光泵(浦)、光检测技术、激光器等入此。激光的应用总论入此。

专论入有关各类。

光受激发射理论入 O432。

参见 O644、TH744。

如愿将激光技术在各方面应用的文献集中于此，可用组配编号法。例：激光导航仪为 TN24：V24。

TN25 波导光学与集成光学

纤维光学、光纤元件入此。

参见 TN491、TN81。

[TN26] 全息术

宜入 TB86。

TN27 显示技术

总论入此。

显示材料入 TN1；显示器件入 TN14；显示设备入 TN87。

参见 O438。

TN29 光电子技术的应用

总论入此；在各方面的应用入有关各类。

TN3 半导体技术

基础理论、设计与计算、材料、半导体器件

制造工艺及设备、可靠性及例行试验等入此。总论半导体结构、器件入此。

专论入有关各类。

半导体物理入 O47;半导体化学入 O649。

TN31 半导体二极管

TN32 半导体三极管(晶体管)

TN335 PNPN 四层结构器件

TN34 晶闸管(可控硅)

总论可控硅的应用入此;具体应用入有关各类。

TN35 半导体整流器

硅整流器、硒整流器、整流堆等入此。

TN36 半导体光电器件

光敏电阻、红外线探测器件、半导体光电管、光转换器、半导体激光器件等入此。

光电池入 TM91;光电电子器件入 TN15。

TN37 半导体热电器件、热敏电阻

热电学、温差电技术入此。

TN382 霍尔器件、光磁电探测器件

TN383 发光器件

场致发光器件、电致发光器件、光致发光器件、高能粒子辐射发光器件、阴极发光器件、热致发光器件等入此。

TN384 铁电及压电器件

石英晶体器件入此。

TN385 微波半导体器件

TN386 场效应器件

金属-氧化物-半导体(MOS)器件、绝缘栅场效应器件、肖特基势垒栅场效应器件、硅栅器件、电荷耦合器件、结型场效应晶体管、静电感应场效应晶体管等入此。

TN387 体效应器件

甘氏效应器件、甘氏二极管、限垒二极管、碰撞雪崩渡越时间器件、奥氏器件、玻璃半导体器件、混合模式器件等入此。

TN389 其他器件

TN4 微电子学、集成电路(IC)

理论、设计、结构、制造工艺、可靠性及例行试验和检验等入此。应用总论入此。

专论入有关各类。

TN41 印刷电路

TN42 微模组件

TN43 半导体集成电路(固体电路)

单片集成电路入此。

TN44 膜集成电路

TN45 混合集成电路

薄膜电子学、微波集成电路、微带电路入此。

TN46 中规模集成电路

TN47 大规模集成电路、超大规模集成电路

TN48 真空集成电路

TN491 光学集成电路(集成光路)

参见 TN25。

TN492 专用集成电路

TN495 功能块(分子电路)

TN6 电子元件、组件

设计、计算、结构、材料、制造工艺及设备、测试、调整、保养及应用等入此。

电路一般元件入 TM5。例:电容器入 TM53;电阻器入 TM54。

TN61 微波元件、微波铁氧体元件

TN62 微波传输控制元件

环行器、环流器、耦合器、移相器、变换器、短路器、功率分配器、铁氧体隔离器、扼制接头及旋转接头、空腔谐振器等入此。

TN63 微波过渡元件

换向开关、密封窗等入此。

TN64 电声器件

立体声器件入此。

TN641 传声器(微音器)

TN642 受话器

耳机入此。

TN643 扬声器

音箱入 TN912.2。

TN644 拾声器(电唱头)

TN646 录音磁头

测速磁头、多声道磁头、还音磁头、抹音磁头、同步磁头等入此。

TN65 声光器件

声体波、声表面波器件入此。

TN7 基本电子电路

理论、设计(计算机辅助电路设计、分析)、结构、材料、制造工艺及设备、测试及应用等入此。

TN710 电子电路类型

电子管电路、晶体管电路、模拟电路、各种频率的电子电路等入此。

TN711 网络

网络分析和网络综合、有源网络、无源网络、非线性网络、数字网络、网络图论等入此。

TN712 变能器

TN713 滤波技术、滤波器

参见 TB5。

TN715 均衡器、衰减器(衰耗器)

衰耗补偿器、相位补偿器、回转器和各种均衡器等入此。

TN72 放大技术、放大器

反馈(回授)、反馈电路等入此。

TN73 功率合成器

TN74 频率合成技术、频率合成器

TN75 振荡技术、振荡器

耦合、耦合电路、谐振等入此。

TN76 调制技术与调制器、解调技术与解调器

编码器、解码器入此。

脉冲调制器入 TN78;编码理论入 O157;调制解调器(modem)入 TN915.05;增量调制、脉冲编码调制(PCM)入 TN914。

TN77 倍频器、分频器、变频器

混频器入此。

脉冲倍频、脉冲分频入 TN78。

TN78 脉冲技术、脉冲电路

触发器、脉冲调制器等入此。

脉冲测量技术入 TM935;脉冲编码调制入 TN914。

TN79 数字电路

逻辑电路、数模、数模转换电路等入此。

TN8 无线电设备、电信设备

总论入此。

专论入有关各类。例:电视通信设备入 TN948.5。

见 TN7 注。

TN81 馈线设备(传输线和波导)

延迟线、仿真线、同轴线、波导与波导管、波导传输线、慢波系统、慢波结构、微带及微带传输线、光纤传输线、光缆、馈电网络等入此。

波导传输控制元件、空腔谐振器、谐振腔入 TN62;波导过渡元件入 TN63。

见 TN7 注。

参见 TN25。

TN82 天线

信号发送、扫描方式、伺服系统、各种天线及辅助设备等入此。

电视天线入 TN948.5。

TN83 发送设备、发射机

参见 TN948.5。

TN85 接收设备、无线电收音机

各种接收机、收音机入此。

参见 TN948.5。

TN86 电源

不间断电源入此。

变流器入 TM4。

TN87 终端设备

总论输入和输出设备、显示设备、显示器(荧光屏等)、呼叫设备等入此;指示设备(时间、频率、相位、幅度、时差等)、指针和音响设备、控制和调整设备等入此。

电子计算机终端设备入 TP33。

参见 TN948。

TN91 通信

总论电信技术的著作入此。

专论无线通信技术入 TN92。

参见 E96。

TN911 通信理论

电信数学、信息理论在电信技术中的应用、调制理论、噪声与干扰、锁相技术、信道均衡、信号分析、计算机图像信号处理等入此。信源编码理论、信号处理总论入此。

专论入有关各类。例:语音编码、语音信号处理入 TN912.3;传真信号处理入 TN917;电视图像信号处理入 TN941。

TN912　电声技术和语音信号处理

TN912.1　电声学

传输系统、录音和重放、电话声学、广播声学、电影声学、信号声学等入此。

录放技术入 TN912.2。

TN912.2　电声技术与设备

扩音机、电唱机、收录机、放音机、转录机、涂磁机、音箱、组合音响等入此。立体声和多声道系统技术与设备总论入此。

专论入有关各类。例:立体声收音机入 TN85;立体声扬声器入 TN643。

录音磁头入 TN646;卡拉 OK 放像机入 TN946;CD 唱片制作入 TQ59。

见 TN7 注。

TN912.3　语音信号处理

语音编码、语音合成、语音识别、语音增强等入此。

TN913　有线通信、通信线路工程

线路勘测和设计、通信线路(架空线路、通信电缆线路、通信光缆线路、微波中继线路)、电缆数字通信入此;总论载波通信入此。

专论入有关各类。

通信网入 TN915;通信电缆入 TM24;光纤通信入 TN929.1。

TN914　通信系统(传输系统)

模拟调制、脉冲调制、跳频与扩展频谱通信系统,数字通信和多址通信系统等入此。

数字传输网入 TN915。

TN915　通信网

总论入此;国家信息基础设施(信息高速公路)入此。

专论入有关各类。例:电话网入 TN916.2;电报网入 TN917;数据网入 TN919;图像通信网、多媒体通信网入 TN919.8;计算机网、用户网、专论 Internet 入 TP393;无线接入网入 TN926;铁路通信网入 U285。

TN915.0　一般性问题⊗

TN915.01　通信网理论

通信业务量理论、网同步等入此。

参见 TM71。

TN915.02　通信网结构与设计

总论通信网络分析、网络拓扑、通信网信号系统等入此。

专论计算机通信网结构与设计入 TP393.02。

[TN915.03]　网络互联技术

宜入 TP393.03。

TN915.04　通信规程、通信协议

TCP/IP 等入此。

TN915.05　通信网设备

交换机、集中器、路由器、网关、网桥、集线器、调制解调器(modem)等入此。

网卡入 TP33;调制器与解调器入 TN76。

TN915.06　测试、运行

TN915.07　网络管理

总论网络标准化入此。电信网管理(TMN)入此。

专论计算机网络管理入 TP393.07。

TN915.08　网络安全

专论计算机网络安全入 TP393.08。

[TN915.09]　网络应用程序

宜入 TP393.09。

TN915.1　数字通信网

总论数字通信网与数据通信网入此。

数字数据网(DDN)入 TN919。

{TN915.18} 模拟通信网

〈停用;5 版改入 TN915.9〉

{TN915.19} 模拟-数字通信网

〈停用;5 版改入 TN915.9〉

TN915.2　ATM(异步传输方式)网

总论入此。ATM 交换技术入此。

专论 ATM 技术在各种网络中的应用入有关各类。例:ATM 局域网、ATM 校园网入 TP393.1。

[TN915.41] 数据通信网

宜入 TN919。

[TN915.43] 图像通信网、多媒体通信网

宜入 TN919。

TN915.5 智能网

智能网业务，如电话卡业务、被叫付费业务、虚拟专用网业务等入此。

移动通信智能网入 TN929.5。

TN915.6 接入网

总论入此；专论入有关各类。

无线用户环路（无线接入网）入 TN926。

TN915.81 公用通信网

CHINAPAC 入此。

TN915.85 专用通信网

军用、电力通信网入此。

铁路通信网入 U285；用户网入 TP393。

TN915.9 其他通信网

同步通信网、点-点通信网、多点联接通信网、线路交换型通信网、存储-转发型通信网、模拟通信网、模拟-数字通信网等入此。

TN916 电话

TN916.1 电话传输理论

话务理论、话务测量入此。

TN916.2 电话线路、电话网

电话网信号系统入此。

TN916.3 电话机及设备

电话机及电话设备的维护及测试（自动调试设备、告警设备等）入此。

电视电话（可视电话）入 TN949.2；无绳电话机、移动电话手机入 TN929.5。

TN916.4 电话交换、电话交换机

TN916.5 长途电话、载波电话、网络电话

音节压扩和时分话音插空技术等入此。IP 电话入此。

网络可视电话、电视电话入 TN949.2；移动电话入 TN929.5。

〈4 版类名：长途电话、载波电话〉

TN916.6 会议电话、记录电话

TN916.7 各种用途的电话

电视电话入 TN949.2。

TN916.8 电话局

长途台、监察台、服务台等入此。

TN916.9 无线电话

移动电话入 TN929.5。

TN917 电报、传真

电报局入此。

电视传真入 TN949.8。

TN918 通信保密与通信安全

密码、密码机等入此。

计算机保密通信入 TP393.08；电话保密通信入 TN916.3。

TN919 数据通信

数据传输理论、传输技术、数据通信网、图像通信、多媒体通信等入此。

数字通信入 TN914；调制解调器入 TN915.05。

TN919.8 图像通信、多媒体通信

图像编码，图像终端、多媒体终端，图像通信网、多媒体通信网等入此。

总论图像处理入 TN911；电视的图像处理入 TN941；计算机的图像处理入 TP391.4；会议电视、电视电话、图文电视入 TN949.2。

TN92 无线通信

软件无线电（SDR）入此。

扩频无线电通信入 TN914；无线电话入 TN916.9；无线电报入 TN917；无线网入 TN926。

参见 E96。

TN921 无线电通信基础

无线信道、各波段的无线通信等入此。

TN923 无线电和有线电通信联接系统

TN924 无线电台

海岸电台、车载电台、步谈机等入此。

TN925 无线电中继通信、微波通信

多路无线电通信入此。

微波中继线路工程入 TN913；无线用户环路（无线接入网）入 TN926。

TN926 无线接入技术与无线通信网

无线通信系统、无线用户环路、无线个域网（WPAN）通信（超宽带技术、蓝牙技术、ZigBee 技术、无线保真技术）、无线局

域网通信、无线城域网通信、无线广域网通信)等入此。

散射通信(电离层散射通信、平流层散射通信、对流层散射通信、流星余迹通信、人造反射物通信等)入 TN929.2。

TN927 卫星通信和宇宙通信

铱系统入此。总论卫星通信地面站入此。

专论卫星通信地面站入 TN8。

参见 V47。

TN928 波导通信、毫米波通信

TN929.1 光波通信、激光通信

光无线通信(FSO)、可见光、红外光、紫外光通信等入此。

光通信线路工程入 TN913;光纤接入网入 TN915.6。

TN929.2 散射通信

电离层、平流层、对流层、流星余迹、人造反射物等散射通信入此。

TN929.3 水下通信(声纳通信)

TN929.4 地下通信、岩层通信

TN929.5 移动通信

无线寻呼系统(BP 机)、集群移动通信系统、蜂窝式移动通信系统(大哥大、移动电话手机)、无绳电话系统、无线市话系统(小灵通)、移动通信智能网等入此。

卫星移动通信入 TN927。

TN929.6 中微子束通信

TN93 广播

广播中心、广播电台(播音室、控制室及播音设备)、广播站、有线及无线广播、立体声广播、超短波广播、卫星广播、节目传送与分配等入此。

文字电视广播入 TN949.2。

TN94 电视

TN941 电视信号理论

视频信道、伴音及校正处理,电视数字技术,调制及解调,电视制式及各项标准等入此。

TN942 电视光学

色度学、摄像光学系统入此。

TN943 电视信号的传输

电缆及微波中继传输、人造卫星传输、红外线传输系统、光波传送系统、闭路电视系统(有线电视网)等入此。

电缆电视入 TN949.1。

参见 TN948.6。

TN944 电视扫描系统

TN945 电视同步系统

TN946 录像系统、放像系统

音像复制技术总论、投影机、磁带录像技术、热塑记录系统、电子束录像系统、激光影碟机(VCD、DVD)、多功能录像(卡拉 OK 录像、家庭影院)等入此。

激光视盘制造入 TQ59。

TN947 电视偏转和聚焦系统

偏转线圈入此。

TN948 电视中心、电视设备

电视台入此。

参见 TN87。

TN948.1 电视中心

总体布置与系统设计、演播室与控制室、电视节目制作技术及节目传输等入此。

TN948.2 电视汽车

TN948.3 电视网

总论入此。

专论有线电视网入 TN943。

TN948.4 视频制作设备

摄像机(包括家用摄像机、摄-录像一体机)、同步机、监视器、信道设备、电影电视设备、飞点设备、幻灯设备、图像调整设备、混合切换设备、编辑设备、照明设备、电视节目制作设备等入此。

TN948.5 电视发射、接收设备

电视天线、发射设备、显示设备、电视接收设备总论入此。

各种体制的电视接收机入 TN949.1;电视显示器件入 TN14。

参见 TN83、TN85。

TN948.6 视频管理系统

电视中心管理系统、电视会议系统、视频点播系统、视频监控系统等入此。

参见 TN943。

〈4 版类名：电视中心管理系统〉

TN948.7　电视系统技术质量的自动检测及设备运转自动化

TN949.1　电视：按体制分

黑白电视、彩色电视、立体电视、微光电视、激光电视、大屏幕及平板电视、高分辨率(高清晰度)电视、多屏幕电视、投影电视、液晶电视、多功能电视、数字电视、多媒体电视、微型电视等入此。

TN949.2　电视：按功能、用途分

工业电视，水下、井下电视，会议电视，军用电视，采访电视(便携电视)，图文电视，电视电话(可视电话)，文字电视广播，点播电视，网络电视，交互式电视，电脑电视，移动电视等入此。

电视会议系统、信息点播系统入 TN948.6。

TN949.5　制式交换与国际节目交换

TN949.6　电视测量及测量仪器

灵敏度测量、噪声测量等入此。

TN949.7　电视接收机的维修

TN949.8　电视传真

TN95　雷达

无线电定位学、雷达电子电路装置、雷达跟踪系统、雷达监控与保护系统、雷达设备、雷达站、各种体制和用途的雷达等入此。

参见 TN8 有关各类。

TN96　无线电导航

导航原理、导航电子电路装置、伺服系统和控制系统、导航设备、导航台及各种体制的导航系统等入此；信息论在无线电导航中的应用入此。

空中交通管制导航系统入 V24；宇宙飞行器导航系统入 V44；航海导航系统、进港导航系统入 U666。

参见 U675、TN7、TN8 有关各类。

TN97　电子对抗(干扰及抗干扰)

侦察及反侦察等入此。

[TN98] 无线电、电信测量技术及仪器

宜入 TM93。

TN99　无线电电子学的应用

总论入此；在各方面的应用入有关各类。

TP　自动化技术、计算机技术

依总论复分表分。

[TP-9] 自动化技术经济

宜入 F407 及 F490 有关各类。

TP1　自动化基础理论

总论自动学与远动学入此。

TP11　自动化系统理论

人机系统、联机系统理论入此。

人工智能理论入 TP18；系统理论入 N94。

TP13　自动控制理论

控制论在自动化中的应用入此。

控制论的数学理论入 O231；工程控制论入 TB11。

TP14　自动信息理论

信息理论在自动化中的应用入此。

总论信息论的著作入 G20；信息论的数学理论入 O236；数字信号处理入 TN911。

TP15　自动模拟理论(自动仿真理论)

模拟理论在自动化中的应用入此。

模拟理论入 N0；数学模拟入 O242；系统仿真入 N94。

TP17　开关电路理论

自动继电线路原理入此。

TP18　人工智能理论

智能模拟理论、智能控制理论、自动推理、机器学习、专家系统、知识工程、人工神经网络与计算等入此。

智能语言、智能程序设计入 TP31 有关各类；智能机器人入 TP242；人工神经网络计算机入 TP38。

TP2 自动化技术及设备

设计、性能分析与综合、结构、构造、材料、制造、调试、检修等入此。

最佳化控制系统入 TP27;最优化数学理论入 O224。

TP21 自动化元件、部件

发送器(变换器)、传感器、分配器、配电器、调节器、调节阀、传动装置(执行机构)、自动检测仪器和仪表、校正元件及装置等入此。

放大器入 TN72;稳定器入 TM4;继电器入 TM58;控制器入 TM57;伺服电机入 TM38;显示器入 TN87;显示理论与技术入 TN27;大规模集成电路入 TN47。

参见 TH132。

TP23 自动化装置与设备

总论入此;自动机入此。

专论入有关各类;自动机理论入 TP3。

TP24 机器人技术

机器人工程学入此。

机器人语言入 TP31。

TP241 机械手

工业用、军用、办公用、服务行业用、家庭用机械手入此。

TP242 机器人

电子机器人、工业机器人、空间机器人、专用机器人、智能机器人等入此。

人工智能理论入 TP18;机器人语言与编程入 TP31 有关各类;智能电子玩具入 TS958。

TP249 应用

总论入此。

TP27 自动化系统

自动调节系统,自动控制系统,数据处理系统,自动随动系统,自动拖动系统,监视、报警、故障诊断系统,自动生产作业线,计算机控制等入此。

控制机入 TP36;教学机入 G43。

参见 O234、TM921。

TP29 自动化技术在各方面的应用

总论入此;专论入有关各类。

办公室自动化入 C931。

TP3 计算技术、计算机技术

计算机原理、设计和性能分析、结构、材料、制造、装配、调整、测试、检修、机房及安全保密入此;总论计算机硬件及其外部设备等的著作入此。

专论计算机各部件的著作入 TP32/38 有关各类。

TP31 计算机软件

TP311 程序设计、数据库、软件工程

〈4 版类:程序设计、软件工程〉

TP311.1 程序设计

程序正确性理论入此。

TP311.11 程序设计方法

TP311.12 数据结构

TP311.13 数据库理论与系统

数据库理论、各种数据库系统入此。

TP311.5 软件工程

标准化、项目管理等入此。

TP311.51 软件设计自动化

〈4 版类名:程序设计自动化〉

TP311.52 软件开发

软件开发环境等入此。

总论网络应用软件和基于 Web 的软件开发等入 TP393.09。

TP311.53 软件维护

时间钟研究、纠错性维护、扩展性维护、适应性维护等入此。

TP311.54 软件移植

TP311.55 软件测试

单元测试、综合测试等程序测试、校验入此。

TP311.56 软件工具、工具软件

开发研制入此,总论其应用入此。

专论在某一方面应用入有关各类。

参见 TP317、TP393.09。

TP312 程序语言、算法语言

高级语言等入此。

依语言名称的前两个字符(以英文字母开始)区分,并按字母序列排,若程序语言名称的前两位字符相同时，则取第三位字母，以此类推。例：ALGOL 语言为 TP312AL，JAVA 语言为 TP312JA，C++语言为 TP312C++。排列顺序为 TP312AL、TP312C++、TP312JA。若语言名称具有通用简称时，依简称字符为取号依据。如 Visual C++语言为 TP312VC。

TP313 汇编语言、汇编程序
机器语言等入此。
〈4 版类名：汇编程序〉

TP314 编译程序、解释程序

TP315 管理程序、管理系统
执行程序入此。

TP316 操作系统
手机操作系统入此。

TP316.1/.5 操作系统：按类型分
总论入此。
具体某一操作系统入 TP316.6/.8 有关各类。

TP316.1 分时操作系统

TP316.2 实时操作系统

TP316.3 批处理

TP316.4 分布式操作系统、并行式操作系统

TP316.5 多媒体操作系统

TP316.6/.8 操作系统：按名称分
各种操作系统均包括汉化版。

TP316.6 DOS 操作系统
MS-DOS、PC-DOS、IBM-DOS 等入此；总论单机操作系统入此。

TP316.7 Windows 操作系统
Windows 3x、Windows 9x、Windows ME、Windows XP、Windows Vista、Windows CE 等入此。
专为服务器配置的网络操作系统入 TP316.8。

TP316.8 网络操作系统（服务器操作系统）
UNIX、XENIX、NOVELL、OS/2、Linux、Windows 等专为服务器配置的网络操作系统入此。

TP316.9 中文操作系统
CCDOS、SPDOS、UCDOS 等入此。
兼论汉字信息处理入 TP391.1。

TP317 应用软件（程序包）
虚拟机入此。
通用应用软件的开发研制入此。
使用入 TP391 有关各类。
参见 TP311.56、TP393.09。

TP317.1 办公自动化系统
总论入此；如总论 OFFICE 系统的著作入此。
专论入有关各类。例：专论 OFFICE 系统中字处理 WORD 的著作入 TP317.2；专论 WORD 使用入 TP391.1。
参见 C931。

TP317.2 文字处理软件
WPS、WORD、中文之星文字录入等软件的开发、研制入此。
软件的使用入 TP391.1。

TP317.3 表处理软件
CCED、EXCEL 等表格处理软件的开发、研制入此。
软件的使用入 TP391.1。

TP317.4 图形图像处理软件
计算机绘图、计算机辅助制图、平面设计、文字识别、图像识别、图像浏览、图像压缩、图像捕捉、电子阅读工具等软件开发研制入此。
图形图像软件的使用入 TP391.4、TP391.7 等有关各类。
〈4 版类名：图像处理软件〉

TP317.5 多媒体软件
多媒体制作与管理等软件开发研制入此。音频、视频、网络影音、屏幕录制等软件入此。

TP317.6 游戏软件
PC 模拟器、游戏工具、网络游戏等软件入此。

TP319 专用软件
总论入此；专论入有关各类。

如愿集中于此,可用组配编号法。

例:企业经济管理程序为 TP319 : F27。

TP32 一般计算器和计算机

非电子计算机(求积仪、积分器等)、分析计算机(穿孔卡片计算机、验孔机、分类机、制表机)、电子式分析计算机、电子计算器等入此。

TP33 电子数字计算机(不连续作用电子计算机)

基本电路、运算器、控制器(CPU)、存贮器、外部设备(终端设备、输入输出设备、接口装置、打印装置等)、信息转换及其设备、仿真器、各种电子数字计算机等入此。

编码器、译码器入 TN76;微型计算机入 TP36。

TP34 电子模拟计算机(连续作用电子计算机)

运算放大器和控制器、存贮器、输入器、输出器、函数发生器、延时器、各种电子模拟计算机等入此。

TP35 混合电子计算机

数字-模拟计算机、模拟-数字计算机入此。

TP36 微型计算机

微机软件入 TP31 有关各类;微机的应用入 TP39 有关各类。

TP37 多媒体技术与多媒体计算机

总论入此。

TP38 其他计算机

高性能计算机、向量计算机、激光计算机、射流计算机、超导计算机、分子计算机、量子计算机、智能型计算机(第五代计算机、超智能计算机、人工智能模拟、通用推理机、数据流计算机等)、人工神经网络计算机等入此。

人工智能理论入 TP18;智能机器人入 TP242。

TP39 计算机的应用

TP391 信息处理(信息加工)

总论图像处理入 TN911;信息处理软件的开发研制入 TP317 有关各类。

参见 G20。

TP391.1 文字信息处理

汉字处理系统、表格处理系统、文字录入技术(如汉字输入法)等入此。

汉字信息编码入 H127。

TP391.2 翻译系统

翻译软件及其应用入此。

机器翻译及其理论入 H08。

〈4 版类名:翻译机〉

TP391.3 检索系统

总论检索系统、网络搜索引擎的构建原理和技术、检索机等入此。

信息检索技术及系统应用的著作入 G254.9 有关各类。

〈4 版类名:检索机〉

TP391.4 模式识别、射频识别

总论模式识别与装置,模式识别技术、软件应用、自动读版装置,图像、文字、光模式等识别及其装置,计算机绘图、三维动画制作及其装置等入此。总论条形码的著作入此。

专论条形码在各个领域的应用入有关各类。

模式识别理论入 O235;计算机辅助制图入 TP391.7;声音识别及其装置入 TN912.3。

参见 TN919.8。

〈4 版类名:模式识别与装置〉

{TP391.5} 诊断机

〈停用;5 版改入 R44〉

{TP391.6} 教学机、学习机

〈停用;教学机,5 版改入 G43;学习机,5 版改入 TP36〉

TP391.7 计算机辅助技术

计算机辅助设计(CAD)、辅助制图、辅助技术制造(CAM)、辅助计算(CAC)、辅助测试(CAT)、辅助分析(CAA)等的总论性著作入此。

计算机辅助教学入 G43;计算机辅助技术相关软件开发研制入 TP317.4。

〈4 版类名:机器辅助技术〉

{TP391.8} 控制机

〈停用;5 版改入 TP36〉

TP391.9 计算机仿真

总论仿真技术、系统仿真、虚拟现实等入此。

自动仿真理论入TP15;系统仿真入N94。

TP392 各种专用数据库

总论入此;各种专用数据库入有关各类。

数据库系统入TP311。

如愿集中于此,可用组配编号法。例:中国古籍善本书目数据库为TP392:Z83。

TP393 计算机网络

总论计算机网络工程、联机网络系统入此。

总论通信网的著作入TN915。

TP393.0 一般性问题⊗

TP393.01 计算机网络理论

虚拟网理论、网络仿真理论等入此。

参见TM71。

TP393.02 计算机网络结构与设计

网络分析、网络拓扑等入此。

TP393.03 网络互连技术

[TP393.04] 通信规程、通信协议(网络协议)

宜入TN915.04。

[TP393.05] 网络设备

宜入TN915.05。

TP393.06 计算机网络测试、运行

网络监控、流量控制、故障排除、维护等入此。

TP393.07 计算机网络管理

兼论计算机网络运行、维护的著作入此。

TP393.08 计算机网络安全

计算机网络安全理论、安全评估、网络安全软件应用等入此。

网络安全软件开发入TP311.56。

TP393.09 计算机网络应用

网站、网页、网络浏览器(Netscape),文件传送程序(FTP)、远程登录(Telnet),网络交互技术(网络社区、网络聊天、MSN、RSS、BBS等),网络辅助工具(书签、下载、拨号等工具)等入此。

网络语言入TP312;网址资源管理入TP393.07。

参见TP311.56、TP317。

〈4版类名:计算机网络应用程序〉

TP393.1/.4 各种计算机网

可仿TP393.0分。例:仿真局域网为TP393.101。

TP393.1 局域网(LAN)、城域网(MAN)⑨

Novell网、以太网、校园网、企业网(Intranet)、令牌网、DQDB网、FDDI网、ATM局域网等入此。

无限局域网入TN92。

TP393.2 广域网(WAN)⑨

TP393.4 国际互联网⑨

因特网(Internet)、洲际网络入此。

国家信息基础设施(信息高速公路)入TN915。

TP399 在其他方面的应用

总论入此;在其他科学中的应用入有关各类。

如愿集中于此,可采用组配编号法。例:商业售货计算机为TP399:F716。

TP6 射流技术(流控技术)

气动技术、射流元件和附件、检测发信装置、执行机构、动力源、射流控制线路、射流自动控制系统总论等入此。

总论射流技术的应用入此;在各方面的应用入有关各类。

TP7 遥感技术

遥感方式、探测仪器及系统、遥感图像的解译、识别与处理入此。总论遥感技术的应用入此。

专论遥感技术在其他科学中的应用入有关各类。

参见 P40。

TP8 远动技术

远动化装置、远程信道、远动化系统入此。总论远动技术在各方面的应用入此。

专论入有关各类。

远动技术元件、部件入 TP21。

TQ 化学工业

总论工业化学(化学工艺学、工业合成化学)入此。

专论入有关各类。

依总论复分表分。

〈精细化工,5 版改入 TQ39〉

[TQ-9]化学工业经济

宜入 F407。

TQ0 一般性问题⊗

TQ01 基础理论

化工数学、化工物理学、化工物理化学(化工热力学、动力学),化工实验与研究,数学模型及放大,模拟原理、相似原理及因次分析在化工中的应用入此。工业分析及化工计算总论入此。

专论入有关各类。例:工业气体分析入 TQ116。

TQ02 化工过程(物理过程及物理化学过程)

总论化工原理、化学工程、工程化学、化工系统工程学、化工单元操作入此。物料的输送,加热、加压、真空、冷却及制冷,物相变化的操作、混合与搅拌、分离、固体的变形等化工过程入此。

参见 TB6、TB7。

TQ03 化学反应过程

单元化学过程、单元化学操作,合成、分解、氢化、水化、还原、氧化、催化、生物化学、光化学、电化学、高压和减压、高温、燃烧等化学反应过程入此。总论无机与有机物质的反应过程入此。

专论入有关各类。例:无机物的化学反应过程入 TQ11;发酵入 TQ92。

参见 O643。

TQ04 化工原料、辅助物料

总论入此;各类化工原料和辅助物料入有关各类。

化工溶剂和增塑剂入 TQ41。

TQ05 化工机械与仪器、设备

关于一般化工机械与设备、仪器与仪表的设计、制造、使用、维修及结构原理的著作入此。

各类化工机械与仪器、设备入有关各类。

参见 TB6、TB7。

TQ06 化工生产过程、产品最后处理及包装

TQ07 化工产品与副产品

总论入此。产品的运输和储藏、化工产品应用总论入此。

专论入有关各类。

厂内运输设备入 TQ05。

TQ08 化工厂

厂址规划与选择、设备安装与运行、力能供应、工业用水及水的处理等入此。

化工厂生产安全技术总论及操作规程汇编入此;各类化工部门的生产安全入有关各类。

建筑设计入 TU27。

[TQ09] 化学工业废物的处理与综合利用

宜入 X78。

TQ11 基本无机化学工业

无机化学工业总论入此;酸、碱、盐等基本无机化学工业入此;应用无机化学、无机化学工艺学入此;基础理论、无机化工过程、无机化学反应过程、原料、机械与设备、生产工艺与生产过程、无机化学工业产品与副产品、无机化工厂等入此。

三废处理与综合利用入 X78;非金属元素及其无机化合物、金属无机化合物入有关各类。

TQ111 无机酸类生产

硫酸、硝酸、盐酸等工业入此。

TQ113 氨和铵盐工业

固定氮工业、合成氨工业等入此。

TQ114 氯碱工业

总论氯碱工业、无机碱类生产、纯碱(碳酸钠和碳酸氢钠)工业、烧碱(氢氧化钠)工业、钾碱工业入此。

专论氯及其化合物入 TQ12;漂白粉入 TQ13;石灰工业,泡花碱(水玻璃、硅酸钠)的生产入 TQ177。

TQ115 无机盐工业

总论入此;各无机盐入有关各类。例:氯化钠工业(制盐工业)入 TS3。

TQ116 工业气体

氧气及氮气、氢气、二氧化碳及惰性气体生产等入此;其他气体的生产入有关各类。例:二氧化硫的生产入 TQ12。

TQ117 特种气体

总论超纯气体入此;各种电子气、标准气入此。

TQ118 无机过酸及过酸盐

总论入此。

专论按其成分分入 TQ12/13。

TQ12 非金属元素及其无机化合物化学工业

氢、氧、卤素及其化合物,第Ⅵ族非金属元素、第Ⅴ族非金属元素、第Ⅳ族非金属元素、第Ⅲ族非金属元素(硼)及其无机化合物,多种非金属元素组成的无机化合物等入此。

氢气、氧气、氮气的生产入 TQ116;盐酸和三氧化硫生产入 TQ111;天然硫磺入 TD87;活性炭入 TQ42;有机硅入 TQ26 ;碳化硅入 TQ16。

参见 O613。

TQ13 金属元素的无机化合物化学工业

第Ⅰ族、Ⅱ族、Ⅲ族、Ⅳ族、Ⅴ族、Ⅵ族、Ⅶ族、Ⅷ族金属元素的无机化合物以及杂多元酸及其盐类的生产、其他复杂的无机化合物的生产等入此。

金属元素及合金入 TF 有关各类。属于肥料工业的入 TQ44,属于颜料工业的入 TQ62。苛性钠、苛性钾入 TQ114。

参见 O614。

TQ15 电化学工业

见 TQ11 注。

TQ151 电解工业

水的电解、氯化钠(食盐)和氯化钾水溶液的电解工业等入此。电解氧化过程的无机化工生产及有机化工生产入此;具体产品的生产入有关各类。例:铬酸的生产入 TQ13;三碘甲烷(碘仿)的生产入 TQ22。

水溶液和熔融物电解冶金入 TF11;漂白液、氯酸钠的生产入 TQ13。

参见 O646。

[TQ152] 化学电源

宜入 TM91。

TQ153 电镀工业

金属涂镀技术、离子镀技术、电铸及气体电化学工业生产总论入此。

电抛光、阳极氧化入 TG17 有关各类;臭氧入 TQ12。

TQ16 电热工业、高温制品工业

特超高温制品工业,碳化钙(电石)、氰胺钙、人造宝石、人造石墨及人造超硬度材料(电制钢铝石、金钢砂)等的生产入此。

磷和二硫化碳生产入 TQ12。

TQ17 硅酸盐工业

基础理论、物理过程、原料与辅助物料、机械与设备制造、生产过程、产品及硅酸盐工厂等入此。

TQ171 玻璃工业

有机玻璃入 TQ325;三废处理与综合利用入 X78。

TQ172 水泥工业

参见 TU525。

TQ173 搪瓷(珐琅、搪玻璃、衬玻璃)工业

景泰蓝、艺术搪瓷制品(七宝珐琅)入 TS934。

参见 J527。

TQ174　陶瓷工业

陶器、瓷器,陶瓷美术制品,工业及建筑用陶瓷等入此。

参见J527、TM28。

TQ175　耐火材料工业

耐火金属入TF84。

参见TU54。

TQ176　石棉工业

石棉品种入P61。

TQ177　人造石及其他胶凝材料

铸石、石灰、石膏、水玻璃(硅酸钠)、镁质胶凝材料(菱苦土、白方石等)、建筑砂浆等入此。

矿渣制砖入TU522;矿渣水泥入TQ172;人造宝石、合成宝石的生产,人造超硬度材料,人造石墨入TQ16。

参见P579。

[TQ178] 砼(混凝土)及砼制品

宜入TU528。

[TQ179] 砖、瓦、砌块

宜入TU522。

TQ2　基本有机化学工业

有机化学工业总论入此。

工业生产的单体有机化合物,如甲烷、乙酸、乙醚、苯酸等的生产入此;基本有机化学工艺学、基本有机合成工艺学入此。

以染料、化纤、橡胶等整体为对象的有机化合物入有关各类。

参见O62、TQ0有关各类。

TQ21　各类有机化合物的生产(总论)

总论不同结构的各族有机化合物的著作入此;烃,卤素衍生物,卤代烃,醇及其衍生物,醛、酮及其衍生物,有机羧酸及其衍生物,含氮、含硫和含硅化合物等入此。

各种化合物的生产入TQ22/28各类。

TQ22　脂肪族化合物(无环化合物)的生产

脂肪族烃(甲烷等)及其衍生物,脂肪族烃卤代衍生物,脂肪族醇及其衍生物,脂肪族醛和酮及其衍生物,脂肪族羧酸及其衍生物,脂肪族含氮及含硫化合物等入此。

TQ23　碳环化合物、脂环族化合物的生产

总论碳环化合物的著作入此。

见TQ22注。

TQ24　芳香族化合物的生产

芳香烃,芳香族烃卤素衍生物,酚、芳香醇及其衍生物,芳醛、芳酮及其衍生物,醌及其衍生物,芳香族羧酸及其衍生物,芳香族含氮及含硫化合物,非苯环芳香族化合物等入此。

TQ25　杂环化合物的生产

参见O626。

TQ26　元素有机化合物的生产

氧、氮、硫、氟、氯、溴、碘入TQ12。

参见O627。

TQ27　含同位素有机化合物的生产

TQ28　天然有机化合物的生产

碳水化合物、糖、类固醇、生物碱等入此。

参见TQ46。

TQ31　高分子化合物工业(高聚物工业)

总论入此;低聚物入此;各类高分子化合物,如:塑料、化纤等入有关各类。

参见O63。

TQ32　合成树脂与塑料工业

总论合成树脂、塑料工业入此。

天然树脂入TQ35。

TQ321　天然高分子树脂与塑料

沥青类塑料、蛋白质塑料、木素塑料等入此。

TQ322　合成树脂及塑料

通用塑料、工程塑料入此。

TQ323　缩聚类树脂及塑料

总论热固性树脂及塑料入此。

TQ324　特种塑料

呋喃树脂及塑料、元素有机聚合物塑料、无机聚合物塑料等入此。

TQ325　聚合类树脂及塑料

总论热塑性树脂及塑料入此。

离子交换树脂入TQ42。

TQ327　增强塑料、填充塑料

玻璃钢(玻璃纤维增强塑料),石墨、石棉纤维增强塑料等入此。

TQ328 泡沫塑料

TQ33 橡胶工业

合成橡胶原料总论入此。

专论入有关各类。例:丁二烯入 TQ22。

见 TQ11 注。

TQ331 胶乳

TQ332 天然橡胶

总论生胶的著作入此。

TQ333 合成橡胶

总论特种橡胶、丁苯橡胶、聚异丁烯橡胶等入此。

专论改性合成橡胶入有关各类。

TQ334 热塑性弹性体

TQ335 再生橡胶

TQ336 橡胶制品

轮胎,胶带(传动带、运输带),胶管,工农业用、医用、文教用、生活用橡胶制品等入此。

胶鞋制造入 TS943。

TQ337 胶乳制品

薄膜类、厚膜类、海绵类等入此。

TQ338 胶布及胶布制品

TQ339 橡胶胶粘剂

TQ34 化学纤维工业

纤维科学入此。

见 TQ11 注。

TQ341 再生纤维

粘胶纤维、醋酯纤维素纤维、硝酸纤维素纤维、铜氨纤维、蛋白质纤维、含氮纤维、人造棉等入此。

TQ342 合成纤维

锦纶、尼龙、涤纶、腈纶、氯纶、丙纶,以及各种特种纤维、功能纤维等入此。

TQ343 无机纤维

单晶纤维(须晶)、金属纤维、石英纤维、矿物纤维、玻璃纸等入此。

玻璃纤维入 TQ171;导光纤维入 TQ342。

TQ35 纤维素质的化学加工工业

木材化学加工工业(木材热解、木材水解、树脂工业)、植物纤维水解工业等入此。

木材造纸入 TS7;木材保存入 S782;鞣质(丹宁)的生产入 TQ94;虫胶工业入 TQ43;合成树脂与塑料工业入 TQ32;饲料酵母制造入 TQ92;酒精工业合成入 TQ22。

TQ39 精细与专用化学品工业

总论入此。精细化工入此。

专论入有关各类。如林产化学品入 TQ35;矿用化学品入 TD92 有关各类;油田用化学品入 TE39 有关各类;石油制品添加剂、催化剂入 TE624。

〈精细化工,4 版入 TQ〉

TQ41 溶剂与增塑剂的生产

TQ42 试剂与纯化学品的生产

试剂、光化学物质(荧光、磷光物质)、表面活性剂、吸附剂(活性炭等)、离子交换剂、催化剂(触媒)、胶体与半胶体物质等的生产入此。

照相用化学药品生产入 TQ57;催化原理入 O643;纯炭素生产入 TQ12;同位素用标记化合物入 TL92。

TQ43 胶粘剂工业

动物胶(明胶、皮胶、骨胶、鱼胶、虫胶等)、植物胶粘剂(淀粉胶粘剂、浆糊、植物粘液胶等)、合成胶粘剂等入此。

胶粘工艺入 TG49;橡胶入 TQ33。

TQ44 化学肥料工业

小化肥工业入此。

天然肥料入 S14。

见 TQ11 注。

TQ441 氮肥

合成氨入 TQ113。

TQ442 磷肥

TQ443 钾肥

TQ444 复合肥料(混合肥料)

TQ445 其他无机肥料

玻璃肥料、硼肥、钴肥、放射性肥料等元素肥料入此。

TQ446 生物肥料(细菌肥料)

总论有机肥料的生产入此。

〈4版类名:细菌肥料〉

TQ447 专用肥料

蔬菜肥料、瓜果肥料、烟草肥料、叶肥和花肥肥料等入此。

TQ449 其他化学肥料

长效肥料、刺激性肥料、颗粒肥料、肥料增效剂、气体肥料、液体肥料等入此。

TQ45 农药工业

土农药、植物生长调节剂、杀虫剂、杀螨剂、杀菌剂、杀鼠剂、除草剂、生物农药、无公害农药及其他农药(防霜冻剂、抑制保湿剂、杀藻剂等)入此。

参见S48。

TQ46 制药化学工业

中草药制剂生产,无机和有机化合物药物的生产,生物制品药物的生产,抗菌素、维生素、激素和磺胺类药物的制造等入此。

各种药剂的制备入R94。

参见R91、R917、TQ28。

TQ51 燃料化学工业(总论)

总论燃料化学、气化理论、氢化与液化原理,以及天然、人造、合成、固体、液体、气体等燃料和燃料化学加工的综合利用入此。

木炭入TQ35;石油、页岩油入TE。

参见TK6。

TQ52 炼焦化学工业

煤的高温、低温和中温干馏,煤炭液化等入此。

焦炉煤气加工入TQ54。

TQ53 煤化学及煤的加工利用

煤的性质与测定,煤的分析、检验,煤的燃烧,原煤加工,煤灰、煤渣利用等入此。

煤的开采入TD82;煤的气化入TQ54。

TQ54 煤炭气化工业

气化理论,煤气的种类和性质,气化原料与辅助物料,气化设备和工艺,煤气的分析、鉴定和储运,煤气厂(煤气站、煤气车间)等入此。

城市煤气供应入TU996;煤的地下气化入TD84。

TQ55 燃料照明工业

煤气灯、油灯、电石灯、蜡烛等入此。

电灯入TM923;灯具入TS956。

TQ56 爆炸物工业、火柴工业

发射药、起爆药、猛性炸药、点火及点爆材料(雷管、导火索等)、焰火、爆竹、火炸药工业,以及火工术、灭火器与灭火用剂的生产等入此。

弹药入TJ4;推进剂入V51。

参见O643、TU998。

TQ57 感光材料工业

感光理论与材料、机械与设备、生产工艺、感光乳剂合成、支持体(片基、纸基、底版等)、感光材料产品、产品分析及鉴定(显影、定影材料等)、感光材料制造厂等入此。

摄影机入TB85;摄影光学入TB81;摄影术入J41;钡地纸基入TS76。

参见TB84、TB88。

TQ58 磁性记录材料工业

磁带、磁盘、磁卡片、磁鼓、磁记录材料厂等入此。

磁头入TN646。

TQ59 光学记录材料工业

光盘刻录设备,各种光盘,激光唱盘、视盘,光学记录材料厂等入此。

TQ61 染料及中间体工业

染料光化学、染料及中间体化学及工艺学、天然染料、中间体产品、合成染料(有机颜料、色淀等)、染料应用等入此。

染料在纺织工业上的应用入 TS19；染料在皮革工业上的应用入 TS5；染料在造纸工业上的应用入 TS75。

TQ62 颜料工业

颜料化学与工艺学、消色颜料、彩色颜料、体质颜料、金属颜料、金属元素发光体颜料、涂料颜料、化妆品颜料、绘画颜料等入此。

有机颜料、色淀入 TQ61。

TQ63 涂料工业

涂料化学及工艺学、油基漆、天然树脂漆、合成树脂漆、硝基漆、稀料、各种用途涂料、各种功能涂料及腻子、鞋油、油墨、印泥、漆布、油布、油毡等入此。总论涂料的施工方法、施工工具与设备、施工车间、施工病态及防治法等入此。

专论入有关各类。例：漆器工艺入 TS959.3。

TQ64 油脂和蜡的化学加工工业、肥皂工业

油脂化学、合成洗涤剂工业、植物油、动物油、甘油、脂肪酸、皂用油脂、工业用油脂及副产品等入此。

专论食用油的著作入 TS22；蜡烛入 TQ55；蜡塑入 TS932。

参见 O623。

TQ65 香料及化妆品工业

香料化学、香料及化妆品的药理、香料毒理、天然香料、合成香料（醇类、脂类、醛类、酮类等）、香精、香水、护肤用品（香脂、雪花膏等）、毛发用品（洗发染发剂、发油、发蜡等）、口腔用品（牙膏、牙粉等）、美容用品、去臭剂、熏香等入此

食用香料、香精入 TS264；化妆品使用入 TS974。

参见 O625。

TQ9 其他化学工业

TQ91 农产物化学加工工业

总论农业、林业、牧业、渔业产品化学加工工业及其废料化学加工工业的著作入此。

TQ92 发酵工业

总论发酵工业的著作入此。

专论食品发酵入 TS26。

TQ93 蛋白质（朊）化学加工工业

TQ94 鞣料工业

栲胶工业、鞣质化学入此。

TQ95 海洋化学工业

总论入此。

参见 P73。

TS 轻工业、手工业、生活服务业

参见 TB48。

依总论复分表分。

〈4 版类名：轻工业、手工业〉

[TS-9] 轻工业、手工业、生活服务业经济

宜入 F407、F719。

TS1 纺织工业、染整工业

总论棉纺、麻纺、毛纺等入此。

TS10 一般性问题⊗

TS101 基础科学

数学、物理、化学、生物学及其他技术在纺织工业中的应用入此。

TS102 纺织纤维（纺织原材料）

植物、动物、矿物、化学、改性等纤维入此。

TS103 纺织工业机械与设备

纺织机械、纺纱设备、机织设备、纺织仪器仪表等入此。

TS104 纺纱理论与纺纱工艺

TS105 机织（织造工艺）

织物艺术设计入 J523。

TS106 织物

混纺织物入此，纯纺织物各入其类。例：纯毛华达呢入 TS13。

〈4 版类名：混纺织物〉

TS107 纺织品的标准与检验

TS108 纺织工厂

设计与施工入 TU27。

TS109 纺织副产品加工与利用

纺织工业三废处理与综合利用入 X79。

TS11 棉纺织

原棉入 TS102。

TS111 基础科学

数理科学的应用入此。

TS111.8 新技术的应用

TS111.9 品质管理与质量控制

TS112 机械与设备

TS113 棉花初加工

轧棉、剥绒、棉花成包等入此。

TS114 棉纺理论与棉纺工艺

TS115 棉织工艺

TS116 棉纺织物

纯纺织物入此。

混纺织物入 TS106。

TS117 棉纺织品的标准与检验

TS118 棉纺织厂

TS119 棉纺织副产品加工与利用

三废处理入 X79。

TS12 麻纺织

基础科学,新技术的应用,品质管理与质量控制,机械与设备,原麻初加工,纺织理论与工艺,纺织物、纺织品的标准与检验,纺织厂,副产品加工与利用等入此。

麻纺织原料入 TS102;麻混纺织物入 TS106。

TS13 毛纺织

见 TS12 注。

TS14 丝纺织

见 TS12 注。

TS15 化学纤维纺织

见 TS12 注。

TS17 非织造布

缝编法、粘合法、针刺法等非织造布,用即弃产品(餐巾、手术衣、卫生用品、防护用品等),工农业用品(滤布、土建用布等),装饰用布(贴墙布、地毯、窗帘等),服装衬垫、絮棉、毛毯、人造毛皮等非织造布入此。

见 TS12 注。

TS18 针织

手工编织入 TS935。

见 TS12 注。

TS19 染整工业

总论漂、染、印、整工艺的著作入此。染料、颜料、药剂及助剂使用入此。

染料、颜料、药剂及助剂制造入 TQ61/62。

TS192 练漂

TS193 染色

TS194 印花

TS195 整理

TS197 染整物的标准与检验

TS198 染整工厂

TS199 染整副产品加工与利用

三废处理入 X79。

TS2 食品工业

参见 TS97。

TS20 一般性问题⊗

TS201 基础科学

食品工程学(食品生物技术),食品工艺学,食品化学、食品微生物学,食品营养学,食品安全与卫生,食品胶体化学、流变学及物性学等入此。

食用酵母制造入 TQ92。

参见 R15。

TS202 食品原料及添加剂

总论原料的资源、品种、制备等的著作入此;各种食品原料入有关各类。

乳化剂、抗氧剂、防腐剂、杀菌剂、增稠剂、品质改良剂、营养强化剂等入此。

调味剂、食用香料、食用色素等入 TS264。

TS203 机械与设备

总论入此。

TS205 食品加工与保藏

干制、腌制、熏制、浓缩、酸渍与发酵、罐藏、冷藏与速冻加工、加热、加压、高频电、紫外线处理等入此。

参见 TS29、TS972.2。

TS206 食品包装学

总论入此。包装理论、设计、材料、机械与设备,包装方法和包装厂等入此。

专论入有关各类。

TS207 食品标准与检验

食品污染度的测定、食品质量控制与保证等入此。

菜肴品尝、品酒、品茶入 TS971。

参见 R155、S859。

TS208 食品加工厂

TS209 食品工业副产品加工与利用

TS21 粮食加工工业

原粮、机械与设备、加工工艺、产品标准与检验、加工厂、副食品利用等入此。

面粉工业、碾米工业、谷类制食品(面包、饼干、糕点、面条等)、豆类制食品(豆乳粉、豆腐、腐乳、绿豆及豌豆制食品等)、薯类制食品、其他食品制造(叶蛋白、食用菌等人造食品)入此。

儿童食品(高蛋白米粉等婴儿乳的代用品)、方便食品、预制食品(方便面等)、调理食品、总论保健食品、功能性食品(减肥、美容、降血脂(压)、缓解疲劳、改善记忆、延缓衰老等)入此。

参见 TS972.1。

TS22 食用油脂加工工业

植物油、动物油、香料油、人造奶油、起酥油、沙拉油和食用氢化油等入此。

工业用油脂入 TQ64。

参见 S87。

见 TS21 注。

TS23 淀粉工业

各种淀粉(谷类、薯类、豆类淀粉等)、各种淀粉加工制品(糖浆及饴糖、粉丝类等)入此。

淀粉糖(葡萄糖)入 TS24。

见 TS21 注。

TS24 制糖工业

各种糖(甘蔗糖、高粱糖、淀粉糖、麦芽糖、乳糖等)、再制糖及糖果等入此。

饴糖入 TS23;蔗渣造纸入 TS72。

见 TS21 注。

TS251 屠宰及肉类加工工业

肉制品、熟肉制品、副产品加工及利用(鬃、毛、皮、肠衣、蹄角加工品、血液、骨及骨髓加工品)等入此。

皮制品入 TS5 有关各类;脏器制剂入 TQ46。

参见 S87。

见 TS21 注。

TS252 乳品加工工业

奶粉、干酪、发酵乳制品(酸乳等)、乳的代用品及其他乳制品(酪清、酪乳等)入此。

奶油入 TS22;乳糖入 TS24;乳酸菌饮料等含乳饮料入 TS27。

参见 S87。

见 TS21 注。

TS253 蛋品加工工业

鲜蛋质量分级、运输与保藏、蛋品加工及制品(冰蛋、皮蛋、咸蛋)等入此。

参见 S87。

见 TS21 注。

TS254 水产加工工业

鱼粉、鱼翅、鱼松、鱼酱、虾酱、海鲜酱、水产植物制品等入此。

水产罐头入 TS29;鱼油入 TS22。

见 TS21 注。

TS255 水果、蔬菜、坚果加工工业

果蔬加工与保藏(干制、罐藏、腌制、酸渍、速冻等)、水果加工食品(果脯、蜜饯、果干、果酱、果冻等)、蔬菜加工食品(干菜、酱菜、腌菜、渍菜、泡菜等)、坚果加工食品(核桃、栗、榛子、腰果、榧子、杏仁等)入此。

果酒入 TS262;果汁、果醋入 TS27。

见 TS21 注。

TS26 酿造工业

总论发酵工业的著作入 TQ92。

TS261 酿酒工业

酿酒微生物(酵母、霉菌的选种、育种及保藏)、原料、酿酒工艺、机械与设备、制酒厂、副产品加工与利用等入此。

TS262 各种酒及其制造

总论发酵酒的著作入此。酒精、白

酒、黄酒、清酒、啤酒、葡萄酒、果酒、配制酒、药酒等入此。

工业合成酒精入 TQ22;鸡尾酒入 TS972.1。

TS264 调味品的生产

常用调味品(酱油、食醋、味精、调味酱等),食用香料、香精,食用色素,其他合成调味品(合成甜味剂)入此。

豆腐乳入 TS21;果酱入 TS255;海鲜酱入 TS254;芝麻酱、花生酱入 TS22。

TS27 饮料冷食制造工业

茶、咖啡、可可、巧克力、麦乳精、软饮料(净水饮料、茶饮料、碳酸饮料、功能饮料、果汁、蔬菜汁及其饮料等)、冷冻饮料(冰棍、雪糕、冰激凌等)、固体饮料(块状、粒状、粉状及微胶囊饮料等)入此。

茶的种植入 S571;巧克力糖入 TS24。

TS29 罐头工业

罐头工艺学、空罐和实罐生产工艺、各类罐头产品、罐头食品加工厂等入此。

参见 TS205。

TS3 制盐工业

盐业资源,盐业机械,海盐及其他原盐(井盐、湖盐、土盐等)生产技术,原盐加工(粉碎、洗涤等)技术及盐产品,各种加工盐、精制盐、特种盐及盐的贮藏,盐场、盐矿及盐化工厂,盐业副产品加工及利用(氯化物和溴碘及其化合物的制取等)入此。

TS4 烟草工业

烟草工艺学、原料、机械与设备(蒸叶机、切丝机、卷烟机、包装机等)、烟草加工工艺及制品(卷烟、雪茄烟、斗烟等)、产品标准与检验、烟草加工厂、烟草工业副产品加工与利用等入此。

烟草种植入 S572;三废处理入 X79。

TS5 皮革工业

皮革学、原料及辅助物料(牛皮、羊皮、猪皮等)、加工机械与设备、制革工艺、毛皮工艺、皮革产品、皮革工厂、毛皮副产品加工及利用(制胶等)入此。

各种鞣料、鞣剂的制造入 TQ94;皮革服装、皮革靴鞋入 TS94 有关各类;皮革家具入 TS66。

TS6 木材加工工业、家具制造工业

TS61 理论

制材学(板材、枕材、方材、木模、制材质量及标准等)入此。

木材学入 S781;家具制材入 TS66。

TS62 原材料与辅料

家具用辅料入 TS66。

TS63 结构、部件

家具连接件与配饰件入 TS66。

TS64 加工机具与设备

机床(木工用锯床、刨床、钻床等)、刀刃具(锯条、刨刀、圆锯等)、手工用具(锯、刨、斧、凿、钻等)入此。

手工用具制造入 TS91。

TS65 加工工艺

制材加工(划线、锯制、干燥等)、人造板(单板、胶合板、厚板、废材制板、刨花板、纤维板、压缩板、蜂窝板、钙塑板、复面板等)生产、细木工、软木工、手工木工等入此。

家具制造工艺入 TS66。

TS66 各种制品

工业和农业用木器、家具(木、竹、藤、金属、塑料、皮革、玻璃、石材及组合家具等)及其他木器入此。

TS67 木材产品标准与检验

家具标准与检验入 TS66。

TS68 木材加工厂

TS69 木材副产品加工及利用

刨花、木丝、锯屑等及其综合利用入此。

TS7 造纸工业

TS71 基础理论

植物纤维化学,纤维形态、结构,制浆化学,造纸化学等入此。

TS72 原料及辅助物料

植物和非植物纤维、废料纤维及辅助物

料(制浆用助剂、施胶剂、填充剂等)入此。

TS73 机械与设备

原料处理机械(锯断、切料、削片等机械)、制浆机械、造纸机械、纸加工设备、自动化设备、辅助设备器材等入此。

TS74 制浆工艺

制浆工艺学、洗涤、筛选、漂白及各种纸浆等入此。

TS75 造纸工艺

各种方法造纸及纸品加工工艺(涂布加工、浸渍加工、印压加工等)入此。

TS76 产品

各种用途的纸、各种加工工艺的纸、各种纸板、手工造的纸(宣纸、毛边纸等)入此。纸制品总论入此。

纸制品专论各入其类。

TS77 产品标准与检验

TS78 造纸厂

制浆厂入此。

TS79 造纸副产品加工与利用

造纸工业三废处理与综合利用入 X79。

TS8 印刷工业

材料及辅助物料(载体、油墨及添加剂、活字、印刷用金属、版材、印刷墨辊、感光材料、粘胶材料、化学药品材料等)、机械与设备、制版和印刷技术、印刷标准与检验、印刷工厂等入此。

印刷美学、印刷工艺学、印刷工艺编排设计,印刷专用电脑排版系统、激光照排系统、校对系统及软件、卫星传版等入此。

一般编辑软件、汉字系统、电脑录入法入 TP391.1;印刷载体制造入 TS7;油墨及添加剂制造入 TQ63;感光材料制造入 TQ57;粘胶材料制造入 TQ43;印刷品的出版发行事业入 G23。

参见 TS951。

TS81 凸版印刷

TS82 平版印刷

胶版印刷(铁皮印刷)、石版印刷、珂罗版印刷等入此。

地图制版入 P28。

TS83 凹版印刷

雕刻凹版印刷等入此。

[TS84] 孔版印刷

宜入 TS87。

TS85 特种印刷

各种载体的印刷(塑料、金属、建筑材料、包装材料、皮革、纤维等印刷)、各种油墨的印刷(磁性、液晶、香味、发泡、金银等印刷)、各种工艺印刷(静电、立体、转移、喷墨、全息、防伪等印刷)以及其他特种印刷(凹凸压印刷、盲文印刷、蓝图晒印法等)入此。

TS87 其他印刷

孔版印刷(丝网印刷、镂空版印刷、油印、誊写版印刷等)、木版水印、柔性版印刷(苯胺印刷)、机械打字机打字技术等入此。

电脑打字技术入 TP391.1;铁皮印刷入 TS82。

TS88 装订技术、装帧技术

总论印后加工的著作入此;出版工艺学、装订材料、装订过程与设备、标准与检验、装订工厂等入此。

参见 G253、J524。

TS89 印刷技术的应用

总论入此。书籍、报纸、期刊、图谱(画册、图片、地图、邮票)、票据、证券、标签(商标)印刷入此。

文化用品的印刷入 TS951。例:信封印刷为 TS951。商品包装印刷入 TS85。

TS91 五金制品工业

日用五金制品(小五金、炉灶及灶具、炊具、热水及洗涤器具、金属箱柜、文化教育用具等)、建筑五金(建筑小五金、加热供暖设备、管道关闭装置、阀、龙头配件、金属网、窗纱等)、工具五金(钳工、装配、电工、木工、泥瓦、石工等工具)、配件五金(钉、五金连接件、紧固件及装饰件等)、五金容器(瓶、罐、桶等)、金属编结及制品、五金工厂、农具五金总论入此。

具体各种农机、农具入 S22、S49 有关各类;电热炉灶、电磁炉灶、微波炉、电热锅、电饭锅入 TM925.5;缝纫工具入 TS941.5;砂锅入 TQ174;焊接、切割工具入 TG4;磨具、磨料入 TG7;起重运输工具入 TH2;磨具、磨料 TG7。

参见 TU51。

TS93 工艺美术制品工业

参见 J5。

TS932 雕塑工艺品

玉雕、牙雕、石雕、木雕、竹雕、贝雕、漆雕、塑料工艺品(泥塑、面塑、陶瓷塑、纸塑、蜡塑等)、金属和合成材料雕塑等入此。

雕塑技法入 J31;工艺美术制砚入 TS951;建筑石工、石材加工、磨石入 TU754。

参见 J3。

TS933 石料美术制品

半宝石、孔雀石、碧玉、翡翠、白玉、雨花石等天然石料原料以及琥珀、珊瑚、珍珠、象牙、玳瑁等各种天然物料原料、石料制品工艺及各种石料工艺品入此。

人造石料入 TQ16。

TS934 金属工艺美术制品

镀金品、镀银品、珠宝饰品、金银器、小装饰品、景泰蓝、珐琅工艺品、奖章、纪念章、铁画、钛版画、烫画等入此。

参见 J526。

TS935 刺绣、编结、制毯

中国刺绣(苏绣、湘绣、蜀绣等)、机绣、抽纱(挑花、网花等)、绒线编结、植物编结、纸线编结、塑料丝编结、地毯、挂毯、画毯、手工编结等入此。

机械针织工艺入 TS18;金属丝编结入 TS91;服装编结入 TS941.7;图案设计入 J523;一般绒毯、毛毯的制造入 TS17。

[TS936] 陶瓷、玻璃工艺美术制品

宜入 TQ171、TQ174。

TS938 民间工艺美术制品

人造花卉、剪纸、刻纸、折纸、木偶制作、皮影制作、假面具、脸谱、贴画、风筝、彩灯、彩蛋等入此。

TS939 其他工艺美术制品

TS94 服装工业、制鞋工业

TS941 服装工业

TS941-0 服装工业理论

服装工业技术史入此。

TS941.1 基础理论

服饰美学、服装社会学、服饰文化、服装预测、流行色预测、服装材料学、服装卫生学和服装人体工程学等入此。

参见 K892.2。

服装管理、服装营销入 F768。

TS941.2 设计、计算、图解

服装造型、图案设计、图样制作、服装画技法与作品集等入此。

TS941.3 配件、装饰件

配件、装饰件的艺术搭配入此。

制作入有关各类。

TS941.4 原料与辅料

TS941.5 加工机具与设备

基础理论、设计、计算、制图、制造用材料、制造工艺、各种机具与设备等入此。

针织机入 TS18。

TS941.6 加工工艺

理论与设计、准备工艺、缝制工艺、成型工艺、无缝模制工艺、熨烫工艺、整理工艺、包装工艺等入此。

专论针织工艺入 TS18。

TS941.7 各种服装制品

各种服装均包括理论、设计、装饰件、原料、加工工艺等方面的内容。

各种服装、配饰、床上用品、图册、流行装、时装等入此。

TS941.79 服装标准与检验

服装型号入此。

TS941.8 服装厂、时装店

TS942 服装表演、服装展示

时装模特的挑选、训练等入此。

艺术模特入 J06;广告模特入 F713.8;实物模特入 TS955。

TS943 制鞋工业

设计、原材料及辅料、制鞋机具与设备、制鞋工艺、各种靴鞋、产品标准与检验、制鞋工厂、制鞋店等入此。

TS95 其他轻工业、手工业

TS951 文教用品制造工业

总论办公用品、文房四宝的著作入此。

笔(毛笔、铅笔、自来水笔、圆珠笔、蜡笔、粉笔、荧光笔、激光教鞭等)、墨、砚、篆刻制品(竹筒、牌匾、石碑、印章等)、誊印机具(打字机、油印机、复印机、装订机具等)、簿册、活页印刷品(收藏品簿册、信纸、信封等)、教学用具(黑板、教学模型及标本、投影机、幻灯机等)、绘图工具(绘图板、绘图机等)、专用办公机具(考勤机、碎纸机等)、其他文教用品(票夹、台历托等)入此。

古墨、古砚研究入 K875;计算机绘图仪入 TP33;绘画颜料入 TQ62;测绘仪器入 TH76;描图纸入 TS76;书档入 TS91;油墨入 TQ63。

参见 TS8。

TS952 体育器具制造工业

田径器具,体操器具,球类运动器具,武术器具,重竞技器具(举重、摔跤、拳击、射箭等器具),水上、冰上、雪上运动器具,军事体育器具(滑翔、跳伞、野营、射击运动等器材),游乐活动器具(电动游乐器具、电子游戏机等),其他体育器材(群众体育器材、儿童体育器材、裁判教练用器材、体育保护器具、登山运动器具、文娱活动器具等)入此。

运动服装入 TS941.7;跑鞋、冰鞋入 TS943;游戏软件的程序设计、软件开发入 TP317.6;游戏软件的使用入 G898。

TS953 乐器制造工业

中国民族乐器、西乐器、电乐器、儿童乐器、乐器辅助用品及零件入此。

TS954 放音器、录音片

简单的留声机等放音设备和录音片、唱片等入此。

电子录音和扩音设备入 TN912.2;多用机入 TN85;激光唱片入 TQ59;录音带入 TQ58。

TS955 舞台道具、装饰用品、实物模特制造工业

剧团用具、房屋装饰用品等入此。

TS956 灯具制造

日用灯具(手电筒、马灯、桅灯、气灯、台灯、壁灯等)、文化艺术灯具(彩灯、宫灯等)、特种灯具(军用灯、消防灯、医疗用灯等)入此。

电灯泡制造入 TM923。

TS958 玩具制造工业

各种玩具制造入此。

属于体育运动的航海模型入 G874;属于体育运动的航空模型入 G875;电子游戏机制造入 TS952。

参见 G614。

TS959.1 毛发、羽毛加工及制品

毛刷(美容用刷)、牙刷、假发、假须、假睫毛、羽绒、羽毛加工及其制品等入此。

羽绒服入 TS941.7。

TS959.2 竹、藤、棕、草等加工及制品

草帽、竹篮、棕箱等入此。

工艺美术制品入 TS93;竹藤家具(如藤椅)入 TS66。

参见 J528。

TS959.3 漆器及其制造

一般漆器工艺入此。

建筑油漆工艺入 TU767。

〈4 版类名:油漆工艺〉

TS959.4 纸料工

制盒、裱糊等入此。

TS959.5 制扇、制伞

TS959.6 眼镜及其制造

门镜(猫眼)入 TS959.7。

TS959.7 制镜

镜子、镜框、交通用镜、日用放大镜、日用望远镜等入此。

TS959.9 其他

TS97 生活服务技术

总论生活科学入此;有关日常生活衣、食、住、行方面的综合性著作入此。

参见 C913、TM925、TS2。

TS971 饮食科学

美食学、饮食文化(茶文化与茶艺、酒文化与酒艺、咖啡文化、快餐文化等)入此。

专论食品感官评定的著作入 TS207。

〈4 版类名:美食学〉

TS972 饮食烹饪技术及设备

TS972.1 烹饪法、食谱、菜谱

调酒技术入此。

参见 R154、R247、TS21。

TS972.2 饮食设备与管理

炊事工具与机械(洗米机、和面机、切菜机、榨汁机、食物搅拌器、洗碗机、消毒用具的使用及管理等)、饮食用具(餐具、酒具、茶具、咖啡用具等的使用及管理等)、家庭和餐馆的食品保存技术与设备、厨房及设备等入此。

炊事工具与机械的制造入有关各类。例:电炊具入 TM925;机械炊具制造入 TS91;工业化食品保存技术入 TS205;电冰箱、电冰柜入 TM925.2。

参见 TS205。

TS972.3 饮食业技术管理

集体食堂管理,餐厅管理,厨房业务管理,厨师和餐饮服务人员的培训、考核,饮食卫生管理等入此。

经营管理入 F719;饮食业卫生入 R155。

〈4 版类名:饮食管理〉

TS973 衣着、日用纺织品、装饰品服务

包括服装、鞋、帽、床上用品、地毯、窗帘等。

衣物的洗、染、翻新,室内小陈设品、装饰品的制作等入此。

服装设计、制作入 TS94 有关各类。

参见 B834、TS93。

〈4 版类名:洗染、缝补〉

TS974 美容、美发、沐浴

中医美容、保健美容、美容按摩、总论化妆及护肤品使用等入此。

家庭健身、健美入 R161 与 G83、G883 等有关各类;美容、护肤用品制造入 TQ65;医学美容术入 R 有关各类。

参见 R168。

〈4 版类名:美容、沐浴、清洁〉

TS975 居住、住宿管理

有关住宅及居室的陈设、布置、美化、管理、安全、保洁等方面的综合性著作以及论述住宿服务(宾馆、旅社的前厅、客房服务)、住宅选择、总论住宅美化、装饰、保洁服务(家庭保洁、楼宇保洁、居室环境保护等)的著作入此。

住宅美化、装饰专论入有关各类。例:居室装修入 TU767。物业管理入 F293.3;住宅设施维护入 TU8、F293.3 等有关各类;消毒方法入 R187;住宅安全入 X93。

参见 B834、F719、J525、TU241。

〈4 版类名:居住管理〉

TS976 生活知识、家政服务

家政学、有关家庭管理和日常生活知识的综合性著作入此。家庭管理(勤俭持家、家庭理财等)、家庭生活知识、家政服务(保姆、钟点工、搬家等)入此;家庭用具与配备、家庭自动化、家庭育儿、夫妻生活总论、中老年人生活(老年人退休生活、对老年人的社会服务)等入此。

家庭缝纫、织补、洗涤、熨烫入 TS973;居室卫生入 TS975;家庭卫生保健入 R 有关各类;家庭娱乐、消遣入 G89;个人兴趣、家庭收藏入 G262、G268;专论宠物饲养的著作入 S815;专论动物心理学的著作入 B843;专论宠物的社会问题的著作入 C913;电子宠物入 TS958。

参见 C913、G61、G78、R16、R17、R72。

〈4 版类名:家庭管理、家庭生活、家庭服务〉

TS979 其他

婚介、婚庆、丧葬、殡仪、摄影冲印等服务技术入此。

TU 建筑科学

土木工程总论入此。

铁路、道路、桥隧、港湾入 U 有关各类。

依总论复分表分。

TU-0 建筑理论

建筑科学基础理论(建筑功能理论、建筑环境理论、建筑空间理论等)、建筑学与其他学科的关系(人口学、民族学、民俗学等)、建筑史(建筑文化、建筑艺术史)等入此。

建筑艺术理论,建筑美学,建筑学与雕塑、绘画、工艺美术等的关系入 TU-8;建筑学与自然科学各学科的关系入 TU1;论述城市空间的著作入 TU984;建筑心理学入 B845。

参见 K879。

TU-8 建筑艺术

建筑艺术理论,建筑艺术与其他艺术和科

学的关系(与绘画、雕塑、文学和音乐、城市规划、环境布置等),建筑艺术图集,建筑艺术作品的保护、修缮和仿造等入此;总论古建筑的保护、修缮等的著作入此。

建筑艺术与工艺美术的关系入 TU22;与园林艺术的关系入 TU986;建筑艺术史入 TU-0;各种设计图集入 TU2 有关各类。

参见 TU252、TU984。

[TU-9]建筑经济

宜入 F407。

TU1　建筑基础科学

TU11　建筑物理学

建筑热工学、建筑声学、建筑光学、建筑视觉、建筑彩色、建筑气候学等入此。

建筑热工材料、隔声及吸声材料入 TU55;噪声及其控制入 TB5;建筑遮阳设计入 TU22;太阳能暖房技术入 TU83;特殊气候条件下的施工技术入 TU74;城市气候学、室内小气候入 P46。

TU12　数学在建筑中的应用

优选法、线性规划、模糊数学等在建筑中的应用入此。

[TU13]　力学在建筑中的应用

宜入 TU311。

TU14　气象学在建筑中的应用

不同气候条件下的建筑技术理论等入此。

建筑气候学入 TU11。

TU17　电子计算机在建筑中的应用

总论入此;专论入有关各类。

TU18　其他科学技术在建筑中的应用

总论太阳能、自动化技术等在建筑中的应用入此。

专论入有关各类。

参见 TK51。

TU19　建筑勘测

建筑探测原理、试验、钻进设计、观测、建筑工程测量及制图、特殊地质条件下的勘探、特殊土性勘探等入此。

各种勘探方法、钻进技术、勘测仪器与设备入 P62;沉降观测入 TU43;工程地质勘测、水文地质勘测入 P64;土工试验、土力学、岩石力学及地基基础的勘测问题入 TU4 有关各类;地形测量入 P21;工程测量入 TB22;摄影测量入 P23;天文大地测量入 P12;测量仪器、制图仪器入 TH76、P28。

参见 TB23。

TU2　建筑设计

建筑设计原理、规范、标准化、制图及绘图技术、模型、图表、低层和大跨度建筑设计等入此。设计资料、设计图汇编入此;总论建筑设计与施工入此。

专类设计资料、设计图入有关各类。例:房屋楼梯设计资料入 TU22。

专论建筑施工的著作入 TU7。

高层建筑设计入 TU972;建筑预算定额管理入 F407 与 F426 等有关各类;施工造价管理入 TU723。

TU22　房屋细部构造设计

房基、梁、柱、地板、楼板、阳台、墙、门、窗、楼梯、烟囱、垃圾道、特种构造(栏杆、铁栅等)、建筑附属家具(壁橱、组合柜等)、建筑装饰(装饰图案总论、室内陈设总论、住宅美化等)入此。总论房屋建筑学以及房屋建筑样图,装饰图案、室内陈设入此。

专论某种房屋构造的建筑装饰、各种房屋建筑装饰图案、室内陈设设计等入 TU24/29。

建筑装饰工程入 TU767;水塔入 TU991;地毯、窗帘等入 J525;喷水池设计入 TU986;照明装饰入 TU11;公共建筑装饰入 TU242;商店建筑装饰入 TU247。

TU24　民用建筑

包括装饰设计。

TU241　居住建筑

包括装饰设计、单幢及集合住宅、农村住宅、住宅舞厅、别墅、公寓、高层住宅、绿色住宅(新能源住宅、生态住宅、节能住宅等)、特殊住宅(老年人住宅、残疾人住宅)等。

住宅内游泳池建筑入 TU245。

参见 TS975。

TU242　公共建筑

会堂、会议中心、影院、剧院、音乐

厅、图书馆、档案馆、文化馆、俱乐部、舞厅、展览馆、博物馆、美术馆、植物园、动物园建筑等入此。

公园建筑入 TU986。

TU243 行政建筑、办公建筑

智能大厦的建筑设计总论、政府办公楼、企事业办公楼(写字楼)、会议厅、法院、监狱、使馆、领事馆建筑等入此。

智能大厦的自动化设备入 TP2 有关各类。

TU244 教育机构建筑及科学研究机构建筑

幼儿园、学校、科学院、研究所、实验室、计算机房、电化教育中心、天文台、气象台、地震台建筑等入此。

TU245 体育建筑

运动场(球场、滑冰场、赛车场、跑马场)、体育馆、水上运动设施(游泳池等)、大型国际运动设施、体育附属设备及动物竞技场等入此。

园林内体育建筑入 TU986。

TU246 医疗建筑和保健建筑

医院、疗养院、休养所、养老院建筑等入此。

TU247 商业和服务性行业建筑

银行、储蓄所、保险公司、商场、超市、食堂、餐厅、酒吧间、旅馆、招待所、浴室、理发室(美容院)、屠宰场、照相馆等建筑入此。

TU248 交通运输建筑、邮电通信建筑、广播电视建筑

火车站、汽车站、停车场、车库、码头房屋、航空(港)站、机场、候机楼、电台、电视台发射塔等建筑入此。

集装箱货栈入 TU249;码头入 U656;地下铁道车站、地下停车场入 TU92。

参见 U291。

TU249 仓库建筑

货仓、集装箱货栈、粮食仓库、矿仓、建筑材料仓库、油库、加油站、水果蔬菜库、冷藏库等建筑入此。

参见 TU26。

TU251 纪念性建筑

纪念碑、纪念塔、陵墓、陵园、纪念馆、丧葬建筑等入此。

TU252 宗教建筑

宗教建筑的新建、重建、扩建、修葺、维护等技术资料入此。

有关宗教建筑的历史沿革等资料入 TU-0。

参见 TU-8。

TU253 少数民族民居建筑

竹寮、蒙古包等入此。

TU259 其他民用建筑

TU26 农业建筑

栽种用建筑物(温室、太阳能暖房、种子培养场、园艺场等),农业工程用建筑(拖拉机农机站、修理厂、农具厂等),农村动力用房(泵房、水力用房等),林业用建筑物(贮木场等),畜牧、兽医用建筑物(养马场,奶牛饲养场,猪舍,养禽、养蚕、养蜂建筑等),水产、渔业用建筑物,农业副业建筑物,农业辅助建筑物(烘干设施、牛奶站、畜牧产品加工厂等),农业储藏用建筑物,村镇商业及旅游业用建筑物,乡镇农贸集市设施,村镇建筑总论等入此。

村镇住宅入 TU241;屠宰场入 TU247。

参见 TU249。

TU27 工业建筑

建筑动力厂(发电厂、热电站、煤气厂等)、矿业建筑(选矿厂等)、冶金及金属加工厂、机械仪器制造厂(各类机械厂、军工厂、仪器及精密仪器厂等)、交通工具制造厂(机车车辆厂、汽车厂、造船厂、飞机制造厂等)、化学工厂(制药厂、电影胶片厂、军用化工厂等)、轻工业厂(食品厂、造纸厂、印刷厂等)、建筑材料厂、电影制片厂等建筑入此。热力站、锅炉房等建筑入此。

供热设备入 TU83;烟囱入 TU22;其他工业建筑的构筑物入有关各类。例:道路与飞机场构筑物入 U41 和 V35。

[TU28] 地下建筑

宜入 TU9。

TU289 水下建筑

总论入此。

专论入有关各类。例:海底建筑设计入 P75。

TU29　其他建筑

军用房屋建筑等入此。

地下军用建筑入 TU92。

TU3　建筑结构

总论土木工程结构的著作入此。

水工结构入 TV3。

TU31　结构理论、计算

参见 O312、O313。

TU311　建筑结构力学

土木结构力学、结构稳定理论等入此。

〈4 版类名：结构力学〉

TU312　结构荷载与结构承载力

结构荷载分析(风、雪、静力、动力等荷载)、结构破坏与事故分析等入此。

TU313　结构弹性和塑性

蠕变理论入此。

TU317　结构试验与检验

试验、试验仪器设备入此。

TU318　结构设计

总论入此；专论入有关各类。

TU32/399 各种建筑结构

均收理论、计算、荷载与承载力、试验、检验、结构设计等。

TU32　杆件系统结构

静定结构、超静定结构、杆件结构(柱、撑杆、梁、桁架、框架等)及刚架结构等入此。

TU33　薄壳结构

双曲壳、圆柱壳、折板和平板等结构入此；薄壳建筑技术入此。

薄壳施工法入 TU755。

TU34　实体结构

砖石拱卷结构、塔桅结构、弹性地基结构等入此。

参见 TU47。

TU35　特种结构

悬挂结构、抗震动结构、防灾结构(防爆、防风、防雪、防腐、防蛀、防水、防湿、防火、隔热、保温等结构)、充气式结构、网架结构及夹心结构等入此。

防空、地下建筑结构入 TU93；高层建筑结构入 TU973；折板结构入 TU33；织物结构入 TU38。

参见 TU43。

TU36　土、砖、石、竹、木结构

胶合木(竹)结构、胶合纤维板(刨花板)结构、叠合木结构等入此。

参见 TU973。

TU37　混凝土结构、钢筋混凝土结构

参见 TU973。

TU38　非金属结构

塑料结构、玻璃结构、织物结构等入此。

塑料混凝土结构入 TU37。

TU39　金属结构

钢结构、铝合金结构、钛合金结构等入此。

高层建筑钢结构入 TU973。

TU398　组合结构

板柱结构、框架、砖木、竹木结构，砖、混凝土混合结构，钢、木混合结构等入此。

TU399　其他结构

TU4　土力学、地基基础工程

岩土工程，总论土力学、地基基础理论、设计与施工的著作入此。

专论施工的著作入 TU753。

TU41　土工试验

试验原理与方法，土的各种性质的试验、地形调查和勘探等入此。

[TU42]　工程地质学、水文地质学

宜入 P64。

TU43　土力学

土和地基的应力，土压力、抗力，地基变形，基础塌陷、沉陷，土动力学与振动地基等入此。

参见 S152、TU35。

TU44　各类型土与地基

土的物理化学性能及其与地基的关系入此。

TU45　岩石(岩体)力学及岩石测试

山岩压力与基础入此。

岩石的物理化学性质入 P58。

参见 TD3。

TU46 地下水与基础

水对基础的侵蚀、基坑与井点降水等入此。

水质分析入 P641。

TU47 地基基础

天然地基、人工加固地基、桩基及深基础、特殊条件下的基础(地震区、冻土区、山区等)、特殊形式基础、地面沉陷及防治等入此。

降水入 TU46。

参见 TU34、TU753。

TU48 薄壳基础

折板、倒圆锥壳基础入此。

TU5 建筑材料

建筑材料力学、材料性能及试验、防蚀及防腐、材料标准及规格、应用等入此;制造入有关各类。例:水泥制造入 TQ172。

建筑材料制品的制造入下列有关各类。例:水泥板制造入 TU525。

参见 TB3、U45。

TU51 金属材料

黑色金属材料,有色金属、稀有金属及其合金材料,金属及五金制品等入此。

参见 TG14、TS91。

TU52 非金属材料

总论无机材料的著作入此。

TU521 砂、石、土、渣材料

装饰材料入 TU56。

TU522 砖、瓦及砌块

饰面板、地面砖、大顶砖等入此。

耐火砖入 TQ175;石棉砖、石棉瓦入 TQ176。

[TU523] 建筑陶瓷及其制品

宜入 TQ174。

[TU524] 建筑玻璃及其制品

宜入 TQ171。

TU525 水泥制品

水泥板、水泥管等入此。

水泥入 TQ172。

[TU526] 人造石及其他胶凝材料

宜入 TQ177。

[TU527] 石棉制品

宜入 TQ176。

TU528 混凝土及混凝土制品

纤维增强水泥、混凝土制品入此。

水工混凝土入 TV4;道路混凝土入 U414;混凝土轨枕入 U213;水泥船入 U674。

TU53 有机材料、建筑化工材料

木、竹、藤、纸材料及其制品(纤维板,胶合木,稻草和其他动、植物纤维及其制品,建筑用织物等),建筑塑料及其制品,沥青及其制品等入此。

橡胶、胶及其他类似材料入 TQ33。

TU54 耐高温材料(耐火材料)、防火材料

耐高温金属材料、防火涂料等入此。

参见 TQ175。

TU55 隔热材料、隔(吸)声材料

玻璃棉制品入 TQ171;石棉板入 TQ176。

TU56 建筑涂料、装饰材料

油漆、颜料、溶剂等入此。

防火涂料、耐火涂料入 TU54;塑料装饰材料 TU53。

参见 TQ63。

TU57 防水、防潮材料,嵌缝、密封材料

地沥青、沥青、柏油、防水剂、防水粉、防水毡、防水薄膜等入此。

防水涂料入 TU56。

参见 TV4。

TU58 粘结料

粘结剂入此。

TU59 其他特种材料

抗震、防振、防风、防渗、防腐、耐酸、耐碱、防氧化、绝缘、防空、防放射性、防磁材料及复合材料等入此。

防渗、防腐蚀混凝土入 TU528;防腐蚀涂料入 TU56。

TU6/69 各种建筑施工机械和设备

均收设计、结构、材料、制造工艺、安装、操作、保养与维护等。

TU6 建筑施工机械和设备

施工现场设备入 TU73。

[TU61]　起重运输机械

宜入 TH2。

TU62　土工机械、挖掘机械

挖掘机，排泥、排水机械和设备，平整机械，铲运机等入此。

装载机入 TH24。

参见 U61。

TU63　石方机械和设备

凿岩机、切石机、碎石机、筛分机、冲洗机、装渣机等入此。

TU64　混凝土机械与设备

搅拌机、搅拌车、胶泥喷射机、捣实机、砂浆输送机械、切割机等入此。

TU65　砖瓦砌筑机具、粉刷机具和装修机具

瓦工机具、磨光机、砌墙机、镶嵌面砖机械、烘干设备、砖瓦运输设备、油漆工机具等入此。

TU66　压实机械

压路机、光碾、夯和夯实机、土方工程表层加固机械等入此。

TU67　桩工机械

打桩机、拔桩机、射水沉桩设备等入此。

[TU681]　挖泥船、卸泥船、运泥船

宜入 U674。

[TU687]　管道铺设机械

宜入 U17。

[TU688]　金属加工工具

宜入 TG4/7。

TU689　机器人在建筑施工中的应用

TU69　其他建筑机械和工具

建筑安装机具及小型工具入此。

TU7　建筑施工

总论建筑施工管理与技术的著作入此。

总论建筑施工管理、组织的著作入 TU71/72 有关各类；专论各项工程施工管理与组织著作入 TU75/99 有关各类，如：建筑装饰工程的造价管理入 TU767；市政给水工程的施工量计算入 TU991。

TU71　施工管理

参见 X92。

TU711　施工标准、规范、规程

TU712　项目管理、技术管理

施工调度管理、工程质量和材料质量规格检查、工程质量事故分析与预防等入此。

〈4 版类名：技术管理〉

TU713　设备管理

TU714　安全管理

参见 X92。

TU72　施工组织与计划

TU721　施工组织

建筑施工企业定额管理入 F407 与 F426 等有关各类。

TU722　施工计划

进度计划、期限管理、劳力计划、作业计划、材料使用计划等入此。

TU723　施工计划管理

施工合同及管理，统计工作，施工运输及储藏管理计划，招标、投标总论，投标与工程估算，文件编写，工程造价，估价计算，工程量计算依据的各种定额，计价标准等入此。

包括建筑工程概算定额、预算定额、消耗量定额、估算指标（估价表）等，兼论预算入此；市政、水利、道路、通信、电力等工程的定额与预算分别入有关各类，例：水利工程预算定额入 TV5；桥梁工程预算定额入 U445。

专论招标组织管理入 F407 与 F426 有关各类；建筑工程预算的编制 TU2。

TU725　统计工作

TU726　施工运输及储藏管理计划

TU73　施工设备

现场设备（脚手架，动力、照明、供水、安全等设备）、运输设备等入此。

TU74　施工技术

机械化、自动化施工，冬季、雨季施工，特殊条件下的施工（水下施工，酷热、严寒气候条件下的施工），大跨度、特殊建筑物施工，民用、农业、工业建筑施工，建筑物保养、检修、拆毁等入此。总论施工操作理论及施工方法、水下建筑物施工等入此。

专论水下建筑物施工入有关各类。例：

港口水下施工入 U655。

建筑艺术作品的保护维修入 TU-8;高层建筑物施工入 TU974;地下建筑物施工入 TU94。

TU75　各项工程与工种

TU751　土石方工程

土石方开挖、爆破、运输、填方、整平、滚压等入此。

建筑物定向爆破拆毁入 TU74。

参见 TD23。

TU752　冻土施工、冻土工程

冻雪工程入此。

TU753　基础工程

桩基、水下基础(沉箱、沉井、围堰工程等)、特种基础施工(冻结法、盾甲、耐冲、抗震基础施工等)、基础加固等入此。

参见 TU47。

TU754　砖、石结构工程

总论水泥、砖瓦施工技术的著作入此。

TU755　混凝土与加筋混凝土工程

模板和配筋工程、混凝土的灌注与捣固等入此。

混凝土的制备入 TU528;混凝土运输设备入 TU64。

TU756　加筋混凝土构件预制工程

装配式加筋混凝土结构预制工程入此。

TU757　预应力加筋混凝土构件工程

TU758　安装工程

房屋结构安装工程入此。

房屋设备安装入 TU8。

TU759　竹木结构工程

细木工(装修、花饰、格板、墙面、墙角板等),胶合板、胶合纤维板结构工程等入此。

TU761　特种建筑工程的施工技术

防护工程,炉、灶、窑、烟囱工程,塔形、柱形及容积形构筑物工程等入此。

地下建筑工程入 TU94;水下建筑工程入 TU74;高层建筑工程入 TU974。

TU765　房屋结构施工

屋面、墙壁、梁柱等施工入此。

TU767　建筑装饰、装修工程

建筑装饰构造、粉刷、贴面、裱糊、涂装工程、室内细部装修、室外装修、各种材料的装修、居室装修、各种风格的装修工程等入此。

建筑装饰设计入 TU22。

TU8　房屋建筑设备

设计、计算、安装施工等入此。

专论工厂设备安装入 TB49。

TU81　管道设备

总论入此;各种设备的管道入有关各类。例:排水设备管道入 TU82。

TU82　房屋卫生技术设备

给水、排水设备,热水供应设备、盥洗室、浴室,垃圾箱等入此。

参见 TU991、TU992。

TU83　空气调节、采暖、通风及其设备

空气处理(加湿、冷却、除尘、干燥、加热、无菌处理等)、供热、除湿及除湿设备、建筑物的制冷技术等入此。

总论制冷工程入 TB6;地下建筑空气调节、地下建筑采暖设计入 TU96。

参见 R136、TH43、TK51。

[TU84]　煤气设备

宜入 TU996。

TU85　机电设备

电源,电力供应,电力控制,电梯工程,建筑物的电气化、自动化装置,建筑电气设计、建筑电工等入此。

参见 TM3。

TU86　降温与保温(隔热)设备

TU87　消声、隔声设备

[TU88]　照明设备

宜入 TU11。

TU89　安全设备

防空、防火、防水、防潮、防震、防爆、避雷、防腐蚀、防蛀、防毒、防放射性、防盗设备等入此。

白蚁防治入 TU74。

TU9　地下建筑

地下铁路入 U231;隧道入 U45。

TU91　地下建筑理论、勘测与计算

TU92　地下建筑设计

街道、人行过街通道、掩蔽所、指挥所、窑洞等各类地下建筑设计入此。

TU93　地下建筑结构

地下大跨度结构、多层结构、防空结构等入此。

TU94　地下建筑施工、施工机械与设备

开挖技术，衬砌、支护技术，地下水、危岩、流沙、滑坡、瓦斯、塌方等处理技术，设备安装工程等入此。

建筑施工机械与设备入 TU6。

TU96　地下建筑设备

地下给水、排水、卫生、空调、采暖、通风、防水、防潮、升降、运输、安全防护（防火、防毒、防震、防原子、防化学武器、防细菌）设备等入此。

一般建筑设备入 TU8。

TU97　高层建筑

TU971　高层建筑理论

高层建筑发展的社会因素、经济因素、历史影响、社会评价等入此。

TU972　高层建筑设计

顶层旋转厅，防火、防空、防震、疏散等建筑设计入此。

空间结构设计入 TU973；消防设备入 TU976。

TU973　高层建筑结构

高层地基基础设计入 TU47。

参见 TU36、TU37。

TU974　高层建筑施工、施工机械与设备

总论高层建筑施工技术和施工机械设备，以及专论高层建筑的特殊施工技术和机械设备入此。

一般施工技术和施工机械设备入 TU6 与 TU7。

TU976　高层建筑设备

高层建筑室内通讯系统，电梯、电脑群控电梯，消防设备（消防电梯、太平门、蓄电池室、屋顶直升飞机场）等入此。

一般建筑设备入 TU8。

TU978　高层建筑养护、维修、改建

TU98　区域规划、城乡规划

总论国土规划、整治、利用与管理的著作入此。

城市土地管理入 F293.2；农业土地管理入 F301；国土经济学入 F06。

参见 F205、F207、X32。

TU981　规划理论与方法

总论入此；专论入有关各类。

方针、政策、规范、标准、统计资料、规划图集等入此。

法规入 D9 有关各类。

TU982　区域规划

TU982.2　中国区域规划

TU982.3/.7　各国区域规划

依世界地区表分。

TU983　景观规划设计

总论入此。

各区域、园林景观规划设计入 TU984/986 有关各类，如：旅游区、广场、海滨、建筑公共空间等景观规划入 TU984 有关各类；各国景观规划设计入 TU982.2/.7；道路景观规划设计入 U418。

TU984　城市规划

总论城市景观、城乡规划和城市建设的著作入此。

城市学入 C912；城市环境保护与规划管理入 X32。

参见 TU-8、U412。

TU985　绿化规划

城乡绿化建设入 S73；公园绿化入 TU986。

TU986　园林规划与建设

园林景观总论，造园学，园林艺术，园林设计，园林工程、经营和管理，园林建筑，各种类型园林等入此。

园林史入 TU-0。

TU99　市政工程

总论城市规划的著作入 TU984。

TU990.3 管线工程

TU991　给水工程（上水道工程）

给排水工程总论、取水工程、净水工程、配水工程、给水系统、水厂运营管理等入此。

农业凿井、农业给水入 S277.7；铁路给水入 U268、U291；建筑工地给水入 TU73；给水工程材料入 TU5；水源的卫生及防护入 R123。

参见 TV67、TU82。

TU992 排水工程(沟渠工程、下水道工程)

排水系统的运营管理等入此。

排水工程材料入 TU5；污水、污泥的处理及利用入 X7。

参见 TU82。

TU993 公共卫生工程

公共清洁工作的组织和管理，殡仪馆、火葬场和墓园卫生、大气(城市空气)卫生工程及其他卫生工程入此。

总论公共卫生和公共卫生设备的著作入 R1；地面水的卫生及防护入 R123；废弃物的收集、处理和利用入 X7。

参见 R125、R126、X51。

TU994 城市供电和通信

城市供电和通信规划、配置入此。

供电技术入 TM72；通信技术入 TN91。

TU995 城市集中供热

区域供热、热水系统、蒸汽系统、热力管网、中心热电站等入此。

供热设备与配件、各个建筑物的暖气系统入 TU83。

TU996 城市燃气供应

专论城市燃气供应和建筑设备的著作入此；燃气工程，城市燃气规划及供应系统，燃气输配、管道及设备，燃气设施的管理、维护、检修及安全技术等入此。

参见 TQ54。

[TU997] 城市道路、桥梁工程

宜入 U41、U44。

TU998 其他市政工程及公用设备

消防(预防、消防设备及组织，消防站，消防史)，城市防风、防洪等入此。

城市噪音控制入 TB5；房屋消防设备的配置和安装入 TU89；高层建筑物的消防设备入 TU976；地下建筑物的消防设备入 TU96；消防设备的制造入有关各类。

参见 D631、TQ56、U469.6。

TV 水利工程

依总论复分表分。

[TV-9] 水利经济

宜入 F407。

TV1 水利工程基础科学

[TV11] 水文学

宜入 P33。

TV12 工程水文学

工程水文调查、分析与计算，水文资料、径流、洪水、降水等入此。

水文观测(测验)、预报入 P33。

TV13 水力学

水力理论、计算、实验，孔流和堰流，河渠水力学，工程水力学，水工建筑水力学，水力机械水力学，工业水力学，渗流和波浪水力学等入此。

地下水动力学入 P641；地基渗透计算入 TV22；土石坝渗透计算入 TV64；击岸波、海浪入 P73。

参见 TV65。

TV14 泥沙动力学、河流动力学

泥沙工程学，各类泥沙、泥沙来源、河道演变等入此。

泥石流入 P642。

TV15 世界各国河流泥沙

[TV16] 土力学

宜入 TU43。

TV21 水资源调查与水利规划

水利调查、水利水电规划、水资源开发、水利计算等入此。

地下水资源管理、保护、开发利用入 P64；海水动力资源、海洋水利开发入 P74；水文调查入 P33。

TV22 水工勘测、水工设计

水工建筑物的渗流和防渗的设计入此。总论水利工程设计、施工的著作入此。

专论入有关各类。

工程地质和水文地质勘探入 P64；水工建

筑物的渗流和防渗的施工入 TV5。

TV3 水工结构

结构理论和计算、结构试验、混凝土结构、金属和非金属结构、水下结构、拱和薄壳结构等入此。

抗震结构、防灾结构入 TU35。

参见 TV66。

TV4 水工材料

水工专用材料入此；一般性建筑材料在水利工程中应用的著作入此。

一般建筑材料入 TU5。

参见 TU57。

TV5 水利工程施工

一般水利工程施工技术入此；各种水工建筑物的施工入有关各类。

水下爆破、定向爆破筑坝、潜水工程、打桩工程、隧洞与地下工程等入此。

参见 TB41、TU753、TV13、TU6、U445、U45 等有关各类。

TV6 水利枢纽、水工建筑物

港口水工建筑物入 U656。

TV61 水利枢纽工程

TV62 水库工程

TV63 世界各国水利枢纽与水库

具体工程成套资料入此；非成套资料入有关各类。

TV64 挡水坝

土石坝、混凝土坝、圬工坝、活动坝、冰川坝等入此。

溢流重力坝、溢流拱坝入 TV65。

TV65 泄水建筑物

河岸和河床泄水建筑物、消能防冲设施入此。

参见 TV13。

TV66 水闸

船闸入 U64。

参见 TV3。

TV67 取水、引水工程

取水和输水建筑物、冲砂放淤设施、供水系统、泵站等入此。

水电站引水建筑物入 TV7。

参见 TU991。

TV68 调水工程

[TV691] 过航建筑物

宜入 U64。

TV697 水库管理

库区土地利用入此。

水库旅游业入 F59；水库养鱼入 S964。

TV698 水工建筑物管理

TV7 水能利用、水电站工程

水能勘测与设计，水电站建筑与设备，各种水电站(如潮汐水电站等)，世界各国水力发电工程、中小河道水能利用等入此。

水电站建筑设计、施工入 TU27。

参见 TK7。

TV8 治河工程与防洪工程

河工学、治河勘测及规划、河工试验、治河方法(河道整治)、整治建筑、防洪工程、世界各国河流湖泊的治理等入此。

航道工程、规划入 U61 有关各类；河床动力学入 TV14；排灌工程入 S277；河工材料入 TV4、TU5。

[TV91] 运渠(运河、渠道)工程

宜入 U61。

[TV92] 港湾工程

宜入 U65。

[TV93] 农田水利工程

宜入 S27。

U 交 通 运 输

类 目 简 表

1	综合运输
2	铁路运输
4	公路运输
6	水路运输
[8]	航空运输

U　交通运输

包括交通运输科学和运输工程。总论旅客运输、货物运输的著作入此。

专论入有关各类。如：铁路旅客运输入U293；铁路货物运输入U294。

依总论复分表分。

[U-9] 交通运输经济

宜入F5。

U1　综合运输

U11　综合运输体制与结构

运输配置与生产力布局、运输网、运输枢纽、运输协调与分工、运输线路优选、运输量调节等入此。

U12/18 各种交通运输

如遇涉及多种分类标准的著作，入编列在前的类。

U12　城市交通运输

总论城市轨道交通运输、城市新交通系统入此。市内、市际、城乡交通运输等入此。

专论入有关各类。如：城市铁路旅客运输、城市地铁旅客运输入U293；城市轻轨电车旅客运输入U492。

过境、入境、离境交通运输入U14。

U13　乡村交通运输

U14　长途运输

国际、省(州)际、转运、直达运输(江海直达运输、载车运输)，过境交通运输，入境交通运输，离境交通运输等入此。

〈过境交通运输、入境交通运输、离境交通运输，4版入U12〉

[U15]　联运

宜入F5有关各类。

U16　特种货物运输

总论入此。鲜活、易腐、危险等货物运输入此。

专论入有关各类。例：铁路危险货物运输为U294。

〈4版类名：工商业运输〉

U169　集装箱运输

集装箱构造与维修、各种集装箱、集装箱运输管理及各种运输方式等入此。

集装箱应用总论入此；在某种运输中的应用入有关各类。例：集装箱列车入U292；水路集装箱运输入U695。

U17　管道运输

管道线路工程、设计、结构、材料施工与机械、防护、检修、运输管理等入此。

各种管道总论入此;各种应用管道入有关各类。如:油气管道运输入 TE8;管道列车入 U292。

U18 索道运输

总论索道运输的规划、勘测、设计、安装、运营、维护等入此。

专论入有关各类。如:矿山架空索道运输入 TD56;索道输送机入 TH22;矿山井下索道运输入 TD52。

U2 铁路运输

铁路工程总论入此。

依总论复分表分。

[U2-9] 铁路运输经济

宜入 F53。

U21 铁路线路工程

总论新线建设的著作入此。

U211 线路理论

线路强度、稳定性、振动、试验、地震影响及抗震措施等入此。

U212 线路规划、勘测与设计

经济勘测,地质地理及水文勘测,线路测量、制图等入此。

U213 线路构造

路基、轨道、轨枕、钢轨、钢轨联接及扣件、道岔、道床、道口及线路附属设备、无缝线路等入此。

路基防水、排水、防雪、防冻、防风、防沙、防坍方落石及设备等入 U216。

U214 线路工程材料

非金属材料,粘结料,防水、防潮材料,嵌缝材料,耐高温(耐火材料)、防火材料,隔热、隔(吸)声材料,建筑涂料,装饰材料,有机材料,化工材料,金属材料等入此。

U215 线路施工

土石方工程,凿岩、爆破工程,铺碴工程,铺轨工程及工程验收等入此。

施工组织与技术管理,参见 U415。

U216 铁路养护与维修

工务段、线路病灾害处理、维修机具等入此。

[U217] 铁路房屋

宜入 TU248。

U218 旧线改造及扩建

U22 电气化铁路

交流电气化铁道(低频、二频)、直流电气化铁道及铁路电气化、勘测、设计、供电、接触网、电气化铁路施工、铁道养护与维修、电气化铁路的干扰与防干扰等入此。

电力机车入 U264;电动车入 U266。

参见 TM922。

U23 特种铁路

专用铁路入有关各类。例:港区铁路入 U653。

涉及多种分类标准的著作,入编列在前的类。例:市郊高速铁路入 U238。

U231 地下铁路

地铁网,地铁线路勘测设计,线路构造,施工、改建与扩建,车站,通风,自动控制,通信、信号,供电、电气设备,照明,养护、维修,防火、防灾等入此。

〈地铁旅客运输,5 版改入 U293;地铁运输管理自动化,5 版改入 U29-3;地铁运营管理,5 版改入 F530〉

U232 独轨铁路

U233 高架铁路

U234 齿轨铁路

U235 窄轨铁路

U236 宽轨铁路

U237 磁浮铁路

U238 高速铁路

准高速、超高速铁路入此。

U239.1 缆索铁路

U239.2 重轨铁路

U239.3 轻轨铁路

轻轨电车旅客运输入 U492。

U239.4 重载铁路

U239.5 城市铁路、市郊铁路

总论城市轨道交通运输入 U12;城市铁路、市郊铁路的旅客运输入 U293 有关各类。

U239.8 专用铁路

旅游铁路、客运专线、货运专线等入此。

〈4版类名:旅游铁路〉

U239.9 其他类型铁路

山区铁路、地方铁路、复线铁路等入此。

[U24] 铁路桥涵工程

宜入U44。

[U25] 铁路隧道工程

宜入U45。

U26 机车工程

机车理论、设计、构造、设备与材料、仪表、制造工艺、装配与检验、机车制造厂及各种用途机车(客运、货运、调车、干线、工矿、高原、专用线等机车)等入此。总论机车车辆工程、机车制造的著作入此。

专论某种机车制造的著作入有关各类。

机车制造厂厂房布置、设计入TU27;机车制造厂的生产组织与技术管理入F407。

U261 蒸汽机车

见U26注。

参见TK24。

U262 内燃机车

见U26注。

参见TK4。

U263 燃气轮机车

见U26注。

U264 电力机车

见U26注。

参见TM922。

U265 内燃、电力两用机车及动车

U266 动车、动车组(动力列车)

内燃动车,电动车,燃气轮动车,非轮轨系机车,磁浮、气浮动车等入此。

U267 其他机车

蓄电池机车、原子能机车、气体涡轮机车、煤气机车等入此。

U268 机车操纵与运用

机务段机车调度、管理,机车司机,机车整备,燃料节约等入此。

乘务员入F530。

U269 机务段、机车保养与检修

各种机车、动车与动车组的检修入此。

U27 车辆工程

U271/273 各种铁路车辆

均收车辆理论、设计,车体构造及设备,车辆制造用材料、工艺,车辆测试技术及仪器,车辆制造厂及车辆类型等。

U271 客车

餐车、行李车、邮车、公务车、旅游车、双层客车、高速客车等入此。

U272 货车

棚车、敞车、平车、罐车(油罐车、水槽车)、冷藏车(保温车)、各种专用货车、守车等入此。

U273 特种车辆(路用车辆)

工程车、手压车、消防车、救援车、修复车、试验车、发电车等入此。

轨道车、线路检查车、维修车、除雪车、除草车入U216;钢轨探伤车入U213;铺碴车、铺轨车、起重车入U215。

U279 车辆运用、保养与检修

车辆检修规程、车辆段工作组织、车辆管理、安全防护和设备等入此。

轴温探测及仪器、无损检验、红外线测轴温入U27。

U28 铁路通信、信号

U281 通信、信号规程

U282 通信、信号工作组织及技术作业

通信、信号厂、通信段、电务段,通信、信号工程设计与施工等入此。

U283 通信、信号理论

现代铁路通信、信号发展方向入此。

U284 铁路信号

信号、信号机,轨道电路,联锁(车站信号),区间闭塞与机车信号系统,道岔与信号遥控、遥信(调动集中),驼峰调车场信号设备及驼峰自动化,铁路信号器材与设备,铁路信号工厂等入此。

U285 铁路通信

专论铁路通信的著作入此。

一般通信及设备入TN91。

U29　铁路运输管理工程

总论运输形势预测与分析、运输管理自动化的著作入此。

U29-3　研究方法、工作方法

运输管理自动化入此。

U291　车站及枢纽

站场配置与设计、车站等级、会让站、越行站、区段站、编组站、货运站、集装箱站、客运站、国境站等入此。

车站组织、管理与技术作业入U292;货运站技术作业与组织入U294;客运站作业组织入U293;地铁车站入U23;驼峰设备入U284。

参见TU248。

U292　行车组织

车站工作组织、调车工作、车流组织、列车运行组织及调度工作、铁路通过能力、运送能力、机车车辆周转、运输综合作业方案、铁路列车(旅客列车、货物列车、军用及路用列车)等入此。

车务工作入F530。

U293　旅客运输

组织与管理(旅客时刻表)、客运站技术作业与设备、客运服务作业、城市及市郊旅客运输、地铁旅客运输、客运专线旅客运输、高速列车的旅客运输、旅游客运等入此。

专论城市轻轨电车旅客运输入U492。

U294　货物运输

组织与管理,货运技术作业与设备,集装箱化运输,托盘和载车运输,成件包装运输,零担货物、笨重货物、散装货物、易碎货物及特种货物运输(牲畜、煤炭、农产品、军事运输等),以及论述工业运输等的著作入此。

鲜活、易腐货物运输入U295。

U295　冷藏运输

冷藏技术及理论、冷藏库及制冷设备、蔬菜及水果运输等入此。

冷藏车入U272。

U296　重载铁路运输

总论入此。

专论重载列车运行组织、重载旅客列车扩编、重载列车牵引与操纵技术及技术设备的改造等入各专类。

[U297]　铁路联运

宜入F530。

[U297.9]　铁路国际联运

宜入F530。

U298　安全技术

行车安全、旅客安全、货物作业安全、防火安全、事故分析及处理、救援列车、救援工作及铁路公安工作等入此。

U4　公路运输

总论公路科学入此。

依总论复分表分。

[U4-9]　公路运输经济

宜入F54。

U41　道路工程

道路施工管理入U415。

U411　道路工程理论

U412　规划、勘测与设计

公路规划与公路网(国道、省道、城市和乡村道路、林区道路、厂矿道路、用地与土地利用),公路技术与经济调查,土壤、地质和地理勘测,水文勘测,线路测量,线路设计、制图及技术资料,计算机程序及设计、计算方法等入此。

参见TU984、U491。

U414　道路建筑材料

U415　道路建筑施工

施工管理与监理、施工组织、施工机械与设备的使用、施工技术、现场的拆迁与清除等入此。

施工机械的制造入TU6。

参见U215。

U416　路基、路面工程

路肩、路槽、路床等入此。

U417　道路附属构筑物及沿线设施

防护工程(护墙、护坡、护栏、导沙堤等)、排水构造物(边沟、渗水井等)、路缘石、路牙、堆料坪、道班房、收费站等入此。

U418 道路养护与维修

养路规程与标准、组织及路政管理、养路机具与设备、养路技术、旧路改建、道路绿化(路旁景观设计及防污设施)等入此。

U419 特殊地区筑路

喀斯特地区、地震区、高原与山岭地区、盐渍地区、泥沼地区、沙漠与干旱地区、冰冻与严寒地区等的筑路入此。

U421 特种道路

活动变形道(移动式道路)、冰雪道路入此。

林区道路入 S773;矿区道路入 TD56;军用道路入 E95。

U44 桥涵工程

U441 结构原理、结构力学

参见 TU311。

U442 勘测、设计与计算

经济调查与可行性分析等入此。

U443 桥梁构造

桥基、墩台结构(下部结构)、上部结构、铰与枢、附属构造(防水沟、管线沟等)、桥上设备(栏杆、照明设备、信号设备、艺术装饰物等)、防护工程与设备入此。

参见 U491。

U444 桥梁建筑材料

见 U214 注。

U445 桥梁施工

施工组织与管理,施工技术,各项工程,桥梁改建、修复、养护,桥梁工厂等入此。

施工机械与设备制造入 TU6。

U446 桥梁试验观测与检定

试验观测及检定设备入此。

U447 桥梁安全与事故

U448 各种桥梁

各种用途、各种结构、各种材料、各种形式的桥梁入此。

U449 涵洞工程

涵洞设计、构造、施工、养护与维修、病害整治及各种涵洞入此。

U45 隧道工程

隧道结构,勘测、设计与计算,建筑物与设备,隧道建筑材料,隧道施工、观测与试验、养护与维修,各种隧道入此。

参见 TU5。

U46 汽车工程

兼论汽车、拖拉机的著作入此;汽车工程学入此。

U461 汽车理论

汽车动力学、汽车力学、人体工程学的应用及论述汽车各种性能的著作入此。

U462 整车设计与计算

规格、标准、设计方案、性能计算等入此。

U463/464 汽车各种结构部件及发动机

均收理论,设计、计算、制图,结构、零件、装置,材料,专用设备,工艺、装配、制造,检测、试验及其仪器设备,工厂等。

U463 汽车结构部件

U463.1 汽车底盘

总论入此。

U463.2 传动系统

机械传动(离合器、变速器、扭震减震器、分动器、万向节传动装置、助力器、驱动桥)、液力机械传动、电传动等入此。

U463.3 行走系统

从动轴、车架、悬挂、车轮等入此。

轮胎制造入 TQ336。

U463.4 转向系统

车体及车轮转向、转向器、转向加力器、传动杆系、转向系零部件(方向盘、转向节、摇臂轴等)入此。

U463.5 制动系统

制动器、制动操纵装置、下坡制动(减速制动)、制动防滑装置、制动系零部件等入此。

U463.6 电气设备及附件

总论电子设备入此;汽车电子学、整车电气设备、电线、线路布置、电源系统、点火系统、照明与信号系统、开关及其他附件、无线电设备、电信设备及电气设备防护等入此。

U463.7 仪表

车速里程表、转速表、燃油表、压力表、软轴、指示信号灯等入此。

U463.8 驾驶室及车身

各式驾驶室和车厢、驾驶室和车身的部件、构件及附件等入此。

U463.9 汽车附属装置

牵引装置、举升机构、绞盘及动力输出装置、随车工具(千斤顶等)入此。

U464 汽车发动机

往复式发动机、旋转活塞式发动机、燃气轮机及其他发动机入此。

U465 汽车材料

总论汽车材料的著作入此。

专论入有关各类。

U466 汽车制造工艺

总论汽车制造工艺入此。

专论汽车各结构部件制造工艺入U463/464有关各类。

U467 汽车试验

整车试验、发动机试验、零部件试验、参数测定的仪器及技术、汽车试验场地及测试中心等入此。

U468 汽车制造厂

工厂设计(厂址选择、布局、规格)、设备及安装、车库、生产技术安全和卫生、贮藏运输等入此。

汽车制造厂建筑入TU27。

U469 各种汽车

涉及多种分类标准的著作,入编列在前的类。例:电动轿车入U469.1。

U469.1/.79 各种汽车

均收理论、设计与计算、结构部件、动力装置、材料、制造工艺、试验、工厂等。例:轿车的设计为U469.1。

U469.1 客车

小客车、轿车、微型汽车、出租小客车、公共汽车、客货两用车、长途客车、旅行车等入此。

U469.2 载货汽车

轻型送货汽车、零担货运汽车入此。

U469.3 越野汽车、吉普车

U469.4 自卸汽车

U469.5 牵引车、挂车、汽车列车

半挂车、汽车列车(大型平板车)等入此。

U469.6 专用汽车

油罐车、槽灌车、渣罐车、集装箱运输车、工程修理车、实验安全车(仪表车)、水泥搅拌和运输车、冷藏车、救护车、消防车、清洁车、交通事故勘察车、路政管理车、邮政车、赛车等入此。

军用车入TJ8。

参见TU998。

U469.7 各种能源汽车

电动汽车(太阳能汽车、电池车等)、气垫车、柴油汽车、液化气体汽车、蒸汽汽车、酒精汽车、压缩空气汽车等入此。

U469.79 其他汽车

U471 汽车驾驶与使用

总论入此。

U471.1 汽车驾驶

交通规则(包括驾驶员考试规程大纲)、汽车一般保养与驾驶、一般故障的检查与排出、先进驾驶经验与安全技术等入此。

U471.2 汽车使用

汽车使用情况、燃料消耗与节油、燃料管理、轮胎消耗等入此。

〈汽车运输企业组织机构与管理,5版改入F540有关各类〉

U471.3 驾驶员

驾驶员的训练培养入此。

U472 汽车保养与修理

总论入此。

U472.1 保修制度

保修体系、保修等级、定额等入此。

U472.2 汽车和发动机的保养

保养设备入此。

U472.3 保修组织和管理

修配厂、保养厂等入此。

U472.4 汽车维修工艺与方法

故障分析、发动机及其部件维修、喷涂电镀技术、轮胎翻新工艺、修理设备与机具、工具等入此。

U472.5 维修用材料

U472.6 修理后总成台架试验及整车试验

磨合、路试入此。

U472.7 技术革新和技术改造

大客车改装入此。

U472.8 汽车修理厂工艺设计

U472.9 诊断和检测技术及其仪器设备

U473 汽车用燃料、润滑料

液体、固体及液化可燃气燃料，燃料电池、太阳能，燃料添加剂，其他行车材料（制动液、减震液、防冻液、密封胶、抗爆剂等），加油站及其设备入此。

汽车对空气的污染及其消除入X73。

U48 其他道路运输工具

U481/489 各种其他道路运输工具

均收理论、设计与计算、结构部件、动力装置、材料、制造工艺、试验、工厂、驾驶与使用、保养与修理、燃料、润滑料等。

[U481] 拖拉机

宜入S219。

U482 电车

有轨电车（轻轨电车）、无轨电车、蓄电池供电车、地下铁路电车等入此。

电力动车入U266。

参见TM922。

U483 摩托车（机器脚踏车）

电动摩托车入此。

U484 自行车

电动自行车入此。

U488 缆车

U489 其他

三轮车、独轮车、架子车、塌车、畜力车等入此。

U49 交通工程与公路运输技术管理

总论公路运输工程入此。

U491 交通工程与交通管理

交通工程学、交通心理学、交通管理学、交通调查与规划、交通系统、交通事故、交通管制、线路交通安全设施、车上交通安全与防护措施、车辆停厝、路侧服务设施、交通公害等入此。

汽车废气、眩光入X73；专论城市道路的交通规划入TU984。

参见U412、U443。

U492 运输技术

车站及枢纽、行车组织、货物运输及商务工作、旅客运输、特殊地区汽车运输、公路运输安全技术等入此。

公路运输车站建筑入TU248；汽车联运入F540。

〈4版类名：运营技术〉

U495 电子计算机在公路运输和公路工程中的应用

U6 水路运输

水路运输科学入此。

依总论复分表分。

[U6-9] 水路运输经济

宜入F55。

U61 航道工程

运渠（运河、渠道）工程、航道工程理论、规划、勘测、设计、工程材料及工程施工、疏浚工程、整治工程、流量调节技术及各国运渠入此。

河工学入TV8。

参见TU62。

U64 通航建筑物与助航设备

船闸、升船机、通航附属建筑物（过木、过鱼建筑物）、航标设备、各种灯标、标志、信号、绞滩及设备等入此。

参见U653。

U65 港口工程

总论海港、江河港、湖泊港等入此;海港工程学入此。

U651 港口总体规划

港口布局、港址选择、港口(池)水域规划、港口及港区码头布置、港口陆域规划、港口图集等入此。

U652 港口勘测与设计

经济调查,地质、地形、地貌、气象、水文(海底、河底状况)等勘测入此。

U653 港口构造与设备

进港航道、锚地、泊位及系泊设备、港池、转头水域、客运站、货场、仓库、装卸作业区、登岸设备、传送与装卸设备、港内运输设备(港区内公路、铁路、调车场等)、港口导航与通航设备、供电与照明设备、其他附属设备(加工厂、消防、生活和生产福利设备、给排水设备、海员俱乐部等)入此。

防波堤、码头入 U656。

参见 U64。

U654 港口工程材料

见 U214 注。

U655 港口工程施工

总论港口工程施工技术方法的著作入此。

专论各种港口工程施工的著作入有关各类。

水下摄影入 TB86;工程船入 U61。

U656 港口水工建筑物

码头、外堤、护岸及护坡工程(防浪、防止沙砾冲积的筑坝工程等)、水上平台等入此。

船坞、船台、滑道入 U673;航道工程入 U61。

U657 港口水工建筑物维修与扩建

破冰工作、港口航道水深维护等入此。

航道破冰入 U697。

U658 各种港湾和港口

综合港、客货港、工业港、军港、海港、河港、湖港等入此。

U659 各国港湾和港口

U66 船舶工程

造船学、船舶科学入此。

U661 船舶原理

船舶流体力学、静力学、动力学、结构力学,船舶抗腐蚀性,海生物附着危险性,船舶性能试验与设备等入此。

一般流体力学入 O35。

U662 船舶设计

设计规范、标准,电子计算机在设计中的应用等入此。

U663 船舶结构

船壳、船体、船舷(船舷声学)、船舱等入此。

U664 船舶机械

船舶动力装置、轴系、传动装置、并车装置、推进装置(浆、橹、帆、明轮、舵等)、甲板机械、防摇装置及船舶系统等入此。

参见 TK、TL4。

U665 船舶电气设备、观通设备

船用强电设备(电机、电站、电器仪表、信号灯、照明装置、消磁设备等)、船用弱电(船用雷达、电话、红外线通讯、电子设备)等入此。

无线电通讯入 TN92;船用电视入 TN949.2。

U666 导航设备、水声设备

航海仪表(罗经、计程仪、测冰仪等)、测试技术等入此。

U667 船舶舾装设备

桅杆、舱室设备、舱面属具(门、窗、盖、梯、栏杆)、索具及帆缆、救生设备、消音设备及卫生、炊事设备等入此。

潜水装置入 P75;起货、卸货设备入 U664。

U668 造船用材料

U671 船舶建造工艺

船舶下水工艺入此。

船舶下水设备入 U673。

U672 船舶保养、修理和拆船工艺

船舶改装工艺、自动化修理、集装箱修理工艺等入此。

U673 造船厂、修船厂

船厂设备(船台、滑道、船坞、舾装码

头、船厂平台、电力、动力及机械设备)、安全技术、劳动保护、船厂贮运等入此。

生产组织及管理入 F407;造船厂建筑入 TU27。

U674 各种船舶

运输船、专业工作船、工程船、渔船、农用船、军用舰艇(战舰)、科学研究用船、小艇、舟艇、各种动力船舶、各种材料船舶、不同航行状态船舶(潜水船、滑行船、气垫船等)、不同船体结构船舶、舰船上补给装置、各种工程船制造等入此。

各种工程船使用入 U61;船用武器入 TJ 有关各类。

U675 船舶驾驶、航海学

航海基础科学、船舶信号、航道测量、各种条件下的航海、航位测定、航海资料(海图、航海用表、星图、天气图、航路指南、海事总结、航海术语等)、船舶操纵技术、船舶导航与通讯的技术方法、驾驶员、打捞工程等入此。

海事法规入 D99;航海历书入 P19;船舶导航与通讯设备入 U665/666;航海仪器与用具入 U666。

U676 航海技术管理与救助打捞

航行安全、轮机员和驾驶员(对船员的基本要求、培训等)、燃料的消耗与节能技术、轮机管理、打捞工程(沉船勘测、潜水器材、仪具等)、海难救助等入此。

船舶保养与维修入 U672;潜水技术入 P75;航海医学入 R83。

U677 船舶用燃料及润滑剂

U69 水路运输技术管理

总论水路运输工程入此。

U691 港口工作组织

U692 水运工作组织与管理

水运规章条例,水路运输管理机构,船舶运行组织,船舶调度管理,船舶技术革新、技术改造与改装,船型论证,船舶检验等入此。

海运协定、法规,国际航海公约入 D99。

〈水运企业、事业单位,5 版改入 F550;国际海事组织,5 版改入 D813〉

U693 水运货物传送、装卸技术与设备

传送装卸机械与设备,货场、堆场,仓库、货棚等入 U653。

[U694] 各种水路运输

宜入 F550。

U695 运输业务

旅客运输、货物运输等入此。

水路联运、水路国际联运入 F550。

U696 轮渡、摆渡运输

U697 水道航线及管理

运河管理入此。

U698 安全技术

规章制度、客运安全、货运及商务作业安全、防火安全、港口安全生产(港口战备)、事故分析及处理、水域防污、水运公安工作、防汛、防台风、防寒暑、劳动保护及防护用品等入此。

参见 X52。

U699 世界航运业

[U8] 航空运输

宜入 V2。

V 航 空、 航 天

类 目 简 表

1	航空、航天技术的研究与探索
2	航空
4	航天(宇宙航行)
[7]	航空、航天医学

V 航空、航天

依总论复分表分。

V1 航空、航天技术的研究与探索

总论空间科学的著作入此。

专论入有关各类。

V11 航空、航天的发展与空间探索

关于"飞碟"、不明飞行物(UFO)的研究入此。

V19 航空、航天的应用

总论入此。

专论航空、航天在各方面的应用入有关各类。例:航空和卫星观测海洋入 P71。

如愿集中于此,可用组配编号法。按本分类法序列排,如上例为 V19∶P71。

V2 航空

航空运输经济入 F56。

V21 基础理论及试验

空气动力学、飞行力学、航空器结构力学、航空器强度计算、航空器地面试验、飞行试验、航空器隐身技术(反隐身技术)、相关学科在航空上的应用等入此。

航空发动机气体力学入 V23;专论飞行器的可靠性与寿命试验入 V41。

参见 O359。

V22 飞机构造与设计

总论航空器构造与设计入此。机身、座舱、机翼,稳定性与操作面,起落装置,动力装置,航空机械元件、标准件、型材等入此。

V23 航空发动机(推进系统)

论述发动机原理、构造及各种航空发动机的著作入此。

制造工艺入 V26;火箭发动机入 V43。

V24 航空仪表、航空设备、飞行控制与导航

总论飞机设备的著作入此。

航空军械入 TJ。

参见 O318。

V25 航空用材料

总论航空航天用材料入此。

V26 航空制造工艺

飞机制造、航空器的维护与修理、航空工业制造工厂厂址选择与规格要求等入此。

厂址建筑入 TU27;试车用仪表、航空设备及仪表制造入 V24;气球入 V27。

V27 各类型航空器

飞机、特种能源飞机(核能、太阳能、人力等飞机),气球、气艇(飞艇),滑翔机,航空模型、模型飞机等入此。

研究试验用模型入 V21;体育用航空模型入 G875。

V31 航空用燃料及润滑剂

使用入此；制造入 TE626、TQ51、TQ56、TL2。

参见 V51。

V32 航空飞行术

飞机飞行、驾驶，导航术，飞机飞行安全等入此。

导航原理、导航设备入 V24。

V35 航空港(站)、机场及其技术管理

航行组织，航空港(站)、机场的勘探使用等入此。

航行企业组织入 F560；航空港(站)、机场的建筑设计入 TU248。

参见 E95。

V37 航空系统工程

V4 航天(宇宙航行)

依总论复分表分。

V41 基础理论及试验

空气动力学、飞行力学、航天器结构力学、强度计算、地面试验、隐身技术、飞行试验、相关学科在航空上的应用等入此。

理论空气动力学、计算空气动力学、实验空气动力学入 V21；火箭发动机气体力学入 V43；空间电子学入 V44。

V42 火箭、航天器构造(总体)

宇宙飞船、空间探测器(航天探测器、太空探测器)，空间站、太空实验室(航天站、太空站)，航天飞机等的构造入此。

V43 推进系统(发动机、推进器)

总论火箭发动机、喷气推进器、推进技术和进入空间的热动力学等著作入此。

制造入 V46。

V44 航天仪表、航天器设备、航天器制导与控制

空间电子学入此。

兼论航空仪表及设备的著作入 V24 有关各类。

[V45] 航天用材料

宜入 V25。

V46 制造工艺

制造工艺过程及其设备入 V26。

V47 航天器及其运载工具

人造卫星、运载火箭、航天飞机、航天站与空间探测器制造等入此。

构造与设计入 V42 有关各类；使用入有关各类。例：气象卫星的使用入 P41。武器卫星入 TJ8。

参见 TN927。

V51 航天用燃料(推进剂)及润滑剂

使用入此。

制造入 TE626、TQ51、TQ56、TL2。

参见 V31。

V52 航天术

飞机飞行员、航天救援、航天心理学等入此。

V55 地面设备、试验场、发射场、航天基地

论述火箭、航天器、宇宙飞行器的发射、运行、指挥、跟踪、遥测遥控、回收、地面设备等的著作入此。

V57 航天系统工程

[V7] 航空、航天医学

宜入 R85。专论航天心理学宜入 V52。

X 环境科学、安全科学

类 目 简 表

1 环境科学基础理论
2 社会与环境
3 环境保护管理
4 灾害及其防治
5 环境污染及其防治
7 行业污染、废物处理与综合利用
8 环境质量评价与环境监测
9 安全科学

X 环境科学、安全科学

总论环境保护的著作入此。

依总论复分表分。

X-0 环境科学理论

X-01 环境保护政策及其阐述

依世界地区表分,中国再依中国地区表分。

[X-019] 环境保护法

宜入 D9 有关各类。例:中国环境保护法入 D922.6。

X-1 环境科学技术现状与发展

依世界地区表分,中国再依中国地区表分。

X-2 环境保护组织、机构、会议

X-4 环境保护宣传教育及普及

X-6 环境保护参考工具书

X-65 环境保护标准

环境标准与说明、环境质量标准(大气、水质、土壤、噪音等质量标准)、污染物排放标准、环境标志等入此。

有关环境评价及监测的标准入 X8 有关各类。

参见 R123。

X1 环境科学基础理论

X11 环境数学

环境数理统计学入此。

X12 环境物理学

X13 环境化学

X14 环境地学

环境地球化学、环境水文学、环境地理学、环境海洋学等入此。

参见 P33、TD1。

X16 环境气象学

大气环境、污染气象学、温室效应、城市热岛效应的研究等入此。

参见 P46。

X169 环境空气动力学

污染物大气扩散、风洞试验等入此。

X17 环境生物学

环境生物工程入此。

参见 Q16。

X171 生态系统与污染生态学

环境生态学,生态毒理学,恢复生态学、生态工程、生态库的研究等入此。

生态农业入 S18。

X172 环境微生物学

微生物降解和转化污染物的规律入此。

X173 环境植物学

植物毒性、树木园林、森林、草原与环境保护的关系入此。

X174 环境动物学

动物毒性与环境保护的关系入此。

X176 生物多样性保护

生物多样性保护与环境的关系入此。

总论生物多样性保护入 Q16。

[X18] 环境医学

总论宜入 R12;专论宜入 R 其他有关各类。例:职业性疾病预防入 R135;环境流行病学入 R18;地方病学入 R599;环境毒理学入 R994。

[X191] 环境心理学

宜入 B845。

X192 环境系统学(环境系统工程)

X196 环境经济学

公害经济学入此。

参见 F06。

[X197] 环境法学

宜入 D912.6。

X2 社会与环境

X2-1 现状与综合调查

世界各国环境综合调查研究入此。

污染调查研究入 X5。

依世界地区表分,中国再依中国地区表分。

〈世界各国环境综合调查研究,4 版入 X5〉

X21 环境与环境系统

全球环境、区域环境、城市环境、聚落环境等入此。

X22 环境与发展

总论可持续发展的著作入此。

专论入有关各类。例:经济可持续发展理论入 F06。

X24 人类、资源、能源与环境的关系

环境优生学等入此。

人类生态学入 Q988。

X26 环境容量与环境自净

环境容量指环境单元所允许容纳污染物的最大负荷量。

X3 环境保护管理

环境管理学入此。

X32 环境规划与环境管理

环境预测,区域环境、部门行业环境、环保产业规划与管理,有害物质管理,环境监理等入此。

参见 TU98。

[X33] 环境卫生与卫生工程

环境卫生宜入 R12;卫生工程宜入 TU99。

[X34] 放射卫生与辐射防护

放射卫生宜入 R14;辐射防护宜入 TL7。

X36 自然保护区划及其管理

参见 S759.9。

X37 自然资源合理开发与环境保护

总论入此。

专论入有关各类。例:水利资源入 TV21;动力资源入 TK;矿产资源入 TD8;土地资源入 F301;海洋资源入 P74;生物资源入 Q-9。

参见 F124.5。

X38 环境与清洁生产(无污染技术)

总论清洁生产政策与管理、清洁能源(无污染能源、太阳辐射能、风力、地热、潮汐等)、清洁工艺技术(无污染工艺)、无污染产品的研究(无污染农用化学品、绿色食品、可降解塑料等)等入此。

专论入有关各类。例:无污染农药的生

产入 TQ45。

X4 灾害及其防治

灾害学、灾害地理学、灾害管理等入此。

参见 D035.29。

X43 自然灾害及其防治

总论自然灾害及其对环境的影响入此。

专论入有关各类。例：地震灾害入 P315；植物病虫害入 S43。

X45 人为灾害及其防治

总论各种人为灾害及其对环境的影响入此。

专论入有关各类。例：森林的人为灾害入 S76。

X5 环境污染及其防治

环境工程学、环境污染源、污染分析与测定、环境污染的危害、环境污染防治方法与设备、环境污染的控制及其排除、环境事故及其应急措施、环境污染调查等入此。

从行业角度论述污染与防治的著作入 X7 有关各类。

X51 大气污染及其防治

城市空气、室内空气污染及其防治、气相污染物、恶臭物质、粒状污染物、光化学烟雾、酸雨等入此。

参见 TU993。

X52 水体污染及其防治

包括流域污染。

专论海洋污染及其防治入 X55。

参见 S93、U698、S93。

X53 土壤污染及其防治

参见 R124。

X54 岩石地层污染及其防治

X55 海洋污染及其防治

海洋生物污染、海洋放射性污染入此。

总论赤潮、海上溢油亦入此。

X56 食物污染及其防治

粮食污染、食用油料污染等入此。

X57 热污染及其防治

X591 放射性物质污染及其防治

电磁污染及其防治入此。

海洋放射性污染入 X55；核污染入 X77。

X592 农用化学物质、有毒化学物质污染及其防治

化肥、农药残留物质污染及其防治入此。

[X593] 噪声、振动及其控制

宜入 TB5。

X7 行业污染、废物处理与综合利用

总论工业环境治理和废物处理与利用的著作入此。废气（如发动机尾气、垃圾焚烧废气等）、废水、废液、固体废物（包括垃圾）的处理与利用，废热利用和废物污染调查等入此。

噪音与振动的控制及其利用入 TB5；生活垃圾的处理与利用入 X799。

〈4 版类名：废物处理与综合利用〉

X71 农业污染、废物处理与综合利用

农副业、畜牧业、水产业废物处理与综合利用入此。

〈4 版类名：农业废物处理与综合利用〉

X72 森林工业污染、废物处理与综合利用

木材加工工业废物处理与综合利用入此。

〈4 版类名：森林工业废物处理与综合利用〉

X73 交通运输业污染、废物处理与综合利用

〈4 版类名：交通运输业废物处理与综合利用〉

X74 石油、天然气工业污染、废物处理与综合利用

油气田、石油炼制、天然气加工等废物处理与综合利用入此。

燃料化学工业废物处理与综合利用入 X78。

〈4 版类名：石油、天然气工业废物处理与综合利用〉

X75 矿业、冶金工业污染、废物处理与综合利用

〈4 版类名：矿业、冶金工业废物处理与

综合利用〉

X76 机械、仪表工业污染、废物处理与综合利用

电子工业、武器工业污染、废物处理和综合利用入此。

〈4版类名:机械、仪表工业废物处理与综合利用〉

X77 动力工业污染、废物处理与综合利用

原子能工业、电力工业废物处理与综合利用入此。

〈4版类名:动力工业废物处理与综合利用〉

X78 化学工业污染、废物处理与综合利用

〈4版类名:化学工业废物处理与综合利用〉

X79 轻工业污染、废物处理与综合利用

〈4版类名:轻工业废物处理与综合利用〉

X799 其他

建筑废物、生活废物(城市三废)和医院废物的污染、处理与综合利用入此。

X8 环境质量评价与环境监测

X82 环境质量分析与评价

大气、水质、土壤、生物、生态等评价,环境噪声与振动评价入此。

X83 环境监测

X84 环境监测网、站,监测系统

自动化监测系统、污染报警系统、水质监测系统等入此。

环境遥感监测系统入X87。

X85 环境监测仪器设备

监测车船入此。

X87 环境遥感

卫星监测系统,卫星、遥感技术在环境科学中的应用入此。

X9 安全科学

总论劳动安全科学技术、劳动(职业)安全卫生、劳动保护的著作入此。

依总论复分表分。

X9-6 安全科学参考工具书

X9-65 安全标准(劳动卫生、安全标准)

安全技术(劳动卫生技术)、劳动保护标准、规程汇编入此。

专业标准入有关各类。

X91 安全科学基础理论

安全人体学、安全人机学、安全系统学、安全计量学、安全社会学、安全经济学等入此。

安全法学入D912.5;灾害学入X4。

X92 安全管理(劳动保护管理)

安全管理(劳动保护)方针、政策及其阐述,组织与管理机构,安全监察,安全教育学,事故调查与分析(公伤事故分析与预防)等入此。

参见TU71。

X93 安全工程

劳动安全工程、系统安全工程等入此。总论工业安全,爆炸安全与防火、防爆,起重及搬运安全,交通运输安全,农、林、渔业安全、生活安全等入此。

锅炉、压力容器安全入TK28、TH49等有关各类;电气安全入TM、TM92;地质勘探安全入P62;矿山安全入TD7;石油工业安全入TE68;化学工业安全入TQ08;冶金工业安全入TF08;机械工厂安全入TH18;金属工艺安全入TG;焊接工艺安全入TG4;武器工业安全入TJ;动力工业安全入TK;辐射防护入TL7;反应堆安全入TL3;建筑施工安全入TU71;轻工业、手工业安全入TS;航空安全入V26、V32;航天安全入V46、V52。

参见TB49。

X96 劳动卫生工程

总论入此;专论入有关各类。

劳动卫生学、职业卫生学、劳动卫生防治问题入R13有关各类;建筑通风、防尘、降温、保温设备入TU8;噪声与振动控制入TB5。

Z 综 合 性 图 书

类 目 简 表

1 丛书
2 百科全书、类书
3 辞典
4 论文集、全集、选集、杂著
5 年鉴、年刊
6 期刊、连续性出版物
8 图书报刊目录、文摘、索引

Z 综合性图书

Z1 丛书

综合性丛书入此。

专科丛书入有关各类。

Z12 中国丛书

普通丛书、地方丛书、族姓丛书、自著丛书、辑佚丛书等入此。

Z126 旧经籍

经学概论、国学概论、群经合辑(经文合辑)、群经总义、对旧经籍的音义、校勘、研究、评论、考证等入此。

Z13/17 各国丛书

依世界地区表分。

Z2 百科全书、类书

综合性百科全书入此。

专门性百科全书入有关各类。例:《中国化工百科全书》为 TQ-61。

Z22 中国百科全书、类书

Z228 综合性普及读物

Z228.1 少年儿童读物

幼儿读物入此。

Z228.2 青年读物

青少年读物入此。

Z228.3 中老年读物

Z228.4 女性读物

Z228.5 男性读物

Z23/27 各国百科全书

综合性普及读物入此。

依世界地区表分。

[Z28] 专科百科全书

专门性的百科全书宜入有关各类。例:《中国化工百科全书》为 TQ-61。

如愿集中于此,可用组配编号法。例:《中国化工百科全书》为 Z28:TQ。

Z3 辞典

综合性辞典、名词术语、手册入此。

专科性辞典、名词术语、手册入有关各类。例:《现代汉语辞典》入 H16,《化工词典》入 TQ-61。

Z32 中国辞典

Z33/37 各国辞典

依世界地区表分。

[Z38]　专科辞典

专门性辞典、名词术语宜入有关各类。例:《化工辞典》为 TQ-61。

如愿集中于此,可用组配编号法。例:《化工辞典》为 Z38 : TQ。

Z4　论文集、全集、选集、杂著

综合性论文集、全集、选集、杂著入此。

专门性论文集、全集、选集、杂著入有关各类。

Z42　中国论文集、全集、选集、杂著

依中国时代表分。

Z429　杂著

杂记、杂品、杂纂等入此。

Z43/47　各国论文集、全集、选集、杂著

依世界地区表分。

Z5　年鉴、年刊

综合性的年鉴、年刊入此。

专科性年鉴年刊入有关各类。例:体育年鉴入 G8-5,冶金年鉴入 TF-5。

Z52　中国年鉴、年刊

各地区年鉴依中国地区表分。

Z53/57　各国年鉴、年刊

依世界地区表分。

Z6　期刊、连续性出版物

综合性期刊、连续性出版物入此。

专科性期刊、连续性出版物入有关各类。

Z62　中国期刊、连续性出版物

按期刊名称排,再按出版年代排。

Z63/67　各国期刊、连续性出版物

依世界地区表分。

Z8　图书报刊目录、文摘、索引

目录学、图书编目法、索引法入 G25 有关各类。

〈4 版类名:图书目录、文摘、索引〉

Z81/86 各种图书目录

综合性图书目录入 Z81/86 有关各类;专科性图书目录入 Z88。

Z81　国家总目录

全国和地方出版的总目录入此。

各类目录按其性质分入有关各类。

Z82　图书馆藏书目录

各图书馆所编的综合性藏书目录入此。

特种和专科目录入有关各类。例:《北京图书馆善本书目》入 Z83;图书馆藏期刊目录入 Z87、Z88。

Z83　各类型目录

书目之书目、书目汇刻、丛书书目、汇刻书目、推荐书目录(导读书目)、参考书目录、古籍目录、善本书目录、线装书目录、译书目录、存佚书目录、图片目录、显微胶片目录、禁毁书目录等入此。

Z84　私家藏书目录

Z85　出版发行目录

机关出版物目录入此。

Z86　个人著作目录

Z87　期刊目录、报纸目录

综合性报刊目录和综合性报刊联合目录入此。

专科、专题报刊目录入 Z88。

Z88　专科目录

专科、专题的书、刊目录入此。

可按本分类法体系分,即将各学科的分类号码加于本类号之后,用组配符号":"组合。例:医学书目为 Z88 : R。

如愿入有关各类,可在各学科的类号后再加总论复分号"-7 总论复分表"。例:医学书目为 R-7。

Z89　文摘、索引

综合性文摘、索引、群书索引入此;专科、专题的文摘、索引也入此。

专书索引随原书入有关各类,并加总论复分表-7 复分。例:《汉书地名索引》分类号为 K234-7。

按本分类法体系分,即将各学科的分类号码加于本分类号之后,用组配符号":"组合。例:化工文摘为 Z89 : TQ。

如愿入有关各类,可在各学科的类号后再加总论复分号-7。例:《化工文摘》为 TQ-7。

一、总论复分表

1. 本表适用于任何一级类目，但各馆可结合具体情况只使用到一、二级类目。
2. 使用本表时，将所用的复分号（连同“-”）加在主表分类号码后即可。例：《哲学辞典》的号码是 B-61。
3. 在主表中，如已列有专类者，不再使用本表的相应类目复分。
4. 具有本复分表中两种以上特征的文献，只可选择其中主要的一种加以复分，不能在同一个类号中同时使用两个总论复分表的号码；若不易区分主次时，按编列在前的类目复分。

-0　理论与方法论

科学的对象、任务、价值、意义等入此。

-01　方针、政策及其阐述

[-019]　法令、法规及其阐述

宜入 D9 有关各类。

-02　哲学原理

科学的思想性入此。

-03　方法论

科学逻辑学、比较研究入此。

-04　术语规范及交流

学科术语、符号及缩略语的规范研究等入此。

-05　与其他学科的关系

-06　学派、学说及其评论研究

〈4 版类名：学派与学说〉

{-08}　资产阶级理论及其评论研究

〈停用；5 版改入总论复分表-06〉

-09　历史

学史、思想史、技术史等入此。

各学科人物传记入 K81 有关各类。

-1　概况、现状、进展

学科水平、动态、规划、计划、预测、展望、趋势、技术座谈、生产总结等入此。

〈4 版类名：现状及发展〉

-18　专利

-19　创造发明、先进经验

奖项入此。

-2　机构、团体、会议

国际组织、社会团体、研究机构、学术团体、学会、协会、学术会议、专业会议、展览会（馆）、信息服务机构、咨询机构、生产单位企业的章程、历史、概况、活动、成员名录、年报等入此。

-3　研究方法、工作方法

调查方法、工作方法，统计方法、计算方法，实验、试验方法与设备，分析研究、测试与鉴定，技术条件，组织方法、管理方法，数据处理、数据库建设，信息化建设，新技术（电子技术、计算机技术、网络通信技术）的应用等入此。

文献数据库建设入 G250.7。

-4　教育与普及

教育组织、学校，教学计划、教学大纲，课程，教学法、教学参考书，教材、课本，习题、试题、题解，教学实验、实习、实践，教学设备、教学仪器，考核、评估、奖励、资格考试等入此。

中小学各科教学法、教学参考书和教材等入 G4 教育类。

如愿按学科分入有关各类时,均用此号复分。

-49　普及读物

-5　丛书、文集、连续出版物

丛书(汇刻书)、文库、全集、选集,论文集、会议录,学位论文、毕业论文,杂著、年鉴、年刊、连续出版物(期刊、报纸、丛刊),政府出版物、团体出版物入此。

文学性杂文集入I有关各类。

-6　参考工具书

-61　名词术语、词典、百科全书(类书)

-62　手册、名录、指南、一览表、年表

[-629]　年鉴

宜入总论复分表-5。

-63　产品目录、产品样本、产品说明书

图书目录入Z8。

-64　表解、图解、图册、谱录、数据、公式、地图

-65　条例、规程、标准

-66　统计资料

-67　参考资料

[-7]　文献检索工具

专科文献情报研究、专科目录索引研究宜入G257;专科文献目录宜入Z88、索引宜入Z89。

如愿分入各学科者,可用此号复分。

-79　非书资料、视听资料

音像制品(声像资料)、电子文献、电子出版物等入此。

-791　缩微制品

缩微胶卷、缩微平片等入此。

-792　录音制品

唱片、录音带等非计算机可读资料入此。

〈唱盘(CD),5版改入总论复分表-794〉

-793　感光制品、录像制品

电影片、幻灯片、录像带等非计算机可读资料入此。

〈VCD、DVD等录像资料,5版改入总论复分表-794〉

-794　机读资料

计算机可读资料、光盘资料、多媒体资料等入此。

网络资源入总论复分表-795。

-795　网络资源

网站、网页、网络数据库等入此。

二、世界地区表

1. 本表主要是根据自然区划编列的，以便于处理世界各个地区和国家的著作。
2. 凡主表中已注明“依世界地区表分”的，均用本表复分。
3. 在本表所列的世界各个地区下（如亚洲、东南亚），如采用其他标准细分时，则必须在地区号码后加“0”，以便与该地区所属的国家区别开来。例：《中东恐怖主义的历史演进》号码为 D737.05。

1　世界

11　东半球

12　西半球

128　南半球

129　北半球

16　自然地带

161　热带、赤道带

热带雨林入此。

162　亚热带

163　温带

164　亚寒带

165　寒带

166　极地

南极（南极洲）、北极入此。

17　陆地

平原、草原、沙漠、黄土地、高原、台地、盆地、山脉、丘陵、河流、湖泊、沼泽、岛屿、半岛、大陆架等。

18　海洋

环海洋地区入此。

181　太平洋（总论）

环太平洋地区入此。

北太平洋入世界地区表 182；南太平洋入世界地区表 183。

182　北太平洋

白令海、鄂霍次克海、日本海、渤海（环渤海地区）、黄海、东海、台湾海峡、南海、北部湾、加利福尼亚湾、阿拉斯加湾入此。

183　南太平洋

苏禄海、苏拉威西海（西里伯斯海）、爪哇海、班达海、阿拉弗拉海、珊瑚海、塔斯曼海、菲吉海入此。

184　印度洋

孟加拉湾、安达曼海、阿拉伯海（阿曼湾、波斯湾、亚丁湾）、红海入此。

185　大西洋

北大西洋（北海、波罗的海、挪威海、哈得孙湾）、西大西洋（墨西哥湾、加勒比海）、南大西洋、几内亚湾入此。

186　地中海

环地中海地区、利古里亚海、勒尼安海、爱奥尼亚海、亚德里亚海、爱琴海、累旺特海、黑海入此。

187　北冰洋

格陵兰海、巴伦支海、白海、喀拉海、巴芬湾入此。

188　南大洋

威德尔海、罗斯海入此。

19　按语种、人种、宗教、集团区分的地区

191　按语种区分的地区

英语、法语、德语、西班牙语、俄语（斯拉夫语地区）、日语、阿拉伯语、汉语等语言地区入此。

参见世界地区表 371。

193　按人种区分的地区

蒙古利亚人种、尼格罗人种、欧罗巴人种居住地区。

194 按宗教区分的地区

基督教、伊斯兰教(回教)、佛教、印度教、犹太教等占主导的地区入此。

195 按集团区分的地区

发达国家或地区、发展中国家(第三世界)或地区、东方国家、西方国家、北大西洋公约组织国家、欧洲联盟国家、华沙条约国家、不结盟集团国家、阿拉伯联盟国家、东南亚联盟(东盟)国家、亚太经济合作组织、上海合作组织等入此。

198 古代地区

指与现代地区疆域差异较大的古代地区。

古代东方、巴比伦王国、波斯帝国、古代希腊、古代罗马、拜占庭帝国、阿拉伯帝国入此。

2 中国

如有必要,可再依中国地区表分。

3 亚洲

31 东亚

论述“远东”的著作入此。

311 蒙古

312 朝鲜

论述朝鲜半岛的著作入此。

312.5 朝鲜民主主义人民共和国

312.6 韩国

313 日本

33 东南亚

论述“中南半岛”(印度支那半岛)、“南洋群岛”的著作入此。

333 越南

334 老挝

335 柬埔寨

336 泰国

337 缅甸

338 马来西亚

339 新加坡

341 菲律宾

342 印度尼西亚

344 文莱

346 东帝汶

35 南亚

印度半岛入此。

351 印度

353 巴基斯坦

354 孟加拉国

355 尼泊尔

356 锡金

357 不丹

358 斯里兰卡

359 马尔代夫

36 中亚及外高加索地区

〈4 版类名:中亚〉

361 哈萨克斯坦

1991 年由苏联独立出来的国家。

362 乌兹别克斯坦

1991 年由苏联独立出来的国家。

363 土库曼斯坦

1991 年由苏联独立出来的国家。

364 吉尔吉斯斯坦

1991 年由苏联独立出来的国家。

365 塔吉克斯坦

1991 年由苏联独立出来的国家。

367 格鲁吉亚

1991 年由苏联独立出来的国家。

368 阿塞拜疆

1991 年由苏联独立出来的国家。

369 亚美尼亚

1991 年由苏联独立出来的国家。

37 西亚(西南亚)

论述“中东”、“近东”的著作入此。

371 阿拉伯地区(总论)

专论古代阿拉伯帝国著作入世界地区表 198。

参见世界地区表 191。

372 阿富汗

373 伊朗

374 土耳其

包括土耳其欧洲部分。

375 塞浦路斯

376 叙利亚

377 伊拉克

378 黎巴嫩

379 约旦

381 巴勒斯坦

382 以色列

383 科威特

384 沙特阿拉伯

385 卡塔尔

386 巴林

387 阿拉伯联合酋长国

388 阿曼

391 也门民主人民共和国

存在时间为 1970－1990 年，1990 年与阿拉伯也门共和国合并为也门。

392 阿拉伯也门共和国

存在时间为 1962－1990 年，1990 年与也门民主人民共和国合并为也门。

393 也门

1962 年以前与 1990 年以后的也门。总论入此。

4 非洲

41 北非

411 埃及

412 苏丹

413 利比亚

414 突尼斯

415 阿尔及利亚

416 摩洛哥

417 亚速尔群岛（葡属）

〈4 版类名：亚速尔群岛〉

418 马德拉群岛

42 东非

421 埃塞俄比亚

厄立特里亚（1993 以后）入世界地区表 421.9。

〈4 版类名：埃塞俄比亚、厄立特里亚〉

421.9 厄立特里亚

1993 年由埃塞俄比亚脱离出来的国家。

422 索马里

423 吉布提

〈4 版类名：吉布提共和国〉

424 肯尼亚

425 坦桑尼亚

426 乌干达

427 卢旺达

428 布隆迪

429 塞舌尔

〈4 版类名：塞舌耳〉

43 西非

总论赤道非洲入此。

431 毛里塔尼亚

432 西撒哈拉

433 加那利群岛

434 塞内加尔

435 冈比亚

436 尼日尔

437 尼日利亚

438 喀麦隆

439 赤道几内亚

441 圣多美和普林西比

442 布基纳法索

443 贝宁

444 多哥

445 加纳

446 科特迪瓦

447 利比里亚

448 马里

449 塞拉利昂

451 几内亚

452 几内亚比绍

453 佛得角

46 中非

461 乍得

462 中非共和国

463 刚果民主共和国(扎伊尔)

刚果(金)入此。

464 刚果共和国

刚果(布)入此。

〈4版类名:刚果〉

465 加蓬

466 卡奔达

47 南非

471 莫桑比克

472 马拉维

473 赞比亚

474 安哥拉

475 津巴布韦

476 博茨瓦纳

477 纳米比亚

〈4版类名:纳米比亚(西南非洲)〉

478 南非共和国

〈4版类名:南非(阿扎尼亚)〉

479 斯威士兰

481 莱索托

482 马达加斯加

483 科摩罗

484 毛里求斯

485 留尼汪岛

486 圣赫勒拿和阿森松岛(英属)

〈4版类名:圣赫勒拿和阿森松岛〉

5 欧洲

51 东欧、中欧

[511.2] 俄罗斯

宜入世界地区表512。

511.3 乌克兰

1991年由苏联独立出来的国家。

511.4 白俄罗斯

1991年由苏联独立出来的国家。

511.5 摩尔多瓦(摩尔达维亚)

1991年由苏联独立出来的国家。

511.6 爱沙尼亚

1991年由苏联独立出来的国家。

511.7 拉脱维亚

1991年由苏联独立出来的国家。

511.8 立陶宛

1991年由苏联独立出来的国家。

512 俄罗斯及苏联

苏联存在时间为1917－1991年,1991年独立为俄罗斯、乌克兰等15个国家。

独联体入此。

513 波兰

514 捷克斯洛伐克

存在时间为1918－1992年,1992年解体为捷克与斯洛伐克两个国家。

515 匈牙利

516 德国

1945年解体为德意志民主共和国与德意志联邦共和国,1990年合并为一个国家。

517 德意志民主共和国

存在时间为1945－1990年,1990年与德意志联邦共和国合并为德国。

518 德意志联邦共和国

存在时间为1945－1990年,1990年与德意志民主共和国合并为德国。

519 卢森堡

521 奥地利

522 瑞士

523 列支敦士登

524 捷克

1992年由捷克斯洛伐克独立出来的国家。

525 斯洛伐克

1992年由捷克斯洛伐克独立出来的国家。

53 北欧

论述斯堪的纳维亚半岛的著作入此。

531 芬兰

532 瑞典

533 挪威

534 丹麦

535 冰岛

537 法罗群岛(丹属)

54　南欧(东南欧、西南欧)

论述巴尔干半岛、伊比利亚半岛的著作入此。

541　阿尔巴尼亚

542　罗马尼亚

543　南斯拉夫

论述"前南地区"的著作入此。

1992年解体为南斯拉夫联邦(塞-黑联邦)、克罗地亚等国家。

544　保加利亚

545　希腊

总论古代希腊入世界地区表198。

546　意大利

547　梵蒂冈

548　圣马力诺

549　马耳他

551　西班牙

552　葡萄牙

553　安道尔

554　直布罗陀

[555.1]　南斯拉夫联邦(塞-黑联邦)

宜入世界地区表543。

555.2　黑山共和国

2006年由塞-黑联邦独立出来的国家。

555.3　克罗地亚

1992年由南斯拉夫独立出来的国家。

555.4　斯洛文尼亚

1992年由南斯拉夫独立出来的国家。

555.5　波斯尼亚-黑塞哥维那

1992年由南斯拉夫独立出来的国家。

555.6　马其顿

1992年由南斯拉夫独立出来的国家。

56　西欧

561　英国

总论英联邦国家入此。

562　爱尔兰

563　荷兰

564　比利时

565　法国

566　摩纳哥

6　大洋洲及太平洋岛屿

61　澳、新、巴地区

611　澳大利亚

612　新西兰

613　巴布亚新几内亚

63　波利尼西亚

夏威夷群岛入世界地区表712。

631　中途岛

632　威克岛

633　莱恩群岛

636　托克劳群岛(尤宁群岛)

637　东萨摩亚

638　萨摩亚

1997年西萨摩亚更名为萨摩亚。

〈4版类名:西萨摩亚〉

639　汤加

641　库克群岛

642　纽埃岛

643　皮特克恩岛(英属)

亦称皮特凯恩岛。

〈4版类名:皮特克恩岛(皮特凯恩岛)〉

644　法属波利尼西亚

包括社会群岛,土布艾群岛、土阿莫土群岛、马克萨斯群岛、甘比尔群岛。

646　图瓦卢

埃利斯群岛入此。

648　瓦利斯和富图纳(法属)

65　密克罗尼西亚

651　北马里亚纳群岛联邦(美属)

〈4版类名:马里亚纳群岛联邦〉

652　帕劳

1980年改名为帕劳。

〈4版类名:贝劳共和国〉

653　马绍尔群岛

〈4版类名:马绍尔群岛共和国〉
654 关岛
655 瑙鲁
656 基里巴斯
非尼克斯群岛入此。
〈4版类名:基里巴斯共和国〉
657 密克罗尼西亚联邦
66 美拉尼西亚
661 斐济
662 所罗门群岛
663 瓦努阿图
〈4版类名:瓦努阿图共和国〉
664 新喀里多尼亚岛

7 美洲
71 北美洲
711 加拿大
712 美国
夏威夷群岛入此。
713 格陵兰
714 百慕大
715 圣皮埃尔和密克隆群岛
〈4版类名:圣皮埃尔岛和密克隆岛〉
73 中美洲
总论拉丁美洲的著作入此。
〈4版类名:拉丁美洲、中美洲〉
731 墨西哥
741 危地马拉
742 洪都拉斯
743 伯利兹
744 萨尔瓦多
745 尼加拉瓜
746 哥斯达黎加
747 巴拿马
巴拿马运河区入此。
75 西印度群岛
加勒比海群岛等入此。
751 古巴
752 海地
753 多米尼加
多米尼加共和国入此。
754 牙买加
755 波多黎各
756 开曼群岛(英属)
757 维尔京群岛(美属)
758 维尔京群岛(英属)
759 瓜德罗普岛
761 马提尼克岛
762 巴巴多斯
763 向风群岛
764 背风群岛
765 安的列斯(荷属)
766 圣卢西亚
767 特立尼达和多巴哥
768 巴哈马
769.1 格林纳达
769.2 多米尼克
多米尼加联邦(英属)入此。
〈4版类名:多米尼加联邦〉
769.3 圣文森特和格林纳丁斯
769.4 安提瓜和巴布达
769.5 圣基茨和尼维斯联邦
〈4版类名:圣克里斯托弗和尼维斯联邦〉
769.6 特克斯和凯科斯群岛(英属)
769.7 安圭拉(英属)
769.8 蒙特塞拉特(英属)
769.9 阿鲁巴(荷属)
77 南美洲
771 圭亚那共和国
772 苏里南
荷属圭亚那入此。
773 圭亚那(法属)
774 委内瑞拉
775 哥伦比亚
776 厄瓜多尔
777 巴西
778 秘鲁

779 玻利维亚
781 巴拉圭
782 乌拉圭
783 阿根廷
784 智利
785 马尔维纳斯群岛(福克兰群岛)

8 外太空

地球外的世界入此。

三、中国地区表

1. 凡主表中已注明“依中国地区表分”的，均用本表复分，即将本表的号码加于主表分类号码之后即可。
2. 表内类名带有[ ]符号的地区，是为处理旧图书资料而编列的。

1　北京市

2　华北地区

黄河流域、华北平原所属地区入此。

北京市入中国地区表1。

21　天津市
22　河北省
23　[热河省](1928～1955)
24　[察哈尔省](1928～1952)
25　山西省
26　内蒙古自治区

内蒙古高原所属地区入此。

27　[绥远省](1928～1954)
28　[外蒙古](～1920)

3　东北地区

辽河流域、东北平原所属地区入此。

31　辽宁省
32　[辽东省](1949～1954)
33　[辽西省](1949～1954)
34　吉林省
35　黑龙江省
36　[松江省](1949～1954)

4　西北地区

黄河中、上游，黄土高原所属地区入此。

41　陕西省
42　甘肃省
43　宁夏回族自治区
44　青海省
45　新疆维吾尔自治区

5　华东地区

长江流域，长江三角洲(长三角)地区，长江中、下游平原所属地区入此。

51　上海市
52　山东省
53　江苏省
54　安徽省
55　浙江省
56　江西省
57　福建省
58　台湾省

澎湖列岛、钓鱼岛等地区入此。

6　中南地区

珠江流域、东南丘陵所属地区入此。

61　河南省
62　[平原省](1949～1952)
63　湖北省
64　湖南省
65　广东省

珠江三角洲(珠三角)地区、粤港澳地区入此。

658　香港
659　澳门
66　海南省

南海诸岛入此。

67　广西壮族自治区

7　西南地区

青藏高原、云贵高原所属地区入此。

71　四川省

四川盆地地区入此。

719　重庆市

72　[西康省](1928～1955)

73　贵州省

74　云南省

75　西藏自治区

四、国际时代表

凡主表中已注明“依国际时代表分”的,均用本表复分。

1 **上古(约170万年前~约公元前4000年)**

原始社会或太古时期入此。

〈4版类名:原始社会(约50万年前~公元前3500年)〉

2 **古代(公元前约4000年~公元475年)**

〈4版类名:古代(约公元前3500年~公元475年)〉

3 **中世纪(476~1639年)**

4 **近代(1640~1917年)**

41 17世纪中、后期到19世纪60年代(1640~1869年)

英国资产阶级革命至巴黎公社前夕时期及总论18世纪入此。

43 19世纪70年代至20世纪初期(1870~1917年)

总论巴黎公社至十月社会主义革命前夕时期、第一次世界大战时期及总论19世纪入此。

{44} 第一次世界大战时期(1914~1918年)

〈停用;5版改入国际时代表43〉

5 **现代(1917年~)**

论述20世纪的著作入此。

第一次世界大战入国际时代表43。

51 20世纪早期(1917~1939年)

苏联十月社会主义革命至第二次世界大战爆发时期入此。

52 第二次世界大战时期(1939~1945年)

53 第二次世界大战以后时期至20世纪末(1945~1999年)

531 20世纪40年代后期(1945~1949年)

532 20世纪50年代(1950~1959年)

533 20世纪60年代(1960~1969年)

534 20世纪70年代(1970~1979年)

535 20世纪80年代(1980~1989年)

536 20世纪90年代(1990~1999年)

6 21世纪(2000年~)

五、中国时代表

本表用于区分中国历史上的时期和朝代。凡主表中已注明“依中国时代表分”的，均用本表复分。

1 上古(约 170 万年前～约公元前 2070 年)

原始社会或太古时期入此。

〈4 版类名：原始社会(约 50 万年前～4000 多年前)〉

2 先秦(约公元前 2070～公元前 221 年)

总论古代或奴隶社会入此。

〈4 版类名：奴隶社会(公元前 21 世纪～公元前 475 年)〉

21 三代(约公元前 2070～公元前 770 年)

〈4 版类名：三代(公元前 21 世纪～公元前 770 年)〉

22 夏(约公元前 2070～公元前 1600 年)

〈4 版类名：夏(公元前 21 世纪～公元前 16 世纪)〉

23 商(约公元前 1600～公元前 1046 年)

〈4 版类名：商(公元前 16 世纪～公元前 11 世纪)〉

24 西周(约公元前 1046～公元前 770 年)

兼论东周入此。

〈4 版类名：西周(公元前 11 世纪～公元前 770 年)〉

25 春秋(公元前 770～公元前 475 年)

总论东周入此。

26 战国(公元前 475～公元前 221 年)

〈4 版入中国时代表 31〉

3 秦、汉至南北朝(公元前 221～公元 589 年)

总论封建社会入此。

〈封建社会(公元前 475～公元 1840 年)〉

{31} 战国(公元前 475～公元前 221 年)

〈停用；5 版改入中国时代表 26〉

32 秦、汉(公元前 221～公元 220 年)

33 秦(公元前 221～公元前 207 年)

34 汉(公元前 206～公元 220 年)

341 西汉(前汉)(公元前 206～公元 24 年)

王莽时期入此。

342 东汉(后汉)(25～220 年)

35 三国、晋、南北朝(220～589 年)

总论魏晋南北朝时期或六朝时期入此。

36 三国(220～280 年)

37 晋(265～420 年)

38 十六国(304～439 年)

包括成汉、前凉、前赵、后赵、前燕、前秦、后燕、后秦、西秦、后凉、南燕、北凉、南凉、西凉、夏、北燕。

39 南北朝(386～589 年)

4 隋、唐至清前期(581～1840 年)

总论中古时期入此。

41 隋(581～618 年)

42 唐(618～907 年)

43 五代、十国(907～979 年)

44　宋(960～1279年)

46　辽、金、西夏(916～1234年)

〈4版类名:辽、金(916～1234年)〉

47　元(1271～1368年)

48　明(1368～1663年)

南明(1644～1663年)入此。

49　清前期(1616～1840年)

总论清朝入此。

〈4版类名:清(前期,1616～1839年)〉

5　近代(1840～1949年)

论述半殖民地、半封建社会(1840～1949年)、旧民主主义革命时期(1840～1919年)入此。

〈4版类名:半殖民地、半封建社会(1840～1949年)〉

52　清后期(1840～1911年)

清朝咸丰、同治、光绪、宣统各朝及辛亥革命后清宫情况等入此。

〈4版类名:清(后期,1840～1911年)〉

6　民国时期(1912～1949年)

总论20世纪、新民主主义革命时期(1919～1949年)入此。

7　中华人民共和国(社会主义革命和社会主义建设时期)(1949年～)

71　20世纪50年代(1949～1959年)

总论建国初期入此。

72　20世纪60年代(1960～1969年)

总论"文革"时期入此。

73　20世纪70年代(1970～1979年)

74　20世纪80年代(1980～1989年)

总论改革开放时期入此。

75　20世纪90年代(1990～1999年)

76　21世纪(2000年～)

六、世界种族与民族表

凡主表中注明依“世界种族与民族表”分时，可使用本表复分。

1　世界种族

11　蒙古人种（黄种）

12　高加索人种（白种）

13　尼格罗人种（黑种）

14　高加索-蒙古人种

15　蒙古-尼格罗人种

16　尼格罗-高加索人种

17　高加索-蒙古-尼格罗人种

18　澳大利亚人种（棕种）

2　中国各民族

如有必要，可再依中国民族表细分。

3　亚洲各民族

31　东亚各民族

朝鲜人、喀尔喀蒙古人、日本人等入此。

参见中国民族表12、中国民族表19。

33　东南亚各民族

越人（京人）、芒人、曼人（瑶人、勉人）、寮人（老挝人）、马来人、塞芒人、高棉人、缅人、菲律宾人、印度尼西亚人等入此。

越人（京人），参见中国民族表82；曼人（瑶人、勉人），参见中国民族表51；赫蒙人（苗人），参见中国民族表16；泰人（暹罗人），参见中国民族表53、中国民族表18。

35　南亚各民族

印度民族、克什米尔人、孟加拉人、廓尔喀人（尼泊尔人）等入此。

36　中亚及外高加索地区各民族

哈萨克人，参见中国民族表36；乌孜别克人，参见中国民族表38；塔吉克人，参见中国民族表41。

卡拉卡尔帕克人、图瓦人、布里亚特人、雅库特人入世界种族与民族表51。

〈4版类名：中亚各民族〉

37　西亚各民族

阿拉伯人、阿富汗人、伊朗人（波斯人）、土耳其人、库尔德人、叙利亚人、伊拉克人、黎巴嫩人、约旦人、巴勒斯坦人、犹太人、沙特阿拉伯人、卡塔尔人、巴林人、阿曼人、科威特人、也门人等入此。

4　非洲各民族

41　北非各民族

42　东非各民族

东北非各民族入此。

43　西非各民族

46　中非各民族

47　南部非洲各民族

5　欧洲各民族

51　东欧、中欧各民族

参见中国民族表44。

53　北欧各民族

斯堪的纳维亚人入此。

54　南欧各民族

56　西欧各民族

6　大洋洲各民族

61　澳大利亚、新西兰和巴布亚新几内亚各民族

63　波利尼西亚人

夏威夷人入世界种族与民族表71；复

活节岛人入世界种族与民族表 77。

65 密克罗尼西亚人

66 美拉尼西亚人

7 美洲各民族

71 北美各民族

73 拉丁美洲和中美洲各民族

75 西印度群岛各民族

77 南美各民族

七、中国民族表

凡主表中已注明“依中国民族表分”的，均用本表复分。

11　汉族

12　蒙古族

参见世界种族与民族表 31。

13　回族

14　藏族

15　维吾尔族

16　苗族

参见世界种族与民族表 33。

17　彝族

18　壮族(僮族)

参见世界种族与民族表 33。

19　朝鲜族

参见世界种族与民族表 31。

21　满族

22　达斡尔族

23　鄂温克族

24　鄂伦春族

25　赫哲族

31　土族

32　撒拉族

33　东乡族

34　保安族

35　裕固族

36　哈萨克族

参见世界种族与民族表 36。

37　柯尔克孜族

38　乌孜别克族

参见世界种族与民族表 36。

41　塔吉克族

参见世界种族与民族表 36。

42　塔塔尔族

43　锡伯族

44　俄罗斯族

参见世界种族与民族表 51。

51　瑶族

参见世界种族与民族表 33。

52　白族(民家)

53　傣族

参见世界种族与民族表 33。

54　哈尼族

55　佤族

56　傈僳族

57　纳西族(么些)

58　拉祜族(倮黑)

59　景颇族

61　布朗族(濮曼)

62　阿昌族

63　怒族

64　德昂族(崩龙)

65　独龙族

66　普米族

67　门巴族

68　布依族(仲家)

69　水族(水家)

71　仡佬族

72　侗族

73　土家族

74　羌族

75　仫佬族

76　毛南族(毛难)

77　珞巴族

78　基诺族

81　黎族

82　京族

参见世界种族与民族表33。

83　畲族

84　高山族

泰雅族、赛夏族、布农族、邹族、鲁凯族、排湾族、卑南族、阿美族和雅美族等入此。

85　苦聪人

86　僜人

99　古代民族

参见《中国分类主题词表》K289对应的古民族主题词。

索　引

备注:索引编制说明见“第五版编制与使用说明”。

A

B

D

电视设备	TN948
电视设备应用\矿山	TD67
电视摄像管	TN14
电视事业、电视事业史	G22
电视事业\各国	G229.3/.7
电视事业\世界	G229.1
电视事业\中国	G229.2
电视事业管理	G221
电视事业史\中国	G229.2
电视事业组织	G221
电视数字技术	TN941
电视台\中国	G229.2
电视天线	TN948.5
电视同步系统	TN945
电视图像调整设备	TN948.4
电视网	TN948.3
电视系统	TN94
电视系统技术质量自动检测	TN948.7
电视系统运行自动化	TN948.7
电视显示系统	TN948.5
电视欣赏	J90
电视信号传输	TN943
电视信号理论	TN941
电视宣传和群众工作	G223
电视演播室、电视演播中心	TN948.1
电视演播室设备	TN948.4
电视业编辑、写作和播送业务	G222
电视艺术	J9
电视艺术\技术	J91
电视艺术理论	J90
电视艺术史	J90
电视音乐理论	J617
电视制式	TN941
电视制式交换	TN949.5
电视制式转换器	TN948.4
电视中心	TN948;TN948.1
电视中心设备运行自动化	TN948.7
电视中心设计	TN948.1
电视中心视频管理系统	TN948.6
电视终端机	TN87
电视转播	TN948.1
电视转播车	TN948.2;U469.6
电枢绕组	TM55
电梯工程	TU85
电推子(理发)	TM925.4
电网	TM7;TM72
电网电源	TM91
电位器	TM54
电务段\铁路	U282
电线	TM24
电信技术(总论)	TN91
电信企业组织和经营管理	F626
电信设备	TN8
电信设备\终端设备	TN87
电信声学	TN912.1
电信市场营销	F625
电信数学	TN911
电信业规划与管理	F621
电信业建设与发展	F623
电信业市场	F625
电信支撑网	TN915
电选机	TD45
电学	O441
电学量单位基准器	TM93
电压测量\高电压	TM8
电压测量及仪表	TM933
电压基准管	TN13
电压控制	TM921
电压脉冲电源	TM91
电压扫描	TN27
电压正余弦分解	TN87
电冶金	TF11
电液压成型	TG39
电影\按表现形式和技术分	J96
电影\按题材分	J97
电影\各国	J993/7
电影创作方法	J90
电影分镜头剧本	J92
电影歌曲\中国	J642.4
电影工作者	J90
电影机械	TB85
电影技术	J91
电影剧本\中国	I235.1
电影剧本理论与创作方法	I053.5

H

K

L

M

麻将	G892
麻疹\中医	R272.2
麻醉学	R614
马	S821
马刀	TJ2
马灯制造	TS956
马尔可夫决策过程	O225
马赫主义	B082
马克思、恩格斯、列宁、斯大林、毛泽东、邓小平生平和传记	A7
马克思、恩格斯、列宁、斯大林、毛泽东、邓小平著作汇编	A5
马克思主义、列宁主义、毛泽东思想、邓小平理论	A
马克思主义、列宁主义、毛泽东思想、邓小平理论的学习和研究	A8
马克思主义的学习和研究	A81
马克思主义劳动科学	C97
马克思主义哲学	B0-0
马克思主义哲学的传播与发展	B15
马克思主义哲学在欧洲的传播与发展	B505
马克思主义哲学在中国的传播与发展	B27
马克思主义政治经济学(总论)	F0-0
马克思著作	A1
马克思著作汇编的学习和研究	A81
马拉松跑	G822
马来语	H63
马列主义、毛泽东思想教育\学校	G41
马球运动	G882
马术运动	G882
马头琴演奏法	J632.2
马戏艺术\中国	J828
埋弧焊	TG445
麦	S512
麦角固醇	Q946
麦乳精生产	TS27
脉冲(力学)	TN78
脉冲电镀	TQ153
脉冲电话机	TN916.3
脉冲电路	TN78
脉冲电源	TM91
脉冲堆	TL4
脉冲反应堆	TL4
脉冲计、脉冲计时器、脉冲计数器	TM935
脉冲计量	TM935
脉冲技术	TN78
脉冲燃烧	TK16
脉冲通信系统	TN914
脉学\中医	R241.1
曼陀林演奏法	J623
慢波系统、慢波结构	TN81
慢磁声波	TN912.1
慢扫描电视	TN949.1
漫画技法	J218
盲人教育	G76
盲人学校	G76
盲文	H02
盲文\汉字	H126
盲文书	G255
盲文印刷	TS85
猫	S829.3
猫头小车(起重机械)	TH21
毛笔制作	TS951
毛笔字\书法	J292.1
毛发加工及制品	TS959.1
毛发用化妆品及生产	TQ65
毛纺织	TS13
毛刷加工及制品	TS959.1
毛毯\非织造布	TS17
毛细现象	O647
毛泽东思想的学习和研究	A84
毛泽东思想教育\学校	G41
毛泽东著作	A4
毛泽东著作汇编的学习和研究	A84
铆	TG93
贸易\风俗习惯\中国	K892.2
贸易计划和管理体制	F712
贸易建设与发展	F712.9
贸易经济	F7
贸易经济结构与体制	F711
贸易经济理论与方法	F710
贸易史\中国	F729
贸易谈判	F740
贸易统计学	F712

N

Q

热带气候与动物关系	Q494
热带气象	P44
热带树种	S796
热带眼科学	R779.9
热电厂	TM62
热电器件	TN37
热电陶瓷器件	TN6
热电学	TN37
热电与磁热效应	O482
热风炉	TF57
热风炉及炉前操作	TF54
热工测量	TK3
热工系统	TK17
热工学	TK12
热工仪表	TH81
热工自动控制	TK3
热管	TK17
热虹吸	TQ02
热化学	O642
热还原\炼铁	TF55
热激化学发光器件	TN383
热剂焊	TG451
热继电器	TM58
热交换设备\油气加工	TE96
热离子转换器	TM91
热力发电	TM61
热力发动机	TK1
热力发动机\地热能	TK52
热力发动机燃料与燃烧	TK16
热力工程	TK1
热力工程理论	TK12
热力工程设备	TK17
热力学定律	O642
热力学平衡	O642
热力学温标	TB94
热力学系统	TK12
热力学与统计物理学	O414
热利用	TK11
热量测量	TB94
热媒	TK22
热煤气性质	TQ54
热敏材料	TB39
热敏电阻器	TN37
热能	TK11;TK5
热能和机械能应用\农业	S218
热区	TP317.4
热水用具\五金制品	TS91
热塑性树脂	TQ325
热塑性塑料	TQ325
热塑性橡胶	TQ334
热态试验	TF03
热污染及其防治	X57
热吸收材料	TB34
热效应、化学亲合力	O642
热学计量	TB94
热学式分析仪器	TH83
热学与物质分子运动论	O55
热阴极电子管	TN11
热源	TK11
热载流子效应	TN386
热装	TG33
人才测评	C962
人才调查及其研究\各国	C964
人才分类	C962
人才管理、人才考核	C962
人才培养与人才选拔	C96
人才市场	F241
人才学	C96
人才研究\各国	C964
人才预测与人才规划	C96
人才智力开发	C96
人才资源	F241
人畜共患病	R535
人的社会性	B038
人地关系	K90
人格心理学	B848
人工降水	P48
人工气候室	P48
人工神经网络	TP18
人工神经网络计算机	TP38
人工影响天气	P48
人工智能	TP18;B849;Q811
人-机系统理论	TP11
人际关系学	C912.1

S

数字技术	TN01
数字交换	TN915.1
数字接收机	TN85
数字控制装置	TP23
数字-模拟计算机	TP35
数字式测量与仪器\电气测量	TM932
数字式扫描	TN27
数字式正余弦分解	TN87
数字视频带宽	TN915.1
数字调谐	TN85
数字通信网	TN915.1
数字通信系统	TN914
数字图书馆	G250.76
数字微波接力系统	TN925
数字显示	TN27
数字显示仪	TH85
数字相关器	TN6
数字音频技术与设备	TN912.2
数字增强	TN919
数字终端	TN87
刷镀	TQ153
衰耗均衡器	TN715
衰减常数	TN913
衰减计量及设备	TM934
衰减器(电子电路)	TN715
摔跤	G886
摔跤器具制造	TS952
双边供电	TM72
双边会谈\中国共产党	D27
双层客车\铁路	U271
双电层电容器	TM53
双杠项目	G832
双回供电	TM72
双面啮合检查仪	TH82
双曲线函数	O174
双人舞\中国	J722
双声道	TN912.2
双通道电视	TN949.1
双向直线步进电动机	TM32
双音多频信号	TN912.3
双折射滤光器	TH74
双轴式汽轮机	TK26
水(地理)\中国	K928
水、电解质生物化学	Q592
水采机械	TD43
水彩画\各国	J235
水彩画\中国	J225
水彩画技法	J215
水槽车\铁路	U272
水产、渔业	S9
水产保护学	S94
水产捕捞	S97
水产地区分布、水产志	S92
水产动物饵料及其营养	S963
水产工程	S95
水产基础科学	S91
水产加工业	TS254
水产气象学	S91
水产区域资源	S92
水产生物工程	S91
水产物运输、保鲜、贮藏、加工	S98
水产养殖技术	S96
水产养殖设备	S969
水产药物学	S94
水产业经济	F307.4
水产用机械仪器	S95
水产资源	S93
水厂运用管理	TU991
水锤泵	TH34
水道航线与管理	U697
水稻	S511
水的电解	TQ151
水电站工程	TV7
水动力性质	TK21
水动力学	TV13
水分计	TH83
水粉画\各国	J235
水粉画\中国	J225
水粉画技法	J215
水工材料	TV4
水工建筑物	TV6
水工建筑物管理	TV698
水工结构	TV3
水工勘测、设计	TV22

水下焊接	TG456
水下环境噪声	O427
水下火箭	TJ7
水下建筑	TU289
水下矿床开采	TD8
水下摄影	J41;TB86
水下通信	TN929.3
水下医学	R84
水压驱动油田开发	TE34
水与给水卫生	R123
水与无机盐代谢	Q591
水域防污\水路运输	U698
水源\农田水利	S273
水运工作组织与管理	U692
水运公安工作	U698
水运规章条例	U692
水运货物传送	U693
水运货物装卸技术与设备	U693
水闸	TV66
水蒸汽	TK21
水质分析	O661
水质监测系统	X84
水中声起浮	O427
水中武器	TJ6
水准仪使用方法	TG82
水资源调查	TV21
水族箱使用及调控	S965
顺磁共振与生物物理学	Q6-3
顺电体	TM22
瞬态失真	TN911
瞬态状况	TK21
说唱乐曲\各国	J654
硕士	G643
硕士学位论文汇编	G643
丝纺织	TS14
丝缕结构	O75
丝网印刷	TS87
丝状超导体	TM26
司法机关\中国	D926.1
司法监督\中国	D926.4
司法鉴定学	D918.9
司法会计学	D918.9

司法文书工作\中国	D926.1
司法行政\中国	D926.1
司法制度	D916
司法制度\中国	D926
司令部工作\中国	E21
私家藏书目录\综合性	Z84
私人收藏	G262
思维科学	B80
思想方法	B026
思想家\世界	B1
思想家\中国	B2
思想建设\中国共产党	D261
思想品德课\小学\教学参考书、教学法	G623.1
思想史\世界	B1
思想政治教育\初等教育	G621
思想政治教育\高等教育	G641
思想政治教育\师范教育	G651
思想政治教育\学校	G41
思想政治教育\研究生	G643
思想政治教育\职业技术教育	G711
思想政治教育\中等教育	G631
思想政治教育和精神文明建设\中国	D64
斯大林思想的学习和研究	A83
斯大林著作	A3
斯大林著作汇编的学习和研究	A83
斯拉夫语族	H7
锶冶炼	TF82
死亡哲学	B086
四·五事件(1976)	D652
四胡演奏法	J632.2
四极管	TN11
四极质谱仪	TH843
四书	B222
四诊\中医	R241.2
四肢部肿瘤	R739.9
四肢外科学	R658
寺庙\中国	K928.7
寺庙考古\中国	K878
寺院经济理论	F02
伺服补偿器	TP21
伺服系统(天线)	TN82
伺服系统\无线电导航	TN96

特种性能钢	TG142
特种医学	R8
特种印刷	TS85
特种用灯制造	TS956
特种铸造	TG249
誊写版印刷	TS87
誊印机具制造	TS951
藤加工及制品	TS959.2
踢踏舞\中国	J722
提高采收率\石油开采	TE35
提高采收率设备\油气开采	TE93
提前角指示器	TH745
提琴演奏法	J622
提升车	TH24
提升设备\矿井	TD53
提升设备\油气钻井	TE92
题跋	G256
体操	G83;G831
体操器具制造	TS952
体检诊断	R433
体缺陷	O77
体温\医学	R339.6
体系的物理化学分析	O642
体细胞遗传的突变	Q31
体效应器件	TN387
体液化学	Q592
体育	G8
体育\研究方法	G80
体育保护器具制造	TS952
体育产业\世界	G811
体育场馆	G818
体育道德	G803
体育锻炼	G806
体育锻炼\关系\健康	G806
体育方针、政策、制度\中国	G812
体育工作	G8
体育基础科学	G804
体育建筑	TU245
体育教学\幼儿教育	G613
体育教育	G807
体育教育\世界	G811
体育教育\中国	G812
体育界	G8
体育界\对外关系	G812
体育科学	G80
体育科学研究\世界	G811
体育科学研究\中国	G812
体育课\小学\教学参考书、教学法	G623.8
体育课\幼儿教育\教材、教学法	G613
体育课\中学\教学参考书、教学法	G633.96
体育理论	G80
体育疗法(医疗体育)	R455
体育伦理学	G803
体育美学	G802
体育片	J97
体育器材	G818;TS952
体育器材制造工业	TS952
体育摄影	J41
体育事业\各国	G813/817
体育事业\世界	G811
体育事业\中国	G812
体育事业方针政策\中国	G812
体育统计学	G80
体育卫生	G804
体育舞蹈\中国	J722
体育心理学	G804;B849
体育游戏	G898
体育运动设备	G818
体育运动生理学	G804
体育运动史\世界	G811
体育运动史\中国	G812
体育制度\世界	G811
体育组织\中国	G812
体质人类学	Q983
体质颜料	TQ62
天花\中医	R272.2
天军\中国	E275.9
天馈线	TN82
天轮(矿井)	TD53
天气过程的分析	P45
天气学	P44
天气预报	P45
天气资料	P45
天然放射性	TL7

X

Y

语系	H0
语言	H
语言处理	TN912.3
语言读物\对外汉语教学	H195
语言读物\汉语拼音	H125
语言分布	H0
语言分类	H0
语言规范化	H0
语言规划	H0
语言技巧	H019
语言加工程序	TP319
语言矫正	H01
语言教学\学前教育\教材、教学法	G613
语言教学\幼儿教育\教材、教学法	G613
语言模型	H08
语言实验室	G43
语言史\英语	H31
语言协调	H0
语言信息处理学	TP391
语言选择	H0
语言学	H0
语言医学	R767
语言障碍	H01
语言政策	H0
语义网络	TP18
语义学	H03
语音传输	TN914
语音加密	TN918
语音信号处理	TN912;TN912.3
语音信息处理	TP391.1
语音学	H01
语音增强	TN912.3
语用学	H03
玉雕\工艺品	TS932
玉米(玉蜀黍)	S513
玉器考古\中国	K876
玉石开采	TD87
育苗技术\林业	S723
预备役部队\中国	E279
预测技术	TN911
预测科学	G303
预镀	TG17
预防医学、卫生学	R1
预后及劳动鉴定	R449
预热器	TK17
预审学	D918
预收尘器	TM925.3
预算法\中国	D922.2
预应力加筋混凝土构件工程	TU757
域上多胞形	O187
阈信号	TP14
寓言\儿童文学\中国\当代	I287.7
寓言\中国\当代	I277.4
寓言\中国\古代至现代	I276.4
元代史	K247
元代哲学	B244
元教育学	G40-03
元曲词汇研究	H134
元素及化合物的分离方法	O658
元素有机高聚物及塑料	TQ324
元素有机化合物	O627
元素有机化合物生产	TQ26
元素有机化学	O62
元素有机聚合物	O634
元素周期表	O6-64
园林\各国	TU986
园林\中国	K928.7
园林规划与建设	TU986
园林建筑	TU986
园林经营、管理	TU986
园林景观(总论)	TU986
园林艺术	TU986
园林植物栽培及应用技术	S688
园艺	S6
园艺作物病虫害及其防治	S6
原材料、原材料工业	TB3
原材料铸造	TG22
原核细胞	Q942
原料\无机化工	TQ11
原料\有色金属冶金	TF8
原煤加工	TQ53
原始人类心理学	B843
原药	TQ46
原因未明的传染病	R519.9

政治\各国	D73/77
政治\世界	D5
政治\中国	D6
政治地理学	K90
政治概况\世界	D50
政治经济学的对象和方法	F01
政治课\小学\教学参考书、教学法	G623.1
政治课\中学\教学参考书、教学法	G633.2
政治理论	D0
政治派别	D09
政治片	J97
政治区划\地理\中国	K928
政治人类学	D0
政治事件\世界	D55
政治事件\中国(1966.5～1976.10)	D652
政治事件\中国(1976.10～1978.12)	D653
政治事件\中国(1979.1～)	D654
政治思想	D0
政治思想史	D09
政治思想史\各国	D093/097
政治思想史\世界	D091
政治思想史\中国	D092
政治学史、政治思想史	D09
政治运动(1949.10～1966.5)\中国	D651
政治运动、政治事件\中国	D65
政治运动\中国(1966.5～1976.10)	D652
政治运动\中国(1976.10～1978.12)	D653
政治运动\中国(1979.1～)	D654
政治制度\中国	D621
政治制度史\世界	D59
政治制度史\中国	D69
政治制度与国家机构\世界	D52
政治制度与国家机构\中国	D621
症状诊断学	R441
支持终端网络	TP393.1
支点运动(力学)	O318
支气管疾病	R562
支枢	TH133
支原体疾病	R518.9
知识表达	TP18
知识产权法\中国	D923.4
知识传播	G2
知识传授	G42
知识工程	TP18
知识结构	G42
知识经济学	F06
知识库	TP311.13
知识利用	TP18
知识信息处理	TP391
知识学	G302
织染\工艺美术\中国	J523
织物	TS106
织物印相	TB88
织造工艺	TS105
脂肪代谢	Q591
脂肪酸制备	TQ64
脂肪族醇及其衍生物	O623
脂肪族醇及衍生物生产	TQ22
脂肪族化合物(无环化合物)	O623
脂肪族化合物生产	TQ22
脂肪族醛和酮及其衍生物	O623
脂肪族醛及衍生物生产	TQ22
脂肪族羧酸及其衍生物	O623
脂肪族羧酸及衍生物生产	TQ22
脂肪族烃及其衍生物与卤代衍生物	O623
脂肪族烃及衍生物生产	TQ22
脂肪族烃卤代衍生物生产	TQ22
脂肪族酮及衍生物生产	TQ22
脂环族醇及衍生物	O624
脂环族化合物生产	TQ23
脂环族醛和酮及其衍生物	O624
脂环族羧酸及其衍生物	O624
脂环族烃及其衍生物	O624
脂类	Q54
脂类化妆品生产	TQ65
脂性油	Q54
执行机构\自动化器件	TP21
直达\长途运输	U14
直根类	S631
直观教学	G42
直角座标机器人	TP242
直接接地	TM72
直接炼铁	TF55
直井	TE2